JN425645

전통과 창조

전통과 창조

조지훈 탄생 100주년
기념 논문집

오형엽
김종훈 엮음

KU PRESS
고려대학교
출판문화원

머리말

2020년은 조지훈(1920-1968) 선생이 태어난 지 100주년이 되는 해였다. 조지훈 선생은 탁월한 시인이자 민족문화학의 초석을 닦은 학자이며 한국의 사회적·역사적 현실에 적극적으로 개입하는 실천적 지성인이기도 했다. 그는 왕성한 시 창작 활동 못지않게 민속학, 역사학, 지성사를 세 축으로 하는 민족문화학 연구를 개척했으며, 1950년 한국전쟁에 종군기자로 참전하고 1960년 4·19혁명을 위시한 역사의 흐름에 적극적으로 개입하는 등 행동하는 지성의 표본을 보여 주었다. 고려대학교는 조지훈 선생의 탄생 100주년을 맞아 2020년 11월 9일-11월 16일에 '조지훈 주간'을 선포하고 다양한 기념행사를 개최하여 그의 뜻을 기렸다. 생전에 선생이 재직했던 고려대학교 문과대학, 국어국문학과, 초대 소장을 역임했던 민족문화연구원(전 민족문화연구소), 사후 유품과 도서를 기증받은 고려대학교 박물관, 고려대학교 도서관, 그리고 고려대학교 의료원 등은 기념행사를 개최하여 조지훈 선생의 전인적인 풍모를 되새기고자 했다.

고려대학교의 문과대학, 국어국문학과, 민족문화연구원은 '조지훈 주간' 기념행사의 일환으로 두 권의 '조지훈 기념 논문집'을 기획하고 준비했다. 문과대학과 국어국문학과가 주관하는 『조지훈 연구 2』와 민족문화연구원의 후원으로 국어국문학과가 주관하는 『전통과 창조—조지훈 탄생 100주년 기념 논문집』이 그것이다. 『조지훈 연구 2』는 『조지훈 연구』(고려대출판부, 1978)의 연장선에서 1978년 이후 2020년까지 발표된 조지훈 문학 연구 및 민족문화학 연구들 중에서 중요한 성과들을 선별하여 모은 연구서이고, 『전통과 창조—조지훈 탄생 100주년 기념 논문집』

은 조지훈 기념행사로서 2020년에 개최한 세 가지 학술대회인 〈조지훈 탄생 100주년 기념 포럼〉(영양군청-고려대 국어국문학과 주최, 2020. 10. 16), 〈조지훈 탄생 100주년 기념 강연 및 추모 좌담회〉(고려대 문과대학-국어국문학과 주최, 2020. 11. 11), 〈조지훈 탄생 100주년 기념 인문학 축제〉(고려대 국어국문학과-민족문화연구원 주최, 2020. 11. 13)에서 발표된 연구 발표문과 토론문 들을 모은 논문집이다. 『조지훈 연구 2』의 기획 및 실무는 문과대학 학장인 이형대 교수와 국어국문학과 학과장인 오형엽 교수가 맡아서 진행했고, 『전통과 창조—조지훈 100주년 기념 논문집』의 기획 및 실무는 민족문화연구원의 박헌호, 정병욱 교수의 협조를 받아 국어국문학과의 오형엽, 김종훈 교수가 맡아서 진행했다.

『전통과 창조—조지훈 탄생 100주년 기념 논문집』의 기획 및 실무를 맡은 편자들은 2020년에 개최한 세 가지 '학술대회'를 근간으로 1~3부를 구성하고 '후학과 유족의 추모 산문'을 4부로 구성하여 이 책의 체계를 설정했다. 그래서 1부는 〈조지훈 탄생 100주년 기념 인문학 축제〉(2020. 11. 13)에서 발표한 홍용희, 유성호, 김건우, 고지혜, 조형열 교수의 연구 발표문과 여태천, 김종훈, 조강석, 김준현, 허은 교수의 토론문을 수록했고, 2부는 〈조지훈 탄생 100주년 기념 포럼〉(2020. 10. 16)에서 발표한 김종훈, 오형엽, 송현지, 임광순 교수의 연구 발표문과 주영중, 장만호, 박헌호, 이휘현 교수의 토론문을 수록했으며, 3부는 〈조지훈 탄생 100주년 기념 강연 및 추모 좌담회〉(2020. 11. 11)에서 발표한 이경수, 이재복 교수의 연구 발표문을 수록했다. 그리고 4부에는 '후학과 유족의 추모 산문'으로 홍일식, 최동호 명예교수와 조지훈 선생의 장남이신 조광렬 선생님의 글을 초대하여 수록했다.

편자들은 조지훈 선생이 남긴 업적을 크게 시와 시론을 포괄하는 문학 영역과 민속학, 역사학, 독립운동사, 지성사 등을 포괄하는 민족문화학 영역으로 양분하는 것이 적실하다고 판단했다. 그래서 조지훈 탄생 100주년 기념행사로 개최한 세 가지 학술대회인 〈조지훈 탄생 100주년 기념 포럼〉, 〈조지훈 탄생 100주년 기념 강연 및 추모 좌담회〉, 〈조지훈 탄생 100주년 기념 인문학 축제〉를 기획하면서 크게 이 두 영역으로 구분하여 비중 있는 발표자 및 토론자를 선정하기로 했다. 이 과정에서 편자들은 여러 선생님들께 조언을 구하는 과정을 거쳤다. 이 자리를 빌려 귀한 조언을 해주신 홍일식, 박노준, 오탁번, 김인환, 김홍규, 최동호 명예교수님들께 깊은 감사의 말씀을 드린다. 또한 편자들이 발표자 및 토론자를 선정하는 과정에서 기준으로 삼은 것은 문학 영역과 민족문화학 영역에서 각각 고려대학교에서 학문적 이력을 밟은 연구자와 타 대학교에서 학문적 이력을 밟은 연구자를 균등하게 선정하는 방식과 대체로 1980년대 학번 이후의 중진 연구자 및 신진 연구자를 중심으로 선정하는 방식이었다.

이러한 두 가지 선정 기준은 전인적 인격으로 다방면에 선구적 족적을 남긴 조지훈 선생의 업적을 학술대회를 통해 되새기면서 창조적으로 계승하고 발전시키기 위한 실천적 방법의 일환이었다. 조지훈 선생은 문학 영역과 민족문화학 영역에서 동양적 전통과 서구적 현대, 민족문학과 세계문학, 순수문학과 참여문학, 고전주의와 낭만주의 등의 대립 항을 융합하면서 동서양의 사상과 이론을 아우르는 보편적 문학 및 문화학을 정립하고자 하는 목표를 가지고 시종일관 전통을 현대적으로 재창조하는 데 심혈을 기울였다. 편자들은 이러한 노력에 의해 또 하나의 전통이 된 조지훈 선생의 문학적·학문적·사상적 업적을 창조적으로 계승하기 위해서 그 공과를 좀 더 객관적으로 조명하고 재해석하며 평가함으로써 미래적 발전의 토대를 마련하는 일과 문학 영역 및 민족문화학 영역에서 다양한 학문적 후속 세대들이 활발한 연구 활동을 통해 미래적 발전의 동력을 창출하는 일이 동시에 요청된다고 판단했다. 편자들은 이러한 일들을 진전시키는 데 조금이나마 도움이 되기를 기대하고 소망하면서 앞에서 밝힌 두 가지 선정 기준을 가지고 2020년에 세 가지 학술대회를 기획하여 개최했고 그 성과를 모아서 이 책을 출간하고자 준비하고 진행했다. 이 책의 이름을 『전통과 창조』라고 붙인 것도 이러한 기대와 소망이 반영된 것이다. 조지훈 탄생 100주년 기념행사의 일환으로 출간되는 두 권의 '조지훈 기념 논문집'인 『조지훈 연구 2』와 『전통과 창조—조지훈 탄생 100주년 기념 논문집』을 기획하고 출간하는 과정에서 여러 선생님들 및 고려대출판문화원의 후의와 도움을 받았다. 이 자리를 빌려 다시 한번 깊이 감사드린다.

2022년 1월 25일
편자 오형엽·김종훈

차례

2부 • 조지훈 탄생 100주년 기념 포럼

3부 • 조지훈 탄생 100주년 기념 강연 및 추모 좌담회

4부 • 후학과 유족의 추모 산문

1부

조지훈 탄생 100주년 기념 인문학 축제

고전적 미의식과 역사적 대응력

조지훈론

홍용희

1. 서론

조지훈(1920-1968)은 1940년 『문장』지에 추천이 완료되면서 등단한 이래, 일제강점기, 8·15 해방, 한국전쟁, 4·19혁명 등으로 이어지는 역사적 격동기 속에서, 『청록집(青鹿集)』(1946), 『풀잎 단장(斷章)』(1952), 『조지훈 시선』(1956), 『역사(歷史) 앞에서』(1959), 『여운(餘韻)』(1964) 등의 시집과 『시(詩)의 원리(原理)』(1953), 『지조론(志操論)』(1962), 『한국문화서설(韓國文化序說)』(1964) 등의 저술을 간행한 시인, 학자, 논객으로서의 다면적 풍모를 보여 주었다. 그는 절조 높은 시인이면서, 한국학의 초석을 다진 학자이고, 사회, 역사적 격동에 적극적으로 대응하는 실천적 지성인이었다.

조지훈의 다면적인 시와 학문적 삶을 공통적으로 관류하는 중심 내용은 민속학과 역사학을 바탕으로 한국적 미의식을 탐색하는 고전지향성과 역사적 현실의식의 변주로 정리된다. 특히 여기에서 집중적으로 다룰 그의 시적 특성에 대한 지금까지의 논의는 1950년대 초기 다음과 같은 김동리의 논지가 결정적인 기반을 이루는 것으로 보인다.

> 趙芝薰의 詩世界에는 民族的인 것과 禪的인 것의 이 두 가지 傾向이 흐르고 있다. 前者는 解放前에는 〈鳳凰愁〉, 〈古風衣裳〉, 〈僧舞〉 등에서와 같이 懷古趣味를 띠고 나타났고, 해방 후에는 다소 정치적 색채를 띠고 나타났다. 그리고 詩 자체의 가치로서는 이 「정치성」의 것이 가장 낮고 그 다음이 懷古物, 가장 우수한 것들이 禪的인 것들이다.[1)]

조지훈 시 세계의 본령으로 "회고취미", "선적"인 성향과 함께 "정치성"의 층위를 지적하고 있다. 그리고 전자가 후자에 비해 비교 우위에 놓인다는 가치 평가를 내리고 있다. 그의 시 세계에 대한 선행 연구들 역시 대체로 이러한 인식의 연장선에서 논의되어 왔다. 평자들은 주로 초기 시 세계에 무게 중심을 두면서 학자이며 실천적 지성인으로서 현실 참여의 시적 성향을 보였다는 사실을 부가[2)]하는 양상으로 논의를 개진해 왔다.

실제로 조지훈의 시 세계는 전통지향의 고전적 미의식과 역사적 현실의식이 기본 축을 이룬다.[3)] 그러나 전자는 과거형이고 후자는 현재형이라는 점에서 이 둘은 외양적으로 서로 다른 층위에 놓이는 것으로 보인다. 그래서 그동안 많은 논자들은 시적 전향이라는 인식을[4)] 바탕으로 후자의 시적 경향을 부가적 내용으로 자리매김

---

1) 김동리, 「자연의 발견」, 『문학과 인간』(청춘사, 1952), 69쪽.

2) 조지훈 시 세계에 대한 연구로는 고전취향 및 선적 세계에 대한 연구가 주류를 이룬다. 이외에 서경시, 생태시, 한시 등과의 관련성을 다룬 양식적 특성 등이다. 대표적인 논문으로 다음과 같은 경우를 들 수 있다. 최동호, 「조지훈의 등단 추천작과 그 시적 전개」, 『한국시학연구』, 제28호(한국시학회, 2010), 389-411쪽; 오탁번, 「지훈 시의 의미와 이해」, 『현대문학산고』(고려대학교출판부, 1976); 오형엽, 「조지훈 시의 미학적 원천 연구」, 『민족문화연구』, 88권 0호(고려대 민족문화연구원, 2020); 이숭원,「조지훈 시의 내면 구조」, 『20세기 한국 시인론』(국학자료원, 1997); 김문주, 「조지훈의 '서경시'에 함축된 시적 전통의 성격」, 『한국문학이론과비평』, 35집(한국문학이론과비평학회, 2007).

3) 조지훈의 작품 세계를 상세하게 유형화하여 정리한 경우로 오형엽, 「조지훈 시의 미학적 원

하는 면모를 보여 온 것이 사실이다. 그러나 조지훈의 시 세계에서 사회, 역사적인 대응의 시편들은 시기적으로나 양적으로 부가적, 종속적 비중으로 다룰 대상이 아니다. 또한 전통지향의 고전적 미의식 역시 사회, 역사적 대응의 시편들과 일원론적인 내적 개연성 속에서 다룰 때 온전히 규명될 수 있을 것으로 파악된다.

이를테면, 그의 과거 지향의 고전적 상상력은 궁극적으로 미래지향적인 속성을 지닌다. 그의 시 세계에게 과거는 미래의 내밀한 묵시적 지침으로 작용한다. 과거가 사라진 시간이 아니라 현재 속에 재현을 바라는 기다림의 시간인 것이다. 다시 말해, 그에게 "내일은 除幕을 기다리는 어제의 꿈"이다. 미래란 "끝없는 밑으로부터 上昇"(「우리들의 生活의 來日」)하는 것이지 새롭게 강림하는 것이 아니라는 세계관을 바탕으로 한다.

이렇게 보면, 조지훈의 시적 삶의 인식론은 발터 벤야민의 근대 진보적 시간관과 변별되는 지금시간(Jetztzeit)의 세계관과 상응하는 것으로 해석된다. 벤야민의 지금시간(Jetztzeit)은 선형적 시간이 아니라 과거의 특정 순간이 지금 이 시간에 구원적 계기로서 의미를 갖는 압축적인 시간이다. 그래서 그의 메시아적 시간의식에는 과거에 대한 기억 작용이 중심에 놓인다. 그는 미완으로 종결된 과거의 목소리의 요청을 현재 속에서 기억 작용을 통해 각성함으로써 미래에서 과거로 향하는 역방향의 시간화살을 따라 메시아의 도래가 가능하다는 것을 설명한다. 과거의 미완의 꿈

천 연구」, 『민족문화연구』(고려대 민족문화연구원), 88권(2020)가 주목된다. 이 논문에서 오형엽은 습작 시기의 작품과 『문장』으로 추천받을 무렵의 작품 등으로 대표되는 '민족 정서에 대한 애착과 사라져가는 것에 대한 애수의 세계', '선미(禪美)의 관조에 초점을 두고 슬픔이 배제된 서경시의 세계', '한만(閑慢)한 동양적 정서의 세계', '「풀잎 단장」으로 대표되는 자연과 인생, 사랑과 미움에 대한 서정', '한국전쟁, 4·19혁명 등 한국 현대사의 흐름에 지사적 정신으로 개입하는 사회 시편', '귀로(歸路)의 정서에 기댄 휴식의 여훈' 등이다. 이들 유형을 다시 크게 분류하면 전통지향의 고전적 미의식과 사회역사적 상상으로 대별해 볼 수 있을 것이다.

4) 조지훈의 시 세계에서 고전지향성과 역사적 대응에 대해 "미학의 전향"으로 또는 "예술의 자기 목적성과 사회성 사이에서 갈등하고 번민하는 과정"을 거친 변화로 인식하는 직접적인 논의로는 문덕수,「민족시의 방향과 주체적 미학의 정립」, 『조지훈 연구』(고려대학교출판부, 1978)와 이희중, 「조지훈 시의 애상성 연구」, 『비평문학』, 30집(한국비평문학회, 2008. 3) 등을 들 수 있다. 이외에도 많은 경우에 조지훈의 시 세계에서 전통지향의 고전적 미의식을 본령으로 다루면서 지사적인 현실 참여적 성향을 부가적으로 다루는 양상을 보인다.

이 미래의 묵시적 메시아로 현현되기 위해서는 현재의 주체적인 공감능력과 깨어 있음이 요구된다.[5] 다시 말해, 억압과 망각을 조장하는 현실 속에서 메시아의 도래를 열어놓기 위해서는 과거의 현재화를 위한 변혁의 실천의지가 중요하다.

조지훈의 시적 삶의 과정은 바로 이와 같은 발터 벤야민의 메시아적 시간의식 속에서 조망하면 좀 더 선명하게 그 윤곽을 이해할 수 있다. 그의 시적 출발에 해당하는 회고적 취향은 소재주의적 차원을 넘어 고전적 미의식에 대한 내적 감응과 감각화를 지향한다. 그리고 더 나아가 전통적인 고전정신의 현재적 재생을 노래하고 그 방법론을 추구한다. 그가 실천적 지성인으로 역사의 전면에 나서게 되는 대목이 여기이다.

이 글은 이러한 문제의식 속에서 조지훈의 시적 출발을 이루는 회고취향이 현실 변혁의 실천적인 지성으로 전이되어 간 과정을 중심으로 추적해 보기로 한다.

2. 회고적 성향과 "신고전"

조지훈은 『문장(文章)』지를 통해 1939년에 「고풍의상(古風衣裳)」, 「승무(僧舞)」를, 1940년에 「봉황수(鳳凰愁)」, 「향문(香紋)」을 추천 받으면서 시단에 등장한다. 대부분의 시인에게 등단작은 자신의 시적 지향을 선언하는 출사표의 성격을 지닌다. 등단작에는 개별 시인들의 시적 출발, 성향, 태도 등이 집약적으로 드러나기 때문이다. 조지훈의 경우에 이점은 더욱 각별한 것으로 이해된다. 그의 시 세계 전반에서 등단작이 시적 삶의 본령을 극명하게 보여주는 대표작의 위상을 지니기 때문이다.

얇은 사(紗) 하이얀 고깔은
고이 접어서 나빌레라.

---

5) 최성만, 「발터 벤야민의 몇 가지 신학적 모티에 관하여」, 『인문학연구』, 44집(조선대학교 인문학 연구원, 2012), 388쪽; 최성철, 「파국과 구원의 변증법—발터 벤야민의 탈역사주의적 역사철학」, 『서양사론』, 79호(한국서양사학회, 2003); 발터 벤야민, 『문예비평과 이론』, 이태동 역(문예출판사, 1989), 23-67쪽 참조.

파르라니 깎은 머리
박사(薄紗) 고깔에 감추오고

두 볼에 흐르는 빛이
정작으로 고와서 서러워라.

빈 대(臺)에 황촉(黃燭) 불이 말없이 녹는 밤에
오동잎 잎새마다 달이 지는데

소매는 길어서 하늘은 넓고,
돌아설 듯 날아가며 사뿐히 접어 올린 외씨버선이여.

까만 눈동자 살포시 들어
먼 하늘 한 개 별빛에 모두오고

복사꽃 고운 뺨에 아롱질 듯 두 방울이야
세사(世事)에 시달려도 번뇌는 별빛이라.

휘어져 감기우고 다시 접어 뻗는 손이
깊은 마음속 거룩한 합장(合掌)인 양하고,

이 밤사 귀또리도 지새는 삼경(三更)인데
얇은 사(紗) 하이얀 고깔은 고이 접어서 나빌레라.

—「승무(僧舞)」 전문

이 작품은 조지훈의 등단작이자 출세작이면서 우리 시사의 대표적인 불교적 상상의 시편으로 알려져 있다. 우아하고 예스러운 고전적 어감의 선율을 살려 승무의 유려한 농담(濃淡)과 절조를 자연스럽게 살려내고 있다. 9연 18행으로 구성된 시적 형식은 한시 절구의 기승전결(起承轉結)의 전개 방식에 상응한다. 1, 2, 3연/4, 5

연/6, 7연/8, 9연이 각각 이에 대응하는바, 시상이 일어나고 이어지는 기와 승구에서는 여승의 등장과 승무의 역동, 완급 등이 순차적으로 소묘되고 있다. 특히 "깎은 머리/두 볼에 흐르는 빛"을 클로즈업 시키는 것은 승무의 외양과 형식은 물론 내면 심리와 정신적 깊이를 구현하기 위한 시적 복선에 해당한다.

승무의 형식과 정신, 외양과 내면의 통합적 결절은 시상의 전환에 해당하는 "세사(世事)에 시달려도 번뇌는 별빛이라"에서 집중된다. 세사의 온갖 갈등과 질곡이 천상의 "별빛"으로 승화되는 성속일여(聖俗一如)의 지점이다. 현실적 삶이 존재의 기원, 인간 영성의 우주적 신성성을 호흡하는 초극의 지점인 것이다. 그리하여 승무자는 현실적 삶과 죽음을 넘어 해탈한 영혼의 자유를 공명하게 된다. 따라서 여기에서 "별빛"은 "먼 하늘"의 "별빛"이기도 하지만 승무를 통해 각성된 마음의 "별빛"으로도 해석된다. 물론 여기에서 승무자가 자기 초극과 해탈을 성취했다고 단정하는 것은 옳지 않다. 승무로 표상되는 자기 수도의 과정이란 그 자체로 존재 초월과 해탈을 추구하고 자각하는 도정이기 때문이다. 이제 마지막 결구에 이르면 "깊은 마음속 합장"과 함께 승무를 통한 내면적 고뇌의 정화가 고즈넉하게 갈무리된다. "승무"의 섬세한 외적 역동과 형식 그리고 내면 정서와 정신의 깊이가 어우러져 차원 높게 승화되고 있다.

실제로 조지훈은 「승무(僧舞)」의 창작 과정에서 선율에 대한 외양적 묘사의 차원을 넘어 그 "혼의 흐름"을 담아내기 위해 오래 고심했음을 직접 전언한 바 있다.

> 나는 용주사의 춤과 김은호의 그림을 연결시키고도 왜 시를 형성하지 못했던가? 이는 아직, 춤을 세밀하게 묘사하면 혼의 흐름의 표현이 부족하고 혼의 흐름에 치중하면 춤의 묘사가 죽는, 말하자면 내용과 형식, 정신과 육체, 무용과 회화의 양면성을 초극하지 못하기 때문이다. 내가 이것을 초극하고 한 편 시를 만들기는 또다시 몇 달이 지난 그해 10월 구왕궁 아악부에서 〈영산회상〉의 한 가락을 듣고 난 다음날이었다.[6]

조지훈은 「승무」의 창작 과정에 대해 열아홉 살 가을에 착상하여 완성에 이르기까지 1년여가량 소요되었다고 밝힌 바 있다. 이토록 오래 고심했던 것은 바로 승무

6) 조지훈, 「시작의 비밀」, 『시의 원리』(나남, 1996), 185쪽.

의 외적 묘사는 물론 그 깊은 내면의 "영혼의 흐름"을 구현하는 데에 있었다. "내용과 형식, 정신과 육체, 무용과 회화의 양면성을" 차원 높게 포괄해 내는 것이 관건이었던 것이다. 이점이 또한 그동안 이 시편이 독자들에게 내적 번뇌와 갈등을 정화시키는 그윽함으로 다가갈 수 있었던 배경으로 파악된다.

한편, 다음 시편 역시 조지훈의 고전적 지향성이 단순히 소재주의적인 취향이 아니라 내적 정신사의 깊이로 열려 있음을 보여준다.

벌레 먹은 두리기둥 빛 낡은 단청(丹青) 풍경소리 날러간 추녀 끝에는
산새도 비들기도 둥주리를 마구 쳤다. 큰 나라 섬기다 거미줄 친
옥좌(玉座) 위엔 여의주(如意珠) 희롱하는 쌍룡(雙龍) 대신에 두 마리 봉황새를 틀어 올렸다.
어느 땐들 봉황이 울었으랴만 푸르른 하늘 밑 추석(甃石)을 밟고
가는 나의 그림자. 패옥(佩玉) 소리도 없었다. 품석(品石) 옆에서 정일품(正一品) 종구품(從九品)
어느 줄에도 나의 몸 둘 곳은 바이 없었다. 눈물이 속된 줄을
모르량이면 봉황새야 구천(九天)에 호곡(呼哭)하리라.

—「봉황수(鳳凰愁)」 전문

시적 대상은 망국의 궁궐이다. 임금이 살던 궁궐은 그 자체로 국권의 위엄이며 상징이다. 그러나 지금 "추녀 끝에는 산새도 비둘기도 둥주리를 마구 쳤다." "두 마리 봉황새를 틀어올"린 "옥좌(玉座)"에도 "거미줄"이 어지럽다. 맥수지탄의 비애와 상실감이 하염없이 배어 나오는 대목이다. 화자는 "추석(甃石)을 밟고" 걸어 본다. 그 요란하던 "패옥(佩玉) 소리"도 간 곳 없다. 궁궐은 온통 폐허의 적막감만이 느껴질 따름이다. 텅 빈 뜰에는 메마른 "품석(品石)"들만 자리를 지키고 있다. 그곳 어디에도 "나의 몸 둘 곳"은 없다. 이미 모두 멸망한 왕조의 유물일 따름인 것이다. 망국의 세태의 절망적인 우수가 시상의 전반을 감돈다.

그러나 마지막 행에 이르면 이미 화석화된 망국의 유물의 내면에서부터 회한의 정서가 북받쳐 오르고 있다. "눈물이 속된 줄을 모르량이면 봉황새야 구천(九天)에 호곡(呼哭)하리라." "눈물이 속된 줄을" 알기에 "봉황새"는 하늘의 아홉 방위를 울리는 큰 슬픔의 울음을 다만 안으로 삼키고 있다는 것이다. 이것은 시적 화자에게는 "봉황새"의 "구천(九天)"을 울리는 서러운 "호곡(呼哭)"이 감응되고 있음을 나타

내는 것이기도 하다. 따라서 조지훈은 "봉황새"의 "호곡(呼哭)"의 하소연에 귀 기울이고 응답하지 않을 수 없게 된다. "봉황새"의 "호곡"은 국권 회복의 하염없는 염원이 배어 있을 것이다.

이와 같이 조지훈의 고전적 상상은 소재주의적 취향을 넘어 깊은 내적 삶의 정서로 열려 있다. 그는 스스로도 "막연히 옛 것을 좋다해서 놋화로, 놋촛대, 화류문갑, 거문고를 어루만진다 해도 생활에 침투되고 맞지 않아서는 박물관 진열창을 면치 못하리라"[7]고 전언한 바 있다. 그의 회고 취향은 정신사적 감응이 우선시 되고 있는 것이다. 이 대목에서 일찍이 정지용이 그를 『문장』지에 추천 완료하면서 "조 군의 회고적 에스프리는 애초에 명소고적에서 날조한 것이 아닙니다"라고 전제하고 "가다가 명경지수에 세우(細雨)와 같이 뿌리며 내려 앉는 비애에 artist 조지훈은 한 마리 백로처럼 도사립니다. 시에서 겉과 쭉지를 고를 줄 아는 것도 천성의 기품이 아닐 수 없으니 시단에 하나 〈신고전〉을 소개"[8]한다고 전언한 것은 새삼 주목된다. 그의 회고적 취향은 고전의 정신사를 재생하는 "신고전"의 길을 열어 가는 출발점이 되고 있다는 것이다.

3. 그리움과 재현의 노래

조지훈의 시적 출발을 이루는 "회고적 에스프리"는 점차 애잔한 그리움의 노래로 심화된다. 그의 그리움에는 과거에 대해 돌아올 수 없다고 생각하는 절망적 우울(멜랑콜리)과 달리 끊임없이 부르고 그리워하면 재현될 수 있다는 묵시적인 믿음이 내재되어 있다.[9] 이와 같은 과거의 현재화, 과거와 현재의 경계를 해소시키는 과정으로서 "그리움"은 조지훈 시편의 중심음으로 빈번하게 등장한다.

---

7) 조지훈, 「시와 인생」, 『조지훈 전집 4』(나남, 1996), 137-138쪽.

8) 정지용, 「시선후」, 『문장』 2권 2호(1940).

9) 그리움은 재현 가능한 과거라는 점에서 사라진 과거를 전제로 하는 멜랑콜리와 구별된다. 발터 벤야민, 『보들레르의 파리』, 조형준 옮김(새물결, 2008), 288쪽; 발터 벤야민, 『발터벤야민의 문예이론』, 반성완 역(민음사, 1992), 97-118쪽 참조.

머언 바다의 물보래 젖어오는 푸른 나무 그늘 아래 늬가 말없이 서 있을적에
늬 두눈썹 사이에 마음의 문을 열고 하늘을 내다보는 너의 영혼을 나는 분명히 볼 수가
있었다

늬 육신(肉身)의 어딘메 깃든지를 너도 모르는 서러운 너의 영혼을
늬가 이제 내 앞에 다시 없어도 나는 역력히 볼수가 있구나

아아 이제사 깨닫는다 그리움이란 그 육신(肉身)의 그림자가 보이는게 아니라
천지(天地)에 모양 지을수 없는 아득한 영혼이 하나 모습되어 솟아 오는 것임을……

—「그리움」 전문

"그리움"의 대상은 부재를 통해 현존한다. 그래서 "늬"는 "내 앞에 다시 없"지만 그러나 "나는 역력히 볼 수가 있"다. "그리움이란 그 육신(肉身)의 그림자가 보이는" 것은 아닐지라도 "천지(天地)에 모양 지을수 없는 아득한 영혼이 하나 모습되어 솟아 오"도록 한다. 그리움은 현재 속에 "영혼"의 재생을 가능하게 한다는 믿음이다. 이를테면, 이것은 "성터 거닐다 주워온 깨진 질그릇 하나/닦고 고이 닦아 열오른 두볼에 대어" 보면 "머언 그 옛날 할아버지 흰수염이/아주까리 등불에 비쵀어 자애롭"게 느껴지고 "그밤 내 벼개 머리에 옛날을 보"(「香紋」)게 되는 정황과 상응한다.

다시 말해, 그리움의 대상은 "항상 나의 옆에 있는 그림자/그리고 전연(全然) 나의 옆에는 없는 그림자"(「기도」)와 같은 부재하는 현존의 역설적 속성을 지니는 것이다. 여기에서 전자는 위의 시편의 "영혼"이고 후자는 "육신"에 대응한다. 일반적으로 "영혼"이 생명의 본질이며 주재자라면 "육신"은 영혼의 현신으로 정의된다. 따라서 "그리움"의 노래가 "육신"은 불러올 수 없다고 할지라도 "영혼"을 소생시킬 수 있다는 것은, 결과적으로 사라진 과거의 현재적 부활이 가능하다는 것을 가리킨다. 이러한 "영혼"의 존재성을 좀 더 실감 있게 감각화하면 "불씨"에 비견할 수 있다.

조상으로부터 물려 받은 작은 불씨를 죽이지 않고 가꾸어온 마을이 있었다.

"그렇지 불을 남의 집에 가서 꾸어 올 수야 없지!"

질화로에서 찝어낸 새빨간 숯부스러기는
호롱불 심지에 대고 정성스리 불어서
어둠을 몰아내기도 하고
마른 솔잎에 싸서 가마솥의 물을 비등(沸騰)시키기도 했다.
그나 그 뿐이랴 이 작은 불씨는 어느 날엔
갑자기 앞 뒷산으로 튀오올라
봉화(烽火)가 되어 타오르기도 했다.

마음속 깊숙이 작은 불씨를 묻어 놓고
이 고장 사람들은 웃으며 살았다.

(…)

맨발 벗고도 상기한 뺨 - 소년(少年)의 가슴에
옛날의 꽃다운 전설(傳說)이 어린다.
"그렇다 영원(永遠)한 하늘의 불은 살아 있다!"

—「불은 살아 있다」 부분

설령, "불"이 없다고 할지라도 "불씨"가 내재되어 있다면 "불은 살아 있"는 것이 된다. "질화로에" 묻어 둔 "새빨간 숯부스러기"를 보존하고 있으면 "호롱불"을 밝혀 "어둠을 몰아내기도 하고", "가마솥의 물을 비등(沸騰)"시킬 수도 있고, "봉화(烽火)"가 되어 "앞 뒤 산"을 밝힐 수도 있기 때문이다. "불씨"가 불의 현재적 소생을 가능하게 하는 주재자이다.

여기에서 "불"과 "불씨"는 각각 앞에서 언급한 물질적 현상에 해당하는 "육신"과 그 주재 원리에 해당하는 "영혼"에 대응하는 것으로 해석된다. 마지막 연에 이르면, "소년(少年)의 가슴에/옛날의 꽃다운 전설(傳說)이 어린다./"그렇다 영원(永遠)한 하늘의 불은 살아 있다!"고 선언하고 있다. "꽃다운 전설"로 표상되는 고전 정서의 "영혼"이 살아 있다면 "영원한 하늘의 불은 살아 있"는 것에 다름 아니라는 인식이다.

여기에 이르면, 조지훈의 시 세계에서 "그리움"의 노래는 "육신"의 주재자인 "영혼", 즉 "불"을 점화시키는 "불씨"를 재생시킬 수 있다는 인식을 좀 더 분명하게 이해할 수 있다. 다음과 같은 간곡한 그리움의 노래는 이러한 인식적 배경 속에서 전개되는 것으로 해석된다.

> ① 내 오늘밤 한오리 갈댓잎에 몸을 실어 이 아득한 바다 속 창망(蒼茫)한
> 물구비에 씻기는 한점 바위에 누웠나니
>
> 생(生)은 갈수록 고달프고 나의 몸둘 곳은 아무데도 없다 파도는 몰려와
> 몸부림치며 바위를 물어뜯고 넘쳐나는데 내 귀가 듣는 것은 마지막
> 물결소리 먼 해일에 젖어오는 그 목소리뿐
>
> —「묘망(渺茫)」 부분

> ② 고향은 없습니다. 기다리는 임이 있습니다. 지극한 소망에 불이 붙어 이 몸이 영영 사라져 버리는 날이래도 임은 언제나 만나뵈올 날이 있어야 하옵니다. 이렇게 거리에 바려져 있는 것도 임의 소식을 아는 이의 발밑에라도 밟히고 싶은 뜻이옵니다.
>
> —「염원(念願)」 부분

시 ①의 화자는 "아득한 바다" 위의 "한점 바위에" 누워 있다. "파도는 몰려와 몸부림치며 바위를 물어뜯고 넘쳐"흐른다. 이때 "파도"의 혼란은 갈수록 고달픈 "생"의 현실로 해석된다. "몸둘 곳" 없는 힘겨운 현실 속에서 "내 귀"는 오직 한 곳으로 집중된다. 그것은 "먼 해일(海溢)에 젖어 오는 그 목소리"이다. 현실이 무잡하고 힘겨울수록 간곡한 그리움의 대상으로 들려오는 "그 목소리"이다.

시 ② 역시 "그리움"의 정서가 주조를 이룬다. "기다리는 임"과의 "만남"을 원망하는 마음은 곧 그리움에 다름 아닌 것이다. 만남의 "소망"이 너무도 지극하여 "불이 붙어 이 몸이 영영 사라져" 버린다 할지라도 기다림의 간절함은 결코 반감되지 않는다. 오히려 "임"을 "만나뵈올 날"에 대한 기다림의 간절함은 더욱 배가된다.

기다릴 수밖에 없는 그리움이 목숨보다 더욱 크고 강렬하다.

조지훈의 시적 삶에서 이처럼 간곡한 기다림과 그리움은 도처에서 기본 정조를 이룬다. 그는 「이력서」에 직접 이렇게 적시하고 있다. "읊은 노래가 한결 같이 서러운 가락이올시다. (…) 그리움 하나만으로 살아가옵니다. 오기 전 기다리고 온 뒤에도 기다릴 – 묘망(渺漠)한 우주에 울려 가는 종소리를 들으며 살아왔습니다"(「이력서—경력」). 그렇다면, 그가 "서러운 가락"으로 노래하는 "그리움 하나만으로 살아가"게 된 주된 배경은 무엇일까? 그것은 그가 찾는 행복의 기준과 거점이 퇴락한 과거 속에 있기 때문인 것으로 해석된다.

발터 벤야민은 행복의 변증법의 이중적인 면을 설명하는 문맥에서 송가적 행복과 비가적 행복이라는 개념을 제시한다. 전자는 지금까지 한 번도 들어 보지도 못하고 존재하지도 않았던 것, 즉 절정의 열락에 해당한다. 반면에 후자는 원천적인 최초의 행복을 영속적으로 복원하려는 영원히 거듭되는 새로운 반복을 가리킨다. 벤야민이 강조하는 인간의 행복 본능의 준거와 거점은 후자이다. 인간의 행복 본능은 과거에 상실된 행복의 기억을 재생하여 현재 속에서 구가하고자 하는 속성을 지닌다는 것이다. 그래서 과거는 폐기된 시간이나 단순히 지나간 자료가 아니라 생생히 살아서 우리에게 이야기를 걸어오는 시간이다.[10)]

이와 같이 조지훈의 시적 삶에서 현재를 주재하는 것은 미래가 아니라 과거이다. 그가 스스로 "그 하늘 아래 그 물을 마시고 살아야 하는 태초이래(太初以來)의 비련(悲戀)의 계시(啓示) 속에 너는 있어라"(「비가(悲歌)」)라고 스스로 다짐하듯 노래하는 이유가 여기에서 찾아진다. 과거에 대한 "비련(悲戀)"에 미래의 구원의 "계시(啓示)"가 잠재되어 있다는 것이다.

4. "어제의 꿈"과 역사적 변혁 의지

조지훈이 자신의 이력서에 "그리움 하나만으로 살아가옵니다"(「이력서」)라고 적고 있는 것은 스스로 "태초이래(太初以來)의 비련(悲戀)의 계시(啓示) 속에 너는 있어

10) 발터 벤야민, 『발터 벤야민의 문예이론』, 반성완 역(민음사, 1992), 105쪽.

라"(「悲歌」)라는 언명을 실천하고자 했던 것으로 해석된다. "비련(悲戀)의 계시(啓示)"는 파국의 현재 속에 포착되는 메시아로서 의미를 지닌다. 조지훈의 시적 세계관의 근간을 이루는 시간관을 직접적으로 드러내고 있는 다음 시편은 이러한 점을 선명하게 보여준다.

내일(來日)은
끝없는 밑으로부터 상승(上昇)한다
내일(來日)은
힘찬 오늘이 끌어올린다

내일(來日)은
무너져내린 어제가 추진(推進)한다

세월의 바퀴를 타고
영원(永遠)히 치솟는 내일(來日) 내일(來日)
내일(來日)은
제막(除幕)을 기다리는
어제의 꿈

내일(來日)은
보고 싶은
오늘의 거울

내일(來日)은
오늘의 내일(來日)일 뿐
그 자신의 내일(來日)은
까맣게 모른다

내일(來日)에는

내일(來日)이 없다
다만 오늘이 되고
어제가 될 뿐

내일(來日)은
오늘을 완성(完成)하는 자(者)
오늘을 추방(追放)하는 자(者)
그리고 오늘을 변혁(變革)하는 자(者)

—「우리들의 생활(生活)의 내일(來日)」 부분

조지훈의 시간의식이 선명하게 드러나 있다. "내일"이란 무엇인가? 그것은 "끝없는/밑으로부터 상승(上昇)한다." "내일(來日)"은 다가오는 미래가 아니라 "어제가 추진(推進)"하고 "오늘이 끌어올린" 결정이다. 그래서 "내일(來日)"은 강림하지 않고 "치솟는" 것이라는 명제가 성립된다. "어제의 꿈"이 "제막(除幕)"을 걷는 오늘의 응답을 거쳐 실현된 것이 "내일(來日)"인 것이다. 그래서 "내일(來日)은" "어제의 꿈"이고 "보고 싶은/오늘의 거울"이다. "어제의 꿈"이 이를 "보고 싶"어 하는 "오늘"의 노력 속에 현현된 것이 "내일"이다. 다시 말해, "오늘"이 타성적이고 억압적인 "오늘을 추방(追放)"하고 "변혁(變革)하"여 "어제의 꿈"을 구현해 낸 결정체가 "내일(來日)"이다. 그래서 "내일(來日)"이란 따로 있는 실체가 아니라 "오늘"이고 "어제"이다. "어제의 꿈"이 "내일"의 묵시적 기반이고 가능성인 것이다.

이러한 조지훈의 시간의식은 발터 벤야민의 과거에서 구원의 가능성을 찾은 메시아적 시간관에 상응한다. 그는 근대 선형적 시간관이 늘 배제한 살아 있는 과거의 사실을 역사철학적 대상으로 불러들인다. 과거는 살아있는 시간이며 기다리는 시간이지 죽은 시간이거나 끝난 시간이 아니다. 과거란 현재의 우리에게 구원을 요구하는 은밀한 인덱스이다. 그래서 현재의 가치는 구원을 기다리는 과거의 인덱스를 찾아내고 살려내는 데 있다. 다시 말해, 현재는 '과거의 권리'에게 '상속권'을 찾아 주는 것이 중요한 과제이다. 과거는 현재 속에 면면히 살아 움직여 나갈 권리가 있고 현재는 그 권리를 성취시켜 줄 의무와 책임이 있다는 것이다.[11]

그래서 벤야민에게 전통이란 역사 속에서 박탈당한 상속권을 말하는 과거의 요청에 대답하고 이를 이행하는 것이다. 따라서 그에게 메시아는 역사적 결론으로서 미래에 도래하는 것이 아니라 파국으로서 매순간 지금, 시간 속에 존재하는 과거의 기억이다. 조지훈의 다음 시편은 이러한 문맥에서 주목된다.

아득한 옛날 먼 서쪽에서 길 떠나
해 돋는 아침의 나라, 그들 마음의 고장을 찾아서
동방(東方)으로 동방(東方)으로 물결쳐 내려오는
한 떼의 흰옷 입은 무리가 있었다.

세월은 고난(苦難)의 길 그들 만년(萬年)의 요람(搖籃)을 버리고
새로움 꿈은 새로운 땅에서 이룩하려
어둠을 멸하는 새벽을 불러일으킬 수탉의 넋을 가슴마다 지닌 채
몇 만리 앞길에 향방(向方)을 그르치지 않는
무궁한 성좌(星座)를 우러르며 그들은 왔다.

(…)

아 눈보다 흰 옷 옷보다 더 흰 마음이
순하디 순한 양떼처럼 풀밭에 머리 모아
먼 하늘에 흐르는 별빛을 손짓하고
굽이치는 강물에 귀 기울이니
언제사 언제사 그들 가슴에
환희 트이는 새론 하늘과
아름다운 산천(山川)의 눈부신 태양(太陽)이 솟아오려나.

—「그들은 왔다」 부분

조지훈의 시 세계는 깊은 시간을 호흡한다. 그의 시적 삶에서 현재와 미래는 오래된 과거의 역사 속에서 추동되기 때문이다. "해 돋는 아침의 나라"의 기원의 설

---

11) 위의 책, 343-357쪽 참조.

화가 서술되고 있다. "아득한 먼 서쪽에서" "동방(東方)으로 동방(東方)으로" "마음의 고장을 찾아"와서 "무궁한 성좌(星座)를 우러르며" 나라를 열었던 것이다. 신성한 태초의 역사가 미래의 "아름다운 산천(山川)의 눈부신 태양(太陽)"을 솟아오르게 하는 동력으로 존재한다. 기원의 신성성이 미래의 신성성을 불러오는 원형이며 당위로 존재한다는 것이다. 시적 화자에게 미래의 "태양"은 과거의 "무궁한 성좌(星座)"의 재생으로 파악된다.

이렇게 보면, 조지훈의 시 세계에서 현재의 구원의 힘은 과거에 있다. "무궁한 성좌(星座)"에 대한 기억 작용이 구원의 잠재적 지표를 계시하고 있다. 다시 말해, 미완으로 종결된 역사를 망각으로부터 구제하는 것이 미래에서 과거로 향하는 역방향의 시간화살을 따라 메시아의 도래를 현현시키는 것이다.

다음 시편은 이러한 문제의식의 연장선에서 읽힌다.

> ① 이 터전은 조상이 점지하신
> 못 잊을 고장
> 우리의 소망은
> 끊일 수 없다.
>
> 오늘도 국토(國土)의 둘레를
> 바닷물은 꿈결같이 찰싹이고
> 하늘은 예대로 비취(翡翠)빛 하늘
> 한때의 단정학(丹頂鶴)은 훨훨 날아 오르라
>
> —「늬들 마음을 우리가 안다」 부분

> ② 옷깃을 바로잡고 눈감아 보노니
> 몹쓸 인정에 병든 조국(祖國)아
>
> 터지는 환희(歡喜)는 아쉬운 추억(追憶)
> 갈사록 새로운 이 비원(悲願)을 어쩌랴.
>
> —「이 날에 나를 울리는」 부분

③ 남대문에서 대한문으로 세종로로 경무대로 넘쳐흐르는 그 파도를
이것은 의거
이것은 혁명
이것은 안으로 안으로만 닫았던 민족혼의 분노였다.

—「마침내 여기 이르지 않곤 끝나지 않을 줄 이미 알았다」 부분

시 ①은 "조상"들이 "이 터전"을 "점지"할 때 가졌던 "소망"은 지금도 "끊일 수 없"다는 문제의식에서 출발한다. 그렇다면 "끊일 수 없"는 "소망"을 실현할 수 있는 방법론은 무엇인가? 이러한 질문은 시 ②에 오면, "터지는 환희(歡喜)는 아쉬운 추억(追憶)/갈사록 새로운 이 비원(悲願)을"(「이날에 나를 울리는」) 어찌할 것인가로 구체화된다. 이에 대한 대답은 "소망"에 대한 "비원(悲願)"을 자각적으로 깨닫고 현재적 실천을 위해 과감하게 나서는 것이다. 시 ③은 바로 현재적 실천의 현장에 해당된다. "안으로 안으로만 닫았던 민족혼"이 마침내 전면에 표출되고 있는 것이다.

미완의 역사의 "소망"과 "비원(悲願)"에 해당하는 "민족혼"의 목소리에 대한 각성과 구제의 당위에 대한 인식은 현재적 실천 의지에 대한 결의를 낳게 된다. 과거의 꿈이 폐기되고 폐허화된 현실 속에서 그 꿈의 현재적 실현 의지를 지니는 것은 그 자체로 현실에 대한 비판과 저항의 중심에 서는 과정이 된다. 다음 시편에 이르면, 조지훈의 역사적 인식과 지사적인 실천 의지가 선명하게 드러나 있다.

그대 아름다운 상아(象牙)의 탑(塔)에서 나와
메마른 황토(黃土) 언덕 거칠은 이땅을 밟으라.

(…)

그대 약한 자의 벗
맨발 벗고 이 가시밭길을 밟으라.

여기 황야에 나를 이끌어
목 놓아 울게 하라.

이 세상 더러움
오로다 나로 하여 있는 듯
오늘 신음(呻吟)하는 무리 앞에
진실로 죄로움을

—「그대 형관(荊冠)을 쓰라—미(美)의 사제(司祭)가 부르는 노래」 부분

시적 화자는 스스로 자신을 향해 명령한다. "그대 아름다운 상아(象牙)의 탑(塔)에서 나와/메마른 황토(黃土) 언덕 이 땅을 밟으라". 대학의 관념적인 학문의 울타리에서 나와 "이 세상 더러움", "오늘 신음(呻吟)하는 무리"들을 구원하는 현실 변혁의 길에 직접 나설 것을 지시하고 있다. 그는 점차 스스로 "모가지를 비틀리어 붉은 피를 뚜욱 뚝 흘리면서 죽어갈지라도 배신(背信)할 수 없는 이 지조(志操)의 절규(絶叫)"(「빛을 부르는 새여」)를 지킬 것을 다짐하기도 한다.

이때, 조지훈은 어느새 실천적 지성의 전위에 서게 된다. 그의 "지조론"이 큰 울림으로 설파되는 자리가 여기이다. "지조란 것은 순일한 정신을 지키기 위한 불타는 신념이요, 눈물겨운 정성이며 냉철한 확집이요, 고귀한 투쟁이기까지 하다. (…) 이 금력과 권력 앞에 목숨으로써 방파제를 이루고 있는 사람들은 지조의 함성을 높이 외치라."[12] 사회정의의 지표로서 지성인의 역할이 준엄한 비판적 지성의 언어로 전면에 개진되고 있다. 전통적인 회고 취향이 미래지향적인 역사적 대응력으로 전화된 현장이다.

5. 결론

조지훈은 시적 출발부터 누구보다 깊고 유장한 어조로 고전적 미의식을 노래했다. 그래서 그의 시 세계는 퇴락한 전통적 소재들에 대한 아름다움과 그리움의 정서가 자주 등장한다. 이 점은 그의 시적 태도, 성향 등을 집약적으로 보여 주는 『문장(文

12) 조지훈, 『지조론』(나남, 1996), 167쪽.

章)』지를 통한 등단작 「고풍의상(古風衣裳)」, 「승무(僧舞)」, 「봉황수(鳳凰愁)」, 「향문(香紋)」 이래 지속되는 특징이다. 그의 시 세계의 기본적인 본령은 "회고취미"와 한국적인 전통미이다. 그러나 그의 이러한 고전 지향성은 과거형에 닫혀 있지 않고 미래가치로 열려 있는 특성을 지닌다. 그에게 과거의 시간은 사라진 시간이 아니라 현재에 대답을 요구하고 미래시간의 묵시적 지침으로 작동한다. 그리하여 그의 시 세계에서 고전적 미의식은 전통지향적인 소재의 외적 형식과 선율뿐만 아니라 내적 정신과 영혼을 구현하는 면모를 견지한다.

그러나 그의 회고적 성향은 과거형이 아니라, 오히려 미래가치로서 의미를 지닌다. 그의 애상적인 그리움의 언어를 통해 되살아난 과거의 시간은 미래의 시간의 은밀하고 묵시적인 지침으로 작동한다. 문제는 과거의 요청에 적극적으로 응답하는 것이다. 그래서 과거의 현재 속의 상속권을 되찾아 주는 현실 속의 실천적 의지가 요구된다.

이러한 조지훈의 시적 세계관은 발터 벤야민의 메시아적 시간관에 상응한다. 그의 메시아적 시간관은 기존의 자본주의적 시간관이 배제한 살아 있는 과거의 사실을 역사철학적 성찰의 대상으로 불러들인다. 그리하여 그는 메시아는 미래에 강림하는 것이 아니라 과거 속에서 추동한다는 것을 강조한다. 그래서 그에게 '지금시간'은 억압받고 죽어 가는 것들을 소생시키는 혁명적 시간이다. 그러나 혁명적 순간은 저절로 도래하지 않는다. 주체의 공감 능력과 정신의 깨어 있음이 요구된다. 현재가 허약한 것이 아니라, 매 순간 오는 메시아를 알아보고 도래를 위해 실천하지 않는 것이 문제라는 인식이다.[13)]

조지훈의 시 세계가 실천하는 지성의 언어로 전면에 등장하는 지점이 여기이다. 그의 시적 삶에서 역사적 변혁을 위한 결기는 민족적 전통의 미의식과 정신을 미래의 좌표로 재생시키고자 하는 실천 의지이다. 그의 시적 출발에 해당하는 "회고적 에스프리"가 지사적인 역사적 응전의 길로 인도해 간 역정의 결과이다.

---

13) 최성만, 「발터 벤야민의 몇 가지 신학적 모티에 관하여」, 『인문학연구』, 44집(조선대학교 인문학 연구원, 2012), 388쪽.

참고문헌

1차 자료

정지용. 「시선후」. 『문장』 2권 2호(1940).
조지훈. 『조지훈 전집 1』. 나남, 1996.
조지훈. 「시작의 비밀」. 『조지훈 전집 2』. 나남, 1996.
조지훈. 「시와 인생」. 『조지훈 전집 4』. 나남,1996.
조지훈. 『지조론』. 나남, 1996.

2차 자료

김동리. 「자연의 발견」. 『문학과 인간』. 청춘사, 1952.
김문주. 「조지훈의 '서경시'에 함축된 시적 전통의 성격」. 『한국문학이론과비평』, 35집(한국문학이론과비평학회, 2007).
문덕수. 「민족시의 방향과 주체적 미학의 정립」. 『조지훈 연구』. 고려대학교출판부, 1978.
오탁번. 「지훈 시의 의미와 이해」. 『현대문학산고』. 고려대학교출판부, 1976.
오형엽. 「조지훈 시의 미학적 원천 연구」. 『민족문화연구』, 88권 0호(고려대 민족문화연구원, 2020).
이숭원. 「조지훈 시의 내면 구조」. 『20세기 한국 시인론』. 국학자료원, 1997.
이희중. 「조지훈 시의 애상성 연구」. 『비평문학』, 30호(한국비평문학회, 2008).
최성만. 「발터 벤야민의 몇 가지 신학적 모티에 관하여」. 『인문학연구』, 44집(조선대학교 인문학 연구원, 2012).
최동호. 「조지훈의 등단 추천작과 그 시적 전개」. 『한국시학연구』, 제28호(한국시학회, 2010).
최성철. 「파국과 구원의 변증법- 발터 벤야민의 탈역사주의적 역사철학」. 『서양사론』, 79호(한국서양사학회, 2003).
벤야민, 발터. 『문예비평과 이론』. 이태동 역. 문예출판사,1989.
______. 『발터 벤야민의 문예이론』. 반성완 역. 민음사, 1992.
______. 『보들레르의 파리』. 조형준 옮김. 새물결, 2008.

「고전적 미의식과 역사적 대응력」에 대한 토론문

여태천

『청록집(靑鹿集)』(1946), 『풀잎 단장(斷章)』(1952), 『조지훈 시선』(1956), 『역사(歷史) 앞에서』(1959), 『여운(餘韻)』(1964)에 이르는 조지훈의 시 세계와 그 변화를 하나의 개념으로 해석하기란 어려운 작업이다. 그럼에도 불구하고 「고전적 미의식과 역사적 대응력—조지훈론」은 조지훈의 회고취향이 현실 변혁의 실천적인 지성으로 전이되어 간 내적 과정을 추적하고 있다는 측면에서 의미 있는 연구이다. 발표자는 조지훈의 시적 세계관이 발터 벤야민의 메시아적 시간관에 상응한다는 전제하에 조지훈의 시적 변화의 과정을 면밀하게 살핀다. 이 또한 조지훈의 시를 해석하는 새로운 접근 방법이어서 그 과정과 결과가 궁금할 뿐만 아니라 주목할 만하다. 토론자의 질의가 연구자의 발표와 조지훈 시 연구의 생산적 논의에 도움이 되기 바란다.

첫 번째 질문은 조지훈의 시적 세계관과 발터 벤야민(1892-1940)의 시간관에 대한 것이다.

초기 발터 벤야민은 예술작품을 신학적, 형이상학적 사유의 대상으로 봤다. 사적 유물론을 접한 중기 이후 「기술복제시대의 예술작품」(1935)과 「역사의 개념에 대하여」(1940) 등에서 볼 수 있듯이, 그는 예술을 사회 현실의 변화와 그 사회적 의미 및 기능을 중심으로 이해하려고 했다. 이 점에서 발표자가 이야기한 "전통지향의 고전적 미의식 역시 사회, 역사적 대응의 시편들과 일원론적인 내적 개연성 속에서 다룰 때 온전히 규명될 수 있을 것으로 파악"된다는 가설은 의미가 없지 않다. 특히나 조지훈이 보여 준 '전통지향의 고전적 미의식'에 자리하고 있는 '시간'에 대한 이해가 발터 벤야민의 태도와 합치되는 부분이 어느 정도 있기 때문이다. 발표자의

"조지훈의 시적 삶의 과정은 바로 이와 같은 발터 벤야민의 메시아적 시간의식 속에서 조망하면 좀 더 선명하게 그 윤곽을 이해할 수 있다"는 전제 또한 동의를 얻기에 충분해 보인다.

그러나 한편으로는 발터 벤야민과 조지훈의 예술작품에 대한 인식의 차이를 인정하지 않을 수 없다. 발터 벤야민은 표상과 의식, 그리고 시간의 신화적이고 서사적인 연속성을 파괴해야만 진정한 구원이 가능하다고 했다. 역사든 작품이든 초시간적 재구성의 대상이 아니며 오히려 '지금시간'에 구제되기 위해 파괴되어야 한다. 말하자면 예술작품은 그것이 속해 있던 연관관계에서 떨어져 나옴으로써, 연관성이라는 가상을 파괴함으로써 비로소 현재 속에서 구성되고 구제되는 것이다. 조지훈과 발터 벤야민의 인식 차이가 여기 있다. 발터 벤야민이 신화적 폭력 속에 몰락해 가는 진보의 역사와 그로 인한 폐허에서 인간을 구제하려는 메시아적 노력을 보여 주었던 것처럼, 조지훈의 후기 시편들에서 한국전쟁과 1960년 4월 혁명 이후, 권력의 횡포로 인해 상실된 인간성을 회복하려는 적극적인 태도를 어렵지 않게 발견할 수 있다. 예술작품을 통한 구원 혹은 구제가 사회와 역사 전체라는 것이 두 사람의 공통점이라는 데 이의가 없을 것이다. 하지만 그 방식은 약간 다르게 보인다. 발터 벤야민이 알레고리적 파괴의 과정을 거친다면 조지훈은 어느 모로 보더라도 그것과는 다른 낭만주의적 침잠에 가깝다. "전통적인 고전정신의 현재적 재생을 노래하고 그 방법론을 추구"했던 조지훈의 시적 세계가 휴머니즘 전통에 기대고 있으며 미적 조화를 추구했다는 평가 역시 존재하고 있기 때문이다. 실제로 발표자가 "회고적 취향은 소재주의적 차원을 넘어 고전적 미의식에 대한 내적 감응과 감각화를 지향한다"고 기술했을 때의 그 '고전적 미의식'이 발터 벤야민이 비판했던 휴머니즘 전통, 미적 가상, 관조적 감상 등과 크게 다르지 않으며 다소 비슷해 보인다. 조지훈의 '고전적 미의식'이 휴머니즘 전통, 미적 가상, 관조적 감상과 어떻게 다른지를 부각시킨다면, 이 논문의 문제의식이 더 돋보일 것이라고 생각한다.

두 번째 질문은 조지훈의 회고취향이 현실 변혁의 실천적인 지성으로 전이되어 간 내적 과정을 보강할 수 있는 작품 해석의 문제이다.

"한 작품 속에 필생의 업적이, 필생의 업적 속에 한 시대가, 그리고 한 시대 속에 전체 역사의 진행 과정이 보존되고 지양되어 있다"(「수집가이자 역사가 에두아르트 푹

스」)는 발터 벤야민의 생각처럼, 한편으로 조지훈의 선적이며 회고취향인 작품에서 현실 변혁의 실천적인 지성의 단초를 발견할 수 있으며, 또 한편으로 현실 변혁의 실천적인 작품에서 선적이며 회고취향의 단서를 읽을 수 있을 것이다. 후자의 경우는 그 접근이 다소 용이한 반면, 전자의 경우엔 쉽지 않아 보인다. 그 이유는 후기의 조지훈은 역사적 사실을 시적 진리로 바꿔 놓으려고 했지만, 그의 초기 작품들에서 황폐화된 현실에 대한 역사 인식을 발견하기 쉽지 않기 때문이다. 그럼에도 불구하고 이 연구에서 그 가능성을 찾고 있다는 점은 매우 의미 있는 일이다.

예컨대 「승무」에서 발표자는 "'별빛'은 '먼 하늘'의 '별빛'이기도 하지만 승무를 통해 각성된 마음의 '별빛'으로도 해석된다"고 했다. "복사꽃 고운 뺨에 아롱질 듯 두 방울이야/세사(世事)에 시달려도 번뇌는 별빛이라."라는 구절에 대한 해석이 매우 중요해 보인다. 이 구절이 무한한 의식의 고양으로 끝나는 것이 아니라 자신을 포함한 현실에 대한 성찰적 비판을 드러낸다고 볼 수는 없을까? 지금까지의 해석은 대체로 '번뇌'를 '별빛'으로 승화, 혹은 고양하는 것으로 이뤄져 왔다. 그런데 여기서 승무를 보고 있는 화자의 입장("정작으로 고와서 서러워라.")이 아니라면 그 느낌은 조금 다르지 않을까 생각한다. 지금 추고 있는 승무가 오늘 밤만이 아니라 이후에도 계속될 수밖에 없음을 알고 있는 승무의 주체라면 '별빛'조차 '번뇌'로 보일 여지가 없지 않다. 바뀌지 않는 삶과 현실이 한 개인의 내면에서 이렇게 변용될 가능성도 있을 것이다.

세 번째는 발표문에서 다소 아쉬웠던 부분에 관한 것들이다.

3장 '그리움과 재현의 노래'에서, 발표자는 "과거의 현재화, 과거와 현재의 경계를 해소시키는 과정으로서 '그리움'은 조지훈 시편의 중심음으로 빈번하게 등장한다"고 했다. 그런데 '그리움'이 「그리움」에서 "아득한 영혼"이라는 사실, 「불은 살아 있다」에서 "永遠한 하늘의 불"로 형상화된다는 사실, 「묘망」에서는 "먼 海溢에 젖어 오는 그 목소리"라는 점 등으로 보아, 그 '그리움'을 정서의 차원에서 다룰 수만 없을 것 같다. 조금 더 적극적으로 의미를 부여해도 괜찮지 않을까 생각한다. 또한 4장 '"어제의 꿈"과 역사적 변혁 의지'에서 조지훈의 역사적 변혁 의지가 촉발되는 사회역사적 맥락과 관련된 작품 해석이 다른 작품 해석에 견주어 다소 가벼운 방식으로 기술되고 있다는 점은 조금 아쉽다.

조지훈 문학의 원류와 시론의 방향

매체와 창작 흐름과 관련하여

유성호

1. 조지훈의 문학과 사상의 원류

조지훈은 이른바 '청록파' 시인으로 가장 인지도가 높지만, 국학과 시론(詩論) 분야에서도 독보적 일가를 이룬 전인적 지식인으로 한국 근대사에 기록되어 있다. 척박한 우리 지성사에 매우 굵은 획을 그은 그는 그 점에서 개인적 차원의 서정시에 머물렀던 시인이 아니라 매우 입체적인 사상적, 미학적 흔적으로 남아 있는 분이 아닐 수 없다. 탄생 100주년을 맞아 온전한 조지훈의 입상(立像)을 다시 한번 기념하고 기리려는 시점에 선 우리로서는 특별히 시와 관련하여 남긴 그의 논지(論旨)들을 살피되, 그의 생애나 창작 흐름과 함께 조지훈 문학의 역사성과 독자성을 탐색해 보려고 한다. 먼저 그의 문학과 사상의 원류가 어떻게 형성되었는지 그 줄기를 간략하게 검토해 보도록 하자.

지훈(芝薰) 조동탁(趙東卓, 1920-1968)은 경북 영양군 일월면에서 태어났다. 이곳은 한양 조씨 일색의 집성촌으로서 지훈의 집은 그 종가였다고 한다. 이름난 선비였던 조부는 당대의 인습개혁에 앞장섰고 자녀들을 동경 유학까지 시켰는데 해방 후 제헌 국회의원이었던 조헌영이 바로 지훈의 부친이다. 조부는 '삼불차(三不借)'를 내세워 사람과 돈과 글을 빌리지 않는다 할 정도로 인물과 재력과 문장에 대한 자부심이 대단하였다. 지훈은 어린 시절 조부에게서 한학을 배웠으며 정규학교는 전혀 다니지 않다가 열여섯에 상경하여 조선어학회에 출입하기 시작했으며 혜화전문학교 문과에 입학하여 3년간 다닌 것이 학교생활의 전부였다. 그러나 한학 교양이 워낙 몸에 밴 조숙한 청년 지훈은 아버지의 영향으로 민족주의적 독립투사들을 많이 접했고, 시인 가운데서는 한일합방 때 자결한 한말의 시인 황매천과 일제강점기 시인이자 선사였던 한용운을 가장 존경했다고 한다. 그는 열일곱 때부터 시를 쓰기 시작하여, 열아홉 되던 1939년 「고풍의상」과 「승무」로 『문장』에 추천을 받아 등단하였다. 이때 그의 시에는 전통적 세계가 전통적 시어와 정조 속에 우아하게 담겨 있었다. 해방 후에는 『청록집』 발간에 참여했으며 1952년 첫 시집 『풀잎단장』을 비롯하여 네 권의 시집을 냈다. 그는 꾸준히 시작을 계속했으나 해방 후에는 학자와 논객으로서의 활동 때문에 해방 전 시세계를 넘어서는 점진적 진경을 이루지는 못했다고 할 수 있다.

조지훈은 생애를 일관하여 동양적 선비의 멋과 지조를 중시했다. 훤칠한 키에 장발을 하고 팔을 휘저으며 걸었으며 혜화동 고갯마루에 이르면 버릇처럼 걸음을 멈추고 흰 두루마기를 걷어붙이며 도봉을 우러러보았다. 특히 그의 걸음걸이는 특이하여 박목월은 그를 두고 "전혀 그 시대의 청년답지 않고, 한가롭고, 그야말로 한만(閑漫)하였다. 그의 풍모에서 나는 절개 있는 선비와 세련된 풍류객의 양면을 느낄 수 있었다"라고 말하였다. 독학으로 문학, 철학, 사회과학을 탐독한 그는 해방 직후 순수문학의 논객이 되었으며, 그 후 『한국문화사서설』을 펴냈고 특히 고려대학교 민족문화연구소 소장으로서 민속학 방면의 관심을 총화하여 『한국문화사대계』의 방대한 기획을 실행하기도 하였다. 자유당 집권 시절 이승만의 송시 청탁을 "나는 누구든 살아 있는 사람의 송시는 쓰지 않는다"라고 단호하게 거절하였으며 1960년대에는 한일협정 비준 반대에 나서는 등, 시에서는 전통적 순수 세계를 추구한 반면 정치적으로는 지조 있는 지식인으로서의 삶을 일관되게 살아갔다. 이러한 생애는 그의 시적 형상과 시론, 그리도 다수의 산문에 그대로 각인되어 나타난다고 할 수 있을 것이다.

2. 조지훈 문학의 발생론으로서의 『문장』

조지훈의 등단 매체인 『문장』은 김연만을 발행인으로 하고, 이태준이 편집주간, 그리고 김용준과 길진섭이 책의 갖가지 그림을 맡아 1939년 2월에 창간된 월간 문예지이다. 이는 1941년 4월에 26호를 끝으로 종간할 때까지 일제강점기 조선문학의 마지막 등불이자 마당 역할을 톡톡히 했다고 할 수 있다. 그만큼 『문장』은 일제말기 문단의 가장 중요한 매체였을 뿐만 아니라, 그 안에 근대문학과 고전문학을 동시에 집중적으로 수록함으로써 매우 독특한 미학적 교두보로서의 역할까지 담당하였다. 따라서 동시기에 최재서에 의해 발행되었던 『인문평론』과 비교하여 『문장』은 그동안 고전주의를 핵심 속성으로 평가받아 왔던 것이다. 『문장』은 그 사례로 고전문학을 지속적으로 발굴하고 소개하였는데 그 처음을 여는 창간호에서부터 당시로서는 생소했을 고전 작품을 대중에게 소개하는 기획을 꾸렸다.[1] 말하자면 '조선적인 것'의 탐구를 위해 문학 유산을 부활시키고자 하는 기획이 그 창간 의도에 포함되어 있었던 것이다. 물론 이러한 『문장』의 고전 중시 경향은 당시 한국문학의 흐름을 그 후경(後景)으로 한다. 일제 말기로 갈수록 일제는 조선에 대한 통제를 거세게 했는데, 이러한 위기 상황은 조선 지식인이나 문인들로 하여금 '전통'에 대하여 새로운 관심을 가지게끔 하였다. 이처럼 '조선적인 것'에 대한 관심은 일차적으로는 정치적 위기의 산물이었다고 할 수 있는데, 그만큼 1930년대 우리 매체에는 전통 혹은 고전을 연상시키는 내용이 매우 자주 나타날 뿐만 아니라 고전 작품들을 적극 발굴하고 소개하는 흐름도 다양하게 형성되었다. 그 이면에는 물론 국학 연

1) 『문장』에 처음 소개된 고전 작품은 혜경궁 홍씨가 쓴 「한중록」이다. 이 작품은 가람 이병기의 주해를 붙여 1940년 1월까지 모두 열두 차례에 걸쳐 연재되었고, 상허 이태준의 『문장강화』에도 훌륭한 문체의 사례로 빈번하게 인용된 바 있다.

구나 한글운동의 축적이 가로놓여 있지만, 심미적 예술성의 성숙과 반(反)근대주의 지향이 깊이 어우러져 있기도 하였다. 이병기, 이태준, 정지용은 그 핵심 인물들인데 이들은 『문장』의 이념적, 정신적 기획의 중추였을 뿐만 아니라 한국문학 최초로 신인 선고위원을 맡아 그 역할을 수행하기도 하였다.

오래전 한 문학사에서는 『문장』의 지향을 심정적 저항으로서의 민족주의로 간주한 바 있다.[2)] 그것은 가람과 상허 중심의 상고주의에 대한 적극적 인준 방식으로 드러난 것이다. 그 결과 『문장』에 참여한 필진들은 대부분 1920~30년대의 한글 연구자, 경성제대 조선어문학과 등 조선학 관련 연구자들이 상당수를 차지한다는 분석이 뒤따랐다. 이들이 결속하여 만들어 낸 필진이 여러 조선학 관련 잡지와 『문장』을 적극 연결했다는 것이다. 이러한 사례는 『신흥』, 『조선어문학회보』, 『진단학보』 등으로 이어지는데, 경성제대 인맥에 의해 만들어진 『신흥』(1929. 7~1937. 1)은 조선어문학, 철학, 사회학, 민속학 등 다양한 전공을 망라한 학술지였고, 경성제대 법문학부 조선어문학 관련 연구자들을 주요 필진으로 삼은 『조선어문학회보』(1931. 7~1933. 7)는 기존 한글연구 단체의 대중적이고 민족주의적인 성격과의 경계를 분명히 하면서 실증주의 등 학문 연구로서의 성격을 분명히 한 전문 학회였다. 그리고 당시 대표적 국학 연구자들이 참여했던 『진단학보』(1934. 11~1941. 6)는 조선어문학뿐만 아니라 민속학, 역사학 등 제반 학문 분야를 다룬 외연이 매우 넓은 매체였다. 이들 학술지들이 가지는 전문성에 비할 때 『문장』은 학술적 전문성이 약하여 상대적 비전문성을 띠었다. 학문적 전문성 내에서의 연구를 통한 논쟁이나 입장 표명이 위의 학술지들에서 개진되고, 익명의 광범위한 대중을 상대로 한 입장 표명이 신문 지면에서 이루어졌다면, 『문장』에서는 전문 연구자들이 개괄적 설명과 요약의 방식으로 논쟁 성과를 정리하고 선별하였던 것이다. 하지만 『문장』은 전문적 연구의 요약 및 개괄 성격으로 인한 비전문적 소박함에 비해, 수필 등 비전문적 영역의 학술적 지향성 그리고 동일 필자들의 다른 지면에서의 전문성을 함께 실었다. 이렇게 본다면 『문장』은 '조선학'이라는 근대적 전문 분과학문이 그것을 전유하는 집단으로서의 대중을 교육하고 창출하는 장(場)으로서 역할을 했다고 볼 수 있다. 일종의 대중교육과 독자 생산 메커니즘을 통한 전문 독자군(群)을 창출해 낸 것이다. 결

2) 김윤식·김현, 『한국문학사』(민음사, 1973).

국 『문장』은 가람, 상허, 지용을 중심으로 저항적 민족주의에서 근대에 대한 회의로서의 반근대, 근대에 대한 저항으로서의 탈근대, 파시즘적 동일화에 맞선 차이에의 지향 등을 구현하였다고 할 수 있을 것이다. 이때 우리는 이들이 만들어 내고 창출해 낸 제도적 주체와 방법 그리고 실질적으로 그들이 넓혀 놓은 새로운 문학장에 깊이 주목하게 된다.

원래 이병기가 주도적으로 수행한 고전 숭상 기획은 1920년대의 이른바 '국민문학파'를 거쳐 1930년대의 『문장』을 통해 확고한 개성을 드러내게 된다. 한국 고전문학 최고의 예술적 수준은 조선시대 여성들에 의해 달성되었다는 이태준의 주장은 가람의 오래된 지론을 이은 것이었으며 정지용 역시 가람의 영향 아래서 고전을 탐독하는 과정이 여기 펼쳐진다. 가람은 1930년대 후반 고전부흥운동이 성행하고 『문장』을 통해 그것이 정점에 이르기까지의 과정에서 정신적 수장과 같은 역할을 담당하였다. 이때 『문장』파를 표상하는 자연 사물 가운데 하나가 바로 '난(蘭)'이었는데, 『문장』 초기 연구에서는 '난'과 『문장』 사이의 관계를 편재적으로 파악한 바 있다. 이때 '난'을 벗하는 행위는 『문장』파 공통의 취미이자 그들 특유의 정신적 지향의 기호라고 할 수 있다. 그들의 상고주의를 구성하는 요소 중에서 특히 두드러지는 것이 조선조 사대부 문화에 대한 친화라고 한다면, 완란(玩蘭)의 취미는 이러한 친화의 선택적 방향에 그대로 대응하기 때문이다. 이렇게 '난'으로 상징되는 전통에 대한 『문장』파의 애착은 현저한 것으로서 그것의 첨예한 극단을 정지용의 오연한 댄디즘과 상허의 처사벽에서도 발견할 수 있을 것이다. 『문장』파의 정신적 지표를 전통 선비의 기품으로 요약할 때, 가람은 상허, 정지용의 호고벽(好古癖) 의식 뒤에 한 선비의 전형으로 존재하고 있었고, 지사적 선비가 아닌 옛 선비의 예도와 풍류의 상속자로 마음 깊이 존재하였다.[3)]

이처럼 고전부흥론을 통해 고양된 '전통주의'는 『문장』의 창간과 함께 보다 명료화된 형태를 띠게 되었다. 『문장』은 범문단적 성격의 문예지였지만, 편집진은 고전부흥운동의 연장선에서 활동하였다. 이들의 전통 지향적 관심은 내간체 문장을 긍정하게끔 하였고, 고전론을 통한 민족공동체에 대한 역사적 감각을 일깨웠고, 사대부의 심미적 문화를 깊이 숭상하게끔 해 주었다. 1930년대 후반 이러한 문학의 전

---

3) 황종연, 「한국문학의 근대와 반근대」(박사학위논문, 동국대학교, 1991).

통주의는 국학의 성장을 통해 강화된 전통 의식과 서양 추수적 근대주의에 대한 반감의 결합 형태였을 것이다. 이렇게 『문장』은 고전문학 재발견의 작업을 주도했으며 가람, 상허, 지용의 우정 속에서 고전 숭상, 전통 존중의 정신을 노선으로 공식화한 것이다. 겨우 스물 나이의 조지훈은 그러한 문학적, 사상적 흐름에서 문단에 등장하였고, 『문장』 출신 누구보다도 그러한 경향을 적극 자기화한 인물이다. 당시 선자(選者)였던 정지용은 조지훈을 이렇게 평가한 바 있다.

> 趙 君의 懷顧的 에스프리는 애초에 名所古蹟에서 捏造한 것이 아닙니다. 차라리 固有한 푸른 하늘 바탕이나 高邁한 磁器 살결에 無時로 去來하는 一抹雲瑕와 같이 自然과 人工의 極致일까 합니다. 가다가 明鏡止水에 細雨와 같이 뿌리며 나려앉는 悲哀에 artist 趙芝薰은 한 마리 白鷺처럼 도사립니다. 詩에서 깃과 죽지를 고를 줄 아는 것도 天成의 氣品이 아닐 수 없으니 詩壇에 하나 '新古典'을 紹介하며…… 쁘라-보우![4]

이때 지용의 추천을 받은 것 가운데 다음 작품은 조지훈의 전통주의와 현실 투시가 결속한 대표작일 것이다. 몰락한 왕조의 고궁을 소재로 하여 나라 잃은 울분과 수심을 표현한 작품인데, 그 안에는 『문장』이 지향했던 역사의식이 최대치가 담겨 있다.

> 벌레 먹은 두리기둥 빛 낡은 丹靑 풍경 소리 날아간 추녀 끝에는 산새도 비둘기도 둥주리를 마구 쳤다. 큰 나라 섬기다 거미줄 친 玉座 위엔 여의주 희롱하는 쌍룡 대신에 두 마리 봉황새를 틀어 올렸다. 어느 땐들 봉황이 울었으랴만 푸르른 하늘 밑 甃石을 밟고 가는 나의 그림자. 패옥 소리도 없었다. 品石 옆에서 정일품 종구품 어느 줄에도 나의 몸둘 곳은 바이 없었다. 눈물이 속된 줄을 모를 양이면 봉황새야 구천에 호곡하리라.
>
> —「봉황수(鳳凰愁)」 전문

'봉황수'란 망국의 우수나 근심을 말하는데 고궁을 퇴락시킨 요소인 '벌레', '산새', '비둘기'가 나라를 망하게 한 비유체들임을 암시한다. 첫 문장은 나라 잃은 후

---

4) 정지용, 「詩選後」, 『문장』(1940. 2), 171쪽.

방치되어 퇴락한 고궁 모습을 보여 준다. 산새도 비둘기도 둥주리를 마구 친 추녀 끝 풍경은 봉황새의 모습을 더욱 비감스럽게 한다. 둘째 문장은 대궐 안 옥좌 모습인데, "큰 나라 섬기던 거미줄 친 옥좌"라는 구절은 나라의 몰락 요인이 사대주의였음을 암시하면서 '봉황새'라는 거창한 환상의 새와 대조를 이룬다. "어느 땐들 봉황이 울었으랴만"이라는 구절은, 조선조의 역사 역시 자랑스러운 것이 아니었음을 암시해 준다. 그러나 과거를 돌이켜 보는 현재 모습, 푸른 하늘 밑에서 추석을 밟고 가는 그림자를 바라보는 것은 더욱 비감한 일이다. 넷째와 다섯째 문장은 '없었다'의 반복을 통해 추석 위를 걸어가는 화자의 비감함을 고조한다. 패옥 소리도 들리지 않고, 품석만이 있을 뿐 그 벼슬의 주인공들은 간 곳이 없다. 그 어디에도 망국인이 된 자신의 자리가 없음을 느낀 화자의 눈에 눈물이 북받치지만, 그 슬픔 속에서 다시 봉황새를 보며 '눈물이 속된 줄'을 깨닫는 화자의 마음은, 덧없이 무너진 옛 왕조의 역사를 슬퍼하며 눈물 흘리는 것이 부질없는 감상임을 깨닫는 것으로 이어진다. 이때 이 시편은 복고적 비애를 넘어 예리한 역사의식으로 나아간다. 망국의 비애를 고전적 소재를 통해 나타내면서 표현에서도 비애를 안으로 절제하는 고전미를 보여 준 것이다. 이는 일제 말기 파시즘 체제에서 하나의 미학적 태도이자 느림과 견딤의 미학으로 파시즘 사회에 저항하는 한 방식이었을 것이다. 또한 이를 일러 『문장』 미학의 한 정점이라고 불러도 손색이 없을 것이다. 그만큼 조지훈 문학의 첫 모습은, 『문장』이 추구하고 기획했던 전통 숭상과 파시즘적 동일화에 대한 차이에의 지향을 온몸으로 받아들인 채 펼쳐져 간 역사적 실체였던 것이다.

3. 해방 후 지훈 시론의 흐름과 『시문학』

3인 공동시집 『청록집』은 을유문화사에서 1946년 6월에 출간되었다. 우리에게 '청록파'로 기억되는 시인들이 펴낸 이 시집은 '자연'을 근대시의 주요 대상으로 아름답게 재현해 낸 독자적 성취이다. 그리고 우리말의 리듬과 이미지를 높은 예술적 형상 속에서 구현함으로써 이 시기의 가장 화려한 사화집으로 등극되기도 했다. 박목월은 자연을 신성으로까지 끌어올리는 상상적 미학의 시편을 썼고, 박두진은 특유의 메시아니즘과 유토피아주의를 보여 주었고, 조지훈은 고전에 대한 감각과 자연에 대한 내밀한 서정을 통해 그만의 격조를 보여 주었다. 당시 조선문학가동맹과는 비판적 거리를 취하면서 시의 순수성과 미학적 차원에 초점을 맞추었던 이 시인들은 정치의식을 시의 표면에서 최대한 걷어 내고 서정성을 제고하였고, 모어의 미학적 탐구를 통한 예술성 개척, 보편적 인생론의 성찰, 자연에 대한 천착 등을 주제로 하는 시편들을 쏟아 내어 우리 현대시의 자기 성숙에 깊이 기여하였다고 할 수 있다.

일제 말기에 이들을 『문장』으로 등단시킨 정지용은 해방기에 이르러 조선문학가동맹과 거리를 좁히면서 활동하였다. 하지만 그는 식민지시대의 화려했던 자취와는 다르게 그만의 시적 진경을 보여 주지 못했다. 그럼에도 불구하고 정지용은 이들 후배 시인들에게 여전히 커다란 그늘이자 발생론적 역상(逆像)으로 존재했다. 『청록집』 제호는 정지용 시집 『백록담』(1941)과 뚜렷하게 마주 보는 형국을 취한 것이기 때문이다. 정지용은 1948년에 정음사에서 나온 후배 시인 윤동주 유고시집 『하늘과 바람과 별과 시(詩)』 서문에서 자신이 "8·15 후에 부당하게 늙어간다"고 썼다. 해방 후 자기 시세계에서 한 발짝도 진척을 보이지 못했던 그는 후배 시인의 유고 앞에서 "무릎을 꿇고" 분향을 하며 "무시무시한 고독에서 죽었고나!"라고 외쳤지만, 그 '무시무시한 고독'은 해방기에 시로써 나아가지 못하고 산문에만 매달린 그 스스로의 것이었을 것이다. 결과적으로 정지용은 조선문학가동맹에서 활동하다가 남한 단독정부가 서자 보도연맹에 가입하는 등 굴곡 많은 고독한 세월을 보냈다. 이러한 정지용의 행보 사이로 청록파 시인들은 박용철이 20여 년 전 펴낸 순수서정의 아이콘 『시문학』 제호를 다시 따서 잡지를 창간하게 된다. 전쟁 직전의 일이다.

『시문학』은 발행인을 박목월로 편집인을 조지훈으로 하여 1950년 1월에 창간되었다. 판권 난을 보면 1949년 8월 16일에 '허가번호 제240호'를 얻었고, 1950년 1월 27일 인쇄했다고 표기되어 있다. 인쇄일을 곧 발행일로 볼 수는 없겠지만 표지에도 1950년 1월이라 표기되어 있으니 창간호는 1950년 1월에 나온 것이 틀림없다. 더구나 제2호가 1950년 4월 25일 발행인데 박목월이 편집후기에서 창간호 이후 석 달 만에 나왔다는 회고를 하고 있으니 창간호는 1월 발행이 틀림없다. 창간호 체재를 보면, 먼저 '송시(頌詩)'란에 김영랑 시편을 싣고 있는 것이 이채롭다. 『시문학』이라는 제호가 영랑으로 대표되는 시문학파의 이념과 방법과 성취를 적극적으로 잇고자 하는 것이며 자신들이 그 시문학파의 미학적 적자(嫡子)임을 책 전면에 명시한 것이다. 그리고 유치환, 박두진, 조지훈, 장만영, 김춘수 등 5인의 시편이 실렸고, 조지훈이 쓴 시론(詩論) 「시(詩)의 언어적(言語的) 생성(生成)」이 게재되었다. 그리고 유치환, 서정주, 장만영, 조지훈, 박목월, 김동리가 1949년 10월 10일에 참여한 '청소시담(淸宵詩談)'을 싣고 있는데, 시와 종교와 구도와 취미와 예술과 철학과 정신과 언어를 키워드로 하여 여섯 명의 시인 작가가 자신의 문학관을 피력하고 있다. 다음은 창간호에 박목월이 쓴 편집후기의 일절이다.

> 풀밭같은 자리가 所願이였다. 詩를 쩌느리즘에 맡겨버리기 싫은 것이며, 그 마음이란 雜된것에서 순결한 것을 추모하는 마음이다. 허나, 마음대로 되지 않는 것이 세상일이다 위선 原稿難이었다.
>
> 풀밭같은 자리를 좋아한다는 것과 이룩하는 作業과는또 다른 것임을 첨 깨달아야 하였다.[5)]

박목월이 강조하고 있는 것은 잡된 것을 걸러 내고 순결한 것을 추구하는 마음인데, 이는 분단 직후 순수서정의 주류화에 대한 강력한 의지를 드러낸 것이라고 할 수 있다. 그리고 창간호 속표지에는 '을유문고' 광고가 실려 있고, 아직 월북 전이었을 박태원의 『성탄제』가 등장하고 있고, 박태원이 역주(譯註)한 『이충무공행록』도 실렸다. 『문장』 출신들이 을유문화사에 두루 포진되었던 것과 맥을 같이 하는 광고였을 것이다.

제2호는 전쟁 직전인 1950년 6월 5일에 출간되었다. 표지에는 '조지훈 편집'이라는 표현이 표나게 강조되어 있다. 이한식, 김상옥, 김윤성, 이원섭, 조병화, 김홍섭 등의 시편이 실렸고, '현대시(現代詩)의 제 문제(諸問題)'라는 이름으로 1950년 4월 25일에 좌담회를 가져 서정주, 조지훈, 이한직, 이인수, 박목월이 참여하였다. 거기서는 『청록집』과 『화사집』 이야기, 시의 절망과 구원에 관한 이야기가 오갔고, 미당이 그때까지는 임화, 오장환, 이용악 같은 이들을 언급하고 있다는 점이 눈에 띈다. 그리고 이인수의 「아이로니와 W. H. 오든」이 실렸는데, 이는 당시 새로운 모더니

5) 『시문학』 창간호(1950. 1), 50쪽.

즘운동에 깊은 영향을 준 오든 그룹에 대한 소개가 이루어진 것으로 볼 수 있다. 알다시피 『신시론』 1집과 2집이 발간된 것은 각각 1948년 4월과 1949년 4월로, 『시문학』 창간은 『신시론』이 나온 후이다. 『시문학』 2집에 신시론 동인인 김병욱이 「쌀르 보드레르의 약(藥)」을 실었다는 것은, 전쟁 전까지만 해도 아직 우리 문학의 이념적 분화가 완전하게 이루어지지 않았음을 입증하는 것이다. 그리고 '시인연구(詩人硏究)'라는 코너에는 장만영의 「석정(夕汀)의 시(詩)」가 실렸다. 장만영이 신석정의 손아랫동서이니 자연스럽게 쓴 글이라고 할 수도 있지만, 신석정이라는 시문학파 일원에 대한 예의도 작용했을 것이다. 그리고 구상의 「이한직론(李漢稷論)」, 윤복진의 「석중(石重)과 목월(木月)과 나」, 조연현의 「안정(安定)과 반항(反抗)」 등이 실렸다. 마지막으로는 박목월의 「사신함(私信函)」, 조지훈과 박목월의 편집후기가 이어진다. 제2호는 실질적으로 조지훈이 편집을 맡았다는 점에서 박목월과 조지훈이 이러한 『시문학』 구상과 기획과 실천을 주도했다고 볼 수 있을 것이다. 그러나 두 달 후 전쟁이 터졌고, 제3호는 그로부터 1년 후인 1951년 6월 15일, 표지에 '전시판(戰時版)'이라는 표시를 달고 나왔다. 표지는 김환기가 꾸몄고 발행 겸 편집은 박목월이 맡았다. 발행처가 대구시 공평동으로 되어 있고 박목월은 다음과 같은 속간사(續刊辭)를 쓴다.

> 刻迫한 戰時에 우리가 여기 조그맣고 가난한 詩雜誌 한 권을 가진다는 것은 戰時기때 문에 자칫 하면 興奮하고 규喚하는 그心情을 사느랗게 昇華시켜서 조용한 가운데 깊이 가슴에 맺히는 높은 뜻이 앉일 하얀 자리를 가지려 함에서다 그래서 神과같은 눈으로 이번 戰爭의 崇高한 듯을 살피고 느낄 것이다.[6)]

박목월의 이러한 발언은, 3호 편집후기에서 "나는 이 적은 雜誌가 우리의 民族과 自由의 높은 뜻을 받들어 싸우는 戰友의 손에 갈 것을 생각한다. 그들의 뜨거운 呼吸이 장차 이 자리에 옮아 올 것을 생각한다. 그것은 즐거운 일이었다"라는 말로 이어지면서, 전쟁 상황에서 순수서정시의 책무에 대해 그들이 강한 자의식을 가졌음을 알려 준다. 제3호에는 호세 리살의 「나의 마지막 작별(作別)」이라는 글이 변영로

---

6) 『시문학』 3호(1951. 6), 3쪽.

번역으로 권두에 실리는데, 다시 한번 시문학파의 등장이 이루어지는 대목이다. 이어 조지훈의 시론 「시(詩)의 전기(轉機)에 대하여」, 최정희와 전숙희와 장덕조가 참여한 '여류작가수필편(女流作家隨筆篇)'이 실렸다. 그렇게 종간호가 된 3호에는 동인으로 모두 여섯 사람의 이름이 적시되는데 박목월, 조지훈, 박두진, 이한직, 서정주, 유치환이다. 결국 『시문학』의 주체였던 박목월과 조지훈은 창간호 표지에 영랑 시편을 실음으로써 자신들이 순수서정의 흐름을 잇는 적통임을 강하게 내세웠고, 그만큼 그들 스스로 문단의 주류임을 선명하게 선언하였다. 10년 동안 존재론적 그늘이자 역상이었던 정지용으로부터의 독립 선언이요, 영랑으로부터 이어지는 순수서정의 주류화에 대한 강력한 의지 천명이었다고 할 수 있을 것이다. 『문장』 출신과 생명파가 합세하여, 타계한 김종한과 평양에 머물던 박남수 그리고 전쟁 전후로 사라져간 정지용과 김영랑을 빼고, 순수서정의 맥을 매체적으로 완성하려 했던 것이다. 이처럼 목월과 지훈은 지용의 수원(水源)으로부터 『문장』에서 발원하여, 지용과 마주 보는 대타적 기획을 『청록집』으로 수행한 후, 『시문학』이라는 매체적 기획을 통해 순수서정의 세대론을 완성하였다. 이들이 미당이나 청마와 함께 전후 한국 시의 주류가 된 것은 주지의 사실이지만, 순조롭게 계승된 것 같아 보이는 순수서정의 역사적 주류화에도 이러한 인적, 매체적 세대론이 잠복해 있었던 것이다. 조지훈이 해방 직후에 보여 주었던 순수서정에 대한 집착과 신념은 이러한 매체적 흐름과 관련지어 이해될 수 있다. 가령 조선문학가동맹에서 활약했던 정지용으로부터 떠나 자신만의 이념적 입지를 강하게 다져 나간 메타적 결실이 그의 순수시론이었다고 할 수 있는 것이다.

> 해방 후에 나타난 시의 대다수가 소재의 나열, 다시 말하면 사상이 완전히 혈액화되고 생활화되지 못하고 美感과 思想이 물에 기름 탄 것처럼 유리되고 있었다는 것을 말하지 않을 수 없습니다. 뼈다귀만 앙상한 개념적 사상에 격에 맞지 않는 서툰 옷을 입히고 혹은 케케묵은 감탄사를 연발하여 공감 이전에 비웃음을 사고 혹은 일편의 정서도 없는 얇은 지성을 가장한 이들 시는 한결같이 시 이전의 시였습니다. 따라서 해방 후 시단은 사이비 시의 범람기라고 부르지 않을 수 없는 것입니다. 민족적 감격이야 누가 막을 수 없겠지만, 오로지 감격의 안이한 배설이 시가 아니란 정도의 제약은 어느 때 어떠한 사람에게도 제시할 수 있는 것이며 또한 하지 않으면 안 될 문제일 줄 압니다. 오늘의 시인은 마땅히 추

잡한 뮤즈에게 포옹되어 값 헐한 감정을 배설하는 특권을 버리고 스스로 뮤즈를 창조하는 새로운 권리를 획득하여야 할 것입니다.[7)]

이러한 조지훈의 단호하고도 견고한 논지는 해방 후 조선문학가동맹의 다수 시인들에 대한 대타적 의식의 발화라고 할 수 있다. 임화, 권환, 박세영, 설정식, 이용악, 오장환 등이 주도한 조선문학가동맹 시편들은 조지훈의 시선에 "소재의 나열"로 비치거나 사상이 완전히 혈액화되고 생활화되지 못한 채 미감과 사상이 물에 기름 탄 것처럼 유리되어 보였다. 일제강점기에 임화가 권환에게 부여했던 '뼈다귀 시'를 연상케 하는 표현을 통해 조지훈은 그들이 "일편의 정서도 없는 얇은 지성을 가장한" 것이며 한마디로 그들의 시는 "시 이전의 시"라고 갈파하였다. 해방 후 시단을 일러 "사이비 시의 범람기"라고 명명하면서 지훈은 해방의 감격이 안이한 배설로 나타난 현상을 두고도 "값 헐한 감정을 배설하는 특권을 버리고 스스로 뮤즈를 창조하는 새로운 권리를 획득"해야 할 것이라고 주장하고 있다.

문화가 인위의 산물로서 자연을 이용하고 지배하여 오늘의 경탄할 업적을 낳기까지는 자연을 배반하지 않을 수 없었고 자연의 배반은 어느 점으로는 부자연을 낳았다는 것입니다. 만능의 신이 되려다가 동물이 되고 만다는 것은 인간을 기계화하는 경향에서 비롯되는 것이 아니겠습니까. 자연은 인간에게 非定律性이란 창조의 자율성을 주었습니다. 창조의 자율성으로 다른 동물과 구별되는 인간의 특질이 추구 확대된 究極에 제 손으로 제 목을 조르게 되었다는 것도 지나치게 자연을 배반하는 인간에게 주어진 자연한 운명이 아니겠습니까. 자연을 거세한다는 것이 자연에 지배되는 것이라는 말은 하나의 비극이라 하겠습니다. 그러므로 우리는 인간은 기계적이나 동물이어서 자연적이 되는 것이 아니라 도리어 인간적이고 자율적이어야 더 자연적이라는 진리를 찾을 수 있는 것입니다.[8)]

이어서 조지훈은 시에서의 인공과 이념의 폐해를 넘어 자연 지향으로 나아가야

---

7) 조지훈, 「해방 시단의 과제」(조선청년문학가협회 창립대회 강연). 권영민 「조지훈과 민족시로서의 순수시론」, 최승호 편, 『조지훈』(새미, 2003), 81쪽에서 재인용.
8) 조지훈, 「순수시의 지향」, 『백민』(1947. 3).

한다는 문화적 구상을 밝힌다. 가령 그동안의 문화가 자연을 배반하여 부자연을 낳았는데, 이러한 인간의 기계화를 극복하여 우리가 이르러야 할 차원은 자연이 허락한 "非定律性이란 창조의 자율성"이다. 이러한 창조의 자율성으로 인간은 어떤 구극(究極)에 이르러야 한다는 것이고, 자연 지배의 비극에서 벗어나 '자연적=인간적=자율적'이 되는 선순환의 구도를 짜야 한다는 것이다. 이것이 조지훈이 해방기에 강조한 순수시론의 요체이고, 이러한 자연 지향의 사유와 감각은 『문장』과 『시문학』의 흐름 속에서 형성하고 전개한 논리적 결절이 되는 셈이다. 그러한 매체적, 시대적 흐름 속에 정지용과의 만남과 결별이 있었고, 『청록집』 출간이 있었고, '순수시론'이라는 그의 거대한 시론적 버전의 탄생이 있었던 것이다.

4. 전통 논의와 자연 지향의 순수시론

전통이란 예술가들의 상상력의 원천이자 소재의 보고이며 창작 방법이나 양식 선택을 규율하는 미학적 전제의 총체이다. 시간의 흐름 속에 형성된 자기 규정성의 핵심적 전제이자 인자인 셈이다. 최근 우리는 일련의 탈(脫)근대 논의들이 전통에 대한 반성적 인식을 강력하게 불러오고 있음에 주목하고 있는데, 그것은 그동안 통합된 윤리적 규범에 의해서만 전통이 지탱되었던 것에 대한 근원적 반성이자 국수주의적 태도로의 회귀에 대한 경계를 동반한 반성이기도 할 것이다. 이러한 과정을 통해 우리는 문학에서 전통이 정태적이고 불변하는 영속체가 아니라 가변적이고 역동적인 창조적 개념이라는 재인식을 얻게 되었다. 이러한 전통의 함의를 근대시에 투사할 경우 우리는 어렵지 않게 자연 전통과 만나게 된다. 말할 것도 없이 고대가요로부터 중세시가를 지나 근대시에서 자연이라는 범주가 가지는 소재적 우세종으로서의 위치는 절대적이다. 근원적으로 자연은 원형성, 보편성, 경험적 직접성 등을 견지하며 모든 창작 주체의 경험 속에 광범위하게 녹아 있다. 물론 형상화 양상을 보면 보편적 사랑의 추구, 형이상적 관념의 대입, 자연 자체의 즉물적 묘사 등 여러 층위의 작법이 있었지만, 그 어느 것도 자연의 신성성을 거부한 사례는 찾아보기 힘들다. 그만큼 자연 전통은 매우 깊고 넓은 것이었다. 여기서 우리가 조지훈의 시에 나타난 자연 전통을 검토하려 하려는 이유는, 그의 시가 자연 사물로 하여

금 우리의 감각과 정신 혹은 현실과 이상을 통합적으로 드러내 주는 하나의 첨예한 차원으로 올라서게끔 해 주었기 때문이고, 자연 전통을 근대시의 미학적 차원으로까지 끌어올린 생생한 시사적 실례가 되어 주었기 때문이다.

우리가 잘 알고 있듯이, 조지훈은 민족 고유의 표상을 섬세하게 재현해 간다. 물론 그 안에는 나라 잃은 자의 슬픔과 탄식이 충일하게 배어 있지만, 더 깊게는 모든 살아 있는 자연 사물에 대한 관찰과 연민과 사랑이 그 안에 담겨 있다고 보아도 좋을 것이다. 미적으로 승화된 순연한 감각과 지사로서 가질 법한 역사의식이 조우한 시편들이 이때 씌어진다. 지훈의 초기시는 대체로 이러한 시선과 방법의 역사적, 미학적 산물이었다. '승무'를 소재로 하여 삶의 번뇌를 승화하려는 인간의 몸짓을 그린 다음 작품은 이때 씌어진 그의 또 하나의 등단작이다.

> 얇은 사(紗) 하이얀 고깔은/고이 접어서 나빌레라.//파르라니 깎은 머리/박사(薄紗) 고깔에 감추오고//두 볼에 흐르는 빛이/정작으로 고와서 서러워라.//빈 대(臺)에 황촉(黃燭)불이 말없이 녹는 밤에/오동잎 잎새마다 달이 지는데//소매는 길어서 하늘은 넓고/돌아설 듯 날아가며 사뿐히 접어 올린 외씨보선이여.//까만 눈동자 살포시 들어/먼 하늘 한 개 별빛에 모두오고//복사꽃 고운 뺨에 아롱질 듯 두 방울이야/세사에 시달려도 번뇌는 별빛이라//휘어져 감기우고 다시 접어 뻗는 손이/깊은 마음 속 거룩한 합장인 양하고//이 밤사 귀또리도 지새는 삼경(三更)인데/얇은 사 하이얀 고깔은 고이 접어서 나빌레라.
>
> —「승무(僧舞)」 전문

승무의 주인공은 꽃다운 나이에 비구니가 된 젊은 여인이다. 처음에는 고깔을 쓴 여승의 모습이 제시되고, 이어서 춤의 동작 곧 손과 발의 움직임이 나타나고, 다시 얼굴 모습이, 손의 움직임이, 고깔 모습이 제시된다. 이처럼 이 시편은 춤추는 이의 외면에서 내면으로, 내면에서 외면으로 다시 옮겨 가는 반복을 통해 춤의 정태적 모습과 동태적 모습을 보여 주고, 지상의 번뇌를 극복하고 해탈을 희원하는 구도자의 모습을 묘사해 간다. 승무의 동작에 어울리는 어감과 정조를 살리기 위해 '나빌레라', '파르라니', '살포시' 같은 섬세한 말을 적절하게 구사한 특징을 가지고 있다. 특히 '나빌레라'는 고어적 감탄형의 종지법으로서 어감의 미를 자아낼 뿐만 아니라 정태적 고깔의 모습을 동태적 나비의 정지 상태에 비유함으로써 다음에 보일 춤의 움직임을 예비하고 끝에 가서는 다시 살포시 날개를 접고 내려앉은 나비의 모습을 보여 주었다. 깊은 밤 아무도 없는 뜰에 이루어지는 승무를 연상하면, 끝없는 고뇌의 바다를 넘어 영혼의 안식과 평화를 찾고자 하는 가녀린 나비와 같은 여승의 간절한 움직임을 느낄 수 있다. 이때 "정작으로 고와서 서러워라"는 표현은 "복사꽃 고운 뺨에 아롱질 듯 두 방울"과 호응하면서 "먼 하늘 한 개 별빛"에 와서 번뇌를 넘어 해탈을 갈망하는 모습을 보여 준다. 춤이 진행되어 갈수록 내면은 더 맑고 가볍게 상승하는 듯한 느낌을 주는데, 이러한 느낌은 별빛을 바라보는 데서 절정에 달한다. 세사에 시달려도 번뇌는 별빛으로 빛나는 초탈의 경지는 미완의 상태로서 일종의 끝없는 구도 과정을 불러오게 된다. 지상의 까만 눈동자는 별빛에, '번뇌는 별빛'이라는 표현은 '아롱질 듯 두 방울'에 연결되어 인간적 고뇌와 종교적 승화 사이의 긴장을 보여 준 것이다. 한껏 상승되고 고조되던 춤 동작이 느린 가락으로 바뀌면서 마음과 몸을 단정하게 모으는 모습으로 변하고 처음의 나비와 같은 모습이 반복 비유됨으로써 마무리된다. 시인은 이 시편에서 "돌아설 듯 날아가며 사뿐히 접어 올린 외씨보선이여"라는 구절에 가장 고심했다는데, 이는 곡선과 상승의 느낌을 특징으로 하는 우리 고유의 선(線)의 미학을 표현하고자 한 것으로 정중동의 경쾌한 날렵함을 보여 주며, 시행 끝마다 나오는 감탄형 종결어미의 사용도 그런 상승의 느낌을 주는 데 기여하고 있다. 이러한 세계는 역시 초기작인 「고풍의상(古風衣裳)」과 함께 조지훈 시학의 전통 지향성을 충실하게 보여 준다.

「고풍의상」은 역시 고전의 우아한 아름다움을 섬세하게 보여 준 시편이다. 앞부분에서는 아름다운 옷맵시에 어울리는 그윽한 봄밤의 배경을 보여 주고, 봄밤의 배경은 객관적 묘사 결과가 아니라 고풍의상에 어울리는 전통 미학의 공간으로 제시된 것이다. 그 안에 한복 입은 여인의 자태가 나타나는데 회장저고리에 대한 묘사가 이어진다. 파르란 구슬빛 바탕, 자줏빛 호장, 하얀 동정의 색의 대비와 조화가 선명하다. 치마 주름의 곧은 선이 내려올수록 곡선 속에 동화되어 물결치는 열두 폭 치마의 모습을 보여 준다. 치마 끝에 보일 듯 말 듯 감추어진 고운 무늬의 신발 맵시는 발소리도 없이 대청을 건너 살며시 방문을 여는 여인의 자태를 나비에 비유되는 과정을 불러온다. 눈썹이 보일 듯 말 듯 고개를 숙이고 여인에게 나비처럼 '사풋이' 춤을 추라는 시인의 감흥이 전통미에 취하여 거문고 줄을 골라 춤의 가락을 맞추어 가고자 하는 차원과 연결된다. 이는 전통미와 일체화된 상태를 보여 준 것이다. 결국 이 작품은 전통에서 즐겨 소재를 취해 한국 고유미를 추구해 온 지훈의 시 가운데서도 특히 '선의 미학'이라 할 수 있는, 우아한 곡선의 세계(기와집, 저고리, 치마, 신발 등)가 '아른아른', '파르란', '살살이', '사르르' 등 특유의 'ㄹ' 음 중심의 상징어 구사 속에서 표현되었다. 전통 소재에 알맞게 예스러운 감각의 어휘들이 많이 나오며, '밝도소이다, 보오리니, 흔들어지다'와 같은 말씨도 예스러운 전통 지향의 분위기를 자아낸다. 이러한 전통 지향의 흐름은 다음과 같은 논지에서 환하게 발견된다.

> 시인은 민족시를 말하기 전에 그냥 시 자체를 알지 않으면 안 된다. 먼저 시가 된 다음 그것이 민족시도 되고 세계시도 될 수 있는 것이므로 시의 전통이 확립되지 못한 이 땅의 시가 민족시로서 세계시에 가담하기 위하여서 먼저 일어날 것은 순수시 운동이 아닐 수 없다. 순수시 운동은 곧 시의 본질적 계몽운동인 동시에 그의 발전이 그대로 민족시의 수립이기 때문이다. 시가 시로써 가진 바 그 본래의 가치와 사명을 몰각하고 시의 일부 인 자요 오히려 그 부수성인 공리성을 추출 확대함으로써 시의 전체로 삼고 자신의 문학적 창조와 개성의 무력을 엄폐하고 정치에의 예속, 정당과의 야합의 당위를 부르짖는 수다한 시인은 기실 시인이 아님으로써 민족문학의 지류는커녕 정치 *浮動勢力* 밑으로 추방될 성질의 것이다. 시는 시로써 저 자신과 민족과 인류에 기여할 것이니 시는 모든 사회 현상의 가치로 더불어 홀로 설 수 있는 개성을 고수할 것이므로, 정치건 무엇이건 시의 개성을 굴복시키려는 유파가 있을 때, 진실한 시는 언제나 순수시로서 그 정통성을 유지하는 것이다.[9)]

조지훈은 '시의 전통'을 논한다. '민족시'나 '세계시'도 결국에는 "시 자체"에 대한 자각에 기초해야 한다는 것이다. "시의 전통이 확립되지 못한 이 땅의 시"는 그 점에서 '민족시'와 '세계시'의 동시적 가능성으로서의 "순수시 운동"에 나서야 하는 것이다. 물론 이때의 순수시 운동이란 "시의 본질적 계몽운동인 동시에 그의 발전이 그대로 민족시의 수립"으로 이어지는 것이다. 시 본래의 가치와 사명을 몰각하고 시의 일부일 수밖에 없는 '공리성'을 바탕으로 한 "정치에의 예속, 정당과의

9) 조지훈, 「문학과 그 주변, 자연과 문학」, 『조지훈전집 3』(일지사, 1973), 312-313쪽.

야합의 당위를 부르짖는 수다한 시인"에 대한 공박이 자연스럽게 이어진다. 이들은 시인이 아니기 때문에 "민족문학의 지류"가 아니라 "정치 浮動勢力 밑으로 추방될 성질"을 가지고 있을 뿐이다. 그렇게 "시는 시로써 저 자신과 민족과 인류에 기여할 것"이기 때문이다. 그리고 조지훈이 보기에 시의 개성을 굴복시키려는 유파가 있을 때 진실한 시는 언제나 순수시로서 그 정통성을 유지하는 것이기 때문이다. 물론 이러한 반(反)공리성, 반(反)정치성으로서의 '순수시론'은 그 자체로 공리적이고 정치적인 담론일 수밖에 없다. 다만 특정 정파와 철저하게 대척점에 서는 공리성을 띠면서 이러한 담론은 다른 한쪽의 공리성을 구축하고 확장해 간 것이다. 그렇게 조지훈은 해방기의 열정적인 활동을 통해 조선문학가동맹의 동선(動線)과 반대편에서 순수시론의 전통을 발견하고 주장하는 일관성을 보였다. 이는 『문장』의 기획을 반파시즘의 사상으로, 『시문학』의 기획을 순수서정의 역사적 적자(嫡子)로 이어 가다가, 전쟁과 휴전을 겪으면서 순수문학 일변도로 기울어가는 흐름에 즈음하여 조지훈이 더욱 공고해진 순수문학의 외관을 보여 준 사례라 할 것이다.

5. 순수시론의 결정(結晶)으로서의 생명 시학

후기로 접어든 조지훈의 시는 자연에 대한 완상과 거기에 인생론적 순간의 깊이를 담아내는 역량이 더욱 원숙해져 간다. 초기에 고유의 선의 미학을 통해 정중동의 경쾌한 날렵함을 선보였고 고전적 소재를 통해 망국의 비애를 나타내면서 표현에서도 비애를 안으로 절제하는 고전미를 보여 주었던 지훈은, 이제 고독한 이의 다정함과 정한의 정서를 형상화해 간다. 이러한 속성들을 그의 시 독해 과정에 개입시킬 때, 우리는 풍요로운 지훈 시의 아포리아와 만나게 된다. 순수시론의 결정(結晶)으로서의 생명 시학이 거기에 펼쳐지고 있기 때문이다. 떨어지는 꽃을 바라보면서 느끼는 쓸쓸함과 자연의 섭리에 순응하는 마음을 노래한 다음 작품을 읽어 보자.

> 꽃이 지기로소니/바람을 탓하랴.//주렴 밖에 성긴 별이/하나 둘 스러지고//귀촉도 울음 뒤에/머언 산이 다가서다.//촛불을 꺼야 하리/꽃이 지는데//꽃 지는 그림자/뜰에 어리

어//하이얀 미닫이가/우련 붉어라.//묻혀서 사는 이의/고운 마음을//아는 이 있을까/저어하노니//꽃이 지는 아침은/울고 싶어라.

—「낙화(落花)」 전문

한시의 원리인 선경후정 구성으로 짜여 있고 배경은 꽃이 지는 아침을 택했다. 화자는 밤새도록 꽃이 지는 모습을 바라보고 있다. 꽃이 지는 것과 그에 대한 순응 자세는 모두 자연의 질서에 속하는 일이다. 이때 "꽃이 지기로소니/바람을 탓하랴" 라는 태도는 꽃이 지는 것이 바람 탓이 아니라 꽃 자신의 '이(理)' 때문임을 암시한다. '기(氣)' 때문이 아니고 '기'를 초월한 '이' 때문이라는 것이다. 아침보다 밤이 더 중요한 것은, 별이 스러지고 촛불을 꺼야 하는 시간이 "묻혀서 사는 이의 고운 마음"을 선명하게 나타내 주기 때문이다. 어둠에서 빛나던 것들이 소멸하고 빛이 세상을 압도하기 직전인 새벽에, 어슴푸레한 어둠 속에서 꽃 지는 그림자가 방문에 어리어 미닫이문이 은은하게 붉은 빛을 띠는 환영이 펼쳐진다. 사라져 가는 꽃의 마지막 아름다움을 선적(禪的)으로 표현한 것이다. 여기까지가 외적 풍경이라면, 풍경을 바라보는 화자의 내적 정서는 외로움과 다정함과 정한의 정서로 채워져 있다. 이렇게 마음속 세계를 남에게 드러내는 것을 부끄러워하는 화자는 전통적 선비의 모습을 취하면서 소리 없이 꽃이 피고 지는 것은 그 자체로 아름다움이며 자신도 그처럼 살고 싶은 마음임을 노래한 것이다. 풀잎 같은 작은 사물에 대해 노래한 다음 작품도 그 연장선상에 있다.

무너진 성터 아래 오랜 세월을 풍설(風雪)에 깎여 온 바위가 있다.
아득히 손짓하며 구름이 떠가는 언덕에 말없이 올라서서
한 줄기 바람에 조찰히 씻기우는 풀잎을 바라보며
나의 몸가짐도 또한 실오리 같은 바람결에 흔들리노라.
아 우리들 태초의 생명의 아름다운 분신으로 여기 태어나
고달픈 얼굴을 마주 대고 나직히 웃으며 얘기하노니
때의 흐름이 조용히 물결치는 곳에 그윽히 피어오르는 한 떨기 영혼이여.

—「풀잎 단장(斷章)」 전문

첫 문장은 풀잎이 피어난 배경을 그리고 있는데 거기에는 무너진 성터가 있고 그 아래 오랜 세월을 견딘 바위가 있다. 둘째 문장에서는 화자가 구름이 떠가는 언덕에 서서 한 줄기 바람이 흔들리는 풀잎을 바라보며 자기 자신도 그에 동화되어 가는 것을 말한다. 마지막 문장은 풀잎에 대하여 찬미하는 내용이다. '풀잎'은 우리들 태초의 생명의 분신으로서 이 세상이 생길 때부터 오늘날까지 쉬임없이 태어나고 살아 있는 생명이다. 그것은 생명이기 때문에 아름답고, 고달픈 이웃과 얼굴도 마주 하고 이야기한다. 그래서 그것은 시간의 흐름 속에 그윽히 피어올라 있는 순수한 한 떨기 영혼이다. 이처럼 조지훈은 물아일체의 생명적 자연관을 통해 생성과 소멸을 동시에 구현하는 시학을 보여 준다. 세계의 자아화가 '감정이입'이라는 서구적 상상력이고 '이물관물(以物觀物)'이 바로 우리 사유 방식임을 첨예하게 보여 준다. 이는 근대의 가파른 속도로부터 자기를 지키는 삶의 방식이기도 하였을 것이다. 이렇듯 조지훈의 시는 민족 고유의 표상에서 출발하여, 소소한 자연 사물들에 대한 사랑으로 이월됨으로써 생명 시학으로 나아간 것이다. 그 안에 내재한 공통의 힘은 사물과 내면의 상응을 통해 구축한 심미적 생명 의식이라고 할 수 있을 것이다.

> 대자연의 생명을 顯現시키는 시인은 먼저 天分으로 뜨거운 사랑을 가진 사람이 아니면 안 되고 노력으로 사랑하고자 애쓰는 사람이 되지 않으면 안 될 것이다. 왜 그러냐 하면, 대자연의 생명은 하나의 위대한 사랑이요, 그 사랑은 꿈과 힘을 지니고 있기 때문이다. 다시 말하면, 시는 생명 그것의 표현이요, 인간성 그것의 발현이다.[10)]

이 대표 시론을 통해 조지훈은 '시'는 모름지기 대자연의 생명을 현현시키는 직능을 수행해야 한다고 주장하였다. 아닌 게 아니라 그는 평생 생명 현상을 제유하는 소소한 사물들을 면밀히 관찰하고 표현하여 자연에 대한 "천분(天分)으로 뜨거운 사랑"을 보여 준 시인이다. "대자연의 생명은 하나의 위대한 사랑"이며 그것을 향한 사랑 안에는 "꿈과 힘"이 있기 때문이다. 그래서 결국 그것은 시의 생명이 되고 나아가 인간성의 발현으로 이어지게 된다.

---

10) 조지훈, 「시의 원리」, 『조지훈 전집 3』(일지사, 1973), 15쪽.

생명은 자라려고 하는 힘이다. 생명은 지금에 있을 뿐만 아니라 장차 있어야 할 것에 대한 꿈이 있다. 이 힘과 꿈이 하나의 사랑으로 통일되어 우주에 가득 차 있는 것이 우주의 생명이 아니겠는가. 우주의 생명이 분화된 것이 개개의 생명이요, 이 개개의 생명의 총체가 우주의 생명이라고 볼 수 있다.[11)]

대자연은 사물의 근본적인 원형으로서 여러 가지 의미를 실현하고 있다. 대자연의 일부인 사람은 그 자신 자연의 실현물로서만 존재하는 것이 아니라 창조적 자연을 저 안에 간직함으로써 다시 자연을 만들 수 있는 기능을 가지는 것이다. 대자연은 자연 전체의 위에 그 '본원상'을 실현하지만 반드시 개개의 사물에 완전히 나타나는 것은 아니기 때문에 어느 의미에서 시인은 자연이 능히 나타내지 못하는 아름다움을 시에서 창조함으로써 한갓 자연의 모방에만 멈추지 않고 '자연의 연장'으로서 자연의 뜻을 현현하는 하나의 대자연일 수가 있는 것이다. 바꿔 말하면, 시는 시인이 자연을 소재로 하여 그 연장으로써 다시 완미한 결정을 이룬 '제2의 자연'이라고도 할 수 있다.[12)]

나아가 생명은 그 스스로 신생하고 성장하는 힘이다. 그리고 장차 있어야 할 것에 대한 꿈을 안에 품고 있다. 이 '힘'과 '꿈'이 '사랑'으로 통합하여 "우주의 생명"으로 충일하게 번져 가는 것이다. 우주의 생명을 개개 생명으로 분화하고, 개개 생명의 총체가 우주의 생명을 이루게 된다. 그렇게 대자연은 사물의 근본적 원형으로서 인간 역시 자연의 실현물로서만 존재하는 것이 아니라 창조적 자연을 간직함으로써 자연을 재창조할 수 있게 된다. 대자연은 자연 전체의 위에 본원상을 실현하고, 시인은 자연이 능히 나타내지 못하는 아름다움을 창조함으로써 자연의 뜻을 현현하는 대자연이 될 수 있는 것이다. 자연 사물을 소재로 하여 다시 완미한 결정을 이룬 '제2의 자연'이 바로 '시'가 되어 가는 것이다.

시 창생의 유일한 질료는 언어이다. 시의 뼈와 살, 빛과 소리, 혼과 향기는 모두 언어 속에 깃들어 있다는 말이다. 그러므로, 언어 속에는 우주의 생명이 깃들어 있다고 하지 않을 수

11) 위의 글, 15쪽.

12) 위의 글, 12쪽.

없다. 그러나, 언어는 도리어 인간의 속에 있고 인생은 자연의 안에 있다. 사람이 창조하는 언어가 자연의 혈통을 받아 생명체로서 독립 환원하는 곳에 시의 생탄하는 보람이 있는 것이다.[13)]

조지훈은 그러한 생명 시학의 원재료로서 '언어'의 중요성을 강조하였다. 시 창생의 유일한 질료가 '언어'라는 것이다. 시의 뼈와 살, 빛과 소리, 혼과 향기를 이루는 것이 바로 '언어'인 까닭이다. 우주의 생명도 그 안에 있고, 언어는 인간 안에 있고, 인생은 자연 안에 있다. 인간의 언어는 이처럼 "자연의 혈통을 받아 생명체로서 독립"하여 "시의 생탄하는 보람"을 가져오게 된다.

이처럼 조지훈의 시론 전개는 전통시론, 유기체시론, 형이상시론, 순수시론, 생명시론 등으로 조감할 수 있을 것이다. 모두 우리 시사에 연면했던 리얼리즘이나 모더니즘, 혹은 정치 담론과 일정하게 역주행해 온 역사적 흔적으로 충일하다. 그 자신 견결한 정치적 의지로써 사월혁명에 크게 공감한 시인이었지만 시를 향한 메타적 사유에서만은 일관되었던 것이다. 그 점에서 조지훈의 순수시론과 생명 시학은 그의 생애, 창작 이력, 매체적 흐름, 귀속성 짙은 그룹 등의 역학에 의해, 혹은 그것을 선도해 가는 입장에서 제출되고 전개되고 심화되어 온 이른바 '본령정계'의 미학적 성취였다고 할 수 있을 것이다. 융융하고 심원한 사유의 응집이요, 한국 순수서정의 다함없는 자기 지표라 할 것이다. 한 가지 첨언하자면, 조지훈 시집 『역사 앞에서』(1959)에 실려 있는 시편들은 그의 이러한 순수시론으로 포괄되기 어렵다. 어쩌면 지훈은 이러한 속성에 대해서는 '시론'보다는 「지조론」(『새벽』, 1960. 3) 같은 산문 미학에서 적극 설파해 가는 특성을 보여 주었다. 이러한 '시론/산문'의 정치적, 미학적 분리 현상은 다음 과제에서 살펴보려고 한다.

13) 위의 글, 33쪽.

「조지훈 문학의 원류와 시론의 방향」에 대한 토론문

김종훈

발표문은 조지훈의 시론을 전통시론, 유기체시론, 형이상시론, 순수시론, 생명시론 등으로 분류하고 '생애, 창작 이력, 매체적 흐름, 귀속성 짙은 그룹 등의 역학 관계' 등을 고려하여 그 전개 양상에 필연성을 부여했다. 다소 산재된 시론들을 현재의 관점에서 정리하는 한편, 당대의 맥락을 종합적으로 파악하여 후대 연구가 범하기 쉬운 일방적 시선을 벗어나게 해 주었다는 점에서 귀감이 되는 글이라 판단된다. 조지훈 시론의 특성과 형성 과정에 대해 발표문을 읽으며 들었던 질문을 두서없이 옮기면 다음과 같다.

발표문이 주목하는 『문장』이 지닌 '고전'에 대한 경도는 조지훈의 시와 시론을 이해하는 데 중요한 시사점을 지니는 것으로 판단된다. 잡지의 초기 추천자로서 조지훈에게 주어진 기대와 부담은 상당했을 것 같다. 같은 시기 또는 이후 등장하는 추천 대상이 김종한, 박두진, 이한직, 박남수 등이었던 것을 고려하면 『문장』 측에서 그에게 고전적 성격을 특화하려 했던 것은 아닐까 싶기도 하다. 이들 시의 성격이 전통과 고전의 성격에 부응한다고 보기 어렵기 때문이다. 발표문에서 언급했듯 조지훈의 시를 '신고전'이라 말했던 정지용의 일갈은 『문장』의 성격에서 왔으며, 다분히 의도적이었던 것이라 할 수 있을 것 같다.

실제 조지훈의 시는 『문장』 추천(1939-1940)부터 최근 온전한 형태로 공개된 육필 시집 『지훈시초』(1943-1945)를 경유하여 『청록집』(1946) 발간까지 추천자인 정지용의 영향을 소재적인 면이나 형태적인 면에서 깊이 받았다는 것을 확인할 수 있다. 그러나 이후로는 그 영향을 극복하려는 모습을 보인다. 그러나 '고전'은, 『문장』이나 정지용의 영향력 감소와 함께 스러지기에는 어릴 때부터 공부한 한학과 불교의 토대가 굳건하여, 시대에 따라 다른 형태로 출현하는 것처럼 보인다. 시에서는 고전적 소재를 통해서, 시론에서는 동양 시론을 포함한 보편적 시론을 통해서, 국학에서는 민속학을 포함한 한국문화 분류사를 통해서 이 고전에 대한 관심이 표현되고 확산된다고 봐야 하지 않을까 싶다. 한 가지 더 발표문에서 주목하고 싶은 것은 그가 분단 이후 줄곧 실천적 지식인으로 활약한 모습 또한 이 고전과 연관되지 않았나 싶기도 하다. 개인적 기호에서건 시대적 제약에서건 『문장』의 편집위원들이 '예도와 풍류의 상속자'로서 고전적 풍미를 향유했다면, 그들이 가지 못했고 않았던 '지사적 선비'의 모습을 조지훈에게서 찾을 수 있기 때문에 그렇다.

『시문학』과 김영랑에 관련한 논의 또한 한국 시사에서 소홀히 여긴 부분의 맥락을 보충하는 중요한 논의로 판단된다. 청록파 탄생 및 행보와 관련한 논의는 특히 분단 이후 남한 주류 시의 기원에 관한 논의와 닿아 있기 때문에 그 중요성이 크다. 이에 대한 논의는 『청록집』을 '정지용의 『백록담』의 발생론적 역상'으로 파악한 데에서 시작한다. 논의를 요약하면 청록파는 김영랑을 주목하는 것으로 정지용에게서 독립을 선언하고, 그 증표로 1950년 『시문학』 제호로 문예지를 발간한다는 것이다. 이와 관련하여 덧붙일 것이 있다면 박두진의 회상이다. 『청록집』 발문을 정지용이 맡아 주기로 했는데, 어찌된 일인지 싣지 못했다고 그가 말한 적이 있다. 정지용과의 균열은 『청록집』 발간 당시부터 서서히 나지 않았나 싶기도 하다.

조지훈의 '순수시론'은 인용문에서도 언급되었듯 '껍질'과 '뼈다귀'의 포엠과 결별하는 것을 목적으로 둔다. 우파 논객이었던 그에게는 당연한 주장처럼 보인다. 그런데 그의 순수시론은 소위 '민족시'와 닿아 있다는 점에서 여전히 이데올로기를 함유한다. 그의 순수시는 순수문학론을 주창했던 당대 김동리의 이념을 공유하는 것 같은데 '생명시론'은 이와 같은 시대적 한계를 벗어나려는 노력의 소산처럼 보인다. 생성과 변화와 공평의 시학이기도 한 이 생명시론에는 주체의 관념이 들어설 자리가 사실 비좁아 보인다. 한편 『역사 앞에서』 이후의 시편은 생명시론보다는 이데올로기가 투영된 순수시론(?)과 연관성이 깊어 보인다. 발표문에서는 이와 같은 문제를 해결하는 열쇠로 「지조론」 등의 산문을 상정하고 있는데, 그 산문들이 '지사적 선비'의 다른 형상이라는 점을 고려하면 '고전'의 영향력을 다시 떠올리게 된다. 그렇다면 급작스럽게 변모한 결과가 아니라 태생적인 특성의 또 다른 버전으로 『역사 앞에서』 이후의 시편들을 이해할 수 있지 않을까 싶기도 하다. 오히려 '생명

시론'이 그의 시론에서 예외적이고 우연적인 자리를 점유하는 것은 아닐까. 발표문에서 언급된 시편들의 창작 연대(「낙화」[1943], 「풀잎단장」[1942])와 시대적 배경을 고려했을 때 들었던 생각이다.

전후 지식인 사회와 조지훈의 위치

김건우

1. 들어가며

이제까지 조지훈에 대한 연구는 그의 시와 시론, 한국문화론에 대한 연구에 집중되었다. 지성사적 시각에서 조지훈을 논한 것을 연구사에서 찾아보기란 어렵다. 조지훈의 사상이나 생각을 논한 경우라도 저작을 통해 조지훈을 따로 떼어 내어 언급하는 경우가 대부분이었다. 그렇지만 지성사적 접근이란 기본적으로 발화의 맥락을 고려하는 것이고, 이를 위해서는 발화 당대의 담론 장을 조심스럽게 살펴야 한다. 이 글에서는, 길지 않은 생을 살았던 조지훈이지만, 해방 후 약 20년 동안 그가 남긴 생각들을 각각의 맥락에 따라 추적해 볼 것이다. 이를 통해 전후 지식인 사회의 구도에서 조지훈이 어떤 좌표에 있었는지를 드러내고자 한다.

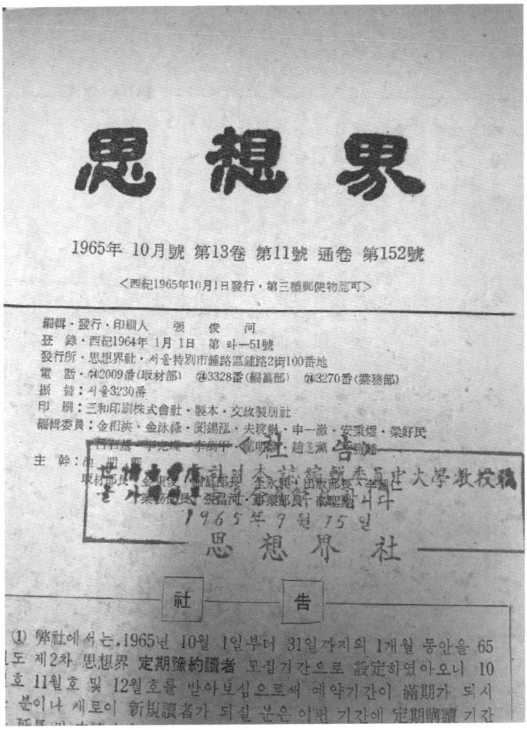

思想界

1965年 10月號 第13卷 第11號 通卷 第152號

<西紀1965年10月1日發行·第三種郵便物認可>

編輯·發行·印刷人 張俊河
登錄·西紀1964年 1月 1日 第 라—51號
發行所·思想界社·서울特別市鍾路區鍾路2街100番地
電話·㉒2009番(取材部) ㉒3328番(編纂部) ㉒3270番(業務部)
振替: 서울3230番
印刷: 三和印刷株式會社·製本·文政製册社

1965年 9월 15일
思想界社

社 告

① 弊社에서는, 1965년 10월 1일부터 31일까지의 1개월 동안을 65
도 제2차 思想界 定期豫約讀者 모집기간으로 設定하였아오니 10
호 11월호 및 12월호를 받아보심으로써 예약기간이 滿期가 되시
분이나 새로이 新規讀者가 되실 분은 이번 기간에 定期購讀 기간

<그림 1>『사상계』, 152호(1965년 10월)

우선 한 장의 문헌자료로부터 논의를 시작하자. 〈그림 1〉은 『사상계』 1965년 10월호의 속표지이다. 조지훈이 사회적 발언을 하던 마지막 시기의 자료이다.

10월호 속표지의 편집위원 명단이 인쇄된 자리에, 푸른색 도장이 찍혀 있다. "본지 편집위원 중 대학교수직을 가지신 분들은 전원 해촉합니다"라는 소인이 1965년 9월 15일자로 표시되어 있다. '사고(社告)' 두 글자 사이에 조지훈의 이름이 선명히 보인다. 조지훈은 1963년 1월호부터 시작하여, 이 '사고'에 따라 공식적으로 1965년 9월호까지 『사상계』 편집위원으로 활동했다. 9월 15일자로 편집위원에서 해촉되었으므로, 10월호에 인쇄된 편집위원 명단은 무효가 되었다. 어떤 사정이 있었던 것일까.

1965년 한일협정 비준에 반대하던 여론을 이끌던 중심 매체는 잡지 『사상계』와 『동아일보』였다. 정부 당국은 매체에 대한 압력과 별도로, 비준반대 활동을 하던 인사들을 각개 격파하고자 했는데, 그 한 방식이 해당 대학교수들에 대한 '정치교수' 낙인과 징계였다. 한일협정 비준 반대 운동을 벌이던 인사들 중 조지훈이 포함된 대학교수 21명을 문교부가 '정치교수'로 표적하고 소속 대학에 파면을 요구한 것은 한일협정의 국회 비준 직후였다. 이후 1965년 9월 4일 연세대와 고려대에 무기휴업령을 내리는 등 정부와 대학 간 줄다리기가 계속되었고, 13일경에 이르러 해임은 피하는 선에서 중징계를 하기로 타협이 되었다.[1)]『사상계』 1965년 10월호 속표지의 사상계 편집위원 해촉 소인은 이런 와중에 취해진 조치였던 것이다. 말하자면, 『사상계』가 편집위원 등 주요 필자들을 보호하기 위해 불가피하게 내린 결정이었던 셈이다.

인생의 마지막 몇 년간 조지훈은 공화당 정권에 대항했다. 조지훈이 문제 삼은 것은, 공화당 정권의 반민족적 행태였다. 이 시기 1960년대 초중반은 정권과 지식인 사회 전반이 민족주의를 놓고 온통 들끓던 때였다. 조지훈을 조금이라도 이해하는 사람이라면, 그가 이런 소용돌이 바깥에 있었으리라 생각할 수는 없을 것이다. '민족주의자 조지훈', 그렇지만 이렇게 언급하는 것만으로는 부족하다. 그의 '민족주의'는 구체적으로 어떤 의미를 가진 것인가. 지식인 사회에서 그의 좌표는 어디에 있는 것인가. 그가 '발언'을 하던 해방기부터 되돌아보기로 한다.

2. 해방기의 원 장면

해방기 조지훈의 원 장면 하나를 보자. 제헌국회가 출범하는 1948년 7월, 『민국일보』를 통해 조지훈은 「건국이념을 밝히라—제헌국회에 보내는 글」을 발표했다. 잘 알려져 있듯, 해방기 문단의 좌우익 논쟁에서 우익의 전투적 논객으로 이미 활동한 바 있는 조지훈이 정부수립 직전에 쓴 이 글은, 조지훈의 사유의 원형질 하나를 추리하게 하는 의미가 있다.

파시즘과 공산주의를 경계하는 선에서 인도주의적 민족주의와 온건한 사회주의를 끌어안을 것을 주문하는 이 글에서 조지훈은, 우리 역사의 바람직한 국가이념의 한 모델로 '신라적 이념'을 이야기한다. "고구려와 백제의 성격을 지양한 것이 신

---

1) 「학원파동 해빙 무드」, 『동아일보』, 1965년 9월 16일, 3면.

라"이며, "오늘날 우리 민족의 연원으로서의 형성은 통일신라에서 비롯되었다"는 것이다.[2] 신라적 "국민도(國民道)"의 수립을 주장하는 이 글은, 어떻게 읽어도 국가주의의 자장에서 벗어나 해석하기 어렵다. 신라와 국민도를 이야기하는 것은, 같은 청년문학가협회의 주축 김동리의 큰형 김범부의 화랑도를 떠올리게 하며, 조지훈이 해방 이전 인연을 맺었던, 훗날 일민(一民)주의를 주창해 이승만 정권의 이데올로기를 수립한 안호상을 생각나게 한다.[3]

조금 뒤의 일이지만, 전시기 문총구국대의 일원으로 활동하던 1951년 『국방』지에 실은 글 「국민도의 수립에 대하여—화랑도의 현대적 부흥의 의의」에서 조지훈은, 다소 순화된 형태이긴 하나 국방부 정훈국장 이선근의 1950년 저서 『화랑도 연구』를 떠올리게 하는 논의를 펴기도 했다. "국민도라 함은 한 나라의 국민이 지키는 길이다. 국민된 자로서 제 국가에 바쳐야 할 바 길을 가리켜" 국민도라 할 수 있으며, 좁게는 "국민생활의 규범을 이루는 것"이라고 하고, 국민도의 세계사적 대표 사례로 일본의 무사도, 희랍의 스파르타 정신과 함께 신라의 화랑도를 들었다.[4]

때는 전시였고, 정훈국 소속 문인으로 전쟁에 참전한 종군작가였음을 감안한다 하더라도 이런 생각은 명백히 국가주의적이다. 오랜 시간이 지나서도(예컨대, 1960년의 『고대신문』 기고글 「썩지 않은 민족정기를 후세에 바로 전하라」) "민족정기", "민족적 대아(大我)"와 같은 표현을 줄곧 사용한 데서[5] 이런 생각이 조지훈의 사유의 중요한 바탕을 차지하고 있음을 가늠하게 한다.

확실히 조지훈은 해방기 국가주의 면모를 견지하면서 우익의 대변인 중 한 사람으로서 역할을 맡았다. 그런데, 학계에서는 조지훈이 해방기 우익을 대표하는 논객으로만 알려졌을 뿐, 실제 그 논리가 어떠한 것인지에 대해서는 찬찬한 고구가 없었다. 단순히 '우익'이라는 레테르로 조지훈의 해방기가 다 설명될 수 있을까. 1946

---

2) 조지훈, 「건국이념을 밝히라—제헌국회에 보내는 글」, 『조지훈전집 5』(나남출판, 1996), 191-192쪽.

3) 조지훈은 회고에서, 해방 전인 1942년경 당시 보성전문학교 교수로 있던 안호상의 집에 기거하면서 원고 정리를 도운 일이 있다고 했는데, 자세한 경위는 확인되지 않는다.

4) 조지훈, 「국민도의 수립에 대하여—화랑도의 현대적 부흥의 의의」, 『조지훈전집 5』, 207-208쪽.

5) 조지훈, 「썩지 않은 민족정기를 후세에 바로 전하라」, 『조지훈전집 5』, 219쪽.

년 조선공산당의 돌연한 신탁통치 지지에 대해, 조지훈의 비판 논리에는 이런 구절도 포함되어 있었다. "약소민족으로서의 피압박의 굴레를 벗는 전민족적으로 무산계급인 우리의 혁명을 위하여서는 조급한 계급의식의 고조로 민족통일전선을 교란하고 싶지는 않습니다."[6] '무산계급', '민족통일전선'과 같은 용어들은 어떻게 등장하는 것인가.[7]

1947년 3월에 발표한 글 「민족문화의 당면과제」는 해방기 조지훈의 위치와 관련해 의미 있는 내용을 담고 있다. 이 글에 등장하는 '계급혁명'과 같은 용어들은, 물론 조지훈이 좌익과 논전하던 시기임을 감안하여 읽어야 하지만, 정세 파악에서 예민한 어휘들을 사용하고 있음은 충분히 주목할 만한 가치가 있다. 조지훈은, 현 시기 당면과제는 민족사회 혁명이며, "민족사회 혁명은 민족해방과 계급해방을 동시 전취하는 것"이라고 하면서 '민족적 민주주의'라는 어휘를 수차례 반복해서 사용한다. 맥락이 드러나도록 충분히 인용해 본다.

> 민주주의는 먼저 강대 민족의 억압에 대한 약소민족 항쟁으로서의 민족주의가 되어 (…) 다음 자본가 전횡에 대한 무산계급 운동으로서 사회주의가 되어, 토지분배로써 경제균등의 민족적 정치의 구현, 의무교육으로써 기회균등의 민주적 문화건설을 기획하는 것이다. 이는 민족적 민주주의에 근거하는 것이다. (…) 민족주의는 마땅히 인도주의에 입각함으로써 배타적 독선주의를 사상(捨象)할 것이요, 사회주의는 또한 문화주의에 제약을 받아 급진적 과격주의를 버릴 것이며, (…) 문화주의가 사회주의 경제와 연락된 이상 봉건적 특권주의는 마땅히 배제될 것이 아닌가. 여기서 비로소 민족문화 혁명이 곧 그대로 인류사회 혁명이념에 통하는 논리적 근거를 찾을 수 있다.[8]

해방기 다수 중도파의 존재나 제헌헌법의 경제균등에 대한 지향성 등을 고려할 때, 조지훈의 생각을 당시 담론 지형에서 특별히 좌파적인 것이라 해석하기는 어렵

---

6) 조지훈, 「민족시의 밤 개회사」, 『조지훈전집 3—문학론』(나남, 1996), 238쪽.

7) 본고에서는 '파시즘적 협의'의 가능성은 배제하고 논의를 진행한다. 이에 대해서는 후일 재론이 필요할 수 있다.

8) 조지훈, 「민족문화의 당면과제」, 『조지훈전집 5』, 250-251쪽.

지만, 김동리 등 문단의 여타 우익들이 서 있던 위치에 비해 매우 전향적인 지점에 있는 것은 분명하다.

조지훈은 이어서 말한다. "민족사회 혁명은 먼저 민족혁명을 그 형식으로 하고, 다음에 계급혁명을 그 실질적 내용으로 한다." 형식과 내용으로 구분하지만, 선후 관계가 있다. '먼저' 민족혁명', 그 다음에 '계급혁명'이 있다. 오늘날 이 땅의 "계급 의식이란 강대민족의 자본에 대한 약소민족으로서의 무산계급 의식이기 때문에 기실 민족의식의 오도적 표현"이다.[9] 요컨대, 민족모순이 계급모순에 우선한다. 같은 글에서 조지훈은, 이런 논리에 입각해 박헌영 노선을 비판한다. "그들의 문화정책은 표면으로는 전민적(全民的) 연합 협의를 표방함으로써 극좌적 경향을 배제하면서 이면의 연결은 극좌 정당에 예속하는 기만성"을 보인다는 것이다. 따라서 "순수한 정통 좌익은 다른 곳에서 찾지 않을 수 없는 것"이라고 했다.[10]

해방기 조지훈이 사용한 '민족적 민주주의'라는 용어가 훗날 1960년대가 되어 등장한 민족적 민주주의와 같은 함의를 가진다고 단정하기는 물론 어렵다. 그렇지만 조지훈의 이런 생각이, 한참의 시간이 흐른 1964년 6·3 국면에서, 공화당 정권에 대항하는 학생들과 진보적 민족주의자들의 주장과 공명하는 현상을 낳게 된 하나의 근거가 되었으리라는 점은 추론할 수 있다.

3. 문협 주축들과의 이반(離反), 그리고 세계문화자유회의

1955년경까지도 조지훈은 김동리, 서정주, 조연현 등 문협을 장악한 청년문학가협회 출신 주축들과 일정한 관계를 유지하고 있었던 것으로 보인다. 『현대문학』이 창간된 1955년 조지훈은 시 월평을 담당하는 비중 있는 역할을 했다. 사실 『현대문학』의 창간사 "본지는 현대라는 개념을 순간적인 시류나 지엽적인 첨단의식과는 엄격히 구별할 것이다. 본지는 현대라는 이 역사상의 한 시간과 공간을 언제나 전통의 주체성을 통해서만 이해하고 인식할 것이다"[11]의 메시지는 조지훈의 생각과

9) 위의 글, 253-254쪽.
10) 위의 글, 255쪽.

그대로 일치한다.

그런데 그 이전, 1954년 3월 예술원 선거에 이은 파동 후 6월에 발표된 글을 보면, 조지훈은 김동리 등을 비판한 문총(전국문화단체총연합회) 원로파도, 청년문학가협회파(예술원파)도 아닌, 양자 모두를 비판하는 입장을 드러냈다. 조지훈은 당시를 "예술원이나 문총이 이제는 다 같이 정부의 어용기관으로 몇 사람에 의하여 농단되는" 상황으로 보고 비판했다.[12] 말하자면 조지훈은 개인적 친분 관계나 인연, 이해관계에 집중하던 문인들의 행태와 상당히 다른 면모를 보인 것이다. 조지훈은 문단, 예술계의 상황을 보다 큰 맥락에서, 즉 정치적 상황의 맥락에 놓고 판단했다. 이 당시 조지훈은 이미, 자유당 정권의 정책과 인사 전반에 대해 비판적 입장에 있었다.

1956년에 이르러 조지훈은 김동리, 서정주, 조연현 등 문인협회(문협) 주축들과 확연히 다른 행보를 보인다. 이 해 조지훈은 문협으로부터 독립된 시인협회(시협)를 구상하고 있었다.[13] 1957년에 이르면, 『현대문학』 측과 조지훈의 이반이 확실히 눈에 띄게 된다. 시협에 대해, "조직이나 단체를 만들기 좋아하는 조지훈이 문협 탈퇴 후 '고독해서' 만든 것"이라는 식의 악의적 인물평이 『현대문학』에 실리기도 했다.[14]

조지훈은 문협 주축들과 대립 관계에 놓이긴 했으나, 세간에 '청록파'로 일컬어진 박목월, 박두진을 포함해 일제 말 『문장』 등단 동인이던 박남수, 이한직 등과는 끈끈한 관계에 있었다. 문단 권력을 장악한 문협 주축에 대항해 1957년 시협을 창립할 때도 등단 동인들이 힘을 보태 주었다.[15] 사실 '청록파' 시인들을 포함해 이들 『문장』 등단 동인들은, 해방기 문단 우익을 형성하던 시기 청년문학가협회 주축들과 함께하긴 했지만, 전후 문단권력을 장악한 이들이 가지던 정치적 보수성과는 거

---

11) 조연현, 「개설」, 한국문인협회 편, 『해방문학 20년』(정음사, 1966), 20-21쪽에서 재인용.

12) 조지훈, 「문화보호법의 맹점—학·예술원 선거와 문총 분규에 대하여」, 『조지훈전집 5』, 305쪽.

13) 박연희, 「1950년대 후반 시단의 재편과 현대시 개념의 논리—한국시인협회(1957-1962)를 중심으로」, 『현대문학의 연구』 43집(2011), 67쪽.

14) 위의 글, 81쪽.

15) 박목월의 위치는 다소 애매하다. 경주의 박목월은 김동리와 워낙 가까웠다.

리를 두고 있었다. 훗날 1965년 7월 『사상계』에서 한일협정 국회비준을 반대하는 긴급증간호를 냈을 때, 조지훈은 박두진, 박남수와 함께 3인 연작시 「우리는 또 다시 노예일 수 없다」를 권두에 싣기도 했다.[16)]

정치적으로 '어용'에 불과했던 문협 주축들에 대해, 조지훈은 시인협회의 창립을 통해 확실히 결별했고, 드디어 1960년 4·19 혁명 후 서정주의 문단통합론에 대한 반박의 형식으로 명확히 자신의 입장을 표명한다.

1960년 9월 14일 동아일보에 실은 글 「문단통합에 앞서야 할 일—서정주 씨의 문단 대동단결론을 읽고」를 통해 조지훈은, 자신이 시협을 결성한 경위를 "떳떳하지 못한 이유로 분열 대립되어 상쟁하던 두 문학단체, 한국문협과 자유문협의 싸움에서 떠나 동지들과 한국시인협회를 결성했고"라고 밝힌다.[17)] 서정주의 『현대문학』 1960년 9월호 글을 반박하면서 조지훈은, 기본적으로 한국문협이든 자유문협이든 부패한 이승만 정권에 협력하여 국가예산을 받아 쓴 조직들임을 지적한다. 더구나 서정주에 대해서는 이승만 전기를 쓰기까지 했던 점을 상기시키면서, 그랬던 문협의 주축들이 이제 와서 문단 권력을 유지하기 위해 후진 육성이라는 명목을 내세우고 있다고 비판했다. "혁명은 고독한 것이고 시인은 그래도 깨끗한 것이다."[18)] 시인협회가 4·19 혁명 직후 임시총회에서 이승만 정권의 부정선거에 협력한 회원들의 징계를 상정한 일도 조지훈이 주도했다.

요컨대 당시 조지훈의 문단 비판은 자유당 정권에 대한 정치적 입장과 관련되어 있었다. 특히 자유당 정권이 '반공'을 무기로 정적에 대한 탄압을 행하는 것을 분명한 어조로 비판했다. 3·15 부정선거 후 4·19 이전의 글 하나(1960년 4월 15일로 탈고 표시된 「선비의 직언—격동기 지식인의 사명」)를 보면, 조지훈이 '무조건적인' 반공주의자는 아님을 알 수 있다. 특히 반공을 빌미로 자유를 억압하는 매카시즘에 대한 경계를 보이는데, 독재와 부정이 오히려 공산주의가 침투할 수 있는 온상이 됨을 지적한다.

---

16) 『사상계』, 149호(1965년 7월 긴급증간호), 10-19쪽.

17) 조지훈, 「문단통합에 앞서야 할 일—서정주 씨의 문단 대동단결론을 읽고」, 『조지훈전집 5』, 318쪽.

18) 위의 글, 325쪽.

> 일이 여기에 이르렀으매[3·15 부정선거를 지칭—인용자], 우리의 민권옹호투쟁은 그 방향을 바꾸지 않을 수 없게 되었다. 그것[북한과의 대치—인용자]을 빙자하여 걸핏하면 공산주의자로 몰아 죽이는 악랄한 정책과 일어나 맞서지 않으면 안 되게 되었다. (…) 우리가 얼마나 자유를 사랑하는 민족인가를 보이기 위해서라도 우리는 공산주의의 독재적 방법을 그대로 본뜬 이 부당한 권력과 투쟁하지 않을 수 없게 되었다는 말이다.[19]

"공산주의자로 몰아 죽이는 악랄함"이란, 그 전해에 있었던 진보당 조봉암의 사형을 가리킨다. '자유'의 가치가 강조되고 있으며, 혁명의 불가피성을 역설하면서, 죽음을 각오로 정권에 저항할 것을 촉구하고 있다. 글의 마지막 문장을 다음과 같이 썼다. "바른 말 한 마디로 목숨을 잃는 세상이라면 그런 세상에 살아서 무엇할 것인가."[20]

이런 진술들에서 보이듯, 조지훈에게 '반공'은 그 자체로 완결된 가치는 아니며 '자유'와 등치될 때만 의미를 가진다. 그렇다면 '자유'라는 가치는 조지훈의 가치체계에서 어느 정도의 위상에 놓이는 것일까. 이 지점에서, 조지훈이 세계문화자유회의 한국지부 결성의 주도자 중 한 사람이었던 사실을 거론해 보자.

세계문화자유회의는 '사상과 문화의 자유'를 표방하면서 1950년 6월 서베를린에서 설립된, 세계 자유주의 진영 내 지식인들의 교류 기구였다. 세계문화자유회의와 한국 지식인 사회의 관계에 대해서는, 권보드래의 선행 연구[21] 이후 최근 최진석의 박사논문이 제출되었다.[22]

최근 학계에서 문화냉전에 대한 연구가 확장 심화되면서, 세계문화자유회의에 대해서도 미국 CIA의 영향 문제가 중요하게 거론되지만, 사실 세계문화자유회의의 이념이 각 지역과 국가의 문화자유회의 지식인들에게 직접적으로 관철되었다고 보기는 어렵다. 한국의 경우 문화자유회의 지부 설치에 관여한 지식인들을 '미국적 리버럴리스트'로 볼 수 있는지에 대해서는 매우 의심스러운 점이 발견된다.[23]

---

19) 조지훈, 「선비의 직언—격동기 지식인의 사명」, 『조지훈전집 5』, 103쪽.

20) 위의 글, 107쪽.

21) 권보드래, 「문화자유회의와 1960년대의 지식 문화계」, 권보드래 · 천정환, 『1960년을 묻다』(천년의상상, 2012)를 참고하라.

22) 최진석, 「문화냉전기구의 형성과 변동 연구, 1954-1968」(박사학위논문, 성균관대학교, 2019).

세계문화자유회의 한국지부는 1961년 4월 12일 서울YMCA에서 창립총회를 가짐으로써 발족하는데, 그 전 1960년 10월 12일 세계문화자유회의 관계자들이 내한해 한국위원회 설립을 최초로 교섭할 당시 교섭자 명단에 조지훈이 포함되어 있다.[24] 한국지부 위원장 오종식이 후일 『세대』지에 관여한 사실을 일단 차치하더라도, 조지훈의 참여는 한국지부 주축들의 사상적 입지가 서구적 자유주의와는 거리가 멀었다는 점을 보여 준다. 최진석에 따르면, 조지훈은 세계문화자유회의 한국지부가 설립되는 1961년 4월, 한국위원회가 채택한 「춘추선언」을 기초하는 등 지부 설립에 중요한 역할을 담당했는데(한국지부의 이명[異名]이 춘추회였다), 같은 때 있었던 창립 심포지엄에서 조지훈은 '문화적 자유'의 문제를 명확히 '반공 투쟁'과 결부지었다.[25] 조지훈에게 자유란 반공과 결부해 이해되는 면이 강했다.

요컨대, 조지훈의 문화자유회의 활동은 한국의 자유주의자들의 활동과 구별될 필요가 있다. 대체로 1950년대 이후 이 시기까지 한국의 자유주의자들은 『사상계』 그룹에 뭉쳐 있었다고 할 수 있는데, 권보드래의 연구에서 『사상계』 그룹에 미친 문화자유회의의 영향이 강하게 언급되고 있으나, 최진석의 박사논문과 후속 논문[26]에서 언급되듯, 우선 『사상계』의 김준엽은 한국지부 설립의 주축이었던 김용구, 오종식 그룹과는 불편한 관계에 있었으며,[27] 조지훈의 경우에는 문화자유회의 설립과 활동에 관여할 시기에는 『사상계』 편집위원이 아니었다. 조지훈이 문화자유회의 한국지부에 주로 관여하던 때는 1960-62년이었으며, 『사상계』 편집위원이 된 것은 1963년 1월호부터였다.[28]

조지훈과 김준엽이 함께 문화자유회의 한국지부 설립에 관여한 것은, 사실상 우

---

23) 문화자유회의 한국본부가 1962년 발행한 책 『자유 하의 발전』에는, 뒷부분에 세계문화자유회의의 「자유인 선언」(1950. 6. 30.)이 번역되어 있지만(김용구 편, 『자유하의 발전』, 사상계사, 1962, 127-128쪽), 「자유인 선언」이 표방하는 이념과 한국지부를 주도하는 인사들의 면면 사이에는 어떤 위화감이 있다.

24) 김용구 편, 『자유 하의 발전』(사상계사, 1962), 129쪽.

25) 최진석, 앞의 논문, 225-228쪽.

26) 최진석, 「민주주의 기로에 선 1950, 60년대 아시아 지식인—'사상계'의 문화자유회의 관련 활동을 중심으로」, 『상허학보』, 59집(2020. 6).

27) 최진석, 「문화냉전기구의 형성과 변동 연구, 1954-1968」, 30쪽.

28) 이와 별도의 문제로, 세계문화자유회의가 한국위원회 설립 당시 이미 『사상계』에 주목하고 있었음은 분명하다.

연에 가까웠다. 동갑의 나이에, 비슷한 시기 고려대 교수로 부임했고, 한 사람은 아세아문제연구소(아연), 또 한 사람은 민족문화연구소(민연)에 관계하고 있었으나, 두 사람은 라이벌 관계에 가까웠지 친분이 깊다고는 할 수 없었다. 이 당시 조지훈은 오종식 그룹과 함께 움직이고 있었고, 김준엽과 『사상계』 그룹은 이와 별도로 세계문화자유회의에 접촉하는 라인을 가지고 있었다.

이에 비해, 조지훈과 문화자유회의 한국지부 위원장 오종식과의 관계는 상당히 지속적이었던 것으로 보인다. 해방 이전 조지훈과 오종식의 관계를 보여 줄 자료는 보이지 않으나, 해방기인 1947년 2월 좌익에 대항해 전국문화단체총연합회(문총)가 발족할 당시 조지훈이 적극적으로 활동하고 있었으며, 이때 문총 사무국장이 오종식이었다. 1953년 말 문총과 협조하여 자유아시아위원회가 제정한 자유문학상에 오종식과 조지훈은 심사위원으로 지속적으로 함께 참여했다. 조지훈이 문화자유회의 한국지부 창설에 관여한 것은 이런 사정과 관련 있을 것인데, 오종식이 1963년 『세대』지 창간에 참여한 이후 조지훈이 신생 잡지의 필진으로 창간호부터 참여한 것도 비슷한 맥락에서 파악할 수 있다.

최진석에 의하면, 한국위원회가 『사상계』를 대신하여 적극적으로 연계했던 매체는 1963년 6월 창간한 『세대』였으며, 『세대』 창간의 배후에는 당시 국가재건최고회의 의장 비서관이었던 이낙선이 있었다고 한다. 이낙선과 친분 관계에 있던 한국위원회 위원장 오종식이 『세대』 초대 발행인이 되었으며, 창간 당시 세대사와 문화자유회의 한국위원회는 같은 건물의 위아래 층을 사용했다.[29)]

그런데 『세대』가 창간되던 이 시기는, 뒷부분에서 재론하겠지만, 군정 세력이 민간 정부로 옮겨 갈 준비를 하면서 '민족적 민주주의'를 슬로건으로 내세우기 시작할 때였다. 조지훈은 일정 부분 오종식의 『세대』에도 관여하면서(『세대』의 초대 편집장 이광훈은 조지훈의 고려대 국문과 제자였다), 동시에 『사상계』 편집위원을 맡고 있었다. 1950년대 이후 자유주의 담론 진영의 구심이었던 『사상계』와, 발행인 오종식 그리고 훗날 『세대』지 필화사건을 일으킨 박정희의 대구사범 동기 황용주가 연루되어 있던 『세대』와의 사이 어디쯤에 조지훈은 서 있었던 것일까. 이 물음에 답하기 위해서는 1963년 이후 『사상계』의 변화를 이야기해야 한다. 1960년 4 · 19 이후 대학

29) 최진석, 「문화냉전기구의 형성과 변동 연구, 1954-1968」, 241-243쪽.

사회에서 시작된 '민족'이라는 키워드의 강력한 등장이 이와 관련되어 있다.

4. 5·16 국면과 '민족'이라는 가치

문화자유회의 한국지부의 일원이었지만, 조지훈은 '자유'라는 가치를 최고 가치로 보지 않았다. 5·16 쿠데타 직전에 발표되었지만, 마치 5·16을 예견하고 대망하는 듯한 글이 있다. 「인물대망론」이라는 제목의 글에서 조지훈은, "민주주의란 인물 중심이 되어서는 안 되고 어디까지나 제도 중심이 되어야 한다는 것은 잘 알고 있다"고 하면서도, "오늘 우리나라와 같은 혼란한 판국은 민중의 신앙으로 추대된 인물에 의하여, 민중이 자각적으로 자율적으로 자신의 자유를 제한하고, 제도의 운영을 올바른 궤도에 올려놓을 인물이 먼저 필요한 것이다"라고 말한다. "기다리는 사람아 어서 오라"라고 글을 마무리했다.[30]

이런 맥락에서, 조지훈이 5·16 '혁명'을 지지한 것은 자연스러웠다. 5·16 쿠데타 직후인 『고대신문』 1961년 5월 27일자의 글은, 4·19 혁명을 실패로 규정하고 그 이유를 "혁명의 주체세력을 형성하지 못했던 탓"으로 보았는데, 4·19와 대비되어 "무엇보다도 이번 혁명[5□16□인용자]이 성공한 것은 혁명의 주체세력이 확립되었다는 점이다"라고 했다.[31] 5·16은 불가피한 것이었으며, "자유는 자신의 자유를 제한하는 자유도 가졌다." 따라서, "자유의 자율적 제한이라는 공동전선"을 통해서 혁명 주체세력에 힘을 실어 주어야 한다고 했다. "혁명 주체세력이여, 민족주체 확립에 매진하라"고 마무리지었다.[32] 민족은 자유에 우선한다는 생각이었다.

5·16 직후의 조지훈은, 쿠데타에 대해 '환영'하는 입장을 보인 것에서 한 걸음 더 나아가, 군정세력이 설립한 재건국민운동본부 요강(要綱)을 기초했다. 쿠데타 세력은 국가재건최고회의와 함께 1961년 6월 재건국민운동본부를 발족하는데, 그 초대 본부장이 당시 고려대 총장 유진오였다. 유진오는 1955년 고려대 개교 50주년을 맞

---

30) 조지훈, 「인물대망론」, 『조지훈전집 5』, 109-110쪽.

31) 조지훈, 『조지훈전집 5』, 156-157쪽.

32) 위의 글, 158-159쪽.

이해 학교를 일신할 때, 새로운 교가의 작사를 조지훈에게 맡기기도 했다.[33] 고려대 교수 조지훈이 재건국민운동본부 요강을 작성한 것은 총장 유진오의 요청과 관련되었던 것으로 보인다.[34]

그렇지만, 평소 성품이나 태도를 감안할 때, 조지훈이 자신의 뜻과 배치되는 글을 썼을 리는 만무한 까닭에, 이 요강에는 조지훈의 생각도 강하게 반영되었다고 보아야 한다. 이 글 「나라를 다시 세우는 길—재건국민운동요강」 가운데 특히 주목할 부분은 2장 '혁명은 왜 일어났는가'인데, 이 부분을 조금 상세히 살펴보자. 먼저 5·16이 일어나게 된 경위이다.

> 4월 혁명을 터뜨린 것은 학생이었으나 군대가 부패정권의 명령을 듣지 않고 중립하고 견제한 것이 자유당의 부패정권을 무찌른 뒷심이 되었다. (…) 그러나 4월 혁명은 어찌되었는가. (…) 집권당이 된 민주당은 국민을 배신하고, 부패는 고쳐지기는커녕 오히려 더 심해 갔으며 실업과 빈곤과 기아선상에 방황하는 민생의 참상을 차마 눈으로 보지 못할 지경에 이르렀다. (…) 이대로 가다가는 나라가 망할 것이 불을 보는 듯이 밝은 사실이 되었다. [이에 국민은] 강한 신념과 힘을 가진 사람들이 이 나라를 맡아 혼돈과 무질서를 가다듬고 방종과 병든 자유에 자율적인 제한을 가해서 병든 민주주의를 대수술하고 민족과 국가를 죽음에서 일으켜 소생시켜야 한다는 생각[을 하게 되었다. 드디어] 국민의 군대는 마침내 흥망의 관두에 선 조국의 운명을 방치해 둘 수가 없어서 오랫동안 자중했던 그들의 의분과 사명을 폭발시킴에 이르렀다. 이것이 5·16 군사혁명이다.[35]

이어 5·16의 성격에 대해 서술한다.

> 5·16 군사혁명은 그 정신에 있어 4·19 민주혁명과 조금도 다름이 없다. (…) 4월 혁명은 실패로 돌아갔으나 그 고귀한 정신은 살아서 이번 혁명에 연결되었다. (…) 이번 혁명은 무질서와 방종에 흐른 자유를 제한하여 진정한 자유에의 바탕을 이룩하려는 과단성 있는

33) 유진오, 『양호기』(고려대출판부, 1977), 285쪽.
34) 고려대 총장 유진오와 조지훈의 관계가 어긋난 것은, 후일 1965년 조지훈을 포함한 정치교수 해직 사태 당시, 해외에 나가 있던 유진오 총장이 사태를 방관한 때부터였다.
35) 조지훈, 「나라를 다시 세우는 길—재건국민운동요강」, 『조지훈전집 5』, 224-226쪽.

조치[로서,] 진정한 민주주의와 자유를 위한 불가피한 비상조치란 것이며, 그릇된 민주주의, 그것을 가지고 자율적으로 민주주의를 개선하지 못할 때, 무제한의 자유를 방임하면서 진정한 자유를 상실할 우려가 있을 때, 더구나 조국이 흥망의 관두에 올랐을 때 그것을 구원하는 길은 이 길밖에는 없는 것이다.[36)]

5·16 쿠데타에 대한 평가에서 보이듯이, 조지훈의 위치는 '민족이 자유에 우선한다'는 입장에 분명히 서 있다. 조지훈에게는, 반공만 뒷받침된다면 민족적 민주주의가 서구적 자유주의에 우위를 가지게 된다.

서두에서 보았던 바와 같이, 1964년 이후 조지훈은 명확히 박정희 정권에 반기를 들었다. 그렇다면, 그 이전 1961년 5·16 이후 1963년에 이르는 기간, 지식인 사회 담론장 내에서 조지훈의 위치는 어디에 있었을까. 이런 물음은 상당히 까다로운데, 조지훈의 생각 자체를 드러내는 글만으로 해명이 되지 않기 때문이다. 당시 민족주의가 어떤 성격이었는지를 보아야 하는데, 사실 이 시기 민족주의 자체가 갈피를 잡기 어려운 혼종 상태에 있었다.

1963년 10월 15일 대통령 선거에서, 윤보선에 맞서는 박정희 측이 '민족적 민주주의'를 슬로건으로 내세웠음은 이제 잘 알려져 있다. 이 민족적 민주주의의 성격이 무엇인지에 대해 당시에도 상당한 논란이 있었다. 대선이 박정희의 승리로 끝난 직후인 1963년 12월호 『사상계』에 당시 동아일보 논설위원 홍승면이 「박정권의 민족주의란?」이라는 글을 실었다. 이 글은 이듬해 있게 될 황용주의 『세대』지 필화사건을 생각해 볼 때 의미심장한 내용을 담고 있다. 도입부부터 강하다.

필자는 박정권의 민족적 민주주의를 해설할 입장에 있지 않다. 왜냐하면 박정권의 민족적 민주주의에 관한 충분한 지식이 없고 그것을 잘 모르기 때문이다.

필자는 박정권의 민족적 민주주의를 비판할 입장에 있지도 않다. 왜냐하면 박정권의 민족적 민주주의를 잘 모르면서 그것을 비판한다는 것은 불가능한 일이기 때문이다.

그러나 필자는 박정권의 민족적 민주주의가 어떠한 것인지 알기를 원한다. (…) 대통령 선거 때에 갑자기 '민족적 민주주의'라는 용어가 불쑥 튀어나왔고 그것에 대한 충분한 설

36) 위의 글, 226-227쪽.

명이 없었으니, 평범한 두뇌의 소유자로서는 그것이 어떠한 것인지 알듯 말듯 갑갑하다 고 하지 않을 수 없다.37)

이렇게 글을 시작한 홍승면의 의도는 다음 부분에서 드러난다.

> ‘민족적 민주주의’는 자유민주주의와 다른 것인가 같은 것인가. 만약 다른 것이라면 어떠한 점에서 기본적으로 다른 것인가. (…) ‘민족적 민주주의’라는 것은 적어도 우리나라에서는 박정권 이전에는 알려지지 않았던 용어이다.
>
> ‘민족적 민주주의’라는 용어가 외국에는 없는 것이 아니다. 그러나 외국의 ‘민족적 민주주의’와 박정권의 ‘민족적 민주주의’를 필자가 동일시할 수는 없다. 왜냐하면, (…) 외국에서 말하는 ‘민족적 민주주의’ 가운데는 1960년 12월의 모스크바 81개국 공산당회의 선언 취지를 따르는 ‘민족적 민주주의’도 있다. 사람에 따라서는 이러한 ‘민족적 민주주의’를 ‘혁명(공산혁명)에의 반노정(半路程)이라고 평가하기도 한다.[38]

홍승면의 입장이 정치적 자유주의에 있음은 분명하다. 홍승면이 ‘마음먹고’ 쓴 이 글에서 ‘물고 늘어지는’ 것은 박정희 정권의 이념적 정체 문제였다. 이듬해 나온 황용주의 글은 이런 의문에 대해 섣불리 나선 셈인데, 결과적으로 모험주의에 가까운 것이었다.

『세대』 1964년 11월호에 실린 황용주의 글 「강력한 통일정부에의 의지—민족적 민주주의의 내용과 방향」은, 사실상 4·19 혁명 국면에서 진보적인 대학생들이 주장하던 ‘중립화통일론’에 가까운 글이었다. 황용주와 박정희의 관계에 대해서는 안경환의 황용주 평전 『황용주—그와 박정희의 시대』를 통해 잘 알려졌다. 그런데 실제로 당시 CIA를 통해, 박정희가 윤보선 등 구정치인들에 대해 “미국의 괴뢰”라고 비난한 사실이 보고되기도 했다.[39] 정치학자 이완범은 세대지 필화사건을 박정희 세력 내 반미 민족주의자들에 대한 반공주의자들의 반격이라고 해석한다.

---

37) 홍승면, 「박정권의 민족주의란?」, 『사상계』, 129호(1963년 12월), 78-79쪽.

38) 위의 글, 81쪽.

39) 이완범, 「1964년 『세대』지 필화사건과 황용주」, 『21세기정치학회보』, 25집 1호(2015. 3), 59쪽.

확실한 반공주의자 조지훈이 황용주의 편에 서 있다고 보기는 어렵지만, 5·16에 대한 반응을 고려했을 때 홍승면의 입장이 아닌 것도 분명했다. 조지훈은 민족과 자유(반공) 사이, 다소 '어정쩡한' 위치에 있었던 것으로 보인다. 대통령선거 국면에서 조지훈이 어느 쪽을 지지했는지에 대하여 직접적으로 확인할 수 있는 자료는 없다. 그렇지만, 선거전이 한창이던 1963년 9월, 『조선일보』에 실린 박정희의 '출마의 변'을 살펴보면, 조지훈의 입장을 추측할 단서를 찾을 수 있다.

이 인터뷰 기사에서 박정희는 제3공화국의 비전을 제시하면서, "민족적 주체의식을 먼저 확립하고 그 위에 자유민주주의를 재건한다"라고 했다. 그런데 인터뷰 기자의 '한일 관계' 질문에 대해 박정희는, 한일 국교정상화를 두려워할 것이 없다고 하면서, 일본 경제권에의 편입 우려 등 한일회담 반대 여론에 대해 '어림도 없는 소리'라고 일축하기도 했다.[40] 한일회담에 대한 지식인 사회의 우려는 이미 1963년 벽두부터 시작되었다. 조지훈이 제2공화국 장면 정권의 정치인들을 줄곧 비판했던 점을 생각해 보면, 적어도 민족주의 대 자유주의의 구도에서 조지훈이 민족주의의 편에 섰음은 분명하다. 그렇지만, 훗날 조지훈이 박정희 정권에 강력히 대항하게 되는 불씨 역시 이미 이때 잠재해 있었다고 봐야 한다. 굳이 추측하자면, 조지훈은 대선 국면에서 박정희에 대한 '비판적 지지' 입장이었을 것이다. 조지훈은 복잡한 상태에 있었다.

1962년에서 1963년은 모두가 민족주의를 말하지만, 피아가 가려지지 않은, 도무지 구분하기 힘든 혼종의 상태 자체였다. 민족주의는 적인가 아군인가. 훗날 국민교육헌장을 기초하게 되는 박종홍이 『사상계』 1962년 10월호에 '권두논문'으로 「민족적 주체성」이라는 제목의 글을 싣고 있는 장면을 보면, 전후 지식인 사회에서 민족주의가 빠른 속도로 확산되고 있음을 감지할 수 있다. 자유주의 지식인들의 집합체였던 『사상계』도 흔들리고 있었다. 직후 조지훈이 편집위원으로 참여하게 된다.

박종홍은 말한다. "민족 운운하면 대번에 편협 고루한 말이라는 듯이 이상한 낯빛을 하는 사람을 가끔 본다. 아마도 배타, 독선적인 민족지상주의가 연상되기 때문일 것이다. 히틀러의 수염과 눈초리의 환상이 앞에 떠오르기나 하는 듯이."[41] 모

---

40) 「출마의 변—민주공화당 대통령후보 박정희 씨」, 『조선일보』, 1963년 9월 21일, 1면.

두가 일단 파시즘은 경계한다. 그렇지만 파시즘과 다른 것 사이의 경계는 무엇인가. 이 시기의 민족주의란, 후일(1968년) 지배이념이 될 가능성과, 『청맥』이 보여 주었던 제3세계 반제 민족주의라는 진보이념으로의 가능성, 그리고 '한국적인 것'의 재발견이라는 문화적 가능성 모두를 가지고 있었다. 조지훈의 위치도 그 모든 가능성을 품고 있었다.

5. 맺으며

1963년 6월 22일자 『고대신문』에는, 여름방학을 앞두고 「여름방학엔 무엇을 할까」라는 제목의 조지훈의 비교적 가벼운 글이 실렸다. 이때 조지훈은 막 민연 초대 소장이 되어 '민족문화' 연구를 연구소 차원에서 이끌기 시작하고 있었다. 글에서 그는 "이 여름에는 민족적 자아반성, 곧 우리들 자신에로 돌아가는 마음을 찾자. 그것이 민족주체를 세우는 정신적 바탕"이라고 하면서,[42] 학생들에게 여름방학을 이용하여 향토문화 혹은 민족생활의 심층부에 깃들어 있는 고유문화에 대한 자료를 수집해 볼 것을 권했다. 이런 말은 전혀 '고리타분한 소리'가 아니었다. '한국적인 것'에 대한 관심이 대학사회를 휩쓸고 있었던 까닭에, 조지훈의 '민족문화' 연구는 대학 지식인들, 대학사회 문화에서 가장 적실한 테마로 각광받을 수 있었다. 바야흐로 조지훈의 시대가 온 셈이었다.

사실 이 글 「여름방학엔 무엇을 할까」의 논조는, 조지훈이 '유행'을 의식한 것이 아니라 오래전부터 견지하던 것이었다. "민족문화의 기반이 생활문화"에 있다는 생각과 함께 "새로운 민족문화의 수립"을 위한 생활문화의 탐구와 개선을 요청한 것은 1954년의 시점부터 주장하던 것이었다.[43]

요컨대, 민족문화에 대한 조지훈의 입장은 전혀 변하지 않았으며, 시대가 바뀌면서 다만 주변의 지형이 변화한 것이었다. 1950년대만 하더라도 이런 전통주의는 복

41) 박종홍, 「민족적 주체성」, 『사상계』, 112호(1962년 10월), 23-24쪽.

42) 조지훈, 「여름방학엔 무엇을 할까」, 『조지훈전집 5』, 76-77쪽.

43) 조지훈, 「의식주의 전통—생활문화에서 본 것」, 『조지훈전집 5』, 79쪽.

고주의의 냄새조차 나는 '낡고 고루한' 생각으로 치부되기 십상이었다. 그런데, 이것이 1960년 이후로 가치가 달라진 것이었다. 시대는 변했다.

이제 결론을 내 보도록 하자. 자유, 민주, 반공, 민족 등 전후 지식인 사회의 가치체계를 이루는 어휘들 가운데 조지훈에게 최상의 가치는 '민족'이었다. 해방기의 좌우익 대결, 전쟁 후 매카시즘이 불어닥칠 때에도 그 가치는 변하지 않았다. '반공'도 '민족'에 비하면 부차적인 것이었다. 가장 극렬히 한일협정 비준 반대운동을 하던 1965년 7월에 조지훈은 말했다. "반공을 국시로 한다지만 반공은 국책(國策)이지 국시는 아니다. 그 국책의 원천으로서의 국시가 먼저 있어야 하는 것이다. 국시는 긍정의 형식으로 되어야 한다."[44] 조지훈이 생각하던 국시에는 '민족'이라는 어휘가 포함되었을 것이 분명하다.

조지훈의 명저 『한국민족운동사』가 출간된 1964년은, 진보적 민족주의가 확실한 진영을 형성하던 해였다. 조지훈은 『한국민족운동사』에서, 적어도 해방 전까지의 공산주의 운동은 민족해방운동사에서 제외될 수 없다고 명확히 선언했다. 류시현은 이 점에 주목하면서, 강만길을 인용해 이 시기 조지훈이 사회주의 노선과 운동에 적극적인 의미를 부여했다고 보았다.[45] 그런데, 이러한 조지훈의 생각은 갑자기 등장한 것도, 변모한 사상의 결과도 아니었다. 앞서 2장에서 본 바와 같이, 해방기 문단 우익의 논객으로 활약하던 그 시절, 이미 조지훈은 김동리 등 다른 논객들의 주장과는 결을 달리하고 있었다.

시기에 따라 약간의 변화는 감지되지만, 그는 전체적으로 일관된 길을 걸었고, 그런 면에서 한국 전후 지성사에서 보기 드문 존재였다. 자신은 언제나 같은 자리에 서 있었으나, 시대의 좌표축이 변화해 감에 따라 다른 좌표값을 가지게 되었다. 조지훈의 '민족'은 마치 '부유하는 기표'처럼 완성된 술어를 가지지는 않았다. 그러나 그의 위치는 시대가 변하는 것을 가늠하기에 가장 적절한 자리에 있었던 것이다.

---

44) 조지훈, 「교육 문화정책 상의 비판과 제언」, 『조지훈전집 5』, 346쪽.

45) 류시현, 「1940-60년대 시대의 불안과 조지훈의 대응」, 『한국인물사연구』(한국인물사연구회) 17호(2012. 3.), 395쪽.

참고문헌

『사상계』.
『동아일보』.
『조선일보』.

김용구 편.『자유 하의 발전』. 사상계사, 1962.
조연현.「개설」. 한국문인협회 편.『해방문학 20년』. 정음사, 1966.
조지훈.『조지훈전집』. 나남, 1996.

권보드래.「문화자유회의와 1960년대의 지식 문화계」. 권보드래 · 천정환.『1960년을 묻다』. 천년의상상, 2012.
류시현.「1940-60년대 시대의 불안과 조지훈의 대응」.『한국인물사연구』, 17호(한국인물사연구회, 2012. 3).
박연희.「1950년대 후반 시단의 재편과 현대시 개념의 논리—한국시인협회(1957-1962)를 중심으로」.『현대문학의 연구』, 43집(2011).
유진오.『양호기』. 고려대출판부, 1977.
이완범.「1964년『세대』지 필화사건과 황용주」.『21세기정치학회보』, 25집 1호(2015. 3).
최진석.「문화냉전기구의 형성과 변동 연구, 1954-1968」. 박사학위논문, 성균관대학교, 2019.
______.「민주주의 기로에 선 1950, 60년대 아시아 지식인—'사상계'의 문화자유회의 관련 활동을 중심으로」.『상허학보』, 59집(2020. 6).

「전후 지식인 사회와 조지훈의 위치」에 대한 토론문

조강석

김건우 선생님의 발표문을 잘 읽었다. 『대한민국의 설계자들』의 저자답게 전후 지식인 사회가 형성한 사상 지형에 해박한 발표자의 발표문을 보면서 토론자가 품고 있었던 궁금증 역시 일정하게 해소되는 경험을 했다. 우리는 시인 조지훈과 학자이자 지식인 조지훈의 태도와 사상이 일의적으로 해석될 여지가 크다는 것에 쉽게 공감하지만 그 세부에 있어 몇 가지 해석적 공백을 메울 필요성을 느끼고 있는 것도 사실이다. 예컨대 해방 직후 우파 문학론을 체계화하며 민족문학론을 정립하면서도 「민족시의 밤 개회사」 같은 데서 엿보이는 '의외의' 진보적 태도를 어떻게 해석할 것인가, 또, 소위 문협정통파와 노선을 달리하며 시협을 출범시킬 때의 논리는 무엇인가, 4·19와 5·16 당시의, 당대 시점에서는 설명이 가능할 수 있지만 공과에 대한 후대의 평가에 있어서는 다소 모순되어 보이기도 하는 행보를 어떻게 해석할 것인가 등의 문제가 남아 있다고 할 수 있겠다. 발표자의 발표문은 일말의 주저함도 없이 이 공백을 일이관지(一以貫之) 할 수 있다는 것을 당대 지식인들의 논리 지형들 속에서 때론 통시적으로, 그리고 때로는 공시적으로 명쾌하게 풀어내고 있다. 아마도 이를 설명하는 근간은 '민족'이 될 것이며 '민족문학', 민족적 민주주의', '민족문화' 등이 한 궤에 꿰어지는 변주 양태들이라고 설명하고 있는 듯하다. 발표문을 통해 설득력 있게 독자를 이끌어 가는 데다가 해방 후 지식인들의 사상 지형에 정통한 발표자의 결론이라 토론자 역시 고개를 끄덕이며 읽지 않을 수 없었다. 그렇기에 이 토론문은 실은 반문이나 문제제기라기보다는 부연 설명이 조금 더 필요해 보이는 지점을 환기하여 발표자의 말을 듣는 귀한 시간을 조금이라도 연장해 보고자 하는 마음의 발신이다.

두 가지이다. 첫째, 근간인 '민족' 혹은 '민족주의'에 대한 것이다. 번다한 얘기를 덧붙이지 않아도 이 개념이 상황에 따른 보충적 정의를 언제나 필요로 한다는 것은 주지의 사실일 것이다. 더욱이 좌파 문학론, 문학적 패권주의, 미국적 자유주의, '한국적' 공산주의 등에 맞서는 조지훈의 사상을 일관되게 관통하는 논리의 핵심에 '민족'이 있다면 이때의 '민족' 혹은 '민족주의'에 대해서는 한 번 더 구체적 실정성이 고구되어야 하지 않을까 한다. 다시 말하자면, 보편적 규정에 의해서가 아니라 구체적으로 요동치는 역사 시기를 관통하고 있는 조지훈의 '민족' 개념의 핵심은 무엇으로 구성되어 있는 것일까? 관통의 요체 속에 있는 핵심 범주나 키워드를 추스러볼 여지가 있을 것인가?

두 번째, 첫 번째 질문과는 요지가 상반되는 것일 수도 있겠으나, 발표자는 조지훈이 해방 직후, 문협 정통파와의 논쟁, 4·19와 5·16, 그리고 한일회담 등과 관련된 사태를 관통하며 '민족'이라는 준거 위에 서 있었다고 했는데, 바로 그런 의미에서의 '민족', '민족주의'의 의의를 폭넓게 인정한다 하더라도 조지훈이 구체적 국면들에서 이와 관련된 입장을 개진할 때의 변주 양상은 고려의 폭에 넣지 않아도 좋겠는가? 범박하게 다시 묻자면, 조지훈에게서 그때그때의 '민족', '민족주의'는 온전히 일의적인 것인가? 아니면 상황에 따라 조금씩 강조점과 특징을 달리하는 것이었을까? '민족주의' 개념의 조지훈식 요체가 있었다 하더라도 '민족주의' 자체의, 특수한 국면들에서의 변이 지점들은 새겨 볼 가치가 없는 것일까? 예컨대, 조지훈에 귀속되는 '민족주의'들 중 해방 직후의 '민족주의'와 5·16을 승인하는 '민족주의'는 같은 종류의 '민족주의'일 것인가? 그 차이가 대단한 것은 아니라고 할 수 있을 것인가? 한 말씀 여쭙는다.

1964년의 조지훈과 민족문화 프로젝트

고지혜

1. 말년의 양식에 대하여

김종길: 다음에 조 선생께서 충고라든지 어떤 개인적인 생각이 있으시면…….

조지훈: 옛날에 손대 놓은 학문적인 것을 좀 정리해 놓고 다시 시작하려고 시작(詩作)을 쉬고 있습니다. 작품 활동을 쉬면 솜씨는 무디어지게 마련입니다. 다만 정신의 모색은 되지요. 그런데 신문 잡지 같은 데서 청탁이 자주 오니까 아주 휴식할 수 없는 것이 난점이지요.

김종길: 그러니까 조 선생의 40대를 정리하고 내년부터는 시작(詩作)을 한번 해 보겠다 그런 말씀이신가요?

조지훈: 그럴 생각입니다만 좀 더 늦어질는지도 모르지요.[1)]

1968년 5월 17일 조지훈이 세상을 떠난 후 바로 다음 달인 6월호 『신동아』에는 조지훈의 마지막 목소리를 들을 수 있는 대담이 실린다.[2] "신문화 60주년 기념 심포지움" 특집으로 꾸려진 이 대담은 입론 격인 김춘수의 '리포트'에 기대어 논의를 이어 가는 식으로 진행되었다. 시사(詩史)의 시대 구분 문제부터 자유시의 유래와 시어로서 한국어의 특징, 식민지 시기의 시인들에 대한 평가와 현재 시단의 분파 등 다양한 이야기가 오가는 가운데 김춘수의 최근작에 대한 생각을 묻는 질문에 조지훈은 문득, 자신의 시작(詩作) 활동이 휴지기에 있다고 말한다.

1939년 4월 「고풍의상」으로 『문장』의 첫 번째 추천을 받기 직전인 같은 해 1월, 조지훈은 혜화전문학교 교지인 『룸비니』에 「된소리 기사(記寫)에 대한 일고찰」을 발표한 바 있다. 즉 시인 조지훈의 삶과 학자 조지훈의 삶은 거의 동시에 시작되었다고 볼 수 있는데 이후 20년 넘게 시인으로서도 학인으로서도 그는 글쓰기를 멈추지 않는다. 그러나 1964년 즈음이 되면 '스스로에 대한 정리가 필요'하여 시 쓰는 일을 잠시 멈추고 그동안 벌여 놓은 학술적 작업을 가다듬고 싶다는 의지[3]를 여러 번 내비친다. 실제로 그는 1962-1963년 무렵부터 다양한 학술적 활동에 매진하기 시작하는데, 이 시기 조지훈의 이력은 대개 다음과 같이 정리된다.

---

1) 김우창 외, 「〈대담〉언어·사상·시대」, 『신동아』, 1968.6, 422쪽. 이 대담에는 김우창, 김종길, 김춘수, 송욱, 조지훈이 참석했다.

2) 이 대담은 1968년 3월 28일 『신동아』사의 회의실에서 이루어진 것으로 대담이 있은 지 석 달 뒤에 지면으로 나왔다. 1968년 7월호와 8월호에 이어지는 같은 기획의 소설과 문학평론 특집의 경우 대담을 하고 나서 그것이 지면화되기까지 한 달이 채 걸리지 않았던 것에 비하면 시 특집의 경우에만 실제 대담과 지면화 사이에 시간 차가 있다. 물론 이것은 잡지사 측의 사정으로 벌어진 일이겠지만, 대담이 조지훈의 작고 직후에 공개되면서 공교롭게도 이는 미발표 유고와 같은 것이 되어 버린다. 『신동아』는 그 다음 호인 1968년 7월호에는 조지훈의 유고시와 박목월이 쓴 추모글을 싣기도 했다.

3) 이러한 조지훈의 의지는 그의 생전에 출간된 마지막 시집이라고 할 수 있는 『여운』(1964)의 후기에서도, 이듬해 『사상계』에 발표된 「나의 시의 편력」이라는 글에서도 발견된다. 조지훈, 「후기」, 『조지훈 전집 1—시』(나남출판, 1996a), 275쪽: "종소리의 여운을 듣는달까 귀로의 정서에 붓대를 멈추고 한동안 쉬련다. 날아오는 시(詩)의 나비들을 가슴에 잠재우면서—1964년 10월"; 조지훈, 「나의 시의 편력—슬픔과 멋의 의미」, 『사상계』, 1965.8, 337쪽: "나는 요즘 시필(詩筆)을 멈추고 있다. 내 자신을 정리하고자 함이다. 그동안 내버려 두었던 학문적인 자료나 가다듬어 몇 편 안되는 논문이나마 손대었던 것의 정리를 끝마치면 좀 더 여유있는 마음으로 시를 써볼 심산이다."

> 4·19 이후에 조지훈은 오랜 지병을 견뎌내며 국학 연구에 매진하였다. 고려대학교 민족문화연구소 소장으로서 『한국 문화사 대계』를 계획하여 출간하고 『한국 문화사 서설』과 『한국 민족 운동사』를 간행하고 『민속학 개론』과 『국학 사전』을 구상하였다. 계획한 일을 다 마치지 못하고 1968년 5월 17일 새벽에 조지훈은 기관지 확장으로 세상을 떠났다.[4)]

이는 조지훈의 학문적 업적을 일목요연하게 보여 주는 가장 일반적인 서술이자 '조지훈의 말년' 혹은 '1960년대의 조지훈'에 대한 정형화된 내러티브이다. 요컨대 조지훈의 학문적 업적은 당시 연구 풍토에서는 이례적인 저술로 평가받는 『한국문화사서설』과 『한국민족운동사』를 집필하고,[5)] 고려대학교 민족문화연구소 소장으로서 "한국사에 대한 최초의 분류사적 연구 성과"[6)]로 평가되는 『한국문화사대계』를 기획 및 출간한 것으로 요약된다.[7)] 역사, 사회, 종교, 철학, 어문학, 인류학, 지리학, 민속학 등을 넘나드는 조지훈의 학술 활동은 현재의 분과학문 체계로 보자면 '학제간 연구의 선구'인 동시에 '박학비평'으로도 평가받는다. 다방면으로 퍼져 있는 그의 학문적 관심은 후대의 연구자들로부터 그 자체로 놀랍다고 인정받으면서도 심도나 집중도 면에서는 늘 아쉽다고 지적받았기 때문이다.[8)]

물론 여러 분과학문의 영역을 가로지르는 그의 저술들은 특정 영역으로 편입시

---

4) 김인환, 「조지훈론」, 『다른 미래를 위하여』(문학과지성사, 2003), 136쪽.

5) 『한국문화사서설』은 당시까지는 찾아보기 힘든 역사와 문화를 종합한 저술로 "학계 수준을 한 단계 올려놓는 데 공헌"했다고 평가받았으며, 『한국민족운동사』는 종래의 민족운동사류가 우익진영의 활동에 치중되어 있던 데 반해 식민지기 사회주의 운동을 최초로 민족운동사에 포함시킨 것으로 그 공적을 인정받고 있다. 김정배, 「조지훈의 역사관 연구」, 『민족문화연구』(고려대학교 민족문화연구소) 22(1989), 110쪽; 강만길, 「지훈과 〈한국민족운동사〉」, 『조지훈연구』(고려대학교 출판부, 1978), 347쪽.

6) 김건우, 「조지훈 대 김수영, 한국 인문 정신의 두 원형」, 『대한민국의 설계자들』(느티나무책방, 2017), 249쪽.

7) 『한국문화사대계』는 풍속·예술사를 '대계'에 포함시키고, 구비문학사를 '언어·문학사'에 편입시킨 것으로 유명하다. 이와 더불어 앞서 김인환이 언급했듯이, 이 시기 조지훈의 연구 업적 중 민속자료조사와 자료집 발간, 민속학개론과 민속학사전에 대한 계획은 한국 민속학 발전에 밑거름이 되었다고 인정받는다. 인권한, 「전통문화와 민속학의 연구」, 『조지훈연구』(고려대학교 출판부, 1978), 386-392쪽; 김일권 외 편, 『한국 근현대 100년과 민속학자』(한국학중앙연구원 출판부, 2014), 111-112쪽 참조.

8) 최철, 「조지훈의 국문학 연구」, 『민족문화연구』(고려대학교 민족문화연구소) 22(1989), 59쪽; 송

키기 어렵기에 이를 연구하기 위한 접근 방법을 선택하는 데 있어 난점이 있을 수밖에 없다. 또한 그의 글에 반복적으로 등장하는 '민족성'과 '민족문화'에 관한 논의는 매번 고유문화를 민족문화로 인식할 수 있게 해주는 '민족적 자각과정'을 강조함에 따라 그의 논고들이 일정 정도 관념적 경향을 띠게 된 것도 사실이다. 그럼에도 불구하고 조지훈의 연구 활동 기간이나 연구 범위를 고려했을 때 이에 대한 후대의 연구는 그 양이 많지 않은 편이며 다소 산발적으로 전개되어 왔을 뿐만 아니라 고정된 해석 틀을 반복 확인하는 데 머물고 있다.[9] 무엇보다 사후 50여 년이 흘렀음에도 불구하고 조지훈의 학문적 세계를 관통하는 지향점이나 방법론, 학술 활동의 배면에 자리한 욕망 등은 아직 제대로 논의되지 못했다.[10] 조지훈의 시와

희복, 「조지훈의 학인적 생애」, 『한국문학연구』(동국대학교 한국문화연구소) 18(1995), 93쪽. 이러한 평가 또한 조지훈의 학술 활동에 대한 또 하나의 정형화된 내러티브이다.

9) 조지훈에 대한 도식적이고 고정화된 해석 틀 가운데 대표적인 것으로 '유교적/전통적 지식인'과 '선비'만큼이나 자주 인용되는 '문협정통파'를 들 수 있다. 그러나 이러한 의미망은 조지훈에 대한 사실적 이해나 정당한 평가를 저해할 뿐만 아니라 그 자체로 조지훈 연구의 재생산을 가로막는 일이 될 수 있어 재고가 필요하다. 예컨대 1946년 4월에 창립된 청년문학가협회에서 조지훈은 고전문학분과위원장을 맡았고 이러한 청년문학가협회가 이후 문협정통파로 이어졌으며 조지훈 역시 1950년대 중반까지는 문협정통파에 속했다고 볼 수 있다. 이로 인해 문협정통파의 사상 구조를 논구해 온 김윤식은 문협정통파의 문학이념이 "이른바 〈구경적 삶의 형식〉이란 명제로 김동리에 의해 정립되었고 조연현에 의해 복창되어 일층 세련화되었으며, 서정주·유치환·조지훈 등에 의해 창작으로 실현"되었다고 주장한 바 있다(김윤식, 「머리말」, 『한국근대문학사상연구2』, 아세아문화사, 1994). 그러나 1950년대 후반부터 조지훈의 행보는 문협정통파의 그것과 측행하는 면이 있다. 서정주의 주장에 따르자면 '한국시인협회(1957-1962)'의 창립과 관련하여 의견이 맞지 않았던 조지훈이 자신을 더 이상 찾아오지 않게 되었다고 하는데, 세세한 사정의 사실 여부를 떠나 1960년대부터 조지훈이 서정주와 다른 노선으로 나아간 것은 분명해 보인다(서정주, 「조지훈과 나」, 『미당 서정주 전집7—문학적 자서전』, 은행나무, 2016, 356-358쪽). 1960년대의 조지훈은 당시 『현대문학』의 대항 매체라 할 수 있는 『사상계』의 편집위원이었으며, 1960년부터 1967년까지 『사상계』 신인문학상 시 부문의 심사위원을 한 번도 빠지지 않고 맡았다. 또한 1960년 서정주의 '문단대통합론'에 대해 조지훈은 날선 비판의 글을 발표한 바 있기도 하다. 즉, 1960년대의 조지훈을 문협정통파와는 분리하여 민족, 민주, 민중, 참여 등의 문제에 대한 조지훈의 생각을 다시 살펴볼 필요가 있다는 것이다. 조지훈과 한국시인협회에 관한 논의는 박연희, 「1950년대 후반 시단의 재편과 현대시 개념의 논리—〈한국시인협회〉(1957-1962)를 중심으로」, 『현대문학의 연구』(한국문학연구학회) 43(2011) 참조.

10) 1988년 조지훈 사후 20주기를 맞아 『민족문화연구』는 "지훈의 학문과 예술"이라는 주제로 학

시론에 관한 연구들이 텍스트의 함의를 탐구하는 것에서부터 다른 작가/작품과 비교 고찰하는 등 비교적 다양하게 논의를 이어온 데 비해 그의 학술 활동에 관한 연구는 여전히 학문적 업적의 내용을 정리하는 데 그치고 있어 당대의 사상사/지성사/학술사의 맥락에서 조지훈의 위치나 영향관계는 충분히 규명되지 못했다.[11] 즉, 조지훈의 학술 활동은 아직 학술사에 제대로 기입되지 않았다고 할 수 있다.

그러므로 지금-여기에서 우리가 조지훈의 학술 활동을 다시 검토하는 데 있어 새롭게 주목해야 할 것은 조지훈으로 하여금 그러한 연구를 지속적으로 시도하도록 추동한 연구자 개인의 욕망과 시대의 요구이다. 따라서 이 글은 1960년대 조지훈의 학술적 활동의 궤적을 그리고 당대의 담론 지형 안에서 그 위치를 가늠해 보면서 학인 조지훈을 역사화하는 작업을 수행하고자 한다. 이를 위해 무엇보다 1964년에 발표된 조지훈의 학술적 글과 이 무렵 조지훈이 기획하고 벌인 학술 사업에 대해 주목할 것이다. 1964년은 앞서 언급했듯이 조지훈 스스로가 시작(詩作) 활동을 잠시 멈추고 지난 25년간의 학문적 결과물들을 정리하겠다는 의지를 표명한 시기일 뿐만 아니라 조지훈의 다양한 학술적 관심과 활동이 집대성되는 때이다. 뿐만 아니라 1964년은 4·19와 5·16 이후 반공주의와 성장주의에 기초한 공화당 정권의

술회의를 개최하고 이를 이듬해 『민족문화연구』 제22호의 특집으로 다룬 바 있다. 이 학술회의의 종합토론에서 김홍규는 "작고한 지 20년이 지난 학자를 이런 모임에서 논의할 때 빠뜨릴 수 없는 사항은 그 학자의 한 생애에 걸친 업적이 어떤 전체적인 성격을 가지고 있는가, 그의 학문적 지향은 어떤 것이었던가, 또 다양한 업적을 꿰뚫고 흐르는 이론적 토대와 방법의 주류는 무엇인가, 그리고 이런 것들을 통해서 그는 당대의 연구사에서 어떤 위치를 차지하고 무엇을 기여했던가, 그리고 후대에 남겨진 미해결의, 혹은 넘어야 할 과제는 무엇인가, 이런 문제에 대한 논의가 필요"하다고 지적했는데, 그 후 30여 년이 더 지난 현재에도 이러한 논의는 여전히 충분하게 이뤄지지 못했다. 인권한 외, 「종합토론」, 『민족문화연구』(고려대학교 민족문화연구소) 22(1989), 144쪽.

11) 학술사/사상사/지성사의 맥락에서 조지훈의 위치를 가늠해 보거나 조지훈의 학술활동에 대한 재해석을 시도하고 있는 연구로는 다음을 참조. 이선이, 「조지훈의 민족문화 인식 방법과 그 내용」, 『한국시학연구』(한국시학회) 23(2008); 류시현, 「1940-60년대 시대의 '불안'과 조지훈의 대응」, 『한국인물사연구』(한국사인물연구회) 17(2012); 박지영, 「해방 후 전통적 지식인의 탈식민 민족(시문학)사의 기획—조지훈의 반공/보수/민족주의와 현대시문학사 서술」, 『반교어문연구』(반교어문학회) 37(2014); 김건우, 앞의 책, 2017; 송현지, 「조지훈과 혜화전문학교—식민지 고등교육 이원구조와 조선학 학술장을 중심으로」, 『조지훈 탄생 100주년 기념 포럼 자료집』, 2020.10.16.

집권 첫 해이고, 한일회담 반대 국면과 더불어 진보적 민족주의와 민주주의에 입각한 저항 집단과 정권 사이에서 근대화론과 민족주의의 전유를 위한 치열한 담론 투쟁이 일어나던 해였다.[12] 1960-1970년대 남한의 담론장에서 가장 빈번하게 사용되곤 했던 '근대화'나 '한국적(주체적)'이란 말이 유행하기 시작한 것도 이 무렵이며[13] 민족주의를 기반으로 한 한국학의 중창(重創)이 다양한 방식으로 이루어지기 시작하던 때[14]도 이때였다. 이에 이 글은 1964년에 조지훈이 벌인 학술 활동에 공통적으로 내재하는 의미체계를 찾아 정리하고, 이를 바탕으로 1960년대의 조지훈이 당대의 담론장/학술장과 어떻게 조우하는지 살펴봄으로써 학인 조지훈이 차지하는 학술사의 위치를 규명해 보고자 한다.

2. 탈식민 민족문화학의 방법론—민족지 구축과 민족문화사 다시 쓰기

1964년에 조지훈은 단독저서 1권과 공동저서 2권을 출간하고 잡지 및 학술지에 3편의 논고를 발표한다. 1964년에 나온 조지훈의 연구 업적은 〈표 1〉과 같다.[15]

우선 1964년에 발표된 조지훈의 논고 중 『한국인과 문학사상』의 마지막에 실려 있는 「〈멋〉의 연구—한국적 미의식의 구조를 위하여」(이하 「멋의 연구」)부터 살펴보겠다. 이 글은 학인 조지훈을 대표하는 글답게 20여년 이상 이어져 온 조지훈의 연구 방법론이 어떤 것인지 잘 보여 준다. 「멋의 연구」는 '미적 범주 및 미의식으로

---

12) '지식 담론 지형의 전반적인 변화가 일어나던 해'인 1964년에 벌어졌던 반공주의, 민족주의, 민주주의, 자유주의, 성장주의 등의 담론 투쟁 양상은 김건우의 다음 논의에 힘입은 바가 크다. 김건우, 「1964년의 담론 지형」, 『대중서사연구』(대중서사학회) 22(2009).

13) 4·19와 5·16이 단절적 관계가 아님을 주장하던 군정은 1963년 말 대선과 총선을 거친 후 한일회담과 베트남 파병을 추진하는 과정에서 '반공주의+성장주의' 일변도의 지배이데올로기를 구축한다. 이때 이러한 권력에 대한 태도를 기준으로 지식인의 자기정체성 규정이 달라지고 지식인 사회도 분화되기 시작한다. 이에 대해서는 다음 논문을 참조. 임대식, 「1960년대 초반 지식인들의 현실인식」, 『역사비평』(역사비평사) 65(2003).

14) 천정환, 「민족 혹은 소명의 나르시시즘—1960년대식 지성과 민족본질론 그리고 '한국학'의 풍경」, 권보드래·천정환, 『1960년을 묻다』(천년의상상, 2012), 277쪽.

15) 1964년 5월에 출간된 산문집 『돌의 미학』과 12월에 출간된 마지막 시집 『여운』은 학술 활동으로 간주하지 않았기에 목록에서는 제외하였다.

<표1> 1964년 조지훈의 학술활동

순서	서지 사항	비고
1	「〈멋〉의 연구—한국적 미의식의 구조를 위하여」 (김붕구 · 김태길 · 송욱 · 유종호 · 정명환 · 조지훈, 『한국인과 문학사상』, 일조각, 1964.06.05.)	공동 저서
2	「한국현대시문학사」 (『문학춘추』, 1964.06.-1965.03.)	총 6회 연재
3	『한국문화사서설』 (탐구당, 1964.08.05.)	탐구신서 시리즈[16]
4	「신라가요연구논고」 (『민족문화연구』 제1호, 1964.10.30.)	『민족문화연구』의 창간사도 조지훈이 썼으며, '편집 겸 발행인'도 조지훈으로 기록
5	「한국민속학소사(小史)—해방전」 (『민족문화연구』 제1호, 1964.10.30.)	
6	「한국민족운동사」 (『한국문화사대계 I—민족 · 국가사』, 고대 민족문화연구소 출판부, 1964.11.03.)	이 책의 편자는 고려대 민족문화연구소, 발행인은 조동탁, 민족문화연구소 출판부는 1964.09.28.에 등록

서 멋'을 논구하는 과정에서 먼저 미적 가치를 표현하는 우리말 어휘들을 '아름다움 계', '미(美) 계', '고움 계', '멋 계'로 나누어 해당 계열에 속하는 단어들의 사용

16) 『한국문화사서설』의 서문에서 조지훈은 "한국의 종교와 철학과 예술을 중심한 정신사 방면에 관심을 둔 것은 24, 5년 내의 일"이라며, 그동안 이 방면으로 "문헌을 섭렵하고 자료를 수집하고 선배학자의 연구를 비판취사(批判取捨)하여 윤곽과 관점만은 잡았으나, 한 권의 저서를 기필(起筆)할 용기와 겨를은 가지지 못하였"다가 "이번 탐구당 출판사의 요청으로" 관련 논고 수십 편 중 18편을 뽑아 상재할 것을 수락했음을 밝히고 있다(조지훈, 「序」, 『한국문화사서설』, 탐구당, 1964, 3쪽). 즉, 『한국문화사서설』은 '출판사의 기획에 의해 출간'된 것으로 볼 수 있는데 이 책의 간기면 다음에는 "사상·문예·정경(政經)·과학을 총망라한 전인적(全人的) 신서(新書)", "신서판(新書版)의 혁명 한국에 도래하다"라는 광고 문구와 함께 "탐구신서 시리즈" 24권의 목록이 제시되어 있다. 흥미로운 점은 탐구신서 24권 중 한국인 저자의 책은 단 3권뿐(③ 조지훈, ⑧ 이항녕, ⑳ 이은상)이며, 이 시리즈의 첫 번째 책은 미국 하버드대 교수인 경제학자 에드워드 S. 메이슨의 『후진지역 경제계획』이고, 이 시리즈의 대부분이 미국의 정치와 경제에 대해 다루는 미국인 저자의 책이라는 것이다. 이는 탐구신서 시리즈가 '냉전체제의 지(知)'를 형성하고 있음을 방증한다. 『한국문화사서설』이 탐구신서 시리즈, 즉 '냉전 지(知)'의 부분을 이루고 있는 만큼, 우리는 이 책에 대한 논의를 냉전분단체제의 담론 지형 안으로 좀 더 적극적으로 끌어들일 필요가 있다.

빈도, 어의, 어원을 다각도로 분석한 후 '진정한 한국적 미의 가치'는 '멋'에서 찾을 수 있다며 멋의 미적 내용을 다음과 같이 '분류'한다.

<표2> 「멋의 연구」에 나타난 '멋의 미적 내용' 구분

멋의 미적 내용		
형태미	표현미	정신미
비정제성	초규격성	무실용
다양성	원숙성	화동성
율동성	왜형성	중설성
곡선성이	완롱성이	낙천성

조지훈이 제시한 미적 내용의 진위나 이러한 분류의 객관성 혹은 현재적 유효함은 이 글의 관심사가 아니다. 이 글이 주목하고자 하는 것은 '비교를 통한 분류와 그에 따른 유형화'라는 조지훈의 연구 방법이다. 이는 1940년 3월 『룸비니』에 발표된 그의 두 번째 논고인 「유미주의문예소고」에서부터 1947-1948년에 발표된 국어학 논문들에서도 뚜렷이 나타나는 경향이며, 이러한 방법론을 가장 집약해서 보여주는 것이 『한국문화사서설』의 1부 1장에 나오는 다음 표이다.

<표3> 한국문화의 성격 — 풍토·민족성·민족문화[17]

자연:	해양성 → 낙천성 → 명상성 →	(꿈)
	(반도성 → 평화성 → 격정성) →	(슬픔)
	대륙성 → 웅혼성 → 감상성 →	(힘)
역사:	다린성 → 적응성 → 기동성 →	(멋)
	(반도성 → 평화성 → 격정성) →	(끈기)
문화:	주변성 → 수용성 → 감각성 →	(은근)
	중심성 → 난숙성 → 조형성 →	(맵짬)

예컨대 『한국문화사서설』의 2부 "한국사상사의 기저"에서 조지훈은 "건국신화의 비교 연구, 그 계통 및 해석"이라는 부제로 한국 신화의 유형을 논구하고 있으

17) 조지훈, 「한국문화의 성격」, 『조지훈 전집 7』(나남출판, 1996g), 28쪽.

며, 그 다음 장에서도 "한국적 신앙의 기반에 대한 비교학적 고찰"[18]이라는 부제로 한국 종교의 배경을 살펴본다. 그리고 이를 포함하여 『한국문화사서설』에 실린 대부분의 논문들이 1956년에 발표된 「신라국호 연구논고」가 그러했듯 기본적으로 동계의 어휘를 바탕으로 언어의 구조와 계통을 분석·분류하는 비교언어학의 관점을 취한다. 이러한 '비교를 통한 분류'[19]는 현상 간의 유사성과 차이점을 분석하여 그것의 진화과정을 추적하고 이를 토대로 궁극적으로는 '자기를 인식하고 규정하는' 서구 근대학문의 핵심적 방법론이다.[20] 조지훈 역시 어떤 주제에서든지 대상을 분류하여 세분화하고 그것을 다시 계열별로 묶어서 계통을 따지는 식으로 논의를 진행했고, 그러한 '비교를 통한 분류→유형화→계통 발견'의 논리적 전개 과정은 결국 '민족성/민족문화'에 관한 논의로 수렴된다.[21] 즉, 「멋의 연구」에서는 미적 범주와 미의식으로서의 멋을, 『한국문화사서설』에서는 종교, 철학, 예술에 속하는 다양한 영역을, 「신라가요연구논고」에서는 향가를 다루고 있지만, 연구 대상이 각각 달랐던 것과는 별개로 조지훈의 최종 목표는 언제나 민족성 규명과 민족 특유의 정서

18) 『한국문화사서설』의 2부 2장인 「한국 종교의 배경」은 1962년 박우사에서 나온 『현대인강좌』 4권에 묶여 있던 글이다. 이 글은 2년 뒤 『한국문화사서설』에 들어가면서 "한국적 신앙의 기반에 대한 비교학적 고찰"이라는 부제가 새롭게 붙었으며, 글의 맨 마지막 부분에는 '단군교'에 관한 내용이 추가되었다. 이는 『한국문화사서설』을 관통하는 문제의식과 그에 따른 방법론을 부각시키기 위한 글쓰기 전략으로 볼 수 있다.

19) 이러한 비교를 통한 분류는 인종의 개념을 만들어 낸 서구 근대 자연과학의 대표 방법론이다. 18세기 린네의 분류학이 19세기의 (형질)인류학, 자연사, 생물학 등으로 이어지면서 서구 근대 자연과학의 기본적인 방법론으로 자리매김하는 동시에 이러한 비교, 구별, 분류의 방법론이 인종을 '발견'하고 이를 본질화했던 것에 관해서는 염운옥, 『낙인찍힌 몸』(돌베개, 2019), 31-46쪽 참조.

20) 김현주는 최남선의 문화사 연구가 비교언어학의 관점에서 출발하여 궁극적으로는 비교민속학의 관점을 채택하게 됨을 논구한 바 있는데, 이러한 최남선의 문화사 연구 방법론은 거의 그대로 조지훈에게 계승된다. 19세기 역사학을 비롯하여 종교학, 인류학, 사회학 등 인문·사회과학의 학문들이 대상을 이해하고 해석하는 방법으로 '비교'를 채택하게 되는 맥락에 대해서는 김현주, 「문화, 문화과학, 문화공동체로서의 '민족'—최남선의 '단군학'을 중심으로」, 『대동문화연구』(성균관대학교 대동문화연구원) 47(2004), 229-231쪽 참조.

21) 예컨대 앞서 살펴보았던 「멋의 연구」의 결론에서도 조지훈은 이러한 멋이 민족미의식의 집단적·역사적 동일취향성에서 말미암은 '하나의 전통'이며, 이것이 이념으로서 성립된 것은 통일신라 전후의 화랑도(花郎徒)이고 예술적으로 가장 두드러지게 발현된 것은 조선시대의 시조와 판소리라고 주장한다.

형식을 이룩한 문화사적 배경 고찰에 있었다.[22)]

여기서 눈여겨보아야 할 것은 민족성이 무엇인지 규명하는 과정은 그대로 민족성이 만들어지는 과정을 보여 준다는 점이다. 이는 결국 민족의 언어와 존재를 어떻게 규정하고 역사화할 것인가의 문제였기 때문이다. 문화와 제도는 관습, 규범, 가치 등을 포함하는 삶의 양식이므로 수많은 삶의 양식들을 마치 채집하듯이 정리하는 것은 민족지(民族誌/知)[23)]를 구축하는 과정이라 할 수 있다. 같은 맥락에서 해방 후 조지훈이 참여했던, 국어사전이나 역사교과서를 편찬하는 일 역시 민족지를 구축하는 작업에 해당된다. 즉 조지훈은 민족성이라는 비가시적인 것을 민족지의 구축을 통해 가시화하려고 했던 것이다.

---

22) 신일철, 「한 시인의 한국정신사관」, 『조지훈연구』(고려대학교 출판부, 1978), 330쪽. 신일철은 이 글에서 조지훈의 학술적 관심사가 8·15해방에서 비롯된 것 같다며 그의 관점에는 아직 역사주의적 경향이 뚜렷이 부각되지 않는다고 평가했다. 이는 조지훈의 학술활동에 대한 거의 대부분의 연구, 특히 1970-1990년대에 나온 연구들이 공유하는 견해이다. 그러나 이는 조지훈의 연구들을 관통하는 욕망이나 공통의 지향점을 보지 못하고 특정한 분야의 논문에만 한정하여 그의 연구 성과를 살피고 있기 때문에 생긴 시각의 한계라 할 수 있다.

23) 인류학의 가장 큰 방법론적 특징 중 하나인 'ethnography'는 '민족'이나 '종족'을 가리키는 그리스어 'ethnos'와 '기록하다/쓰다'를 의미하는 그리스어 'graphia'가 합쳐서 생겨난 말인데, 흔히 우리말로 민족지(民族誌), 민속지(民俗誌), 민족지학, 민속지학, 민족지리학, 문화기술학(記述學) 등으로 번역된다. 이는 말 그대로 '민족 또는 특정한 인간 집단의 삶을 생생하게 기록한 글 혹은 그러한 글쓰기 행위'를 가리키는 용어로서 19세기 서구의 인류학자들이 비서구 세계의 민족과 문화에 관심을 가지면서 현지에 들어가 그들의 관습과 문화, 사회제도 등을 연구하는 과정에서 낯선 민족에 대한 체계적인 기록이 필요해지면서 생겨난 말이다. 이러한 용어의 발생 배경을 고려할 때 처음에 이 말은 당연히 이민족/비서구인/원주민에 대한 제국주의적이고 오리엔탈리즘적인 시선을 전제하고 있었다. 그러나 현대 인류학이 발전을 거듭하면서 현재 민족지적 연구 대상은 비서구 세계에 국한되지 않고 전 세계의 민족과 문화를 망라하는 것으로 확대되고 있는 추세이다. 따라서 이 글에서는 'ethnography'를 '자타 민족이나 종족의 역사적 지리적 조건을 비롯하여 사회조직이나 생활양식, 사고방식 등을 기술하는 것 내지는 그러한 기술의 결과물'로 규정하되 번역어로는 가장 일반적으로 널리 사용하고 있는 '민족지(民族誌)'를 선택하고자 한다. 조지훈의 연구에서는 언제나 '민족'이 상수로 작용하고 있기에 조지훈에게 있어 'ethnography'는 일종의 '자기-민족지'라고 할 수 있다. 또한 조지훈의 학술활동이 학적 체계의 성립을 목표로 하고 있음을 전제할 때 조지훈에게 있어 '민족지'의 '지'는 근대적 학문으로서의 '지(知)'라는 의미 또한 포함한다. 민족지의 개념에 관해서는 제임즈 클리포드·조지 E. 마커스 편, 『문화를 쓴다』, 이기우 옮김(한국문화사, 2000), 19-21쪽; 이용숙 외, 『인류학 민족지 연구 어떻게 할 것인가』(일조각, 2012), 13-21쪽 참조.

이러한 민족지 구축의 작업을 가장 분명하게 보여 주는 것은 조지훈이 기획과 출간을 주도했다고 알려져 있는 『한국문화사대계』이다. 1963년 고려대 민족문화연구소 초대 소장이 된 조지훈은 학술지 창간과 총서 발간 준비에 들어가는데 그 결과물은 1964년 가을에 나왔다. 이러한 학술적 사업은 조지훈의 학술 활동 양상이 다양화되고 그 범위 또한 확장되고 있음을 보여 준다. 『한국문화사대계』는 1964년 11월에 제1권을 필두로 조지훈의 생전에 제2권 『정치·경제사』, 제3권 『과학·기술사』, 제5권 『언어·문학사』가 출간되었고, 이후 1972년 5월 제7권 『증보·색인』까지 전체 7권으로 완간되었다. 각 권마다 최소 800여 쪽, 최대 1500여 쪽에 육박하는 『한국문화사대계』의 세부 목차를 보면 이는 그 자체로 방대한 민족지를 이루고 있음을 쉽게 알 수 있다.

『한국문화사대계』의 면면을 살펴볼 때 무엇이 어떻게 분류되었는가와 그러한 분류의 결과들은 어떻게 다시 하나의 범주로 묶이는가에 대해 생각해 볼 필요가 있다. 여기서 '문화'는 국가·민족·정치·경제·과학·기술·풍속·예술·언어·문학·종교·철학에 해당되는 항목들을 모두 포괄하는 표제로 선택되었다. 즉 『한국문화사대계』의 체제는 당시 조지훈이 구상하고 있던 것이 민족이라는 주체의 삶을 이루는 '거의 모든 지식'을 체계화하는 작업, 이른바 '학(學)으로서의 민족문화'임을 짐작해 볼 수 있게 해 준다. 그에게 있어 '문화'란 물질적인 것과 정신적인 것, 인격적인 것과 제도적인 것 모두를 포괄하는, 요컨대 인간에 의해 만들어진 모든 것을 의미했다.[24] 일반적으로 지식의 (재)생산을 위해서는 교육제도나 인쇄매체가 필수적이며 특히 새로운 '학(學)'을 형성하는 데 있어 이러한 문화제도는 중요한 물적 기반이 된다. 그러니 조지훈이 학술지를 창간하고 출판사를 만들며 '민속학개론'과 같은 강의 개설 계획을 세웠던 것은 민족문화학의 창설을 위해 당연한 일이었다고 할

24) 이러한 '유연하고 보편적인 것으로서의 문화' 개념은 김현주의 논문에서 빌려 온 것이다. 김현주는 최남선이 규정한 문화의 개념을 이와 같이 정리하면서, 1920년대에 문화와 문화를 연구하는 다양한 '문화과학들'이 어떻게 민족의 '지(知)'를 형성했는지 최남선의 단군학을 통해 논구하고 있다. 이 또한 앞서 언급한 최남선의 비교언어학적 방법론처럼 조지훈의 연구에도 그대로 적용될 수 있는 설명이다. 그만큼 연구 범위의 설정이나 방법론에 있어 조지훈은 최남선을 충실하게 계승하고 있다고 해도 과언이 아닐 것이다. 최남선이 생각한 '문화'의 개념에 관해서는 김현주, 앞의 글, 223-224쪽 참조.

<표4>『한국문화사대계』 각 권 차례

I. 민족 · 국가사(1964)	II. 정치 · 경제사(1965)
1. 한국문화의 지리적 배경/노도양 2. 한국민족의 체질인류학적 연구/나세진 3. 한국문화의 고고학적 연구/김원룡 4. 한국민족형상사/김정학 5. 한국고대국가발달사/김철준 6. 한국민족운동사/조지훈	1. 한국정치사상사/김영두 2. 한국법제사/이희봉 3. 한국당쟁사/성낙훈 4. 한국외교사/홍이섭 5. 한국사회경제사/김삼수 6. 한국근대경제발달사/조기준 7. 한국상공업사/유교성 8. 한국토지제도사(상)/강진철 9. 한국토지제도사(하)/천관우
III. 과학 · 기술사(1968)	**IV. 풍속 · 예술사(1970)**
1. 한국농업기술사/이춘녕 2. 한국어업기술사/박구병 3. 한국생물학사/이덕봉 4. 한국체신(遞信)사/진기홍 5. 한국천문기상학사/전상운 6. 한국지리학사/이찬 7. 한국의학사/노정우 8. 이조조선사/강만길 9. 이조인쇄기술사/손보기 10. 한국수학사/김동기	1. 한국복식사/김동욱 2. 한국주거사/김정기 3. 한국식품사/윤서석 4. 한국예속사/김춘동 5. 한국가족제도사/최재석 6. 한국여속(女俗)사/김용숙 7. 한국부락관습사/김택규 8. 한국문교풍속사/이동환 9. 한국연극사/이두현 10. 한국음악사/장사훈 11. 한국미술사1/황수영 12. 한국미술사2/신영훈 13. 한국미술사3/김응현
V. 언어 · 문학사(1967)	**VI. 종교 · 철학사(1970)**
1. 한국어형성사/이기문 2. 한국어발달사(상)/김완진 3. 한국어발달사(중)/안병희 4. 한국어발달사(하)/이숭녕 5. 한국문자발달사/박병채 6. 한국어학사(개화이전)/강신항 7. 한국어학사(개화이후)/김민수 8. 한국구비문학사(상)/장주근 9. 한국구비문학사(하)/임동권 10. 한국시가문학사(상)/정병욱 11. 한국시가문학사(중)/박성의 12. 한국시가문학사(하)/송민호 13. 한국소설발달사(상)/민병수 14. 한국소설발달사(중)/김기동 15. 한국소설발달사(하)/전광용 16. 한국한문학사/이가원	1. 한국원시종교사1/임동권 2. 한국원시종교사2/김경탁 3. 한국불교사(상)/안계현 4. 한국불교사(하)/김영태 5. 한국유교사 · 한국유교사상사/성낙훈 6. 한국기독교사1/유홍렬 7. 한국기독교사2/김양선 8. 한국동학및천도교사/최동희 9. 한국신흥종교사/장병길 10. 한국불교사상사/조명기 11. 한국실학사상사/천관우

수 있다.

이 시기 조지훈 개인의 학술적 글쓰기 또한 이러한 민족문화학 형성에 맞춰진다. 일례로 『한국문화사대계』 1권에 들어가 있는 「한국민족운동사」는 '대계'를 구성하기 위한 필요에 의해 집필된 것으로 알려져 있다.[25] 또한 『한국문화사대계』에 실려 있는 65편 중 62편의 논문이 그러하듯, 이 시기 조지훈이 발표한 논고의 대부분이 통사(通史)의 형식을 취하고 있다. 1950년대까지 조지훈의 글은 설령 통사(通史)적 구성을 취하고 있다 하더라도 표제에 '사(史)'라는 말을 직접적으로 쓰지는 않았다. 그러나 1963년 8월 『사상계』에 발표한 「반세기 가요문화사」[26]를 기점으로 1964년에 나온 논저의 경우 총 6편 중 4편이 직접적으로 '사(史)'임을 표방하고 있고, 「멋의 연구」 또한 서술방식에 있어서는 다른 글들과 크게 다르지 않다. 즉, 현대시문학사, 가요문화사, 개화사상사, 민족운동사, 민속학사, 미학사(멋의 계통사) 등 1964년에 집중적으로 발표되는 조지훈의 다양한 민족문화사 다시 쓰기 작업은 공통적으로 '한국문화통사(通史)'를 지향한다. 여기서 중요한 점은 민족문화학 형성을 위한 이러한 작업들이 공통적으로 전제하는 문제의식이 있다는 것이다. 그것은 면면히 이어 왔어야 할 단일민족의 전통과 문화가 제대로 계승되지 못했다는 생각이다.

> (가) 우리 민족문화는 반세기에 걸친 침략자의 간교한 정책 아래 유린되고 왜곡되고 보잘것없는 것으로 낙하되었다. 이러한 정책이 오랜 기간을 두고 교육과 선전(宣傳)을 통하여 계속됨으로써 우리 민족문화에 대한 자기비하와 멸시의 관념을 조성하여 그 악영향은 현재까지도 내외에 강력히 남아 있다. 자시(自恃) 자면(自勉)의 긍지와 신념을 상실한 곳에는 전통도 창조도 있을 수 없다. 오늘 우리가 민족주체의식의 자각을 고창(高唱)하는 소이연도 진실로 이 점에 있는 것이다.
>
> 민족 해방을 맞아 어느덧 20년, 그동안 우리 학계는 모든 혼란과 궁핍의 악조건을 극복하면서 꾸준히 발전해 왔다. 그러나, 분석과 고증에 치우친 학풍은 우리가 목마르게 요청하고 있는 민족문화의 학적 체계화 또는 거시적 사관(史觀), 심화적 방법에는 외면하는 혐

25) 강만길, 앞의 글, 345쪽. "살아온 민족주의적 환경과 예민한 역사감각과 일급의 자료를 갖추고 있던 그가 자신이 책임 맡고 있던 연구소의 사업으로 민족운동사의 서술이 필요하게 되자 스스로 그것을 담당하여 완성해 놓은 것이 곧 그의 〈한국민족운동사〉인 것이다."

26) 이 글은 이듬해 『한국문화사서설』의 6부에 들어간다.

(嫌)이 없지 않다.[27]

(나) 우리 민족문화의 자기인식을 위한 학적 연구는 멀리 실학운동에서 그 단(端)을 발하였고 근대 개화기의 선구학자들의 뒤를 이어 반세기 동안 여러 가지 악조건과 싸우면서 꾸준히 발전하여 이제 한국학이란 한 분야를 정립하기에 이르렀다.[28]

(가)는 조지훈이 쓴 『민족문화연구』의 창간사이며, (나)는 당시 고려대학교 총장인 유진오가 쓴 『한국문화사대계』의 발간사이다. 둘 다 1964년 10월 3일(개천절)에 작성된 것으로 기록되어 있는데 집필 시기의 사실 여부와 상관없이 이 날짜는 『민족문화연구』의 창간과 『한국문화사대계』의 발간이 일종의 '선언'임을 표방한다. 즉, 이 시기 조지훈이 벌이고 있던 "새로운 문화창조를 위한 바탕으로서의 전통의 현대적 탐구와 민족문화의 학적 체계화를 위한 운동"[29]은 조선 후기 근대적 사상체계인 실학사상을 바탕으로 동학운동을 거쳐 현대로 이어진, "본디 단절될 수가 없는 것"[30]의 연속됨을 증명하기 위한 것이라 할 수 있다. 천정환은 '1960년대식 민족주의'란 종족주의를 기반으로 한 '문화민족주의'면서 '피해자 민족주의'라고 분석한 바 있는데, 이는 이 시기 조지훈의 학술적 활동을 이해하는 데 있어 매우 중요한 참조점이 된다.[31] 어쩌면 당연하게도, 1920년대생 조지훈의 민족문화사는 '자시(自恃)와 자면(自勉)'을 말하는 순간에도 수난사의 감각을 잊지 못했고, '일본' 혹은 '식민의 경험'은 학술 활동의 대립항으로 언제나 존재했다. 결국 조지훈이 몰두했던 것은, 식민사학이 그토록 부정했던 '단일한 실체로서의 국가/민족'이 상정되고 작용될 수 있는 지식체계를 만드는 일이었으며, 이러한 '탈식민을 위한 욕망'이야말로 학인 조지훈을 추동하던 원동력이었다.

---

27) 조지훈, 「창간사」, 『민족문화연구』(고려대학교 민족문화연구소) 1(1964), 3쪽. 밑줄은 인용자, 이하 동일.

28) 유진오, 「발간사」, 『한국문화사대계 I—민족·국가사』(고려대학교 민족문화연구소 출판부, 1964), 1쪽.

29) 조지훈, 「창간사」, 앞의 책, 1964, 3쪽.

30) 조지훈, 「한국현대시문학사」, 『조지훈 전집 2』(나남출판, 1996b), 265쪽.

31) 천정환, 앞의 글, 294-295쪽.

3. 1960년대 민족문화학의 자리
—식민지 조선학운동의 후일담, 내재적 발전론의 전사(前史)

1960년대 초는 '한국적인 것'에 관한 논의가 활발하게 일어나던 시기였다. 해방과 분단을 거치면서 1950년대에는 새로운 국민국가 건설을 모색하는 '재건의 서사'가 사회 전 분야에 걸쳐 활발하게 생성되었고,[32] 새롭게 구상하는 '국가', '민족', '민족문화'의 구성을 위한 거점을 모색하고자 '전통' 혹은 '한국적인 것'이 어디에 있는가에 관한 논쟁이 한동안 계속되었다. 1950년대 남한의 문단에서는 전후세대 평론가를 중심으로 전통에 관한 논쟁이 활발하게 펼쳐진 바 있었는데 이러한 전통론은 1960년대 들어 '한국적인 것'으로 표제를 바꾼다. 이는 '전통=인습'이란 인식에서 벗어나 창조성과 미래지향성을 강조하기 위함이었는데,[33] 전통이든 한국적인 것이든 이러한 논의의 핵심은 식민의 기억을 지우고 '원래 거기에 존재했던' 민족과 국가의 기원을 발견하는 데 있었다. 이와 더불어 4·19혁명 직후부터 민족주의 담론이 다시 활발하게 전개된다.[34] '1960년대식 민족주의'의 상(象)과 논리는 "1960년대 이후 새롭게 구조화되어 중창(重創)된 한국사학·한국문학·한국문화학 등 아

---

32) '재건(reconstruction)'은 해방 직후부터 1960년대까지 사회 전반에 걸쳐 가장 많이 사용되던 용어로, 이 시기 남한사회를 관통한 구호이자 담론이었다. 한국전쟁 직후 염상섭은 이러한 '재건'이 특정한 시기에 특정한 역할을 하는 담론으로 기능함에 주목한 바 있다. 해방과 분단을 거치며 '재건'은 '대한민국'이라는 국가 정체성을 어떻게 만들어갈 것인가라는 문제와 직결되었는데, 특히 1950년대 재건론은 '민족'과 '반공'을 대타항으로 두고 국민이나 국민국가의 성격을 규정하고자 했다. 이 시기 재건의 의미와 재건론의 흐름에 관해서는 다음을 참조. 염상섭, 「한국재건과 정치」, 『사상계』, 1953. 12; 이하나, 「1950-1960년대 재건 담론의 의미와 지향」, 『동방학지』(연세대학교 국학연구원) 151(2010), 390-395쪽.

33) 1950년대 전통론이 1960년대 들어 '한국적인 것'에 관한 논의로 옮겨가는 과정과 당시의 담론 지형에 대해서는 김주현, 「1960년대 '한국적인 것'의 담론 지형과 신세대 의식」, 『상허학보』(상허학회) 16(2006), 379-383쪽 참조.

34) 박찬승에 따르면 "한국 민족주의는 본래 '문화적 민족주의'의 성격이 강하였는데, 해방 이후 대두한 여러 계열의 단일민족론에 의해 '에스닉 내셔널리즘', 즉 '혈통적 민족주의'로 후퇴"했다(박찬승, 『민족·민족주의』, 소화, 2010, 238쪽). 이는 특히 이승만식 민족주의라 할 수 있는 일민주의가 민족주의 관련 담론장을 장악하고 있었기 때문일 텐데, 이렇게 억눌려 있던 문화적 민족주의는 4·19를 계기로 자유롭게 터져 나오기 시작했다. 조지훈의 경우, 식민지 시기부터 1960년대까지 일관되게 문화적 민족주의를 지향해 왔다고 할 수 있다.

카데미즘의 정신적 동력과도 깊은 관련을 맺고"[35] 있었으며, 이 시기 '한국적인 것'을 창출하기 위한 조지훈의 학술 활동 또한 같은 맥락에 놓여 있다고 할 수 있다.

식민과 탈식민의 경험이 교차되고 한국전쟁과 분단을 거쳐 냉전체제로 완전히 편입된 상황에서, '한국'이란 말이 '남한'으로 상징되는 여러 가지를 내포하고 있듯이 '한국적인 것' 또한 탈식민과 냉전의 자장 안에서 규정되고 선택될 수밖에 없다. 이러한 가운데 조지훈은 학술적 언술에서 '한국문화'가 아닌 '민족문화'라는 말을 더 빈번하게 사용한다.[36] 물론 '한국문화사서설'이나 '한국문화사대계'처럼 표제나 부제에 '한국'을 내세우는 경우가 더러 있지만 글의 본문에서는 주로 '민족' '민족성' '민족문화'를 사용했으며, 특히 '한국인'이라는 말은 상대적으로 거의 쓰지 않았다. 이는 앞서 언급했듯이 1950년대 '전통' 담론이 1960년대 '한국적인 것'으로 바뀌고 나서 대부분의 논자들이 '한국인' '한국문화' '한국적인 것'이라는 말을 주로 사용했던 것과는 대별된다. 이와 더불어 민족성에 관한 논의에서 그는 지나칠 정도로 '자시(自恃)'와 '자존(自尊)'의 태도를 강조한다.

> 일제 말기에 우리 지식인들이 '엽전(葉錢)'이라고 자칭한 적이 있다. 동경 유학생 사이에서 유행된 이 말은 공부해봤자 쓰일 곳 없는 신세를 돈은 돈이지만 못 쓰는 돈인 엽전으로 상정한 것이다. 당시의 현실이 그랬으니까 자못 처량한 실감이 났으나 한편 생각하면 구국의 지사를 자처하던 3·1운동 전후의 학생 기질에 비하여 그 의기가 천양의 차여서 한심하였다.
>
> 이 자조와 자학의 바람은 해방 20년에 다시 불어오는 듯하다. 그것도 지성인을 자학하

---

35) 천정환, 앞의 글, 278쪽.

36) 여기서 '조선문화'라는 말은 선택지에 들어갈 수 없다. 예컨대 해방기에 조선어학회가 한글학회로 개칭한 사례를 떠올려 보자. 해방 후 남한 중심의 국민국가 형성 과정에서 좌익세력의 몰락은 "남한의 정치적 역학관계의 변화만을 의미했던 것이 아니라 식민지 시대와 해방에 대한 역사적·집단적 기억의 재편을 불가피하게 만들었"고 이와 관련해서 조선어학회도 난처할 수밖에 없었다. 1949년 9월 9일 조선민주주의인민공화국이 정식으로 출범하면서 당시까지 흔하게 써 오던 '조선'이란 어휘는 쉽게 사용할 수 없는 것이 되었기 때문이다. 이에 1949년 10월 2일 조선어학회는 '한글학회'로의 개칭을 결정한다. "한글학회로의 개칭은 분단상황에 의한 위축된 정세에 대한 자구책"이었을 것이다. 한글학회의 개칭과 관련된 내용에 대해서는 이혜령, 「언어 법제화의 내셔널리즘—1950년대 한글간소화파동 일고」, 임형택 외 엮음, 『흔들리는 언어들』(성균관대학교 출판부, 2008), 556-557쪽 참조.

는 젊은 세대에 퍼져 가는 것이 엽전풍과 비슷하여 근심스럽다. 한국은 이렇다, 이것이 한국이다, 라고 한국의 거름더미를 파헤쳐서 내어 드는 것은 지저분하고 볼상 없고 창피하고 몹쓸 것뿐이니 고왕금래에 잘한 것 잘 만든 것 하나 남기지 못한(?) 조상의 초라한 꼴을 중인환시(衆人環視) 아래 드러내 놓고 "보십시오, 이 사람이 제 조상이오. 저희들은 이 못난 조상의 똑똑한 자식들입니다. 조상은 못났지만 전무후무한 민족 문화는 우리가 만들 수 있습니다."고 외친다면 자존일까 자조일까. (…) 오늘의 이 자조자학증의 병원(病原)은 일본의 교육과 선전(宣傳), 또는 과학적이란 가면을 쓴 공산주의이론이 끼친 악영향의 합성이다.

나는 이 거지(?) 같은 민족과 문화에서 좋은 것을 찾고 그 양질의 창조적 전통을 인습 속에서 정련(精鍊)하기 위하여 민족자시(自恃)의 기풍을 진작(振作)시켜 주기를 바라는 자이다. 좋은 면에서 본 '이것이 한국이다'가 나와야 한다.[37)]

유행성 자조자학증의 원인이 일제 식민사관과 공산주의 이론에 있다는 주장을 통해 우리는 이 글이 탈식민-냉전체제 안에 위치하고 있음을 알 수 있다. 그럼에도 불구하고 조지훈의 학술적 언술의 전반을 살펴볼 때 식민사관에 대한 증오와 저주는 공산주의에 대한 그것에 비해 압도적이라 할 정도로 완강하게 견지된다. 예컨대 조지훈이 민족성론에 대한 자조와 자학의 태도를 끔찍하게 염오했던 것은, 이것이 식민사관이 강조했던 타율성론 및 정체성론과 닮아 있기 때문이다. 조지훈의 학술 활동 전반을 관통하는, 식민지배와 저항에 대한 끊임없는 환기는 학인으로서 그의 삶의 출발점이 '조선어학회'에 있기 때문일 것이다.

해방 전후 조지훈이 조선어학회를 통해 누구를 만나고 무엇을 배웠는가의 문제는 조지훈의 학문적 이력에서 좀 더 논구될 필요가 있다.[38)] 양력으로 1921년 1월생인 조지훈은 한일병합이 된 지 10년 후에 태어나 20대 중반에 해방을 맞고 30대 초에 분단과 한국전쟁을 겪었다. '전후세대의 언어적 정체성'이라는 주제로 1920-

37) 조지훈, 「유행성 자학증」, 『동아일보』, 1964.10.26; 『조지훈 전집 4』(나남출판, 1996d), 379쪽.

38) 지금까지 조지훈과 조선어학회의 관련성을 다룬 연구 논문은 방민호의 논문 한 편뿐이다. 방민호는 이 논문에서 조선어학회 활동을 통한 민족적 현실에 대한 주체적 인식이 이후 조지훈의 시 세계에 변화를 가져왔다고 설명한다. 방민호, 「조선어학회 사건 전후의 조지훈」, 『우리문학연구』(우리문학회) 30(2010) 참조.

1930년대생 문인들의 언어 환경 문제를 연구한 한수영에 따르면 자기정체성 인식과 형성에 있어 이들에게 가장 중요하게 작동했던 것은 '이중언어' 문제였다. 그러나 조지훈의 경우, 어려서 시골에서 조부가 운영하던 서당을 다니면서 조선어를 배우고 민족의식을 고취할 수 있는 책을 많이 보았다는 그의 이력을 감안하더라도 해방 전후에 관한 회고 어디에도 일본어에 대한 인식이나 관련 경험담을 찾아볼 수 없다.[39] 조지훈이 열세 살 무렵(1932-1933년)에 읽었다는 『파랑새』, 『피터팬』, 『행복한 왕자』는 어떤 언어로 되어 있었을까. 또한 월정사 외전강사 시절(1941년) 읽었다는 노장(老莊), 스피노자, 헤겔, 베르그송은 어떤 언어로 되어 있었을까.[40]

이에 반해 조지훈이 스스로의 내력을 서술하는 데 있어 조선어학회 활동의 경험은 『문장』을 통한 등단만큼 반복해서 상술되곤 한다.[41] 열여섯 살 무렵 서울에 처음 올라왔을 때부터 조지훈은 조선어학회에 드나들었고, 혜화전문학교 교지 『룸비니』에 발표한 그의 첫 논문 또한 당시 조선어학회가 표방하고 있었던 한글 표기에 관한 원칙과 입장을 대변하는 내용으로 이루어져 있다. 무엇보다 본고가 주목하는

39) 한수영에 따르면 당시 식민지 조선인들은 '일본어'를 경유해서만이 진학과 취업 등 국가가 구성한 공공적 제도로 진입할 수 있었다. 나아가 당시 일본어는 '국가어=문명어=보편어'이자 근대문명을 수용하는 언어적 통로로 인식되었다는 점에서 일본어가 '국가어'로서의 기능을 담당한 측면을 무시하기는 어렵다. 특히 1920-1930년대생 경우 개개인의 차이가 존재함에도 불구하고 대부분이 문자를 매개로 한 '글말' 세계의 진입이 '한문→일본어→한글'의 순서로 진행되었다고 한다. 한수영, 『전후문학을 다시 읽는다—이중언어·관전사·식민화된 주체의 관점에서 본 전후세대 및 전후문학의 재해석』(소명출판, 2015), 143-192쪽 참조.

40) 김병철이 작성한 아동청소년도서 번역서 서지 목록과 국립어린이청소년도서관 소장 도서 목록을 참조했을 때 조지훈이 어린 시절 읽었다는 『파랑새』와 『피터팬』은 식민지시기 조선어로 번역된 흔적이 없다. 김병철, 『세계문학번역서지목록총람—1895-1987』(국학자료원, 2002), 757-767쪽. 1920-1930년대 조선에서 출간된 번역 동화집인 오천원의 『세계문학걸집』(1925), 노춘성의 『천사의 선물—세계명작동화선집』(1929), 전영택의 『(특선)세계동화집』(1935), 조광사 편 『세계걸작동화집』(1936) 등에서도 이 작품들은 찾아볼 수 없다. 조지훈이 읽은 도서 목록은 조지훈, 「나의 역정(歷程)—시주(詩酒) 반생(半生) 자서(自敍)」(1955), 『조지훈 문학전집 3』(나남출판, 1996c), 199쪽, 203쪽 참조.

41) 조지훈이 조선어학회 활동에 대한 경험을 어떻게 정리하고 해석하고 있는지를 잘 보여 주는 대표적인 글은 다음과 같다. 조지훈, 「화동(花洞) 시절의 추억—그 날의 조선어학회」(1955), 앞의 책, 1996d, 45-51쪽; 「나의 역정(歷程)—시주(詩酒) 반생(半生) 자서(自敍)」(1955), 앞의 책, 1996c, 203-204쪽; 「해방 전후의 추억—시의 배경을 위한 자서(自敍)」(1963), 앞의 책, 1996c, 213-215쪽; 「나의 시의 편력—슬픔과 멋의 의미」, 『사상계』, 1965.8, 336쪽.

지점은 학인 조지훈의 '해방 전후'를 잇는 연결점이 조선어학회라는 것이다. 해방이 되자마자 9월 초에 상경한 조지훈은 조선어학회의 정식 부원으로 이름을 올리고[42] 조선어학회의 『한글』 속간호 편집과 『중등국어교본』의 편찬, 진단학회의 『국사교본』 편찬에 참여한다. 또한 그는 1946년 여름 방종현과 구자균이 고려대 강사 자리와 관련하여 자신을 찾아온 적이 있다고 회고한 바 있는데,[43] 경성제대 출신으로 조선어학회 소속이었던 방종현은 해방 직후 안호상 손진태 등이 주축이 되어 꾸려진 조선교육연구회의 교육 월간지 『조선 교육』에 구자균과 함께 가장 많은 특집 글을 실은 필자였고, 조지훈도 1949년 5월 『조선 교육』 3권 3호에 「교양과 정치」라는 글을 싣는다.[44]

이뿐만 아니라 「멋의 연구」, 『한국문화사서설』, 「한국민속학소사」에 직접적 참고 문헌으로 인용되고 있는 이들은 안재홍, 이극로, 이중화, 손진태, 송석하, 고유섭 등인데 안재홍, 이극로, 이중화는 조선어학회에, 손진태, 송석하, 고유섭은 진단학회에 속해 있던 사람들이었다. 이 중 이극로, 이중화, 손진태는 당시 '북으로 간' 학자들이었음에도 불구하고 조지훈은 이들의 연구 업적을 인정하고 수용하여 자신의 학술적 글쓰기를 이어 갔고 그러한 과정에서 이들의 이름과 저서의 목록을 숨기지 않았다. 물론 식민지 조선학 학술장의 여러 갈래가 해방 후 어떻게 이합되는지에 대해서는 좀 더 섬세한 고찰이 필요하겠지만, 비약이 허락된다면, 학인 조지훈은 해방 전 조선어학회 활동의 경험을 바탕으로 해방 후 학계의 네트워크를 마련했고, 그가 24~5년을 구상했다는 민족문화학 역시 식민지 조선학운동의 연구 성과에 기반을 두고 출발한 것이라 할 수 있다.[45]

---

42) 박용규, 『조선어학회 항일투쟁사』(한글학회, 2012), 309쪽.

43) 조지훈, 「《구자균 박사 유고집》 발(跋)」(1965), 앞의 책, 1996c, 385쪽. "[구자균이] 열아홉 해 전 여름날 나를 고대(高大)의 강단으로 이끌고자 일사 방종현 선생과 함께 나를 찾아오셨던 그날의 첫 대면을 돌이켜 보고 20년간 고락(苦樂)을 같이했던 일과 피난중의 회포를 아울러 추억하며 일성장호(一聲長號)의 목메임을 막을 길 없다."

44) 조선교육연구회의 인적 구성과 활동 내용 및 『조선 교육』의 목차에 관해서는 홍웅선, 『광복 후의 신교육 운동—1946-1949 조선교육연구회를 중심으로』(대한교과서, 1991) 참조.

45) 1964년에 발표되는 조지훈의 학술적 글들에서 가장 많이 거론되고 인용되는 사람은 최남선과 손진태였다. 『한국문화사서설』의 기조를 이루는 문화권에 대한 서술은 최남선의 「불함문화론」에 기대고 있고, 「한국민속학소사」에서 주장하는 민속학 연구의 필요성과 방법론은 손진태에게서 빌려 온 것임을 조지훈은 감추지 않는다.

최남선의 자국학 논의를 연구한 류준필에 따르면, 20세기 내내 한국학이 독자적인 학문 영역으로 스스로를 입증한 적이 없었음에도 불구하고 (한)국학의 이념은 지속적으로 부각되었는데, 이러한 20세기 한국학의 이념으로 가장 지배적이었던 것이 '보편성(보편적 가치 혹은 법칙)의 독자적 구현'이라는 테제였다.[46] 일제의 식민사관이 반(反)보편주의적 왜곡의 산물이라는 점에서 비판받아 온 것이나 남북분단이 민족국가의 미완성(유예된 보편성)으로 규정되는 것 또한 이러한 관점의 산물로 볼 수 있는데, 이는 민족문화사를 바라보는 조지훈의 기본적인 인식틀과 동일하다.

> 문화나 예술에 있어 개인의 개성은 보편성 또는 세계성에 통해 있으므로, 민족의 구성원으로서의 개개인의 개성은 민족적 개성이 아니라 도리어 인류적 개성이요, 이러한 인류적 개성으로서의 개개인의 개성을 총합한 것은 민족적 개성의 바탕은 되어도 그것이 곧 민족적 개성은 아니다. 개개인의 개성은 집단적 개성을 형성하지만, 집단적 개성은 개개인의 개성을 그대로 총합한 것이 아니고, 그 개개인의 개성이 공동으로 형성한 개별의 개성이기 때문에, 집단적 개성은 개개인의 개성과 같은 크기의 개성이요, 개개인의 개성의 총합보다는 훨씬 작은 개성인 것이다. (…)
>
> 그러므로, 한국적 미의식은 한국인 개개인의 미의식의 총화로서 인류의 보편적 미의식의 바탕 위에 구조(構造)된 집단적 개성으로서의, 한국적 특징으로서의 미의식을 뜻한다. 이것은 민족의식을 강조하는 개인이 사멸해 가도 민족의 미의식 속에 무한히 연속 체득되어 계승하는 것이다.[47]

「멋의 연구」에서 조지훈은 개인을 통해 구현되는 미의식도 '미의식의 보편성'의 한 양상이며, '민족적 개성으로서의 고유한 미의식'은 인류와 세계에 조응하는 보편적 가치와 연결되는 것으로 설명한다. 이는 민족문화와 사상을 논하는 데 있어 빈번하게 등장하는 조지훈의 서술 기조이다. 이를테면 홍익인간에는 "인도주의, 민

46) 자국학으로서 한국학(조선학)의 이념 및 '보편성의 독자적 구현'의 개념에 관해서는 류준필, 「1910-1920년대 초 한국에서 자국학 이념의 형성 과정—최남선과 안확을 중심으로」, 『대동문화연구』(성균관대학교 대동문화연구원) 52(2005), 37-38쪽 참조.

47) 조지훈, 「멋의 연구—한국적 미의식의 구조를 위하여」, 『조지훈 전집 8』(나남출판, 1996h), 362-363쪽.

주주의, 국제주의의 이념이 내포되었으니" 이를 "교육이념으로 삼는 것이 나쁠 것 없다"고 말하고[48] 한국문화의 연원으로서의 단군신화와 부여 풍속을 검토해 보면 그 사상의 기저에는 "휴머니즘을 적출"할 수 있으므로 일찍이 우리 문화에는 '휴머니즘의 한국적 원형'이 존재했다고 주장한다.[49] 같은 방식으로 그는 부여의 천명사상과 신라의 화백제도에서 "민주주의의 연원"을 읽어 내고 "필연적으로 민중주의로 구현"되는 이러한 민족주의와 민주주의의 계보는 실학사상과 동학으로 이어진다고 반복해서 피력한다.[50] 이는 일종의 '내재적 보편성' 혹은 '보편성의 내재화'로,[51] 우리의 민족문화(사)에는 인류의 보편적 가치를 구현할 수 있는 요소가 '이미 내재해 있었고', 그것을 계승하고 발현시키는 방식으로 민족문화사를 다시 쓰는 일은 한국(조선) 민족의 독자성과 존재 가치를 확인하는 작업이 된다.[52]

최남선과 조지훈이 공유한, 혹은 조지훈이 최남선을 적극 계승하며 도출한 '보편성의 독자적 구현'의 대표적 사례로는 1960년대 후반 본격적으로 논의되기 시작한 내재적 발전론의 역사인식을 꼽을 수 있다. 여기에 해방 전후부터 1960년대 중반까지 이어져 온 조지훈의 학술적 활동을 견주어 본다면, 조지훈의 민족문화학은 내재적 발전론의 가장 가까운 전사(前史)일 것이다. 잘 알려져 있다시피, 1960년대 후반에 본격적으로 논의되기 시작한 내재적 발전론[53]을 문학장에서 선취한 이들은 조

---

48) 조지훈, 「민족 신화의 문제」, 앞의 책, 1996g, 231쪽.

49) 조지훈, 「한국 휴머니즘의 정신형성」, 앞의 책, 1996g, 240쪽.

50) 위의 글, 247쪽.

51) '내재적 보편성' 또는 '보편성의 내재화'는 류준필이 최남선과 안확의 자국학 논의를 분석하는 과정에서 기본 의미망으로 삼은 관점으로, 이는 조지훈의 민족문화학을 이해하는 데에도 그대로 적용될 수 있다. 이에 관해서는 류준필, 앞의 글 참조.

52) 부연하자면, 조지훈은 민족성과 민족문화를 논하는 데 있어 그것이 사상사든 시문학사든 민속사든 상관없이 해당 분야에서 근대학문의 학적 맹아(萌芽)가 조선 중기 이후 실학파에 의해서 이루어졌다고 주장한다. 또한 우리의 "개화사상은 근대 의식을 바탕으로 하여 생성된" 이른바 근대사상이라 할 수 있으며 이러한 '개화사상=근대사상'은 우리의 역사 속에서 그 태동의 자취와 양상을 찾을 수 있다고 본다. 조지훈, 「개화사상의 모티브와 그 본질」, 앞의 책, 1996g, 251쪽.

53) 식민주의 사관의 정체성론과 타율성론을 극복하고 새로운 한국사의 인식체계를 수립하려는 노력에서 시작된 내재적 발전론은 식민주의와 오리엔탈리즘에서 주장하던 정체성론과 타율성론을 극복할 수 있는 계기를 만들었을 뿐만 아니라 한국의 역사와 문화를 특수성보다는 세계사적 보편성과 관련하여 살필 수 있게 만들었다는 점을 그 의의로 인정받는 '내재적 발전

동일과 김현으로 대표되는 4·19세대이다.[54] 김현은 「한국문학의 양식화에 대한 고찰—종교와의 관련 아래」에서 이 땅의 양식화의 문제에 관해서는 "각 분야에서는 뛰어난 사람들의 오랜 연구에도 불구하고 별 성과를 얻지 못하고 있다는 생각이다. 그것은 『한국문화사대계』에 실린 제 논문의 성과가 잘 나타내준다"[55]고 혹평했지만, 향가에서 시작하여 종교와의 관련성을 논하며 한국문학의 통사화를 시도하고 있는 이 글에서 조지훈의 민족문화학이 시도했던 양식화와 계통화의 방법론을 찾기란 그리 어렵지 않다. 물론 김현을 비롯한 4·19세대가 조지훈의 학술적 작업을 어떻게 부정하거나 전유했는지에 대해서는 좀 더 논의해 봐야 되겠지만, 여기서 강조하고 싶은 것은 조지훈과 김현을 비롯하여 해방 후 내재적 발전론을 전유한 이들의 작업 이면에 존재하는 공통의 욕망이다. 이들은 민족을 주체로 하는 '계보의 서사'를 상상하고 창출하는 작업을 수행하고자 했으며 이러한 작업에는 보편에의 충동, 달리 말하면 한국문화사/문학사에도 형이상(사상)이 있음을 증명해 내고픈 욕망이 잠재해 있다. 이는 식민과 탈식민이 교차하고, 분단과 냉전체제 안에서 치열한 담론 투쟁이 일어나던 1960년대의 시대정신이기도 하며, '한국적인 것'을 탐구하고 찾아내야 했던 (한)국학 연구자들의 자기정립을 향한 의지이기도 했다.

4. 다시, 1960년대와 조지훈을 생각하며

2000년대 이후 우리 학술사에서는 포스트 담론 등 다양한 연구방법론을 통해 문학사뿐만 아니라 문화사 및 제도사를 재해석하는 작업들을 활발하게 진행해 왔다. 그

론'은 1960-1980년대 한국학 전 분야에 걸쳐 가장 영향력 있는 패러다임으로 작용한다. 이에 관해서는 박찬승, 「한국학 연구의 패러다임을 둘러싼 논의—내재적 발전론을 중심으로」, 『한국학논집』(계명대학교 한국학연구소) 35(2007) 참조.

54) 4·19세대 평론가들이 1960년대 발표한 글들 중에서 내재적 발전론의 역사 인식을 바탕으로 한 글은 조동일, 「시인문학론」, 『청맥』, 1965.1-1966.3; 「전통의 퇴화와 계승의 방향」, 『창작과비평』 3(1966.7); 김현, 「한국문학의 양식화에 대한 고찰」, 『창작과비평』 6(1967.5) 참조. 4·19세대가 내재적 발전론을 어떻게 선취하고 전유했는지에 대해서는 김건우, 「국학, 국문학, 국사학과 세계사적 보편성—1970년대 비평의 한 기원」, 서은주·김영선·신주백 편, 『권력과 학술장—1960년대-1980년대 초반』(도서출판 혜안, 2014); 천정환, 앞의 글, 321-328쪽 참조.

55) 김현, 앞의 글, 250쪽.

러나 그러한 작업 어디에서도 조지훈은 '아직' 적극적으로 호출되지 못했다. 문학사뿐만 아니라 지성사 및 학술사의 맥락에서 조지훈의 학술 활동이 지닌 문제성과 현재성을 좀 더 논의해 보기 위해 몇 가지 생각해 볼 점을 정리하며 이 글을 마무리하고자 한다. 이는 그동안 도식적이고 편리한 방식으로만 조지훈을 이해해 왔던 스스로에 대한 반성을 바탕으로 조지훈 연구의 재맥락화를 도모하기 위한 일종의 연구노트임을 부기해 둔다.

조지훈이 민족문화학을 정립하고자 다방면으로 노력하고 있던 1964년 무렵은 반공주의, 민족주의, 민주주의, 자유주의, 발전주의(근대화) 등의 다양한 담론들이 치열한 쟁투 과정을 거치고 있었다. 국가 권력은 민족과 민주를 내세우는 듯하다가 반공과 근대화를 적극적으로 전유했고, 이에 대항하는 저항 세력들 사이에서는 자유주의와 진보적 민족주의가 충돌했다.[56] 당시 발표된 조지훈의 시론(時論)들에서는 반공, 민족, 민주, 자유, 근대화 등의 말이 모두 발견된다. 그러나 조지훈은 당시 담론장에서 반공, 민주, 근대화가 '선(善)'임을 분명하게 인지하고 있었음에도 불구하고 그것을 자신의 학술 활동에 적극적으로 전유하지 않았다. 즉, 학인으로서 첫 걸음을 내디뎠던 1939년 무렵부터 말년에 이르기까지 그의 학술 활동에서 언제나 상수이자 구심점으로 작용했던 것은 오직 '민족'뿐이었다. 이와 더불어 식민지 시기 조선어학회의 『큰사전』 편찬 작업이 그러했듯이 1964년의 민족문화학 정립을 위한 학술 활동 또한 그에게는 네이션(민족/국민)을 수호/재건하기 위한 일종의 (실천적) 운동이라는 상징성을 띠고 있었다.

그러나 그러한 조지훈의 학술 활동이 학술장에 제대로 기록/기억되지 못한 까닭은 조지훈의 학술적 작업의 결과물이 결국 '지(知)'로도 '학(學)'으로도 당대에 받아들여지지 못했기 때문이라 할 수 있다. 특히 김현이 조지훈을 비롯한 앞 세대의 학술적 작업을 자신의 전사(前史)로 인정하지 않았던 것은 세대론적 구도를 통해 문학장과 비평사의 새로운 기원이 되고자 했던 4·19세대의 욕망이 앞선 탓도 있겠지만, 미루어 짐작건대 조지훈의 민족문화학은 김현이 생각하던 새로운 세대와 시대에 어울리는 '지성'이 아니었기 때문일 것이다. 이는 지성사와 학술사에서 서구 지성이 우위를 점하기 시작하던 때가 1962-1964년 무렵이라는 것과도 관련이 있다.[57]

---

56) 김건우, 앞의 글, 2009, 87쪽.

따라서 냉전체제와 연결하여, 탈식민/후발근대화 국가인 남한에서 어떻게 새로운 '지(知)'와 '학(學)'이 구축되었는지를 다각도로 살피는 과정 안에서 1960년대의 조지훈을 이해하고 평가할 필요가 있을 것이다.[58] 아울러 당시 『사상계』 편집위원이던 조지훈이 미국이나 서구적 근대화 및 박정희식 발전주의 이데올로기와는 어떻게 교호하고 길항했는지에 대해 반일/탈식민과 관련된 그의 학술적 활동과 연계하여 더 많은 논의가 이루어지길 기대한다.

---

57) 이와 관련해서는 김건우, 「'조연현-정명환 논쟁' 재론—1960년대 한국 현대비평에서 원어 능력이 갖는 의미」, 『대동문화연구』(성균관대학교 대동문화연구원) 83(2013); 박현수, 「현대시와 마법성의 수사학—서정주와 김종길의 논쟁을 중심으로」, 『현대시와 전통주의의 수사학』(서울대학교 출판부, 2004) 참조.

58) 예컨대 1965년 7월 고려대학교 아세아문제연구소는 개교 60주년 기념행사 중 하나로 아시아재단의 후원을 받아 "아세아에 있어서의 근대화문제"라는 '한국 최초의 국제학술회의'를 개최한 바 있다. 근대화의 개념 문제부터 아시아 전통사회와 근대화, 근대화와 정치문제, 근대화와 경제문제 등 국내외 학자들이 함께 '서구의 근대화론'에 대해 논의했던 이 자리가 이례적이고 특별한 학술행사였던 만큼 같은 학교에 재직하고 있던 조지훈이 이에 대해 몰랐을 리 없지만, 이와 관련된 조지훈의 언급은 찾아볼 수 없었다. 1965년에 조지훈은 한일협정 비준 반대 운동으로 인해 정치교수 해직 사태를 겪으며 공화당 정부와 본격적으로 불화하기 시작했는데, 근대화론이 공화당 정부가 적극적으로 전유했던 지배 이데올로기였던 만큼 이것이 어떻게 '민족의 선(善)'이 될 수 있는가에 대해서 조지훈은 조심스러운 입장을 취할 수밖에 없었을 것이다. 1965년 고려대학교 아세아문제연구소에서 개최한 국제학술행사에 관해서는 임유경, 「'북한 연구'와 문화 냉전-1960년대 아세아문제연구소와 『사상계』의 북한 연구」, 『상허학보』(상허학회) 58(2020), 243-247쪽 참조.

참고문헌

조지훈. 『한국문화사서설』. 탐구당, 1964.

______. 「창간사」. 『민족문화연구』(고려대학교 민족문화연구소) 1(1964).

______. 「나의 시의 편력—슬픔과 멋의 의미」. 『사상계』. 1965.8.

______. 『조지훈 전집 1-8』. 나남출판, 1996a-h.

강만길. 「지훈과 〈한국민족운동사〉」. 『조지훈연구』. 고려대학교 출판부, 1978.

김건우. 「1964년의 담론 지형」. 『대중서사연구』(대중서사학회) 22(2009), 71-90쪽.

______. 「'조연현-정명환 논쟁' 재론—1960년대 한국 현대비평에서 원어 능력이 갖는 의미」. 『대동문화연구』(성균관대학교 대동문화연구원) 83(2013), 466-486쪽.

______. 「국학, 국문학, 국사학과 세계사적 보편성—1970년대 비평의 한 기원」. 서은주·김영선·신주백 편. 『권력과 학술장—1960년대-1980년대 초반』. 도서출판 혜안, 2014.

______. 『대한민국의 설계자들』. 느티나무책방, 2017.

김병철. 『세계문학번역서지목록총람—1895-1987』. 국학자료원, 2002.

김우창 외. 「〈대담〉언어·사상·시대」. 『신동아』, 1968.6.

김윤식. 『한국근대문학사상연구2』. 아세아문화사, 1994.

김인환. 「조지훈론」. 『다른 미래를 위하여』. 문학과지성사, 2003.

김일권 외 편. 『한국 근현대 100년과 민속학자』. 한국학중앙연구원 출판부, 2014.

김정배. 「조지훈의 역사관 연구」. 『민족문화연구』(고려대학교 민족문화연구소) 22(1989), 107-128쪽.

김주현. 「1960년대 '한국적인 것'의 담론 지형과 신세대 의식」, 『상허학보』(상허학회) 16(2006), 379-410쪽.

김현. 「한국문학의 양식화에 대한 고찰」. 『창작과비평』 6, 1967.5.

김현주. 「문화, 문화과학, 문화공동체로서의 '민족'—최남선의 '단군학'을 중심으로」. 『대동문화연구』(성균관대학교 대동문화연구원) 47(2004), 221-247쪽.

류시현. 「1940-60년대 시대의 '불안'과 조지훈의 대응」. 『한국인물사연구』(한국인물사연구회) 17(2012), 385-411쪽.

류준필. 「1910-1920년대 초 한국에서 자국학 이념의 형성 과정—최남선과 안확을 중심으로」. 『대동문화연구』(성균관대학교 대동문화연구원) 52(2005), 35-61쪽.

박연희. 「1950년대 후반 시단의 재편과 현대시 개념의 논리—〈한국시인협회〉(1957-1962)를 중심으로」. 『현대문학의 연구』(한국문학연구학회) 43(2011), 63-94쪽.

박용규. 『조선어학회 항일투쟁사』. 한글학회, 2012.

박지영. 「해방 후 전통적 지식인의 탈식민 민족(시문학)사의 기획—조지훈의 반공/보수/민족주의와 현대시문학사 서술」. 『반교어문연구』(반교어문학회) 37(2014), 287-323쪽.

박찬승. 「한국학 연구 패러다임을 둘러싼 논의—내재적 발전론을 중심으로」. 『한국학논집』(계명대학교 한국학연구원) 35(2007), 73-117쪽.

______. 『민족·민족주의』. 소화, 2010.

박현수. 「현대시와 마법성의 수사학—서정주와 김종길의 논쟁을 중심으로」. 『현대시와 전통주의의 수사학』. 서울대학교 출판부, 2004.

방민호. 「조선어학회 사건 전후의 조지훈」. 『우리문학연구』(우리문학회) 30(2010), 29-52쪽.

서정주. 「조지훈과 나」. 『미당 서정주 전집7—문학적 자서전』. 은행나무, 2016.

송현지. 「조지훈과 혜화전문학교—식민지 고등교육 이원구조와 조선학 학술장을 중심으로」. 『조지훈 탄생 100주년 기념 포럼 자료집』, 2020.10.16.

송희복. 「조지훈의 학인적 생애」. 『한국문학연구』(동국대학교 한국문화연구소) 18(1995), 83-97쪽.

신일철. 「한 시인의 한국정신사관」. 『조지훈연구』. 고려대학교 출판부, 1978.

염상섭. 「한국재건과 정치」. 『사상계』, 1953.12.

염운옥. 『낙인찍힌 몸』. 돌베개, 2019.

유진오. 「발간사」. 『한국문화사대계 I—민족·국가사』. 고려대학교 민족문화연구소 출판부, 1964.

이선이. 「조지훈의 민족문화 인식 방법과 그 내용」. 『한국시학연구』(한국시학회) 23(2008), 271-289쪽.

이용숙 외. 『인류학 민족지 연구 어떻게 할 것인가』. 일조각, 2012.

이하나. 「1950-1960년대 재건 담론의 의미와 지향」. 『동방학지』(연세대학교 국학연구원) 151(2010), 387-431쪽.

이혜령. 「언어 법제화의 내셔널리즘—1950년대 한글간소화파동 일고」. 임형택 외 엮음. 『흔들리는 언어들』. 성균관대학교 출판부, 2008.

인권한. 「전통문화와 민속학의 연구」. 『조지훈연구』. 고려대학교 출판부, 1978.

임대식. 「1960년대 초반 지식인들의 현실인식」. 『역사비평』(역사비평사) 65(2003), 301-336쪽.

임유경. 「'북한 연구'와 문화 냉전-1960년대 아세아문제연구소와 『사상계』의 북한 연구」. 『상허학보』(상허학회) 58(2020), 211-265쪽.

제임즈 클리포드·조지 E. 마커스 편. 『문화를 쓴다』. 이기우 옮김. 한국문화사, 2000.

조동일. 「시인문학론」. 『청맥』, 1965.1-1966.3.

______. 「전통의 퇴화와 계승의 방향」. 『창작과비평』 3, 1966.7.

천정환. 「민족 혹은 소명의 나르시시즘—1960년대식 지성과 민족본질론 그리고 '한국학'의 풍경」. 권보드래·천정환. 『1960년을 묻다』. 천년의상상, 2012.

최철. 「조지훈의 국문학 연구」. 『민족문화연구』(고려대학교 민족문화연구소) 22(1989), 55-80쪽.

한수영. 『전후문학을 다시 읽는다—이중언어·관전사·식민화된 주체의 관점에서 본 전후세대 및 전후문학의 재해석』. 소명출판, 2015.

홍웅선. 『광복 후의 신교육 운동—1946-1949 조선교육연구회를 중심으로』. 대한교과서, 1991.

「1964년의 조지훈과 민족문화 프로젝트」에 대한 토론문

김준현

고지혜 선생님의 발표문 흥미롭게 읽었다. 발표문에서 언급한 대로, '문협정통파'와의 거리 문제, 학제간 연구와 '분류학'/'계보학'의 전사(前史)로서의 입지 등, 지훈 선생의 학문적 성과에 대한 연구나 후속 작업은 여전히 과제로 남아 있는 것 같다. 발표문의 취지와 논지에 대부분 동의를 표하며, 몇 가지 궁금한 점을 질문하는 것으로 토론을 대신하기로 한다.

1.

최근 한국문학 연구에서 두드러지게 나타나는 경향 중 하나는, 작가(문인/학자)의 글쓰기에서 드러나는 이론과 주장들이 작가 개인의 것이라기보다는 시대적 상황에서 조성된 수요에 부응하여 나온 것이라는 전제에 입각한다는 점이다. 요컨대, 개인의 이론이라도 어디까지나 사회적 담론 맥락의 자장 하에서 생산되었다고 보는 것이다.

지훈의 작업도 그러한 관점에서 접근될 필요가 있겠다. 발표문에서 언급된 '민족성의 정립'이나, '내재적 발전론' 등도 그러한 가설이나 목표가 정립될 수 있었던 당시의 담론 맥락과의 관계하에서 논구되어야 할 것이다. '분류학적 방법'도 당시 학계에서 그러한 연구 방법론에 대한 수요가 내재되어 있었을 것이라는 가설 또한 세워 볼 수 있겠다.

그런데 이런 맥락에서 지훈의 학문 세계에 접근한다면, 두 가지 방향이 상정될 수 있다. 하나는 지훈이 1950년대 후반부터 보였던 '문협정통파'로부터의 거리 확보가 이러한 연구의 맥락과 어떻게 연관되어 있는지를 실증적으로 살펴보는 방향이겠고, 또 하나는 김현 · 조동일 · 김윤식 등 다음 세대에 의해 정립된 '내재적 발전론'이 지훈의 학문과 구체적으로 어떤 상호연관성을 보이는지에 대해 살피는 방향이겠다.

둘 다 학문의 시대적 맥락과 수요를 살피는 관점을 취했을 때 얻게 되는 과제의 방향일 것이다. 아무래도 이 발표문은 지훈의 학문이라는 텍스트에 내재된 여러 가지 과제의 방향들을 제시하는 것이라서, 독자는 자연스럽게 다음과 같은 질문을 떠올리게 될 것이다. 이 중 혹시 일종의 '시론' 역할을 하고 있는 이 글의 후속 작업으로서 염두에 둔 방향이 있는지? 혹은 토론자가 읽어낸 것 외에 다른 과제나 가설이 있는지? 이에 대한 의견을 나누고 싶다.

2.

1번 항이 일종의 시론 역할을 하고 있는 이 발표문의 후속 작업에 대한 질문이라면, 이번에는 이 발표문이 논문으로 완성되는 방향에 대한 질문이라고 할 수 있다.

이 글의 제목에서는 '1964년'이라는 특정한 시기가 표기되어 있다. 반면 이 글의 결론 역할을 하고 있는 4장의 제목은 '1960년대'라는 다소 넓어진 시기로 바뀌어 있다.

아마 이 간극을 줄이는 것이 후속 연구와 더불어, 이 연구 자체의 완성도를 높이는 데 있어서 중요한 지점이 되지 않을까 한다. 1960년대에 1964년이 차지하고 있는 위상을 이 글의 관점이 명확하게 드러나도록 '명명'하는 과정이 필요할 것 같다. 1963년 민족문화연구소장이 되고, 1년 후 그 결과물이 나온 것과 별도로 지훈의 작업에 대한 시대적 수요를 좀 더 명확하게 설명하는 것이 어떨까(김동일/서정주와 거리를 확보하고, 『사상계』 지면에서 활동한 맥락이 이 과정에서 연결될 수 있겠다). 결국 우리의 관심사는 지훈이 왕성한 저작 활동을 할 수 있는 조건이 마련되었다는 사실보다는, 그 작업의 내용이 당대 상황과 어떤 관계를 맺고 있는지에 대한 것일 터이다.

물론 서론에 해당하는 부분에서 1964년의 성격을 서술하고 있기는 하지만, 사실 1964년까지 오는 과정에서 『사상계』나 그 외 지면에 실린 지훈의 글이나, 혹은 다른 글이라도 어떤 맥락을 읽어 낼 수 있는 글들을 통해 구체적으로 지훈의 학문이 1964년까지 흘러가는 과정을 적극적으로 논구할 필요가 있어 보인다.

그런 의미에서, 현재 4장은 형식상으로는 논문의 결론 역할을 하고 있는 것 같지만, 이 논문의 가설을 좀 더 명확하고, 구체적으로 제시했을 때는 실질적으로 논증이 이루어지는 핵심 부분이 될 것 같다. 가령 1950년대 후반부터 60년대 전반(대략 1962년 전후)까지 활발하게 전개되었던 『사상계』에서의 전통 담론과 지훈의 작업을 구체적으로 비교하는 작업 같은 것들이 기대된다.

이를 바탕으로, 이 발표문이 논문으로 완성되는 방향에 대해 발표자에게 질문을 드리면서 토론을 마무리하려고 한다.

조지훈의 한국사 연구

민족 정신사 수립의 길

조형열

1. 머리말

시인이 학문을 했다, 조지훈(1920-1968)의 학문 연구에 대한 논문 앞머리에 다소간 상투적으로 붙는 말이다. 이 말은 두 가지 해석이 가능하다. 하나는 그가 해당 분과학문의 문외한이라는 의미로 그를 시인의 지위에 묶어 두려는 것이고, 다른 하나는 그의 위업을 상찬하기 위해 한 템포 호흡을 고르는 수사이다. 시인 조지훈의 학문은 대개 이와 같은 두 가지 서사구조에서 조명되었다.

이 글은 여러 분과학문의 영역에 걸친 학문 활동과 창작 활동까지 전개한 조지훈을 특이한 인물로 간주하지 않는다. 오히려 한국 근현대사에서 일정한 전형성을 띤 인물로 본다. 한국에서 근대학문이 본격적으로 성장한 일제식민지 시기에는 교육

기관과 신문 잡지 등 출판 매체의 문화 학술 관계 지면을 종횡으로 가로지르며 활동하던 지식인이 많았다. 학계라는 경계와 분과학문이라는 경계를 의식적으로 넘고자 했다기보다, 미분화한 학술장이 이러한 활동을 가능케 한 기본 조건이 되었다. 조지훈이 참여했던 조선어학회와 좌우를 막론하고 조선학(朝鮮學) 건설을 제창한 연구자들이 대부분 그러했다.[1)]

조지훈은 1930년대 후반기 문화·학문건설, 고전부흥을 주장하던 지식인들의 영향권 안에서 성장했다. 그는 학문의 내용과 방법, 글쓰기, 민족문화운동의 실천까지 많은 면에서 선배들과 닮았다. 이렇듯 통합적 지식의 생산과 대중의 의식 제고에 집중했던 시대 상황과 연결해 본다면, 그의 글 가운데 무엇이 어떤 학문에 속하는 것인지 일일이 구분하는 것은 큰 의미가 없다고 생각한다. 전체적인 학문세계 가운데 개별 영역이 어떤 관계성을 띠고 묶여 있는가, 이 점을 파악하는 것이 필요하다.

또 하나, 조지훈의 학문과 역사를 다룬 많은 연구들은 그를 유교적 전통과 접맥된 전통적 지식인으로 간주한다. 이 가운데 반공투쟁과 결합하면서 보수주의로 귀결되는 양상을 그린다.[2)] 조지훈이 도의(道義)와 선비의 지조를 강조하고 유학 교육을 받았던 인물인 것은 분명하다. 하지만 정치평론에 주로 등장하는 명분론이 그의 학문과도 일치하는지 의문이고, 전통적 지식인이라는 설정이 그를 서양의 학문적 영향으로부터 분리된 존재로 다룰 여지도 남긴다. 조지훈이 학문에 뜻을 두기 시작한 시기는 서구 철학 수용이 활발했고, 고전부흥론과 '우리 것'에 대한 연구 방법에 이와 같은 사조들이 짙게 깔렸다. 조지훈의 사상적 접촉면을 더 넓게 그려야 학문의 성격이 드러날 수 있다.

---

1) 조선어학회 참가, 민속학의 영향 등에 대해서는 많은 연구가 주목하지만, 그 영향 관계가 폭넓게 검토된 경우는 흔치 않다. 조지훈의 생애를 개괄적으로 검토한 논문으로, 아래 두 편을 참고할 수 있다. 김윤태, 「한국의 보수주의자 조지훈」, 『역사비평』(역사비평사) 57(2001); 인권환, 「조지훈, 민주주의를 사랑하고 민족문화를 노래한 시인」, 『한국사시민강좌』(일조각) 50(2012).

2) 전통적 지식인으로 주목한 최근의 연구는 김건우, 『대한민국의 설계자들—학병세대와 한국 우익의 기원』(느티나무책방, 2017); 박지영, 「해방 후 전통적 지식인의 탈식민 民族(詩文學)史 기획—조지훈의 반공/보수/민족주의와 한국현대시문학사 서술」, 『반교어문연구』(반교어문학회) 37(2014) 참조.

조지훈은 여러 지면을 통해 한국사에 대한 성과를 발표했다.[3] 그에게 한국사 연구는 자신이 세운 궁극의 목표를 학문적으로 실천하는 한 구성 분자라는 게 이 글의 기본적 문제의식이다. 즉 한국사 연구는 독립적 체계를 갖는다기보다 한국학의 한 부분이며, '제도로서의 역사학'과는 거리가 있었다.[4] 그런데 시공간을 다루는 역사 연구는 학문세계의 중요한 토대가 되기 때문에 특별히 주목해야 할 구성 분자이다. 조지훈이 자신의 한국사관(韓國史觀)을 정리하지 않았다면, 그는 한국을 역사적 시야에서 정리하지 못했을 것이다. 그러므로 오늘날의 관점에서 한국사학의 계보 어딘가에 그의 자리를 마련하기보다, 그의 학문을 이해하기 위해, 당대 역사학계와의 긴장을 검토하기 위해 조지훈의 한국사 연구를 살펴보고자 하는 것이다.[5]

이 글은 조지훈의 한국사 연구가 출발한 지점과 연구 방법, 내용상 특징, 시대적 의의 등을 밝히는 데 일차적인 목적이 있다. 이 글에서 직접 마주할 질문은 다음의 네 가지이다. 첫째, 조지훈이 한국사를 알고 쓰려 한 배경은 무엇인가. 조지훈의 내면적 동기를 파악하는 실마리로 그가 평생에 걸쳐 강조했던 민족문화운동에 주목

---

3) 선행연구를 꼽아 보면, 김종길 외, 『조지훈 연구』(고려대학교 출판부, 1978)의 '학문론' 파트 수록 논문이 일차적으로 해당된다: 인권환, 「지훈의 학문과 그 업적」; 신일철, 「한 시인의 한국정신사관」; 강만길, 「지훈과 〈한국민족운동사〉」; 박노준, 「조지훈의 「신라연구」 해의」; 인권환, 「전통문화와 민속학의 연구」. 이 밖에 다음 연구를 참조할 수 있다. 김정배, 「조지훈의 역사관 연구」, 『민족문화연구』(고려대학교 민족문화연구소) 22(1989); 남근우, 「조지훈의 '민족문화학'」, 『한국문학연구』(동국대학교 한국문학연구소) 18(1995); 인권환, 「조지훈의 민속학 연구와 그 학사적 의의」, 『한국민속학』(한국민속학회) 28(1996); 김기승, 「조지훈의 민족운동사 인식과 동학관」, 『동학학보』(동학학회) 6(2003); 류시현, 「1940-60년대 시대의 '불안'과 조지훈의 대응」, 『한국인물사연구』(한국인물사연구소) 17(2012); 박지영, 앞의 글.

4) '제도로서의 역사학'은 경성제국대학의 설립과 해방 이후 사학과 편제 아래 진행된 역사 연구를 말한다. 신주백, 『한국 역사학의 기원—근현대 역사학의 제도·주체·인식은 어떻게 탄생했는가』(휴머니스트, 2016), 2장 참조. 조지훈의 한국사 연구에서는 동시대 사학과 교수를 비롯한 역사학자들의 문헌 인용이 거의 확인되지 않는다. 자신의 한국학 구상 가운데 독자적인 한국사 체계를 세우려 했던 것이다.

5) 이에 따라 조지훈이 과거에 대해 쓰고 말한 것을, 즉 한국에 대한 역사적 접근을 한국사 연구로 간주하고 탐색할 필요가 있다. 김정배는 "지훈의 한국사 연구는 크게 대별하면 고전과 사상, 그리고 역사를 연구한 한국문화사 방면과 자기가 처해있던 시대의 고뇌를 풀기 위한 독립운동사 연구로 나누어 고찰할 수 있다"고 정리한 바 있다. 김정배, 앞의 글, 107-108쪽. 이러한 맥락에서 선행연구들은 『한국문화사 서설』(1964)이나 「한국민족운동사」(1964)를 역사 관계로 꼽는 게 일반적이었다.

할 것이다. 둘째, 한국사를 어떻게 조명했는가. 그동안 충분히 주목받지 못했던 역사 연구 방법론의 성격을 신칸트학파의 영향 아래 짚어 볼 것이다. 셋째, 한국사를 어떻게 썼는가. 애초에 고대사에 집중하던 그가 점차 근대화의 문제에 착목한 경과와 정신사(精神史)에 기초한 민족사 체계 등을 검토할 것이다. 넷째, 한국사 연구를 통해 무엇을 하고자 했는가. 그가 한국사 연구를 하며 당시 경계를 만들어 가던 역사학계와 한국학 전반에 던지고자 했던 말이 무엇이지, 그리고 그 의미를 탐색해 보려 한다.

2. 민족문화운동의 방향 모색과 역사 연구의 의미

조지훈이 자국학(自國學) 학문장과 인연을 맺은 것은 1930년대 후반 1940년대 초반 무렵이었다. 그가 처음으로 지면에 글을 쓰기 시작한 것이 1939년이고, 1940년에 쓴 「신라의 원의와 사뇌가에 대하여」에서는 신라 국호에 대해 "양주동 전몽수 두 분 선배"의 설을 대상으로 자신의 주장을 내세우며, "상고의 문화를 고구(考究)함에는 고문화 제계열의 엄밀한 관계를 먼저 구명"해야 하고, "사학 고고학 민속학 언어학 등의 강력한 통일제휴"가 필요하다는 의견도 피력했다. 자신이 써 놓은 「조선 민간신앙 연원 고」라는 글이 있다며 이 가운데 일부를 뽑아 근거로 삼겠다고 말하기도 한다.[6] 조선어학회에 드나들기 시작한 것도, 스스로 사회과학서 대신에 민족문화에 대한 학술서를 읽는 데 열중했다고 밝힌 때도 이 무렵이다.[7] 말석(末席)일지라도 그는 1940년 전후 조선학계에서 학문의 기초를 수립했다.

이 시기 학술장은 경성제국대학이 조선연구의 영역을 넓혀 가면서 신진 연구자를 배출하고 있었지만, 조선인들이 주도해야 한다는 요구가 여전히 높았다. 특히 1930년대 후반의 동아·조선 두 신문사가 또 다른 학술장을 만드는 데 일조하기도 했다. 조선연구의 진흥을 촉구하는 여론을 조성하는가 하면 고전부흥론을 논의하

---

6) 조지훈, 「신라의 원의와 사뇌가에 대하여—주로 상고민속과의 관련에 대한 일고찰」, 『춘추』, 1940; 『조지훈전집 8—한국학연구』(나남, 1996), 109, 115쪽.

7) 조지훈, 「나의 역정—시주 반생 자서」, 『고대문화』 1(1955); 『조지훈전집 3—문학론』(나남, 1996), 200쪽.

는 지면을 제공했고, 각종 학술단체와 박물관·자료관 등의 설치를 주장했다.[8] 이는 내용적·제도적으로 조선학계의 성장을 촉진하는 민족문화운동의 일환이었다. 식민지배가 시작된 이래 학술이 운동의 형태를 넘나들 수밖에 없었던 상황은,[9] 한국 근현대 전반에 걸쳐 학문이 현실성·실천성을 가져야 한다는 의식을 전해 주기도 하였다.

조선어학회의 핵심 인물 이극로는 1935년 조선기념도서출판관을 세워 관혼상제의 허례허식에 쓰이는 돈을 조선에 대한 의미 있는 책을 내는 데 사용하자고 제안했다. 그리고 이러한 활동에 따라 1938년 출판된 책이 김윤경의 『조선문자 급 어학사』였다.[10] 1963년 추진된 고려대학교 민족문화연구소 기념도서출판 취지와 사실상 동일했다.[11] 조지훈은 「향토문화 연구의 의의—민족문화학의 기초를 위한 노트」라는 글을 통해 연구 방법과 향토문화자료관의 설립을 촉구하는데,[12] 이 또한 1930년대 후반기에 활발하게 논의되던 학문건설론이었다.[13]

조지훈은 전문 연구와 대중을 향한 글쓰기를 넘나들었기 때문에 참고문헌을 많

---

8) 이 시기 전통론에 대한 연구는 다수이다. 대표적으로 차승기, 『반근대적 상상력의 임계들—식민지 조선 담론장에서의 전통·세계·주체』(푸른역사, 2004). 그렇지만 문화와 학문 건설에 대한 검토는 충분하지 않다. 아래 기사들이 당대의 이러한 흐름을 대표한다. 김한용, 「문단시사 수제—문화연구 기관의 창설」, 『조선일보』, 1936.5.19.; 「(사설) 학술에 대한 관심을 조장하자」, 『동아일보』, 1936.5.24.; 「(사설) 문화운동의 고성을 고수하자, 지식계급에게 고함」, 『조선일보』, 1936.11.23.; 박종홍, 「(고전부흥의 이론과 실제) 역사의 전환과 고전부흥—새로운 창조와 건설을 위하여」(3), 『조선일보』, 1938.6.7.; 신남철, 「조선문화자료관의 필요성을 논함」(1)-(4), 『동아일보』, 1939.1.1.-10.

9) 이지원, 『한국 근대 문화사상사 연구』(혜안, 2007); 조형열, 「1930년대 조선 '역사과학'의 학술문화운동론적 분석」(박사학위논문, 고려대학교, 2015) 참조.

10) 「조선문화 재출발!」, 『동아일보』, 1935.3.16.; 「(사설) 기념도서출판관에 대하야」, 『조선일보』, 1935.3.17.; 「김윤경 씨의 심혈 저작 기념도서로 출판」, 『동아일보』, 1938.1.23.

11) 조지훈, 「고려대학교 부설 민족문화연구소 기념도서출판 취지문」, 1963.10.3.; 『조지훈전집 4—수필의 미학』(나남, 1996), 502쪽.

12) 조지훈, 『한국문화사 서설』(탐구당, 1964); 『조지훈전집 7—한국문화사 서설』(나남, 1996), 216-222쪽.

13) 이는 경성제대식의 문화 학술 진흥 방식이 조선학계에서 재현된 것일 수도 있다. 조지훈은 1941년 무렵 종교학과 민속학 전공자인 아카마쓰 지조(赤松智城)와 아키바 다카시(秋葉隆)로부터 '만몽민속품참고관' 근무를 제안 받았다고 한다. 조지훈, 「나의 역정—시주 반생 자서」, 『고대문화』 1(1955); 『조지훈전집 3—문학론』, 202-203쪽.

이 제시하지 않은 편인데, 그가 인용한 글은 대부분 이 시기와 해방 직후에 출간된 것이다. 『한국문화사 서설』만 보더라도 고유섭의 「조선 미술문화의 몇 낱 성격」(1940)과 「신라와 고려와의 예술문화의 비교 시론」(1936), 안재홍의 『신민족주의와 신민주주의』(1945), 윤희순의 『조선미술사 연구—민족미술에 대한 단상』(1948), 함화진의 『조선음악통론』(1947), 이종태의 「조선 아악기의 구조와 그 성능」(1938), 계정식의 「오음계 소고」(1940) 등이다.[14] 특히 민족성을 형성하는 고유소(固有素) 즉 기본소(基本素)가 있고, 그것이 민족문화의 주체(알맹이)가 되어 생성 발전한다는 조지훈의 구상은 신칸트학파의 영향 아래 있던 고유섭이 쓴 글의 내용과 거의 같다.[15]

조지훈은 해방 이후에도 문화계에 남았다. 백남운이 위원장이었던 조선학술원과 조선문화건설중앙협의회, 중앙문화협회 등에도 관계했다. 그 스스로 좌우중간 문화단체에서 모두 활동했다고 밝혔다.[16] 뒤의 두 가지가 좌우파인 것은 분명하니 학술원을 중간파로 본 것이다. 이러한 정파를 넘는 활동도 1930년대 후반의 민족문화운동이 반파시즘 전선을 형성했던 연장선에서 가능했다.[17] 1946년부터 조지훈은 '전통의 계승을 통한 창조'만이 민족문화운동의 나아갈 길임을 분명히 천명했다.[18] 1947년에는 전국문화단체총연합회 창립에 참여했다. 명분만 지키는 '보수 청절주

---

14) 조지훈, 『한국문화사 서설』(1964); 『조지훈전집 7—한국문화사 서설』, 19-20, 120, 139, 161, 163, 165, 297쪽.

15) 고유섭은 민족성을 탐구하기 위해서 존재와 생성의 측면을 함께 봐야 한다고 하면서, 변하면서도 변하지 않는 것 즉 변이불변(變而不變)을 강조했다. 그리고 고유섭의 주된 관심사가 집약된 조선 미술문화를, 끊임없이 인간이 창출하는 것이므로 '가치'를 지닌다고 주장했다. 이는 경성제대 철학 교수 아베 요시시게(安倍能成)의 강의를 통해 접한 신칸트학파의 영향에 따른 것이다. 정혜린, 「구수한 큰 맛—번역된 자연미」, 『민족문화연구』(고려대학교 민족문화연구원) 88(2020) 참조. 조지훈과 고유섭의 관계는 조금 더 자세히 살펴볼 필요가 있는데, 1964년에 쓴 「'멋'의 연구」에서도 고유섭과 비슷한 논지를 전개했다. 그러나 이것이 직접적 영향 관계인지 양자가 동일한 철학 사조의 영향을 받은 것 때문인지 검토해 봐야 할 것이다.

16) 조지훈, 「나의 역정—시주 반생 자서」, 『고대문화』 1(1955); 『조지훈전집 3—문학론』, 204-205쪽.

17) 홍종욱, 「제국의 위협자들—1930-40년대 일제의 '조선 연구' 탄압에 맞서 조선의 문화, 전통, 학문을 지키려 고투한 지식인들」, 『한겨레 21』, 2016.7.14.

18) 조지훈, 「해방 시단의 과제」('청년문학가협회' 창립대회), 1946.4.4.; 『조지훈전집 3—문학론』, 225쪽.

의'로 유물론에 입각한 '과격 퇴폐주의'와 투쟁해서 승리할 수 없다며, 현실론에 근거한 '진보 문화주의' 노선을 주장했다.

> 현실은 인간이 물질과 정신의 대립이 아니라 연관인 이상 양자의 투쟁으로써 인간의 정체가 구명되지 않는다면 현실을 정신이나 물질의 속성으로 볼 것이 아니라, 살아 움직이는 현실존재의 속성으로서 정신과 물질을 볼 것이므로, 물질이 물질이기 때문에 적응의 필연을 논하듯이 인간은 인간이기 때문에 창조의 필연을 동시에 논할 수 있는 것이다. 자기를 잃지 않는 조화운동, 곧 움직이는 인간, 인간의 움직임이 되기 위하여 먼저 민족문화 주체의 확립을 지향하는 것이다.[19]

문화주의는 구와키 겐요쿠(桑木嚴翼)라는 일본의 신칸트학파 계열 철학자로부터 1920년대 조선에 수입되었고 인격 개조를 위한 도덕적 실천을 강조했다.[20] 따라서 '진보 문화주의'라는 명명 가운데 벌써 인간의 실천이 중요하다는 생각이 담겼지만, 본문의 내용도 결과적으로 인간이 창조적 활동을 능동적으로 하도록 하는 것, 즉 민족문화운동의 주체 확립을 선결과제로 제기했다. 그리고 여기에는 "살아 움직이는 현실존재의 속성"이라는 말에서 드러나듯이, 조지훈의 민족성과 민족문화와의 상관관계에 대한 후일의 주장이 이미 담겨 있다.

그의 삶은 현실에서 대적하는 세력은 계속 바뀌더라도, "병든 민족을 스스로 뿌리 뽑지 않고 제 힘으로 병든 가지를 자르고 알맞은 약을 치려는" 민족문화운동과 일체화 되어 있었다.[21] 6·25전쟁 중에는 국난 극복의 관점에서 정부에 적극 협조하되 문화인으로서 군권·관권에 비판하는 야당성을 갖추길 제안하는가 하면, 1950년대 후반에도 반공 통일 민족문화 선전의 3대 목표를 향한 애국문화운동이 여전히 필요하다는 점을 역설했다.[22]

---

19) 조지훈, 「민족문화의 당면과제—그 위기의 초극을 위한 의의의 反求에 대하여」, 『(문화과학 강좌) 문화』 1(1947.3); 『조지훈전집 5—지조론』(나남, 1996), 255, 260쪽.

20) 박찬승, 『한국근대정치사상사 연구』(역사비평사, 1992), 181쪽; 허수, 『이돈화 연구』(역사비평사, 2011), 99-106쪽.

21) 조지훈, 「봉황의 시름—청량산인의 誣罔을 밝힘」, 『신세기』, 1948; 『조지훈전집 3—문학론』, 197쪽.

22) 조지훈, 「戰時 문화운동의 정로—그 의의와 방안에 대하여」, 1951.4; 『조지훈전집 5—지조론』,

이렇듯 민족문화운동의 내부에서 그는 지성과 학문의 역할을 강조했다. 특히 1950년대 상황을 전환기라고 파악하면서, 전환기 지성의 역할은 정념의 파토스(pathos)이고 로고스(logos)에 논리를 둔 파토스여야 한다고 주장했다.[23] 즉 이성적으로 현실을 파악하더라도 변화를 향한 파토스는 전환기 지성이 가져야 할 중요한 덕목이라고 간주했던 것이다.

민족문화운동의 일부로서 삶, 그리고 파토스적 지성에 대한 지향은 역사 이해에서도 동일하게 나타났다. 조지훈은 역사는 쉬지 않고 흐르는 것이며 사람은 어느 방향으로든 가고 또 반드시 "가야 한다"고 설명한다. '가야 한다'는 역사 전개에 당위성을 결합시키는 것이므로 목적론적 성격도 내포했다. 그리고 조지훈은 인간의 창조적 능력에 주목하면서 선택의 의미를 매우 강조했다. 그는 공산주의나 신학적 도참적 정신사상도 역사적 필연론이라고 지적하는데, 이는 서양철학사에 빗대본다면 유물론에 기초한 마르크스와 절대정신을 강조한 헤겔에 대한 동시 비판과 마찬가지였다. 사소한 감정마저도 역사의 동력이 될 수 있다면서, 변화의 길을 모색할 수 있는 주체는 자각한 사람일 수밖에 없다는 점을 부각시켰다.[24]

조지훈은 1962년 책 출간 당시 '역사와 문화'라는 제목을 염두에 뒀다가 결국 첫 번째 글 제목을 따라 『지조론』이라고 이름을 붙였다고 한다.[25] 원 구상은 '문화'를 만들기 위한 '역사'적 경과에서 가치를 발견하고자 하는 의미일 것이다. 게다가 1959년 출간된 시집 제목은 『역사 앞에서』이다.

> 시집 이름을 『역사 앞에서』라고 붙이는 것은 그것이 여기 수록된 시제(詩題)의 하나일 뿐 아니라 이 시집 전체가 하나의 역사의 흐름으로 일관된 것이기 때문이다. 내 시가 걸어온 바탕으로서 내 정신이 지나간 노정으로서의 회상을 위하여 나는 이들 시편을 초고대로 싣게 하고 다시 손을 대지 않았다. 이것은 우리들 슬픈 세대의 공동한 배경—우리 시가

275쪽. 조지훈, 「문화단체운동의 새 방향—분열의 원인을 밝혀 전문별 단일체로 통합하자」, 『조선일보』, 1957.7.27., 1957.7.30.; 『조지훈전집 5—지조론』, 316쪽.

23) 조지훈, 「지성과 문화—전환기의 지성을 위하여」, 『신태양』 1956.8; 『조지훈전집 5—지조론』, 91쪽.

24) 조지훈, 「어떤 길이 바른 길인가」, 『사상계』, 1963.3; 『조지훈전집 5—지조론』, 17, 20-21쪽.

25) 조지훈, 『지조론』(삼중당, 1962), 18-24쪽; 류시현, 앞의 글, 395쪽에서 재인용.

두 번 다시 이런 슬픈 역사 앞에 서지 않게 되기를 비는 마음 간절하다.[26)]

6·25전쟁의 참화와 공산주의 세력에 대한 적대를 여러 군데서 드러내는 이 시집의 서문에서 주목할 바는 슬픈 세대가 슬픈 역사에 다시는 마주하지 않기를 바란다는 희망이다. 조지훈의 글쓰기와 실천이 시대의 '불안'에 대처하는 행위라고 하듯이,[27)] 그가 자신들을 슬픈 주체라 하고 걸어온 길 자체가 슬펐다고 하는 것은 앞으로 그런 선택을 하지 않겠다는 다짐이었다.

개인 조지훈에게 역사는 자신의 지향을 드러내는 방법이자, 또한 자신의 이상에 다다르는 과정을 점검하는 매개체이다. 나아가 학자 조지훈은 역사 연구를 통해 지성으로서 학문적 토대를 삼을 수 있었다. 역사는 규범적 경로로부터 이탈한 과거와 그릇된 길을 선택한 현재의 비윤리적 정치 행위를 비판하고, 대중의 행동을 촉구하는 기준이 된 것이다.

"자유를 방해하는 것은 불의"라는 말을 통해, "생탄해야 할 현대 (…) 새로운 현대는 그 '휴머니즘'에의 구심의 동력을 '윤리'에 두지 않을 수 없을 것"이라는 주장을 통해, 조지훈은 인류사의 미래 가치를 자유와 인본주의로 설정했다.[28)] 그렇다면 한국은 어떠해야 하는가? 전통의 계승을 통한 창조와 민족 주체의 확립이라는 민족문화운동의 과제는 이미 제시되었다. 이제는 한 발 더 나아가 '한국적' 길은 무엇이 되어야 하고, 그러기 위해 어떠한 과거에 주목해야 할지 구체적인 탐색이 필요했다. 한국사에 대한 연구가 중요하게 요청되었던 것이다.

3. '한국적' 경로를 찾기 위한 연구 방법

조지훈의 한국사 연구 방법을 살펴보기 위해 먼저 그가 자신의 전체 학문 연구를

---

26) 조지훈, 「역사 앞에서 序」, 『역사 앞에서』(신구문화사, 1959); 『조지훈전집 1—시』(나남, 1996), 127쪽.

27) 류시현, 앞의 글, 387쪽 참조.

28) 조지훈, 「문학과 자유옹호—그 한국적 양상에 대하여」, 『조지훈전집 3—문학론』, 38쪽. 조지훈, 「현대시의 문제」, 『시연구』 1(1955); 『조지훈전집 3—문학론』, 174-175쪽.

어떤 범주에서 파악했는지 검토해 보는 게 좋겠다. 아래는 조지훈이 1948년에 쓴 글로 학문의 영역을 자연과학과 문화과학으로 분류하고, 그 차이를 설명하는 데 초점이 맞춰져 있다.

> 같은 학술에도 자연과학은 법칙 정립적이지만 문화과학은 개성 기술적이 아니면 안 된다는 것은 빈델반트의 말이다. 왜 그러냐 하면, 자연과학은 일반화적 몰가치적임에 비하여 문화과학은 개성화적 가치관계적이 아니면 안 되기 때문이다. 그런데 유물사관은 자연과학에 배리(背理)를 두기 때문에 논리적 증명에 미사여구만 입히면 문학이 되는 줄 알고 일반화적 특색에 좇아 개성을 무시하는 공식사상을 강요하며 몰가치적이므로 정치·경제·문학의 가치를 혼동하거나 주종관계를 규정한다.[29]

그는 자연과학은 법칙과 일반화 방법을 중시하고 가치를 추구하지 않으며, 문화과학은 대상 각각의 개별성과 특정 가치를 지향하는 연구 방법을 취한다고 정리했다. 이는 인용문상에도 등장하듯이 독일의 신칸트학파 철학자 빌헬름 빈델반트(Wilhelm Windelband)의 구분이다. 오귀스트 콩트(Auguste Comte)의 실증주의에 대한 반발로 성립된 신칸트학파의 영향은 이미 앞 장에서 간략히 암시했지만, 그 내용을 좀 더 자세히 살펴볼 필요가 있다.

문화과학이라는 명명은 자연과학은 아니면서도 경험적인 학문들을 하나로 묶기 위한 의도에 따른 것이었다. 즉 문화과학이라는 규정에 어떠한 지향이 명확하게 서 있다기보다는 자연과학과 다른 것이라는 기준이 일차적이었다. 이때 문화라는 말이 사용된 것은, 신칸트학파가 최소한 문화는 인간이 직접 만들고 자연에 대립하는 것으로 봤기 때문이다. 또한 문화과학이 가치적이라는 의미는 '가치 있다', '가치 없다'는 말처럼 머릿속으로 따지고 평가하는 성질의 것이 아니라, 조지훈이 고유소(기본소)를 말했듯이 어떠한 형태로든 존재의 성립 조건에 영향을 미치는 '무엇'을 말한다. 따라서 가치는 상대적인 것이 아니라 규범적이고, 바로 역사는 특정 가치

---

29) 조지훈, 「문학의 근본과제」, 『백민』, 1948.10.; 『조지훈전집 3—문학론』, 21쪽. 동일한 내용이 자구 몇 개만 바뀐 채 『시의 원리』에도 담겼다. 조지훈, 『시의 원리』(신구문화사, 1959); 『조지훈전집 2—시의 원리』(나남, 1996), 37쪽.

가 실현되는 과정이다. 그런데 역사는 자연과학의 인과율에 따라 진전되는 것이 아니므로 인간의 실천과 동의어라고 할 수 있는 정신적 법칙의 영향을 받는다.[30] 바로 신칸트학파에게 있어서 역사란 절대정신을 강조했던 관념론을 넘고, 실증주의도 넘는 인간 이성의 실천을 중시하는 정신사였다.

이와 같은 관점에 따르면 마르크스주의는 물질관계의 지배를 받는 자연과학과 같은 뿌리에서 나왔으므로 아무리 잘 포장해도 참다운 문학을 할 수 없다. 유물사관이라는 보편적 관점을 채택하기 때문에 각 대상(역사에 한정하면 민족□국가사)의 개별적 성격을 파악할 수 없는 공식주의이다. 게다가 가치에 대한 이해가 없으므로 정신적 영역인 문화가 제일 중요함에도 불구하고 인간 실천의 의의를 이해하지 못한 채 사회경제적 토대에만 집중하는 물질주의일 수밖에 없다. 위 인용문의 후반부는 바로 이러한 주장을 담고 있는 것이다. 조지훈은 이러한 방식으로 학문과 역사연구의 방법을 규정하곤 했다.

조지훈이 한국사 연구에서 가장 치중한 대명제는 민족의식의 정신사와 세계문화사에 비춘 한국사의 독자성 해명이라고 할 수 있다. 이는 공산주의와 이론적 투쟁에서 더 강해졌을 수는 있지만,[31] 기본적으로 그가 학술에 관심을 기울이기 시작하면서부터 형성된 신념에 가까웠다. 따라서 조지훈의 한국사 연구는 방법상에서 내적 일관성을 갖추고 있었다. 그렇다면 실제로 어떠한 접근이 상정되었는지 하나씩 살펴보자.

첫째, 전통을 민족의 가치로 보고 창조의 주체로 바로 세우는 작업이었다. 조지훈은 "전통은 새로운 창조의 주체요 가치"라고 하면서 전통 부정은 결국 무주체 용화주의(溶化主義), 외화주의(外化主義)에 빠지므로 절대로 전통을 파괴한 채 신건설로 나아가면 안 된다고 역설했다.[32] 그리고 아무리 뛰어난 이론이라도 우리에게 맞지

---

30) 신칸트학파와 빈델반트에 대해서는 다음 연구에 비교적 상세하게 요약되어 있어서 참고했다. 허지향, 「경성제국대학 '철학, 철학사 제1' 강좌 교수 아베 요시시게(安倍能成)의 학문과 현실」, 『대동문화연구』(성균관대학교 대동문화연구원) 100(2017), 493-498쪽.

31) "98퍼센트를 공산주의에게 점령당한 문화면에서 소수의 동지와 함께 버티고 지키는 의지"를 말한 부분이 이에 해당한다. 조지훈, 「나의 역정—시주 반생 자서」, 『고대문화』 1(1955); 『조지훈전집 3—문학론』, 205쪽.

32) 조지훈, 『한국문화사 서설』(1964); 『조지훈전집 7—한국문화사 서설』, 210쪽.

33) 같은 책; 『조지훈전집 7—한국문화사 서설』, 204쪽.

않는 것은 반동 이론이고 주체적 이론만이 의의가 있다는 점을 강조했다.[33] 따라서 고전에 대한 탐구와 전통에 대한 착목은 한때 호기심이 아니라 "골수에 스미고 혈관에 젖어들도록" 해야 하는 것이었고,[34] 지금은 무조건적으로 새로운 창조를 위한 자존의식을 세우는 것이 일차적인 과제였다.

> 중국의 근대화운동을 위하여 5천년 자존의 역사를 폄하한 호적(胡適)이나 곽말약(郭沫若) 등의 논법을 주체를 상실한 우리 문화에 적용한다면 착각이랄 수밖에 없다. 오늘의 이 자조자학증의 병원(病原)은 분명히 일본의 교육과 선전, 또는 과학적이란 가면을 쓴 공산주의이론이 끼친 악영향의 합성이다. 나는 이 거지 같은(?) 민족과 문화에서 좋은 것을 찾고 그 양질의 창조적 전통을 인습 속에서 정련하기 위하여 민족 자시의 기풍을 진작시켜 주기를 바라는 자이다. 좋은 면에서 본 '이것이 한국이다'가 나와야 한다.[35]

이 인용문의 앞부분에서는 조선 500년 동안 주체성을 상실한 것도 지적하고 있다. 그러니 일제 36년까지, 그리고 공산주의자에 의해 민족사의 한계와 부정성을 강조했던 과거 역시 극복하지 못한다면, 더 이상 민족의 미래가 없다는 결연한 의지가 담겼다. 중국은 자존의 역사가 5천 년이라 후스나 궈모뤄가 비판을 가해도 문제가 없지만, 한국의 상황은 다르다는 것이었다. 즉 민족의 자긍심을 높이는 연구방법이 강구되어야 하며, 내면적 가치를 찾는 데 주력해야 한다는 것이 제1의 원칙이었다.

둘째, 한국사의 체계화를 모색했다. 학문은 일차적으로 지식에 질서를 부여하고 통일된 관점으로 정리하는 작업을 말한다. 조지훈도 "학문은 지식의 체계"라고 말한 바 있다.[36] 사실 조지훈의 글을 읽어 본 사람들이라면 누구나 느낄 만큼, 그는 계통도를 그리는 데 익숙했다. 『한국문화사 서설』에 한정해서 살펴봐도, 민족성의 기본 요소,[37] 동양문화의 3대 기초문화의 전개도,[38] 한국문화를 형성한 근간문화의

---

34) 조지훈, 「서창집—亦一詩論」, 『동아일보』, 1940.7.9.; 『조지훈전집 2—시의 원리』, 191쪽.
35) 조지훈, 「書舍餘話」, 『동아일보』, 1964.10.26.; 『조지훈전집 4—수필의 미학』, 380쪽.
36) 조지훈, 「탐구의 장」, 『창에 기대어』(범조사, 1958); 『조지훈전집 4—수필의 미학』, 219쪽.
37) 조지훈, 『한국문화사 서설』(1964); 『조지훈전집 7—한국문화사 서설』, 28쪽.
38) 같은 책; 『조지훈전집 7—한국문화사 서설』, 41쪽.

이동도,[39] 한반도 주변 중요 문화권,[40] 신화학의 계보도[41] 등 도시(圖示)를 활용하여 흐름을 보여 주고자 했다. 그림과 표를 이용하지 않더라도 민족의식이 시대를 건너뛰어 연결된다는 등 가치를 가진 존재들이 맥락적으로 연결되고 있었다.

이는 문화과학이 실증주의에 대한 반대로 출범했고 조지훈도 그 영향을 받고 있었기 때문이며, 또한 해방 이후 학문 1세대로서 해당 주제 연구를 개척하겠다는 의지가 반영된 것이라 생각한다. 이와 같은 방식은 민족문화 연구 전반에까지 미치고 있었다. 1960년 『민족문화연구』의 창간사는 "분석과 고증에 치우친 학풍은 우리가 목마르게 요청하고 있는 민족문화의 학적 체계화 또는 거시적 사관, 심화적 방법에는 외면하는 혐이 있다. 이에 우리는 새로운 문화창조를 위한 바탕으로서의 전통의 현대적 탐구와 민족문화의 학적 체계화를 위한 운동의 일익"으로 이 책을 펴낸다고 밝히고 있다.[42]

셋째, 한국사의 독자성을 밝히고자 했고 세계사와 견주는 시도도 진행했다. 조지훈은 세계문화와 한국문화, 세계사와 한국사의 관계에 대해서 많은 지면을 통해 해명하고자 했다. "민족사는 세계사 위에 투영된 자기인식"이라고 하는가 하면, "민족사회 혁명의 지역적 특수성격을 규정하기 위하여, 우리는 인류문화 혁명이란 시대적 보편 현실을 찾지 않으면 안 되는 것"이라고 선언했다.[43] 그가 이러한 노력을 기울인 이유는 '한국적인 것'의 고유성 문제가 계속해서 문제시되었기 때문이다. 조지훈은 고유한 것이 출발점으로 본다면 인류문화와 다르지 않고, "같은 역사적 환경에서 공동의 집단생활을 영위해 오는 동안 공동으로 발견"되면서 개성적 특질을 갖게 된다고 설명했다.[44]

그는 한국사를 서구의 잣대로 보는 것에 회의적이었다. 그리하여 서구적 개념과 시대구분법에 따라 한국사를 분석하는 문제점을 지적했다. 예를 들어 '상대-고대-중세-근대-최근대'라는 왕조 중심의 시대구분도, 또는 통일신라기부터 강점까지

---

39) 같은 책; 『조지훈전집 7—한국문화사 서설』, 54쪽.
40) 같은 책; 『조지훈전집 7—한국문화사 서설』, 55쪽.
41) 같은 책; 『조지훈전집 7—한국문화사 서설』, 81-82쪽.
42) 조지훈, 「『민족문화연구』 창간사」, 1960.10.3.; 『조지훈전집 3—문학론』, 386-387쪽.
43) 조지훈, 「민족문화의 당면과제—그 위기의 초극을 위한 의의의 反求에 대하여」, 『(문화과학 강좌) 문화』 제1호(1947.3); 『조지훈전집 5—지조론』, 250, 252쪽.
44) 조지훈, 「한국 사상의 모색」, 『사상계』, 1963.3; 『조지훈전집 8—한국학연구』, 276쪽.

를 '봉건적 귀족국가시대'라고 보는 사회구성체적 관점도 한국사의 주체적 전개에 대한 이해를 가로막는다고 보았다.[45] 그런데 이와 같은 독자성이 부각되면서도 서구와의 비교가 수없이 등장하는 것은 또한 특기할 만한 일이다. 삼국시대사를 그리스적 전개와 유사하다고 하면서 고구려와 스파르타, 신라와 아테네 정신을 비교하고,[46] 한국 근대화운동의 단계가 실학운동—천주교 전래—개화사상인 것은 서구의 문예부흥—종교개혁—계몽사상의 3단계와 동일하다고 본 것 등이다.[47]

> 아테네에서 경주를 느꼈듯이 나는 로마에서 평양이나 개성에서와 같은 감개를 느꼈다. 석굴암 불상 조각에는 '헬레니즘'의 수법이 흘러나오는 것이 사실이고 또 신라정신과 희랍정신 사이에는 상통하는 점이 많지만 평양이나 개성은 로마와는 인상부터가 다르다. (…) 어쨌든 이 생소한 수만리 이국에 와서 그 문화의 유적에 아무런 생소함이 없이 친근감을 느끼고 제 나라 사적을 보듯 한다는 것은 우리의 역사의식 또는 현대 문화의 바탕에 서구사(西歐史)의 인식이 강한 뿌리를 내리고 있다는 뜻이 아닐 수 없다. 그래서 나는 로마의 인상이 어떠냐는 물음에 우리나라의 고도(古都)에 온 느낌이라 하고 웃은 일이 있거니와 전형적 동양인을 자처하는 내가 서구에 와서 뜻밖에도 나 자신 안에 서구문화가 차지하고 있는 자리가 크다는 데 놀랐다면 좀 재미있는 이야기가 될 것이다.[48]

이상은 여행기 가운데 한 대목으로 조지훈 내면의 서구 의식을 읽을 수 있다. 이 글을 통해 조지훈이 서구와 대립하는 인식을 가지지 않았으며, 오히려 전통의 창안과 주체화에 서구적 방법론이 있었음을 다시 한번 확인할 수 있다. 그리고 독자성의 강조와 함께 등장하는 동일시는 민족의 지위를 높이고자 하는 의도였다고 할 것이다.[49]

---

45) 조지훈, 「한국 현대 시문학사」, 1964-1965; 『조지훈전집 2—시의 원리』, 271-273쪽.
46) 조지훈, 『한국문화사 서설』(1964); 『조지훈전집 7—한국문화사 서설』, 242쪽.
47) 같은 책; 『조지훈전집 7—한국문화사 서설』, 287쪽.
48) 조지훈, 「납량삼제」, 『신동아』, 1966.8; 『조지훈전집 4—수필의 미학』, 384쪽.
49) 세계사 특히 그리스-로마와의 대조는 조지훈뿐만 아니라 민족문화를 연구하는 학자들에게도 흔히 나타나는 현상이었는데, 그것이 학문적 영향 때문인지 아니면 그리스-로마의 역사가 이상화되었기 때문인지 장차 선후관계를 검토해 볼 필요가 있다.

마지막으로 조지훈은 민족문화의 주체가 조화·융합하면서 변화하고 이로 인해 한국사가 발전하는 양상을 설정했다. 그는 전통의 가치를 내면적으로 파악하고자 했지만 '한국적인 것'이 순수가 아니라 고유하고 개성적임을 밝혔듯이, 역사적으로 생성하고 발달 변모하며 제반 영향을 받는 것이라고 상정했다. 그리고 그 조건을 짧게 압축하면 "인종과 풍토와 역사적 환경의 제요소에 의한 이동 복합의 영향" 등이었다.[50] 즉 조지훈이 내적 가치에 큰 비중을 둔 것은 분명하지만 외적 조건에 대해서 마냥 소홀히 하지는 않았고, 또 할 수도 없었다.

이 가운데 특히 풍토와 자연환경의 영향을 말한 점이 문제시되었다. 외래사상이야 그렇다 쳐도 지리 환경을 말하는 건 일본 식민주의자들이 내세웠던 '반도성론(半島性論)'이 떠오르기 때문이다. 조지훈은 미시나 쇼에이(三品彰英)의 『조선사개설』(1940)을 『한국문화사 서설』에서 인용해 한국 민족의 특징이 해양성과 대륙성, 반도성 등으로부터 왔다는 점을 설명했다. 아직까지 한국학계의 비판이 본격화되기 전이라 이를 인용하는 것은 부득이했고, 조지훈이 이 책의 도식을 받아들여서 민족성을 효과적으로 서술했다는 선행연구의 언급도 있다.[51]

그런데 『조선사개설』의 활용 문제를 떠나서 자연환경이 중요하게 강조될 수밖에 없는 맥락이 있다. 조지훈은 동일한 인류문화로부터 점차 독자적인 민족문화가 형성된다고 했는데, 각 지역마다 차이가 나타나는 계기로 자연조건 외에는 상상하기 어려웠다. 이는 그가 신화 연구에서 원시인들이 갖는 유사한 생각이 다르게 표출되는 이유가 "자연환경과 그 설화를 산출하고 수용하는 종족집단의 이질성" 때문이라고 한 지적과도 이어진다.[52] 종족이 처음부터 이질성을 띤 것이 아니므로 외래문화 그리고 자연환경의 의존도는 높아질 수밖에 없다. 이는 문화과학이 자연과학의 영향으로부터 벗어나려고 사회경제사를 고려하지 않은 탓이기도 하다. 실제로 조지훈의 전체 연구에서 사회경제적 조건은 거의 거론되지 않았다.

한편 조지훈이 조화와 융합을 강조하며 가장 주목했던 역사적 인물은 원효와 최제우였다. 그는 "원효는 해동불교의 초조(初祖)요 국선(國仙) 불교의 실천자며, 모

---

50) 조지훈, 「어떤 길이 바른 길인가」, 『사상계』, 1963.3; 『조지훈전집 8—한국학연구』, 276쪽.

51) 신일철, 앞의 글, 330-336쪽.

52) 조지훈, 『한국문화사 서설』(1964); 『조지훈전집 7—한국문화사 서설』, 223쪽.

든 것을 한 솥에 끓여 새로운 경지를 연 한국적 사상의 전형이기도 하다. (…) 원효 사상적 전통의 근대적 계승자는 최수운"이라고 하면서 그들을 연구 대상이자 연구 방법론의 지위로 격상시켰던 것이다.[53] 특히 최제우에 대해서는 유·불·선을 단순 통합한 것이 아니라 천도(天道)의 깨달음 가운데 유·불·선이 일부를 차지했다고 할 만큼 사상 융합에 대해서 높게 평가했고, 민족 정신문화의 주체를 발양한 한국사상사의 최대 인물로 정의했다.[54]

이러한 사고는 한국사 전체 체계의 수립에 있어서, 특히 근대 이후 민족의식과 민중의식(평민의식)이 서로 융합하고,[55] 또 다시 새로운 민족의식으로 성장하여 민족 정신사를 이루게 된다는 논리 구조로 완결되었다. 이는 전체 역사 시기에 걸쳐서 인과적으로 연결되는 것은 아니지만, 자연으로부터 외부로부터 또는 민중 저항으로부터 자극과 도전을 받으면서 민족주체성이 확립되어 가는 역사 전개의 상(像)을 그렸다. 또한 조지훈이 시문학사를 통해 말한 '이질적인 접합-창조적 계승'도 유사한 주장이라고 할 수 있다.[56]

지금까지 검토한 바와 같이 조지훈은 ① 전통으로부터 가치의 발견, ② 실증을 넘는 체계화, ③ 한국의 독자성과 세계와의 동일성, ④ 조화와 융합에 의한 변화 발전 등을 한국사 연구의 방법이자 기본 구도로 이해했다. 그리고 이상 방법론에 담긴 문제의식을 가장 집약적으로 밝히고 있는 것이 아래 인용문의 내용이라고 판단된다.

> 순수 한국적이라는 것은 없다. 있어도 그것은 원시의 유물이 아니면 아려한 골동 취미다. 다만 한국적 머리와 눈과 심장과 손이 있을 뿐이다. 그것의 발견과 자각과 창조에 순수 한국적인 것이 재료가 되고 자극이 될 따름이다.[57]

---

53) 같은 책; 『조지훈전집 7—한국문화사 서설』, 101쪽.

54) 조지훈, 「동학의 사상사적 의의—동학혁명 67년에 즈음하여」; 『조지훈전집 8—한국학연구』, 313-316쪽.

55) 조지훈, 「한국 현대 시문학사」, 1964-1965; 『조지훈전집 2—시의 원리』, 274쪽.

56) 같은 글; 『조지훈전집 2—시의 원리』, 266쪽.

57) 조지훈, 『한국문화사 서설』(1964); 『조지훈전집 7—한국문화사 서설』, 213-214쪽.

조지훈이 한국사를 연구하기 위해 제시한 '한국적' 경로는 결국 한국적 시선을 갖는 것이었다. 조지훈은 신화 연구에서 비교신화학을 수용해야 한다고 주장했고,[58] "인류학적 방법으로 찾은 민족학이요 민족학적 방법으로 본 인류학의 모습"이라고 한 민족문화학의 수립을 당면의 학문 과제로 제창하기도 하였다.[59] 그는 민족문화, 한국사를 일국사적인 영역 안에 가둬 둔 채 연구하려고 하지 않았다. 그러나 그의 모든 관심이 사실상 '한국적인 것'에 집약된 것은 분명했다.

4. 한국사 서술의 경과와 정신사적 민족사 체계

아래에서는 조지훈의 한국사 연구가 어떻게 진행되었는지 살펴보기 위해서 개괄적인 검토를 시도했다. 〈표 1〉은 역사적 접근을 골자로 하면서 연구적 성격이 강한 글, 그리고 연도를 확인할 수 있는 글을 정리한 것이다. 조지훈의 한국사 연구주제가 어떤 범위 안에 있는지 확인하면서, 변화과정에 나타난 시대성을 분석하고자 하는 의도이다.

조지훈의 학문 연구를 시기별로 구분한 선행연구에서는 1기를 해방 이전까지, 2기를 고려대 교수가 되는 1948년까지, 그리고 3기를 별세한 1968년까지로 나눴다. 그리고 1기에는 국어학을, 2기에는 한국문화의 주체성 확립과 학적 체계화를, 3기에는 한국학의 저변 확대 등을 주로 연구했다고 설명한 바 있다. 또한 2기 18편, 3기의 마지막 5년 동안 「한국독립운동사」와 같이 무게감 있는 글 포함 10여 편의 논문을 썼다고 집계했다.[60]

조지훈은 역사 가운데 문화사에 관심을 가졌다고 선행연구들이 본 것도, 위 목록을 보면 대체로 옳은 지적이다. 일제 말기의 글도 어원 분석이 시도되었던 것이지

58) 같은 책; 『조지훈전집 7—한국문화사 서설』, 223쪽.

59) 같은 책; 『조지훈전집 7—한국문화사 서설』, 218-219쪽. 민족문화학 명칭은 손진태가 『조선민족문화의 연구』(1948) 서문에서 먼저 사용했다고 한다. 남근우, 앞의 글, 123쪽. 김정배와 박대재는 손진태 학문이 조지훈에게 계승되었다고 보았다. 김정배, 앞의 글, 110-111쪽; 박대재, 「손진태의 사회문화사 연구」, 『민족문화연구』(고려대학교 민족문화연구원) 78(2018), 238쪽.

60) 인권환, 앞의 글, 1978, 308-309쪽.

<표 1> 조지훈의 한국에 대한 역사적 연구 문헌 목록

연도	문헌 목록
1939	「된소리 기사에 대한 일고찰—쌍서와 된시옷은 어느 것을 취할까」, 「원어 소고」, 「어원 소고」
1940	「신라의 원의와 사뇌가에 대하여」
1943	「산유화가와 서리리탄 기타」
1947	「민족문화의 당면과제—그 위기의 초극을 위한 의의의 반구에 대하여」, 「조선문화의 성격—풍토적 환경과 민족성」
1950	「현대문학의 고전적 의의—민족문학의 전통을 위한 시론」
1955	「신라 국호 연구 논고—신라원의 고」
1958	「한국문화의 성격」, 「한국문화의 위치」, 「한국문화의 발전」, 「한국의 신앙」
1959	「한국사상의 근거」
1962	「한국 현대 시사의 반성」, 「신라가요 고」, 「한국의 종교와 그 배경」
1963	「개화사상의 모티브와 그 본질—한국의 근대화운동에 대하여」, 「전통의 현대적 의의」, 「반세기의 가요 문화사—'개화가사'로부터 '해방의 노래'까지」, 「누석단 신수 당집 신앙연구」
1964	「한국민족운동사」, 「신라가요연구논고」, 「한국민속학소사—해방 전」, 「한국현대시문학사」(연재), 「'멋'의 연구—한국적 미의식의 구조를 위하여」, 『한국문화사 서설』
1965	「한국현대시문학사」(연재)
1966	「서낭 간 고—주곡의 서낭 신앙에 대하여」, 「연정사 윷노래 해제」, 「수투전고—주곡의 '팔일놀이'에 대하여」

핵심적인 주제는 고대의 문화 전통이다. 그런데 주제들을 세밀하게 들여다보면, 종교·예술·학술·사상 등 인간의식에 의해 형성된 문화사이다. 해방 이후 민속 관계 연구도 신앙과 노래에 대한 것이 대부분이니, 존재에 대해 분석하는 생활사나 풍속사와도 거리가 있었다. 이렇게 본다면 조지훈의 연구 주제는 문화사는 문화사이되, 더 명확하게 정신사에 일관되었다.[61)]

정신사라는 대주제 아래 연구 대상 시기가 넓어진 것은 한 번쯤 짚을 만하다. 초창기부터 하던 연구는 계속 진행하면서, 어느 순간 근대 시기에 대한 연구가 나타

---

61) 『한국문화사 서설』의 서문에서 상편은 정신사에 대한 연구, 하편은 이에 대한 평론을 모았다고 한 점도 참고가 된다. 조지훈, 『한국문화사 서설』(1964); 『조지훈전집 7—한국문화사 서설』, 18쪽.

난 것이다. 이는 일차적으로 연구의 심화에 따른 통사적 체계화의 목표 때문일 것이다. 그런데 그 시기가 대략 미국이 '후진국'에 대한 근대화 기획을 전개했던 1950년대 후반기와 1960년대 전반기인 것은,[62] 조지훈이 당대 사회적 의제와 연동하여 연구를 추진했던 것으로 판단된다. 실제로 그는 후진국주의 이론의 유행에 대해 상당히 비판적으로 이해하며 민족주체성의 확립에 힘써야 한다고 주장했다.[63] 이렇게 본다면 연구 활동의 시기 구분은 대략 1960년 전후를 기점으로 둘로 나누는 게 타당하다. 물론 연구 내용상으로 이는 단절이 아닌 연속·심화의 성격을 띤다.[64]

조지훈의 한국사 연구를 변화의 관점에 볼 수 있는 단서를 잡았으니, 초창기와 완성 단계를 차례로 비교 검토하면서 역사관의 특징을 확인해 볼 필요가 있겠다. 조지훈은 1947년에 한국 민족의 집단의식은 통일신라가 단일 연원이 된 뒤 고려시대에 형성되었으나, 봉건할거제가 완전 붕괴하지 못함으로써 민족의식 형성에 많은 시간이 지체되었다고 보았다. 이어서 한말에 외국자본에 의해 민족이 '통일'되고 갑오경장, 3·1운동 때야 민족의식이 태동했다고 설명했다.[65] 경제사 발전단계론을 차용해서 한국사에 서구적 봉건제가 있었다고 보는가 하면, 민족의 일체감은 자본주의 확대 이후 형성된다고 했으니 이는 전형적인 근대 민족 형성설이다.

그는 1948년에 단군시대를 신문명을 가진 북방족의 이주 시기(원조선족 형성)로, 삼한시대는 단군족과 선주민 사이 남북문화 혼성 시기, 삼국시대는 남북 양대 문화권의 접촉·각축 시기, 신라와 발해의 남북조시대를 거친 고려 시기(신조선족 형성) 등으로 도식화를 시도했다. 이때 신라는 현실론에 입각해 멸망을 막은, 고려는 고구려적 자립정신을 계승한, 조선은 사대주의와 파쟁 그리고 살육에까지 빠진 국가로

---

62) 허은, 「근대화로의 길과 미국의 개입」, 권보드래 외 지음, 『아프레걸 사상계를 읽다—1950년대 문화의 자유와 통제』(동국대학교 출판부, 2009), 366-367쪽.

63) 조지훈, 「민족적 자아발견의 거울—『20세기 한국』을 엮고 나서」, 1963.9.28.; 『조지훈전집 3—문학론』, 389쪽.

64) 『한국문화사 서설』도 1947년에 초고를 삼은 것이라 한다. 조지훈, 『한국문화사 서설』(1964); 『조지훈전집 7—한국문화사 서설』, 18쪽. 이 책의 맨 앞에 담긴 「한국문화의 성격」과 「조선문화의 성격—풍토적 환경과 민족성」, 『민족문화』(민족문화연구소) 3(1947)이 거의 같은 글이라는 점도 고려할 필요가 있다.

65) 조지훈, 「민족문화의 당면과제—그 위기의 초극을 위한 의의의 反求에 대하여」, 『(문화과학 강좌) 문화』 1, 1947.3; 『조지훈전집 5—지조론』, 253-254쪽.

인식했다.[66] 1947년 글과 비교해 볼 때 민족 기원에 대한 탐색이나 사회경제사적 설명의 누락 등에서 변화가 엿보이지만, 각 왕조의 건국이념을 써야 하는 글의 목적 때문에 민족 주체에 대한 조명은 아직 본격화되지 않았다.

그런데 1950년대 후반부터 나오기 시작한 연구들은 기본적으로 민족의식의 기원과 형성, 특히 자각적 근대화운동에 의한 '근대적' 전개가 당대 역사학계의 시대구분 기준과 무관하게 조선시대로까지 소급되면서 완전히 다른 관점들이 반영되었다. 그리고 한국사의 독자성을 찾고자 했던 의도를 이미 살펴보았듯이, 조지훈은 이 시기 한국에서 중세 봉건제사회나 근대 자본제사회는 없었으며 봉건할거제도, 시민계급 발흥과 민족자본의 정상적 발전도 없었다고 주장했다.[67] 또한 그러한 사회체제가 중요한 것이 아니라 민족의식을 바로 세우기 위한 실천적 노력이 중요했으며, 이러한 방침에 따라 한국사는 재구성되었다.

조지훈은 한국 민족이 기원전 2세기 무렵 부족동맹에 의해 윤곽이 잡히고, 삼국통일로 근간이 서게 된다고 보았다.[68] 신라가 삼국을 통일한 것이 민족의식의 싹을 틔웠다고 했는데, 고구려가 수당과 맞선 자립적 방위주의와 신라가 백제 고구려 유민을 연합해 당을 구축한 외교적 통일주의 모두 중요하다고 평가했다. 나아가 발해가 멸망하고 유민이 고려로 '내투'하면서 남조 중심으로 남북조시대가 부분 통일을 이루었으며, 고려는 신라 왕실을 회유하여 무혈혁명을 통해 왕실이 무너질 때까지 자립주의의 기치를 높였다고 하였다.[69] 민족의식의 맹아가 초창기 글보다 분명하게 통일신라기로 규정되었으며, 이를 외세와의 항쟁 가운데 배치했고, 이 점은 이후 역사 전개에서도 동일하게 적용되었다.

한국에서 민족이 형성된 것은 고려 말로부터 세종의 육진 개척 시기로 하향되었지만, 그 근거는 보다 분명해졌다. 세종이 훈민정음 등 문화정책을 표방한 것이 중요하게 제시되었고, 그러나 태조로부터 비롯된 두터운 사대모화주의 때문에 모든 민족구성원이 자각하는 단계에 이르지 못한 것으로 평가했다. 그리고 이 상황에 진

---

66) 조지훈, 「건국이념을 밝혀라—제헌국회에 보내는 글」, 『민국일보』, 1948.7.; 『조지훈전집 5—지조론』, 191-193쪽.

67) 조지훈, 「한국 현대 시문학사」, 1964-1965; 『조지훈전집 2—시의 원리』, 271쪽.

68) 조지훈, 『한국문화사 서설』(1964); 『조지훈전집 7—한국문화사 서설』, 47쪽.

69) 같은 책; 『조지훈전집 7—한국문화사 서설』, 120-121, 252쪽.

전을 가져온 것은 '왜호(倭胡) 양란'이었다. 이 두 사건은 '동북과 동남의 야인'을 다시 보게 하고 국내적 착취와 압박보다 외적의 압제가 더 격심하다는 민족의식의 자각을 확실하게 가져왔으며, 왕실과 고관들에 대한 저항을 촉발하는 민중의식도 성장했다는 것이었다. 조지훈은 바로 이와 같이 민족의식과 민중의식의 자각을 근대의식이라고 불렀다.[70)]

한마디로 조지훈은 1940년대의 근대 민족 형성설을 수정해 민족의 형성은 조선 세종 집권기로, 민족의식·민중의식의 자각에 따른 근대의식의 출현은 양란 이후로 보게 된 것이다. 이러한 구도 설정은 한국사를 정신사로 보는 과정에서 민족이 먼저 있어야 민족의식이 생기며 바로 그 민족의식이 민족운동의 주체가 되기 때문이었다. 그리고 다른 시대구분은 서구적 개념이라고 받아들이지 않으면서도, '한국적 근대'로의 발전과정을 상정해야 했던 이유는 서구와의 동일시를 시도했던 것과 같은 맥락으로 후진국 근대화론에 맞서는 자주적·자립적 근대화를 역사 속에서 증명하기 위해서라고 볼 수 있다.[71)]

그리하여 양란 이후 민족의식과 평민의식을 기초로 한 '한국적 근대사'의 전개는 1기 선조 인조년간의 근대적 여명, 2기 천주교 전래와 실학의 전성 및 홍경래란, 삼정소요 등을 통한 근대의식 생성, 3기 병인·신미양요, 갑신정변, 갑오경장, 경술국치에 이르는 고종 순종년간 등이었다.[72)] 근대화운동 자체에만 초점을 맞추면 1기에는 천주교 등 외부적 자극으로 일어난 실학과 같은 학술운동을, 2기에는 홍경래란부터 동학란까지 내부적 여건이 폭발시킨 민중항쟁을, 3기에는 갑신정변·갑오

---

70) 같은 책; 『조지훈전집 7—한국문화사 서설』, 247, 215, 253, 255-256, 277-278쪽.

71) 이때 가장 주목해야 할 저술은 「개화사상의 모티브와 그 본질」이다. 이 글은 한국사상연구회가 펴낸 『한국사상(韓國思想)』 6집 특집 '한국의 근대화과정'의 권두논문이었다. 특집에 실린 다른 원고는 김의환, 「동학사상의 사회적 기반과 사상적 배경①—19세기 60년대의 이조의 사회와 사상」; 백세명, 「갑진혁신운동과 동학—손의암의 구국운동과 교정분리」; 정대위, 「한국의 근대화와 기독교②」; 신석호, 「한말의 의병」; 성낙훈, 「유학사상의 근대적 전환—정다산의 신유학을 중심으로」 등이다.

72) 조지훈, 「한국근대민족운동사」, 『한국문화사대계』(고려대학교 민족문화연구소, 1964); 『조지훈전집 6—한국민족운동사』(나남, 1996), 24-25쪽. 조지훈, 「한국 현대 시문학사」, 1964-1965; 『조지훈전집 2—시의 원리』, 273-274쪽 주 17, 283쪽.

73) 조지훈, 「한국 현대 시문학사」, 1964-1965; 『조지훈전집 2—시의 원리』, 283쪽.

개혁과 3·1운동 등 내외 시세에 눈뜬 사상운동 정치운동을 중요하게 평가했다.[73)]

그리고 갑신정변 이후 역사 전개가 바로 「한국민족운동사」의 연구과제였는데, 이 글은 항일민족운동사의 규명을 목표로 한 것이기도 하지만, 조지훈은 이를 정신사의 연장선상에서 구상했다. "민족운동사는 우리 역사를 대이민족 투쟁사 및 민족의식 발달사의 각도에서 고찰하려는 것"이라는 의미는,[74)] 이 글이 다루는 이전 시기에서도 삼국통일—육진 개척—왜호 양란—병인·신미 양요와 그에 대응한 민족의식의 진전을 구도화 했던 것에서 알 수 있다. 그리고 "편년사적 전개와 사상사적 흐름을 절충 종합"한다는 의미도 경술국치까지 민족자위항쟁사(제1편)는 정신사의 측면을 내포하고, 해외항일투쟁을 주로 다루는 민족해방투쟁사(제2편)는 사실상 편년사에 가까운 것이며, "아직 처녀지인 을유광복까지의 문화·사회운동사를 정리 체계화"하겠다는 게 일제 말기까지 정신사의 연장을 위해 가장 핵심적인 목표였다.[75)]

조지훈은 이처럼 대이민족 투쟁도 중요하지만, 민족의식을 대중적으로 촉진할 수 있었던 운동을 정신사 체계에서 가장 중요하게 생각했다. 언론문화운동과 학술·예술운동은 그 자체로 민족의식을 퍼뜨리는 근간이니 좋은 평가를 했지만, 그가 주목한 것은 많은 사람이 결집해서 반일 민족의식을 발전시킨 3·1운동, 6·10만세운동, 광주학생운동 등이었다. 3·1운동을 그 이전의 갑신정변이나 동학혁명과 달리 근대'적'이 아닌 근대의 민족운동으로 명명했던 것도, 자민족이 아닌 타민족에 대한 항쟁이면서 대중이 주체가 되었다는 점 때문이다.[76)] 그리고 나머지 두 사건의 경우 아래 인용문을 통해 조지훈의 생각을 확인할 수 있다.

6·10만세는 마지막 임금의 국장을 보내는 민족의 울분을 표현한 점에서, 또 사회주의자

---

74) 조지훈, 「한국근대민족운동사」, 『한국문화사대계』(1964); 『조지훈전집 6—한국민족운동사』, 19쪽.

75) 같은 글; 『조지훈전집 6—한국민족운동사』, 17쪽. 한편 편년사와 사상사적 서술은 다른 글에서 "시대순의 일반사적 방법을 바탕으로 하고 거기에 특수사적 방법을 중점적으로 그 필요한 자리에 배정"한다는 것과 같은 뜻이었다. 조지훈, 「한국 현대 시문학사」, 1964-1965; 『조지훈전집 2—시의 원리』, 267쪽.

76) 조지훈, 「한국근대민족운동사」, 『한국문화사대계』(1964); 『조지훈전집 6—한국민족운동사』, 26쪽.

들의 민족적 감정을 승인한 대중조직운동에 새로운 기원을 획(劃)한 것은 틀림없는 사실이다. 이 전통은 광주학생 만세운동에 계승된다. 이는 곧 일제의 식민지 아래서 전민족적 대중운동은 대일감정, 곧 민족감정을 표방하지 않고서는 성취되지 않는다는 것을 뜻하는 것이 아닐 수 없는 것이다.[77)]

민족의 감정·의식이 무엇보다 중요하고, 사회주의자도 그것을 받아들여 운동으로 이끌어 갔다는 것이다. 이는 다르게 표현하면 사회주의운동이 민족의식의 고취라는 범위 안에 들어올 때 얼마든지 허용될 수 있다는 말이며, 그렇지 않을 경우에는 민족운동으로서 의미를 전혀 부여할 수 없다는 뜻이기도 했다. 실제로 조지훈은 "갑오경장에서 8·15해방까지 우리 문화의 바탕을 이룬 주류적 사상은 민주주의와 세계주의에 결부된 민족주의, 문화주의와 인격주의에 연결된 사회주의"가 정신사의 주축이라고 보았다.[78)] 여기서 사회주의는 결국 민족문화운동의 일환으로 민중의식을 촉진하는 범위 안에 한정하는 것이었는데, 이렇듯 민족의식을 최우선의 가치로 놓고 일제하 민족운동을 바라본 사례가 신간회를 민족공동전선이자 "민족사회주의 정당"이라고 한 것과, 또한 일제 말기 대한민국임시정부의 좌우합작을 "임정 분열 이후 20년 만의 성사"라고 한 것이다.[79)]

「한국민족운동사」가 발표된 뒤 조지훈이 민족운동의 주류를 제대로 드러내지 못했다고 한 서평이 있었다.[80)] 어떻게 봐도 민족주의자라고 지칭할 수밖에 없는 조지훈이 우익과 친연성이 있는 것은 분명하지만, 최소한 민족운동 서술에서 그는 특정 세력에게 절대적 정통성을 부여하려고 하지는 않았다. 대한민국임시정부가 오랜 분열을 거쳤음에도 해방의 날까지 버텨 온 것에 대해서 "우리 민족사가 적의 발굽 아래 아주 끊어진 적이 없었다는 정신을 세울 수 있기 때문"에 의의가 있다고 한 점

77) 같은 글; 『조지훈전집 6—한국민족운동사』, 265쪽.

78) 조지훈, 「문학과 자유옹호—그 한국적 양상에 대하여」; 『조지훈전집 3—문학론』, 36쪽.

79) 조지훈, 「한국근대민족운동사」, 『한국문화사대계』(1964); 『조지훈전집 6—한국민족운동사』, 279, 323쪽.

80) 이종복, 「고대 민족문화연구소 편 한국문화사대계 1권 「민족·국가사」 국학 20년간의 결실」, 『조선일보』, 1964.12.17. 평자는 한양대 국사학과 조교수였다고 다른 지면에 소개되었다. 「조국, 오늘과 내일」, 『조선일보』, 1966.1.1.

은 민족의식의 수호자로서 조명한 것이지, 임시정부 법통론을 내세운 것은 아니었다. 그가 상정한 주류는 민족의식이고, 민족의식을 키워 간 사람이며, 바로 이러한 민족 정신사 체계를 한국사의 기준으로 세우고자 했던 것이다.

그러나 조지훈은 특히 동학혁명 이후 시기 역사에서 한국인들 사이의 대립과 투쟁을 사실상 거의 그리지 않았다.[81] 홍경래란, 삼정소요, 동학혁명 등 민중의식(평민의식)을 촉발한 민중항쟁에 대해 과감하게 평가했던 것에 비해, 즉 사대주의에 젖어 있다고 보았던 조선왕조에 대한 민중 저항에는 역사적 의미를 부여한 것에 비해, 근대 이후 현대에 이르기까지 계급 갈등에 대해서는 사실상 거론한 바가 없었다. 이 점은 그의 한국사 서술이 인과적이 아닌 그가 설정한 특정 가치를 찾는 방식이고, 한국사 연구 방법론의 핵심인 조화·융합의 범위가 사실상 민족의식 '안으로' 국한되어 있었기 때문에 나타난 한계였다.

5. 민족주체성 확립을 위한 한국사학·한국학 연구의 제언

1962년 12월 26일 사상계사에 조지훈을 비롯해 천관우, 한우근, 홍이섭, 최문환, 신일철 등 여섯 명의 학자가 모여 한국사 심포지엄이 열렸다. '한국사관은 가능한가'라는 주제로 민족사에 대한 관점을 논의하는 자리였다.[82] 이 심포지엄의 답변들 가운데 조지훈의 주장을 검토하는 것은 그와 역사학계의 차이, 그와 다른 참가자들이 갖고 있던 한국사관의 차이를 살펴볼 수 있는 기회가 될 것이다.

첫 번째 살펴볼 내용은 현재 한국사 연구에서 가장 시급한 과제에 대한 진단이다. 조지훈은 "우리나라 사학계는 우리의 역사를 통관하여 그것을 꿰뚫고 있는 그 무엇을 추출하여 제시하는 분이 없"다고 포문을 열었다. 신채호·정인보·안재홍이 시도했지만 이를 학문적으로 진척시킨 사람이 없다는 것이었다. 그에 대해 다른 참

81) 강만길이 「한국민족운동사」에 대해 평하면서, 민족사가 외세의 침략을 저지하고 벗어나는 길은 "민족사 내적 반역사성을 먼저 청산"하는 데 있다고 한 지적과 연결된다. 강만길, 앞의 글, 351쪽.

82) 천관우 외, 「(한국사 씸포지움) 한국사관은 가능한가—전환기에서 본 民族史眼」, 『사상계』(사상계사) 117(1963.2.), 261-274쪽.

가자들은 역사학의 본령은 결국 역사관이라며, 과학적 사관의 확립과 보급의 필요성을 이야기했다. 그러나 조지훈은 이들과 달리 과학적 방법도 자신을 높이기 위한 자기 긍지의 관점에 설 때만 의미가 있다고 강조했다.[83)]

두 번째로 민족주체성을 회복하는 방법으로 고구려적인 것을 말하고 삼국통일은 사대적이라 비판하는 식의 접근이 의미 있는가 논의되었다. 이는 결국 정신사의 방법에 대한 것이었는데, 홍이섭은 민족적인 것을 연구하다가 육당과 춘원처럼 사관이 단단하지 못해 변절하는 경우도 있었다고 지적했다. 최문환은 민족정신이란 사회경제적 생활양식의 영향을 받는다는 점을, 한우근은 민족적인 것도 어떤 문물이 들어와서 수용되는 양상에 따라 달라진다고 말했다. 이에 대해 조지훈은 민족의 주체성이란 어떻게 자기를 형성했는가 알아가는 과정이며, 외국문화를 받아들이기 이전의 알맹이를 알아야 한다고 주장했다. 그가 전체 연구과정을 통해 무엇보다 찾고자 했던 한국사의 가치를 이해해야 한다는 것이었다.[84)]

세 번째는 시대구분 문제였다. 한우근은 종래 왕조 중심으로 하던 것이 최근에는 고대 중세 근세 최근세 등이 왕조의 연대기와 붙은 양상이라며 우리 손으로 새로운 변화를 만들어야 한다고 했다. 천관우는 시대구분이 편의적이긴 하지만 사관의 반영이라는 점에서 중요하다, 그리고 역사적 시기와 오늘날의 성격을 이해하기 위해서도 필요하다는 입장이었다. 그런데 조지훈은 이에 대해 우리 역사 전개와 잘 맞지도 않는 서구적 용어를 쓸 필요가 없다는 입장을 표명했다. 시대구분 자체에 대한 반대는 아니나, 서구의 방법을 그대로 적용하는 것을 경계했던 것이다.[85)]

이상과 같이 조지훈이 한 말은, 앞서 그의 한국사 연구 방법론에 대한 검토를 통해 어느 정도 확인된 바이기도 하다. 그러나 이를 한국사에 관심을 쏟던 다른 연구자들과 비교하니 그 입장이 도드라진다. 그는 과학과 사관의 의미 자체를 완전히 부인하지 않았지만, 과학이라는 말 자체에 대해서 거부감을 가진 것은 분명했다. 과학으로 표상되는 법칙적 인식에 동의하지 않았고, 게다가 그 말에 좌익의 그림자가 어른거린다고 생각했을 수도 있겠다. 그렇기 때문에 그는 무엇보다 민족주체적

83) 같은 글, 262-263쪽.
84) 같은 글, 266-267쪽.
85) 같은 글, 268-269쪽.

'자세'를 더 앞세웠다. 즉 민족주체성을 강조한다는 점에서 대담자들과 공통점이 있었으나, 민족적 가치가 강조되는 방향으로 한국사를 다시 써야 한다고 생각했던 것이다.

> 문화부가 먼저 착수해야 할 사업은 민족문화 유산의 전반적인 발굴 정리요 '한국사'의 새로운 편찬이다. 우리의 민족사관, 주체적인 입지에서 보는 새로운 역사의 편찬은 무엇보다 시급한 것이다.[86)]

실제로 조지훈은 박정희 정부의 시급한 교육 문화정책 과제로 한국사의 정리를 꼽았다. 역사학계 내에서도 기성 한국사관에 비판적인 학자들이 있었으니까,[87)] 조지훈의 제안이 아주 특별한 것은 아닐 수 있다. 그러나 그가 역사학계 전반에 대해 가지고 있던 비판의식에 비추어 보면, 그의 주장은 근본적인 차이가 있었다. 식민주의 사학의 청산과 내재적 발전에 대한 증명보다는, 오히려 그는 역사 연구의 과학성을 대체할 민족의식의 강화와 같은 윤리적 가치에 더 주안점을 두었던 것이다. 즉 조지훈이 민족주체적 시각에서 한국사를 볼 수 있도록 견인한 점은 분명하지만, 한국의 역사 전개에 깔린 내적 모순에 주목하면서 발전 논리를 찾는 데 큰 성과를 거두지는 못했다. 이 점에서 조지훈의 관심사는 조선후기 자본주의 맹아를 발견하기 위해 농업사, 상공업사, 사상사 분야에서 분투했던 소장 연구자들과는 거리가 있었다.

한편 조지훈의 한국사에 대한 연구는 민족문화에 대한 학문적 이해와 함께, 한국학의 방향 설정과 관련이 있었다. 한국학이라는 새로운 학문이 공식적으로 회자되기 시작한 것은 1960년대였다. 해외 각 기관이 한국에 대해서 많이 관심을 기울이고 있으니, 한국에서도 한국학을 적극 육성하자는 목소리가 높아졌다. 그런데 이 시기는 역설적으로 한국학은 어떠한 '학'일 수 있냐는 질문이 대두하던 때이기도 했다. 한국학의 방법이 무엇이냐는 곤란한 질문이었다. 이 의문은 1960년대에 계속

---

86) 조지훈, 「교육 문화정책상의 비판과 제언」, 『자유공론』, 1965.7.; 『조지훈전집 5—지조론』, 352쪽.

87) 김용섭, 『역사의 오솔길을 가면서』(지식산업사, 2011); 강만길, 『역사가의 시간』(창비, 2010) 참조.

제기되지만, 물론 제대로 정의되기는 어려웠다.[88)]

조지훈은 『20세기 한국』(1963)의 편집자 자격으로 쓴 서문에서 한국의 '자기 인식'의 계보를 요약했다. 민족적 자아 발견에 대한 첫 시도가 나타난 것은 실학파이고, 갑오경장 전후 신문화운동 당시, 3·1운동 이후 국학 연구, 일제 말기의 민족문화 연구, 그리고 현대에 이르러 "탐구의욕은 점고(漸高)되어 양으로나 질로나 앞 세대를 단연 능가하게 된 것은 흔행(欣幸)한 일"이라고 밝히고 있다. 즉 정신사 연구의 성과를 바탕으로 민족의식 발달사 형태로 자국학 연구의 흐름을 제시하였다.

또한 현재 연구의 관점들을 나열하며 해방 직후 유물사관 아류의 과학주의, 주체 망각의 국제주의, 후진국주의 이론 등이 비판 대상으로 올랐다. 그러면서 자아를 알려는 노력을 쇼비니즘이라고 비웃는 전(前) 세대적 지성의 이상론, 결정론적 추수주의를 극복하자고 말했다. 전자는 서구 추종의 1950년대 지성계에 대한, 후자는 주체성을 상실한 수동적 인간형 비판으로 읽힌다. 그러면서 조지훈이 내놓은 대안은 "진실한 자아의 발견과 인식, 만들어지는 현실에 저항하는 창조적 초극력"이었다. 그럼 그 동력은 어디로부터 나오는가? 그가 주목한 것은 바로 "역사의 거울"이었다.[89)] 즉 한국사의 역사적 경험에 대한 이해가 민족주체적 미래를 개척할 중요한 힘으로 고려된 것이다.

역사적 연구를 빼고 조지훈의 학문과 한국학은 존재할 수 없었다. 파토스적 지성을 강조한 조지훈은 민족 정신사로 집약된 한국사상(像)을 제시함으로써, '민족 중심 한국학'을 세우려고 했다. 그가 추구한 한국학은 외부의 요구와 남에게 보여주기 위한 것은 아니었다. 한국의 변화를 열망하는 강렬한 현실의식이 담긴 것이었다. 이렇듯 민족적 실천을 고민했던 점에서 그는 끝까지 자신의 학문을 민족문화운동에 귀속시키려 했고, 그의 한국사 연구는 역사학계의 양적·질적 성장보다는 한국학과 민족문화운동의 설계도로서 의미를 갖고 있었다.

---

88) 윤성범, 「한국학과 주체성」, 『동아일보』, 1965.9.7.; 정병욱, 「굴진하려는 해외의 한국학」, 『동아일보』, 1964.8.16.; 조형열, 「1970년대 이후 한국학의 방법과 과학론의 모색 시론—근대전환기 인식을 중심으로」, 『20세기 전환기 동아시아 지식장과 근대한국학 탄생의 계보』, 연세대 근대한국학연구소 인문한국플러스(HK+)사업단 엮음(소명출판, 2020), 77-78쪽.

89) 조지훈, 「민족적 자아발견의 거울—『20세기 한국』을 엮고 나서」, 1963.9.28.; 『조지훈전집 3—문학론』, 388-390쪽.

6. 맺음말

조지훈의 한국사 연구를 분석한 이 글의 논지는 다음과 같다. 조지훈은 1930년대 후반 이후 미분화된 조선연구 학술장의 지식인들과 교류하며 성장했고, 이 시기 민족문화운동의 방향과 호흡하며 학문의 방법을 익혔다. 특히 학문 연구가 민족문화운동과 긴밀하게 연결된 시기의 경험은 1960년대까지 학술활동을 민족문화운동의 한가운데에서 펼쳐 나간 출발점이 되었다. 전환기의 지성으로서 파토스에 기초해 새로운 역사를 만들어야 한다는 의지가 자리 잡았고, 이러한 실천 지향의 역사의식은 '한국적' 길의 모색이라는 목표 아래 그를 한국학 전반과 함께 한국사 연구로도 이끌었다.

조지훈의 한국사 연구는 문화과학이라는 범주 아래 추진되었다. 이는 신칸트학파가 자연과학과 달리 인간의 실천을 강조하고, 가치 전승과 창조의 정신사를 모색한 맥락과 관련이 있었다. 이 점에서 조지훈이 유교의 영향을 받았다 하더라도, 전통적 지식인이라는 명명은 서구 철학과 대치 관계를 연상할 수 있다는 점에서 신중해야 한다.

조지훈은 크게 네 가지 한국사 연구 방법론을 채택했다. 첫째, 한국사의 내면적 가치 발굴에 힘쓰고자 했다. 전통을 계승의 대상이자 가치 창조의 주체로 삼아, 민족주체성을 바로 잡는 역사를 쓰려면 자존의식이 중요하다는 점을 강조했다. 둘째, 한국사의 체계화를 모색했다. 대부분 연구 주제에서 계통을 잡으려고 했고, 실증주의에 반대하며 학문의 목표가 거시적·심화적 체계화라고 설명했다. 셋째, 한국사의 독자성을 찾고 세계사와 견주기를 시도했다. 서구적 시선으로 한국사를 보는 것을 회의하며 시대구분론을 따르지 않았으나, 세계사와 동일시를 통해 자존감 회복을 시도했다. 넷째, 자연적·외적 조건에 인한 영향을 조화·융합하면서 한국사가 발전한다고 보았다. 원효의 철학과 동학사상을 이와 같은 전범으로 내세웠다. 이를 바탕으로 조지훈은 '한국적' 방법은 한국사를 보는 주체적·개성적 시선을 갖는 것이라고 집약했다.

조지훈의 한국사 서술은 일제 말기부터 20년 넘게 이어졌다. 그의 한국사 연구 영역은 문화사, 그 가운데 정신사에 해당했다. 한국사관은 주로 근대에 대한 연구를 진행한 1950년대 후반-1960년대 전반에 완성되었다. 조지훈의 연구 범위 확장은 당대 후진국 근대화론에 대한 비판적 개입이었으며, 이를 통해 정신사적 민족사 체계를 완성할 수 있었다. 민족은 조선 세종대에, 민족의식은 왜란·호란을 거치며 형성된다는 것을 시작으로, 실학운동—홍경래 란—삼정소요—갑신정변—동학혁명—갑오경장을 통한 민족의식 발달사를 체계화했다. 또한 독립운동도 정신사의 범위로 끌어들여 3·1운동—6·10만세운동—광주학생운동 등 민족의식을 대규모로 함양한 민중의 독립투쟁을 높게 평가했고, 사회주의도 민족의식의 범위 안에서 수용하고자 했다.

조지훈의 한국사 서술은 민족의식에 절대성을 부여하는 규범적·윤리적 성격이 강했다. 그는 민족주체성을 회복하기 위해, 가치 중심의 연구와 교육을 역사학계에 제안했다. 『사상계』 편집진이 주관한 좌담회 참가자들과 민족주체성을 가져야 한다는 점에서 공감대가 있었지만, 과학과 사관, 시대구분법 등에서 이견을 보였다. 조지훈은 한국학이 처음으로 공론화되던 1960년대 초에 한국사 연구를 통해 한국학의 역사적 계보를 확인하고, 정신사 연구의 경험을 통해 한국학의 방향을 모색할 수 있었다. 따라서 조지훈의 한국사 연구는 민족 중심 한국학과 민족문화운동의 설계도로서 의미를 가진다.

참고문헌

『동아일보』.
『조선일보』.

강만길. 『역사가의 시간』. 창비, 2010.
김건우. 『대한민국의 설계자들—학병세대와 한국 우익의 기원』. 느티나무책방, 2017.
김기승. 「조지훈의 민족운동사 인식과 동학관」. 『동학학보』(동학학회) 6(2003), 355-396쪽.
김용섭. 『역사의 오솔길을 가면서』. 지식산업사, 2011.
김윤태. 「한국의 보수주의자 조지훈」. 『역사비평』(역사비평사) 57(2001), 18-52쪽.
김정배. 「조지훈의 역사관 연구」. 『민족문화연구』(고려대학교 민족문화연구소) 22(1989), 107-128쪽.
김종길 외. 『조지훈 연구』. 고려대학교출판부, 1978.
남근우. 「조지훈의 '민족문화학'」. 『한국문학연구』(동국대학교 한국문학연구소) 18(1995), 121-137쪽.
류시현. 「1940-60년대 시대의 '불안'과 조지훈의 대응」. 『한국인물사연구』(한국인물사연구소) 17(2012), 385-411쪽.

박대재. 「손진태의 사회문화사 연구」. 『민족문화연구』(고려대학교 민족문화연구원) 78(2018), 195-241쪽.
박지영. 「해방 후 전통적 지식인의 탈식민 民族(詩文學)史 기획—조지훈의 반공/보수/민족주의와 한국현대시문학사 서술」. 『반교어문연구』(반교어문학회) 37(2014), 287-323쪽.
박찬승. 『한국근대정치사상사 연구』. 역사비평사, 1992.
신주백. 『한국 역사학의 기원—근현대 역사학의 제도·주체·인식은 어떻게 탄생했는가』. 휴머니스트, 2016.
이지원. 『한국 근대 문화사상사 연구』. 혜안, 2007.
인권환. 「조지훈의 민속학 연구와 그 학사적 의의」. 『한국민속학』(한국민속학회) 28(1996), 233-251쪽.
______. 「조지훈, 민주주의를 사랑하고 민족문화를 노래한 시인」. 『한국사시민강좌』(일조각) 50(2012), 344-359쪽.
정혜린. 「구수한 큰 맛—번역된 자연미」. 『민족문화연구』(고려대학교 민족문화연구원) 88(2020), 53-78쪽.
조지훈. 『조지훈전집 1—시』, 나남, 1996.
______. 『조지훈전집 2—시의 원리』, 나남, 1996.
______. 『조지훈전집 3—문학론』, 나남, 1996.
______. 『조지훈전집 4—수필의 미학』, 나남, 1996.
______. 『조지훈전집 5—지조론』, 나남, 1996.
______. 『조지훈전집 6—한국민족운동사』. 나남, 1996.
______. 『조지훈전집 7—한국문화사 서설』. 나남, 1996.
______. 『조지훈전집 8—한국학연구』. 나남, 1996.
조형열. 「1930년대 조선 '역사과학'의 학술문화운동론적 분석」. 박사학위논문, 고려대학교, 2015.
______. 「1970년대 이후 한국학의 방법과 과학론의 모색 시론—근대전환기 인식을 중심으로」. 『20세기 전환기 동아시아 지식장과 근대한국학 탄생의 계보』. 연세대 근대한국학연구소 인문한국플러스(HK+)사업단 엮음. 소명출판, 2020.
차승기. 『반근대적 상상력의 임계들—식민지 조선 담론장에서의 전통·세계·주체』. 푸른역사, 2004.
천관우 외. 「(한국사 씸포지움) 한국사관은 가능한가—전환기에서 본 民族史眼」. 『사상계』(사상계사) 117(1963.2).
허수. 『이돈화 연구』. 역사비평사, 2011.
허은. 「근대화로의 길과 미국의 개입」. 권보드래 외. 『아프레걸 사상계를 읽다—1950년대 문화의 자유와 통제』. 동국대학교 출판부, 2009.
허지향. 「경성제국대학 '철학, 철학사 제1' 강좌 교수 아베 요시시게(安倍能成)의 학문과 현실」. 『대동문화연구』(성균관대학교 대동문화연구원) 100(2017), 477-508쪽.
홍종욱. 「제국의 위협자들 : 1930-40년대 일제의 '조선 연구' 탄압에 맞서 조선의 문화, 전통, 학문을 지키려 고투한 지식인들」. 『한겨레 21』, 2016.7.14.

「조지훈의 한국사 연구」에 대한 토론문

허은

한국 현대지성사를 논할 때 태산과도 같이 자리 잡고 있는 조지훈을 역사적으로 평가하기는 결코 쉽지 않다. 주지하다시피 그는 복잡다단한 역사적 격동기를 정면으로 대면하며 실천적인 지식인으로서 삶을 살았고, 방대하게 펼쳐 놓은 한국 민족문화사, 민족운동사 연구를 완결 짓지 못한 채 생을 마감했기 때문이다.

그가 사망한 1968년은 동아시아 냉전·분단체제의 갈등을 상징적으로 보여 주는 사건이 한반도와 남베트남에서 일어난 해이자, 이후 한반도를 포함한 동아시아 냉전질서의 급격한 변화를 코앞에 둔 해였다. 1968년까지 '반공 국가주의'와 대립하며 '반공 민주주의' 또는 '반공 자유주의'로 함께 묶일 수 있던 이들은 1969년 삼선개헌에서 1972년 유신체제 수립까지의 기간을 겪은 뒤 분화했다.[1] 동아시아 냉전질서의 변화, 남북대화와 통일, 경제성장제일주의 근대화 노선의 폐해 대두와 민중저항의 표출 그리고 모든 변화의 개연성과 가능성을 폭력적으로 정리하려는 박정희 정부의 안보노선이 대두하는 현실 앞에서 지식인들은 각자의 인식과 입장을 근본적으로 재정립해야만 했다. 조지훈이 이러한 역사적 전환기를 함께 겪었다면 분단국가 한국의 '정통 보수주의자'가 지닌 또 다른 깊이와 힘을 보여 주지 않았을까.

조지훈은 청년들에게 역사적 필연성이란 굴레에 갇히지 말고 수많은 요인들로 채워진 개연성에서 주체적인 행위를 하는 태도를 갖출 것을 역설했는데, 한국학의 체계를 완성하지 못한 채 생을 마감한 그는 후학들에게 각자의 입장에 따라 역사이

---

1) 장규식, 「1950~1970년대 사상계 지식인의 분단인식과 민족주의론의 궤적」, 『한국사연구』 167(2014).

해를 확장할 수 있는 가능성의 영역을 마치 과제와도 같이 남겨 놓았다.

이 토론문의 목적은 민족정신사 수립에 집중한 조지훈의 한국사 연구의 성과와 한계를 치밀하게 분석하며 그 새로운 가능성을 탐색하는 발표자의 시도에 동의하며, 이를 위해서는 추가로 조지훈이 남긴 학문적, 실천적인 내적 긴장을 주목하고, 이 속에 내포된 가능성을 찾는 것이 조지훈의 역사학을 발전적으로 계승하는 데 필요하다는 소견을 제기하는 데 있다.

조지훈은 일제식민지배에서부터 미·소 분할점령, 6·25전쟁, 4월혁명과 5·16군사쿠데타, 박정희 정부의 한일협정 체결과 조국근대화 추진으로 이어지는 격동의 근현대사를 치열하게 살아간 지식인이자, 문화사(정신사)와 민족운동사를 중심으로 민족사에 대한 거시적인 체계의 수립을 시도한 역사가이다.

발표자는 조지훈의 민족문화운동과 역사관의 학문적 배경이 신칸트주의에 있음을 밝히고, 조지훈의 연구방법을 ① 전통으로부터 가치의 발견, ② 실증을 넘는 체계화, ③ 한국의 독자성과 세계화의 동일성, ④ 조화와 융합에 의한 변화 발전, 네 가지로 크게 정리했다. 그리고 이를 통해 조지훈이 '한국적'인 것의 규명을 목적으로 삼는 한국학을 추구했음에도 불구하고 고립적, 수구적인 경향에서 벗어나 개방적, 전망적인 민족문화와 민족운동사론을 제시할 수 있었는지를 잘 보여 준다.

한국사학계는 조지훈의 역사 연구가 지닌 의의를 크게 세 가지 측면에서 주목해 왔다. 첫째, 조지훈의 한국민족운동사 정리가 냉전적인 역사인식을 극복할 수 있는 가능성을 열어 주었다는 것이다. 발표자에 따르면 그는 사회주의운동을 민족문화운동의 범위 안에 한정하는 측면도 있지만 일제하 민족운동사에서 좌·우 세력을 모두 조명하고 특정 세력에 절대적인 정통성을 부여하지 않았다. 조지훈이 일제하 민족운동사에 사회주의운동을 포괄하고 특히 좌우합작운동인 신간회운동과 중국 관내에서 전개된 전선통일운동의 흐름을 정리한 점은 역사학자들이 모두 높게 평가하는 부분이다.[2] 이는 이후 냉전적 사고를 넘어 분단 상황을 직시하고 그 극복을

2) 김윤태, 「한국의 보수주의자 조지훈」, 『역사비평』 57(2001); 김기승, 「조지훈의 민족운동사 인식과 동학관」, 『동학학보』 6(2002); 류시현, 「1940~60년대 시대의 '불안'과 조지훈의 대응」, 『한국인물사연구』 17(2012).

모색하는 역사학이 제기될 수 있는 가능성을 열어 주었다고 할 수 있다.

하지만 조지훈은 1945년 이전 '근대 민족운동사' 서술과 1945년 이후 '현대 민족운동사'에 관한 구상에서 드러나는 긴장 관계를[3] 학문적, 실천적으로 정리하지 못하고 생을 마감했다. 여러 사정이 있었겠지만 아마도 전쟁까지의 분단화 과정에서 반공의 최전선에 나섰던 젊은 문인의 기대가 이승만, 박정희 두 정부에 의해 왜곡되는 현실을 보며 현대 민족운동사를 정리하기가 쉽지 않았을 것이다. 1967년 8월 15일 쓴 사설에서 조지훈은 같은 민족이 여전히 갈라져 증오, 불신, 살육의 마음을 품고 있는 상태를 안타까워하며 정쟁에 휩싸여 대중의 이해를 반영하지 못한 채 통일 준비에 무관심한 정부와 정치계를 강도 높게 비판했다.[4] 1967년 그의 통일관은 '반공과 진영적 세계관 구도'에서 벗어나지 않았으나, '민주주의에 기반한 통일'을 강조하며 반공·반북의 명분아래 독재를 정당화하는 반공노선과 선을 그었다.[5] 1968년 이처럼 조지훈은 '반공과 진영적 세계관'과 '민주주의에 기반한 통일'을 갖는 학문적, 실천적 긴장을 정리하지 못한 채 떠났다.

둘째, 식민사관 극복에 기여했다는 점이다. 조지훈은 근대의식의 발전을 한국사의 역사전개 속에서 제시하여, 1960년대 한국사학계에 대두된 식민사학 극복과 새로운 사관('민족사관')의 확립에 일익을 맡았다. 그의 역사관은 1970년대 제기된 '자본주의맹아론'까지 더해져 식민사관을 극복한 근대화론을 한국사학계가 확립하는 단계까지(1980년대 '내재적 발전론'으로 명명된) 나아가는 데 주요한 기여를 했다고 볼 수 있다. 단 발표자에 따르면 식민사학 극복을 최우선 과제로 삼았던 한국사학계와

---

3) '한국민족운동사' 말미에 해방 이후 시기를 다루겠다고 했다고 언급되어 있다. 조지훈은 '반탁운동, 반공운동, 반독재운동사'를 정리하려는 구상을 가졌다(『조지훈 전집 6—한국민족운동사』, 나남, 1996, 337쪽).

4) 「마음의 장벽을 헐자」, 『조선일보』, 1967.8.15.

5) 조지훈의 이러한 경향은 3·15부정선거와 4월혁명 직후부터 분명해진 것 같다. "아무리 국토가 분단되었더라도 아니 그렇기 때문에 공산주의화의 위협이 더 절실한 마당에 그것을 빙자하여 걸핏하면 공산주의자로 몰아 죽이는 악랄한 정책과 일어나 맞서지 않으면 안 되게 되었다. 우리가 무엇 때문에 공산주의와 싸웠으며 우리가 얼마나 자유를 사랑하는 민족인가를 보이기 위해서라도 우리는 공산주의의 독재적 방법을 그대로 본 뜬 이 부당한 권력과 투쟁하지 않을 수 없게 되었다는 사실이다. 나라를 망치는 자는 누구며 공산주의를 불러들이는 바탕을 만드는 자는 누구인가를 역사 앞에 고발하지 않고는 못 배기게 되었다는 말이다"[조지훈, 「선비의 직언」, 『새벽』 7-5(1960.5), 97쪽].

민족의식의 강화 및 한국학의 확립에 주안점을 두었던 조지훈과는 주안점에 차이가 있었다.

셋째, 주체의 범위를 확장했다는 것이다. 발표자에 따르면 조지훈의 '조화와 융합에 의한 변화 발전'을 중시하는 연구 방법론은 민중을 역사주체로 포괄할 수 있게 해 주었다. 하지만 조지훈은 민족의식의 형성을 대외적인 투쟁 차원에서 집중 조명하며, "한국인들 사이의 대립과 투쟁"에서 민중의식이 촉발, 변화, 발전되는 부분에 대한 분석은 상대적으로 부족했다. 이는 이후 '민족사학'이 받았던 비판, 즉 "민족 안에서의 문제와 이 속에서 주체형성을 제대로 조명하지 못하고 있다"는 비판으로부터[6] 조지훈도 자유롭지 못함을 보여 준다. 발표자의 지적에 따르면 조지훈이 '동학혁명' 등 민중항쟁을 높게 평가했음에도, 이후 민중의식의 고양과 관련한 검토가 부재한 이유는 그가 추구하는 조화 · 융합의 범위가 민족의식 '안으로' 한정되었기 때문이다.

이상 발표문에 의거해 살펴보았듯이 조지훈이 확립한 20세기 전반기 민족운동사 체계는 민족운동사를 냉전적 사고에서 벗어나 객관적으로 이해하고, 나아가 민주주의, 민족주의 그리고 분단문제를 분단시대 극복이라는 차원에서 접근할 수 있는 기반을 제공했다. 또한 조지훈이 민주주의를 반공보다 상위의 가치로 놓았다는 점도 한국사회가 밟아 온 냉전·분단체제의 극복 과정을 파악할 때 주목해야 할 지점이다.

1963년 역사학자들과 함께 한 좌담회에서 조지훈이 역사학계를 놓고 "사관의 부재 속에 지엽적인 고증의 局執과도 같은 현상에 빠져있다"고 한 비판은 1960년대 식민사학 극복을 위해 민족사학을 정립한 역사학계나 1970년대 분단시대 극복을 위한 역사인식의 확립을 추구한 역사학계가 아닌 지금의 역사학계가 받아야 할 지적이다.

조지훈의 비판을 되새기며 역사학계가 21세기 초 격변기에 새로운 역사관을 모색하기 위해서는 또한 그의 민족운동사 패러다임과 연구 방법론을 다음과 같은 세 측면에서 재고하는 것이 필요해 보인다.

---

6) 강만길, 「민족사학론의 반성—광복 30년 국사학의 반성과 방향」, 『역사학보』 68(1975).

첫째, 민족사와 관련한 시공간의 설정이다. '한국과 세계'(전통과 외래)의 경계를 두는 것이 적절한지 의문이다. 조지훈이 순수한 고유문화의 존재를 부정하며 복합문화를 강조했지만 안과 밖의 구도는 버리지 않았다. 세계전쟁 수준의 6·25전쟁과 10여 년에 걸친 베트남전쟁 개입이 단적으로 보여 주듯이 동아시아 나아가 글로벌한 차원의 냉전사의 맥락에서 남과 북의 역사를 함께 조망하지 않으면 20세기 후반기 냉전 · 분단시대 민족의식, 민족운동, 근대화를 제대로 파악하기 어려우며, 민족문화와 민족운동의 변화 방향을 전망하기도 어렵다. 더불어 시·공간의 압축(기제)과 공동체의 유대를 형성하는 의제의 변화를 고려하지 않은 채 민족문화와 민족운동을 논하는 것은 불가능해 보인다.

둘째, 민족 주체(성)의 설정이다. 최근까지 역사학계의 연구는 한국근현대사에서, 특히 민족과 국가가 괴리된 분단국가에서 민족의식을 주체 설정의 범위로 삼는 것은 큰 한계가 있음을 보여 주고 있다. 일제 식민지배하에서 수많이 조선인들이 노령, 일본, 만주 등으로 이주하여 다른 생활권을 형성해야 했고, 이후 많은 이들이 잔류와 귀환 와중에 민족 정체성을 쉽사리 확립할 수 없었다. 또한 식민지배 문제와 이념문제가 착종되며 수많은 이들이 분단화의 희생양이 되었으며, 조지훈도 비판했듯이 냉전·분단체제에 의지한 정권은 민주화를 요구하던 이들에게 용공논리를 들이대며 비국민으로 규정해 버렸다. 4월혁명 직후 '양민학살' 진상규명 요구는 남도 북도 아닌 '제3의 지대'에 머무를 수밖에 없었던 이들이 중립국을 선택한 포로들만이 아니었음을 보여준다. 더불어 한때, 입국을 거부당한 조선적(朝鮮籍)의 재일조선인들, 남북이 아닌 곳에 머무르고 있는 '탈북자'들도 민족의식과 주체성에 질문을 제기하고 있다.

셋째, 민주주의에 대한 이해이다. 냉전·분단체제하에서 독재정권에 반대하는 '반공 민주주의'가 지닌 의미는 크지만, 이념과 체제의 우위를 입증하는 논거로 전락하기도 쉽다. 정전 상태를 장기간 지속시킨 냉전·분단체제하에서 남·북 모두 유사한 대민 감시·통제 기제를 작동시켰음을 직시하고, 남북 주권자인 '국민/인민'이 정치, 경제, 사회, 문화 모든 면에서 권리를 크게 신장할 수 있는 평화체제와 민주주의의 확립을 모색할 때이다.

2부

조지훈 탄생 100주년 기념 포럼

조지훈 시의 예외성과 보편성*

월정사 시편을 중심으로

김종훈

1. '서경의 자연시'의 범주와 위치

이 글은 조지훈이 스스로 '소품의 서경시', '서경의 자연시'라 말한 바 있는 시를 대상으로 동양적 사유체계를 확인한 뒤 조지훈 시 전체의 예외성과 보편성의 모습이 무엇인지 헤아려 보려는 시도이다. 그는 '서정성'이 드러난 시를 주로 썼으며 '서정

---

* 이 원고는 2020년 조지훈 100주년을 맞아 필자가 진행한 일련의 글 「마지막 선비, 경계를 넘어 시 쓰기—조지훈의 서정시」(『문학 선』, 2020년 여름호)와 「조지훈 시에 나타난 낙화와 개화의 맥락—'신고전'과 '서경시'의 의미」(2020년 10월 16일 열린 영양군 주최 '조지훈탄생 100주년 기념 포럼' 발표문)의 논지를 수정, 보완한 것이다. 연구를 진행하는 데 도움을 준 포럼의 토론자 대구대학교 주영중 선생님께 감사의 말씀을 드린다.

시'를 중심으로 자신의 시론을 펼쳤다.[1] 한편 3인 공저『청록집(靑鹿集)』에 수록된 '서경시' 수 편은 후대 독자가 인식하는 조지훈의 시적 개성을 형성하는 데 상당 부분 기여했을 뿐만 아니라 시인 자신도『청록집』을 시적 고향으로 여겼었다.[2] 시인이 주장한 것과 실천한 것 사이에 단락(短絡)이 있는 것처럼 보이는데, 이러한 현상이 왜 일어났는지, 초기 시에 해당하는 이들 시를 그의 전체 시에서 어떻게 이해해야 하는지 정돈할 필요가 여기에서 생겨난다. 이를 통해 그가 지향하는 시의 세계를 구체화할 수 있으며,『청록집』발간 이후 창작된 다양한 시의 좌표와 특성을 재고할 수 있을 것이다.

조지훈은 1941년 봄 혜화전문학교를 졸업한 뒤 서울에 머물러 사료 정리할 기회를 얻었으나 오대산 월정사에 들어가 불교 강원의 외전 강사 일을 맡아 몇 편의 시를 쓴다.[3] 1956년 발표한 자선 시집『조지훈시선(趙芝薰詩選)』의 '작품연표(作品年表)'를 따르면 당시 창작된 시는「산(山)1」,「산(山)2」,「산방(山房)」,「앵음설법(鶯吟說法)」,「고사(古寺)1」,「고사(古寺)2」등 6편이다. 그는 이 시집에서 월정사 시편과 같은 성격을 가진 시들을 하나의 부로 구성했다. 그리고 다음과 같은 말을 덧붙인다.

> 그 다음이 곧 내가 오대산 월정사로 들어간 시기이다. 주로 소품의 서경시, 선미(禪味)와 관조에 뜻을 두어 슬프지 않은 몇 편을 이 때에 얻었으니 제3부 〈달밤〉에 수록한 것이 그것이다.[4]

3부 '달밤'에 수록된 시는「산1」(1941),「산2」(1941),「호수」(1940),「유곡(幽谷)」(1940),「꽃새암」(1940),「도라지꽃」(1942),「마을」(1942),「달밤」(1942),「고사1」(1941),「고사2」(1941),「산방」(1941),「앵음설법」(1941) 12편이다. 월정사 시 6편 이외에『문장(文章)』지에 추천을 완료한 1940년 창작한 시와 함께 1942년 경주에서 박목월을

---

1) 졸고,「서정이란 무엇이었는가」,『한국 근대 서정시의 기원과 형성』(서정시학, 2010), 244-249쪽 참조; 하상일,「조지훈의 비평의식과 서정시론 연구」,『한국문학이론과 비평』(한국문학이론과비평학회) 11(2)(2007), 92-96쪽 참조.

2) 조지훈,「내 시의 고향」,『조지훈 전집3 문학론』(나남출판사, 1996c), 207쪽 참조.

3) 시인의 전기적 생애는『조지훈전집3 문학론』(나남출판, 1996c)의 '시인 연보',『조지훈시선』(정음사, 1956)의「후기」등을 참조하여 재구성하였다.

4) 조지훈,『조지훈시선』(정음사, 1956), 180쪽.

만나고 조선어학회 사건을 치르며 쓴 시들도 여기에 포함된다. 이들을 묶는 것은 월정사라는 특정 장소가 아니라 '선미와 관조'가 드러난 '슬프지 않은' '서경시'의 특성이다.

> 금강경오가해'(金剛經五家解)와 '화엄경'(華嚴經)에 경도하고 '전등록'(傳燈錄)과 '염송'(拈頌)을 탐독하고 절의 서고에 있는 노장과 스피노자와 헤겔, 베르그송을 조금 읽은 것도 이 무렵의 일이다. 〈마을〉, 〈달밤〉, 〈고사〉(古寺), 〈산방〉(山房) 계열이 절에서 지은 작품들이니, 주로 서경(敍景)의 자연시—슬프지 않은 시 몇 편은 이때에 이루어진 것들이다. 발레리, 릴케, 헤세를 집어치우고 다시 당시를 읽고 한산시를 비롯한 선가어록과 창송을 좋아한 것이 그때의 나의 생활이었다.[5)]

1956년 시선집을 발간하기 1년 전 1955년 12월『고대문화(高大文化)』1집에「나의 역정(歷程)」을 발표하며 그는 같은 대상의 시를 두고 '서경의 자연시'라고 규정했다. 인용문에는 '서경' 중 '경'의 대상이 자연이라는 것과 결과적으로 그 자연이 슬픔의 표출을 제어하고 있다는 것이 명시되었다. 서양의 문학보다는 동서양의 철학이 영향을 끼쳐 형성된 인식이 이와 같다. 한편 '슬프지 않은'이라는 수식어는 위의 두 인용문에 함께 등장하며 그가 당시 느꼈던 감정의 구체상이 슬픔이라는 것을 뚜렷이 한다. 파시즘의 침략이 생활 곳곳에 침투하고 민족 말살 정책으로 등단을 했으나 발표 지면이 없는 상황이었다. 슬픔이 감정의 상당 부분을 차지했던 시기가 이때였다.

서경시에 슬픔을 비롯하여 개인적인 감정을 제어했다는 의미가 담겨 있다는 것은『조지훈시선』의 부 구성을 통해서도 확인할 수 있다. 그는「후기」에서 각각의 부에 대한 대략적인 설명을 덧붙이는데, 그에 따르면 1부에는 암울과 회의, 화사와 감각의 '지옥기' 시편들이, 2부에는 '자연과 인생 사랑과 미움에 대한 고요한 서정'을 담은『풀잎단장』시편이 담겼다.[6)] 3부는 예의 월정사 시편이다. 4부에는 동양적 정서를 표현한 조선어학회 사건 시기의 창작시와 방랑시편이 선보인다. 5부에는『청

---

5) 조지훈,「나의 역정(歷程)」,『조지훈전집3 문학론』, 203쪽.

6) 조지훈,「후기」,『조지훈시선』, 179-181쪽 참조.

록집』 발간 시기 '사라져가는 것에 대한 아쉬움의 애수, 민족정서에 대한 애착'의 시편이 담겼다. 반복하여 등장하는 말이 있다. 2부에는 '서정', 3부 '슬프지 않은 몇 편', 4부 동양 '정서'와 5부 민족 '정서', 1부에는 '암울과 회의' 등이다. 2, 4, 5부에서는 '서정', '정서'가 그대로 노출되고 있으며, 1부에는 이를 지목하지 않았으나 감정의 구체적 양상을 지시하는 표현이 드러났다. 정서 노출이 자제되며 '슬프지 않은' '서경시'가 배치된 3부는 따라서 예외적인 위치를 점유한다.

5부에는 『청록집』 발간 시기의 시가 모였다고 했으나, 실제로 실린 시는 『문장』 등단 전후 발표된 것들이 다수이다. 5부의 제목은 '고풍의상(古風衣裳)'이고 수록 시는 「고풍의상」(1939), 「봉황수(鳳凰愁)」(1939), 「향문(香紋)」(1939), 「매화송(梅花頌)」(1947), 「별리(別離)」(1939), 「선(線)」(1939), 「석문(石文)」(1944), 「승무(僧舞)」(1939), 「무고(舞鼓)」(1939), 「고조(古調)」(1939), 「율객(律客)」(1943), 「대금(大笒)」(1947), 「가야금(伽倻琴)」(1947)이다. 이 중 1939년 창작시는 소재와 정조에서 고전적 면모를 보인다. 「석문」을 제외하고 다른 시들은 전통 음악을 환기한다. '사라지는 것의 애수와 민족정서에 대한 애착'이 이들을 5부에 모은 것이다. 그런데도 '청록집'이 언급된 까닭은 등단작이자 대표작 「고풍의상」 「승무」 「봉황수」가 여기에 최초로 수록되어서일 것이다. 실제 『청록집』에 수록된 조지훈의 시 12편은 실린 순서대로 「봉황수」, 「고풍의상」, 「무고」, 「낙화(落花)」(1943), 「피리를 불면」(1944, 45 추정), 「고사1」, 「고사2」, 「완화삼」(1942), 「율객」, 「산방」, 「파초우(芭蕉雨)」(1942), 「승무」이다. 등단작 네 편 중 세 편이 시집에 실렸으며 월정사 시 세 편을 포함한 그 외의 시는 주로 자연을 노래한다. 등단작과 「완화삼」 등을 제외하면 대부분의 시가 『청록집』을 통해 세상에 처음 선보인 것들이다.

『문장』 자체도 고전과 전통을 편집 방향으로 삼았지만 선자 정지용도 '신고전'이라 표현하며 조지훈을 격려했다.[7] 조지훈은 스러져 가는 전통과 관련한 대상을 시

---

7) 정지용, 「시선후」, 『문장』 2-2(1940. 2.), 171쪽. "조군의 회고적 에스프리는 애초에 명소고적(名所古蹟)에서 날조(捏造)한 것이 아닙니다. 차라리 고유(固有)한 푸른 하늘 바탕이나, 고매(高邁)한 자기 살결에 무시로 거래하는 일말운하와 같이 자연과 인공의 극치일까 합니다. 가다가 명경지수에 세우와 같이 뿌리며 나려 앉은 비애에 artist 조지훈은 한 마리 백로처럼 도사립니다. 시에서 깃과 쭉지를 고를 줄 아는 것도 천성의 기품이 아닐 수 없으니 시단에 하나 '신고전'을 소개하며…… 뻐라-보우!" 한편 『문장』의 고전 지향의 성격은 유성호의 『근대의 심층과 한국 시의 미학』(태학사, 2020)의 논의를 참조했다.

적 소재로 취하는 방법으로 잡지와 선자의 요청에 응답했다. 등단 이후에는 전통의 범주가 확장된다. 한편으로는 '거문고'나 '대금' 등의 고전적 선율이, 다른 한편으로는 월정사 시편처럼 '선미와 관조미'가 담긴 자연풍경이, 또 다른 한편으로는 전통적인 사유체계가 시에 형상화되었다.

> 우리 세 사람의 시에서 공통점을 요약한다면 민족과 자연, 모어에 대한 애정과 기다림의 정서라고나 할까. 향토에 대한 애착과 슬픔의 목가, 자연에 대한 관조와 사라져 가는 것에 대한 아쉬움의 정한, 자연 속에 마음의 빛을 찾는 생리와 신념의 기도, 이것들은 모두 다 그 공통된 에스프리의 다른 표현이었던 것이다. 우리는 민족적 현실의 초극을 위한 저항을 노래하진 못하였으나 붓을 꺾고 숨어서 시를 씀으로써 치욕의 페이지에 이름을 얹지는 않았고, 쫓긴 이의 슬픔 속에 잠겨서 시를 썼으나 퇴폐에 몸을 맡기지 않아 희구하는 슬픔으로 빛을 삼았던 것만은 확언할 수 있다.[8)]

인용 부분은 조지훈이 『청록집』을 시적 고향으로 여기고 세 동인의 시적 공통점과 차이점을 추론하는 대목이다. 그가 꼽은 공통점은 '민족과 자연, 모어에 대한 애정과 기다림의 정서'이다. 이를 통해 세 시인은 친일시도 쓰지 않을 수 있었고 허무주의에 빠지지 않을 수도 있었다. 이어지는 대목은 세 시인 사이의 변별점이다. '공통된 에스프리의 다른 표현'이 나열되어 있는데, 두 번째 예 "자연에 대한 관조와 사라져 가는 것에 대한 아쉬움의 정한"이 그가 파악한 자신의 시적 개성인 듯하다. 여기에서 '자연에 대한 관조'는 주로 월정사 시편을 가리키며, '사라져가는 것에 대한 아쉬움의 정한'은 「봉황수」나 「향문」을 떠올리면 주로 추천작을 가리키는 듯하다. 월정사 시편에서 비롯한 '서경의 자연시'는 조지훈의 시적 개성을 논할 때 포함할 수밖에 없는 필연성을 시인 스스로에게서 보증받는다.

'서경의 자연시'가 가리키는 대상은 1941년 월정사 체류 시에 창작한 시, 1945년 『청록집』에 실린 일부 시, 『조지훈시선』 3부에 실린 시, 세 범주로 나뉜다. 이들은 중복되는 부분도 있으나 포개지지는 않는다. 월정사 시편보다 『조지훈시선』 3부에 수록된 시가 편수도 많고 창작 시기도 넓다. 한편 『청록집』 시는 당시 시인의 미학

8) 조지훈, 「내 시의 고향—나의 시작 노트」, 『조지훈전집3 문학론』, 208쪽.

적 가치 판단이 엄격히 개입되어 수가 상대적으로 적다. 이를 토대로 '서경의 자연시' 지형을 그릴 수 있을 것이다. 가령 1941년 월정사 체류 시 창작한 시이면서 동시에 『청록집』에 수록된 시는 시기적으로나 미학적으로 중심에 놓이지만, 『조지훈시선』 3부에만 실린 시는 시기적으로나 미학적으로 주변에 놓인다.

2. 감정의 정통성과 감성의 현대성

조지훈은 『조지훈시선』에서 3부를 제외하면 대부분 감정을 드러낸 서정시로 부를 구성했고 『시의 원리』를 비롯한 여러 산문에서 서정성의 특성과 위상을 거듭하여 강조했다. 시의 하위 범주를 설정하고 소개하는 부분에서도 서정시는 그 위상을 고수하고 있는데, 이 중 '서경'과 '서정'이 함께 거론되는 대목이 있다.[9] 여기에서 우선 그는 시를 '나타난 형식을 따르는 외형률'과 '읊어진 내용을 따르는 내재율'로 나누고 서정시는 내재율에 속한다고 했다. 서정시 이외에 내재율에는 서경시와 서사시가 있다고 하는데, 이 구분은 그에 따르면 통용되는 것은 아니다.

> 또 서경시는 짧은 형태가 서정시에 통할 뿐 아니라 대개의 서정시는 물상의 묘사라든가 영상의 암시에 의해서 환기되는 감성이므로 서경시적 요소를 지니기 때문에 서정시 안에 서경시가 포함되어서 마땅하나, 한편으로는 서정시가 주관적 표현인데 서경시는 객관적 묘사의 면이 두드러지므로 오히려 서사시의 서술에 통하는 면이 강하기 때문에 우리는 서경시를 서정시, 서사시의 중간 위치에 두지 않을 수 없는 것이다.[10]

당시 일반적인 분류는 자유시를 서정시와 서사시 두 가지로 나누는 것이었다. 조지훈도 서경시의 첨가를 '사건에 의거'한 유별난 것으로 인식했다.[11] 그런데도 세 가지로 나눈 까닭은 인용 대목 앞서 언급한, 정형시와 자유시의 이분법적 분류에 산문시를 가미한 까닭과 닮았다. 정형에서 탈피했으므로 자유라고 말하는 것은 적

---

9) 조지훈, 『조지훈전집2 시의 원리』(나남출판, 1996b), 137-142쪽.

10) 같은 책, 141-142쪽.

11) 같은 책, 141쪽.

절하지만, 그것이 산문까지 포함하지는 않는다는 뜻에서 별도로 그는 '산문시'를 호출했었다.[12)] 정형시-자유시-산문시의 삼분법은 자유시의 자유와 산문성을 구분하는 데 유용했다. 서사시-서정시의 이분법에서 서정시는 일인칭이 지닌 모든 영역을 포함한다. 서경시가 설정되면 서정시의 특성에서 일인칭의 관찰보다 감정이 부각된다. 대상을 관찰하는 소극적 주체보다는 감정을 분출하는 적극적 주체의 모습이 강조되는 것이다. 또한 서정-서경-서사의 삼분법은 '정'과 '경'이 나란히 동일 층위에 놓이기 때문에 '정경교융', '선경후정' 등의 동양 시학 전통의 맥락을 환기한다.[13)] 서정은 중요하면서 오래된 시 장르의 특성이 되는 한편 현대에도 유용한 것인지 회의의 시선과 갱신의 압박을 동시에 받는다.

> 감성의 윤리는 양심의 발로요, 감성의 지혜는 사랑의 발로이다. 다만, 여기서 말하는 감성이란 지성과 이성을 포함하여 거느린 감성임을 알아야 할 것이다.[14)]

인용문의 '감성'은 영감과 주의력에 대해 말하고 있는 부분의 한 대목이다. 낭만주의 미학이 자연스럽게 떠오른다. 주의할 점은 언급 대상이 '감정(感情)'이나 '서정(抒情)'이나 '정서(情緒)'가 아니라 '감성(感性)'이라는 것이다. 감성은 감정의 뜻과 어느 정도 포개지지만 다른 개념과 접속하여 그 의미가 확장한 것이다. 글의 맥락에 따르면 감정은 감성의 고갱이 역할을 하며 개인적인 차원 안에 놓이지만 감성은 선이나 진, 윤리나 지혜와 회통하며 총체성을 지향한다. 조지훈은 감성을 '아름다움(미)'의 영역 안에 배치하되 고립되지 않도록 윤리(선), 지혜(진)와 나란히 배치했다.

> 니체가 『비극의 탄생』이라는 그 저술에서 예술을 '아폴로식 예술'과 '디오니소스식 예술'의 두 가지에 나눈 것은 이미 저명한 사상이다. 그에 의하면 아폴로식 예술은 회화나 조

12) 같은 책, 139쪽.

13) 이 글은 조지훈이 '서경시'가 설정되어 '서정시'의 정서적 특성이 부각된다는 논지를 견지한다. 이와 달리 서경시를 '구체적인 형상을 통해 우주적 생명 감성을 형상화하려는 사유의 한 궁극'이라 하며 서정시와 서사시의 지양과 종합으로 보는 견해도 있다. 김문주, 「조지훈의 '서경시'에 함축된 시적 전통의 성격」, 『한국문학이론과 비평』(한국문학이론과비평학회) 11(2)(2007), 21-22쪽 참조.

14) 조지훈, 『조지훈전집2 시의 원리』, 47쪽.

각같이 공간적으로 퍼지고 눈앞에 보여주는 것으로 지적인 특성을 가진 예술이라고 하고, 디오니소스식 예술은 음악과 같이 감정에 호소하는 내면적으로 정서적으로 체험되는 정적인 특징을 가지는 예술이라고 하였다. (…) 시는 미술처럼 시각적 형태로써 어감으로써 입체미와 색체미를 표현할 수 있으면서, 한편 청각에 의하여 시간적으로 연속하는 움직이는 예술이기 때문에 정지한 것까지도 동적으로 표현할 수 있는 것이다. 또 한편으로 시는 음악과 같이 청각적 율동으로써 리듬과 멜로디를 어감으로 살리면서 시각에 의하여 공간적으로 병존하는 정지태의 예술이기 때문에 움직이는 것까지도 정지태로 표현할 수 있는 것이다.[15)]

정서적인 특징을 가진 것이 디오니소스적 예술이고 여기에 해당하는 전형적인 예술 장르가 음악이다. 그에 반해 시는 종합적이고 포괄적인 장르로 거론된다. 그가 시론에서 개진한 이상적인 시는 지성과 정서를 종합한 '감성'적인 형상을 지닌다. 그러나 앞에서 확인했듯 그는 자신의 시를 회고할 때 감성이 아니라 '감정'을 반복해서 언급했다. 축자적 의미에 주목하면 이 둘의 관계를 모순으로 파악할 수 있으나, 다르게 보면 이 둘의 인과성을 찾을 수 있다. 감정을 감성의 핵심 요소로 보고, 감성을 감정과 주변 요소의 종합으로 볼 때 그러하다. 그의 시에서 감정은 어떠한 소재를 취하건 언제나 드러났다. 월정사 시편을 대상으로 했을 때에도 자신의 감정을 제어하되 제거했다고 보기는 힘들다. 조지훈에게 서정시는 내면의 감정을 표현하는 고유의 시 양식이었다. 한편 지성과 양심을 종합하는 감성은 그의 시가 시대에 따라 다양하게 나타나게 하는 동력이었다. 그는 감정에 고립되기보다는 감성에 호소하며 시대와 접면했다.

초마 끝에 곱게 감춘 운혜(雲鞋) 당혜(唐鞋)
발자취 소리도 없이 대청을 건너 살며시 문을 열고
그대는 어느 나라의 고전(古典)을 말하는 한 마리 호접(蝴蝶)
호접(蝴蝶)인양 사푸시 춤을 추라 아미(蛾眉)를 숙이고……

—「고풍의상(古風衣裳)」 부분[16)]

---

15) 같은 책, 60-61쪽.

복사꽃 고운 뺨에 아롱질듯 두방울이야
세사에 시달려도 번뇌(煩惱)는 별빛이라

—「승무(僧舞)」 부분

큰 나라 섬기다 거미줄 친 옥좌(玉座) 위엔 여의주(如意珠) 희롱하는 쌍룡(雙龍) 대신에 두마리 봉황새를 틀어 올렸다. 어느땐들 봉황이 울었으랴만 푸르른 하늘 밑 추석(甃石)을 밟고 가는 나의 그림자, 패옥(佩玉) 소리도 없었다.

—「봉황수(鳳凰愁)」 부분

성터 거닐다 줏어온 깨진 질그릇 하나
닦고 고이 닦아 열오른 두볼에 대어 보다.

—「향문(香紋)」 부분

인용시는 『문장』에 수록된 조지훈의 등단작 네 편의 일부이다. 한옥과 한복을 동일시한 「고풍의상」에는 개인을 넘어 공동체를 환기하는 "어느 나라의 고전을 말하는 한 마리 호접"이 아미를 숙인다. 비구니의 전통 무용 승무를 언어로 형상화한 「승무」에는 예술과 현실이 긴장을 이루는 "세사에 시달려도 번뇌는 별빛이라"는 구절이 삽입되었다. 「봉황수」는 조금 더 직접적으로 역사적 현실과 접목한 구절이 등장한다. "큰 나라 섬기다 거미줄 친 옥좌"와 같은 구절에는 개인의 범주를 넘어서는 망국의 서러움이 전제되어 있다. 『청록집』에 수록되지 않고 1952년 뒤늦게 『풀잎단장』에 수록된 「향문」에도 "성터 거닐다 줏어온 질그릇 하나"와 같은 구절이 쇠락한 역사의 흔적을 환기한다. 감정의 주체는 개인이더라도 그 감정 분출의 원인은 개인을 넘어선다. '어느 나라'와 '세사'와 '거미줄 친 옥좌'와 '성터의 깨진 질그릇'은 조지훈의 시가 등단 시기부터 지성과 이성, 그리고 윤리와 지혜를 포함한 감성을 추구했다는 것을 말해 준다.

16) 이 글의 인용시 출처는 『조지훈전집1 시』(나남출판, 1996a)이다. 전집에 한자가 노출된 경우 이 글에서는 한글로 바꾼 뒤 한자는 괄호 안에 표시했다.

이런 의미에서 동양은 서정시의 고향이요, 시정신의 요람이며 따라서 오늘의 시가 그 권위를 회복할 거점도 동양정신에 있다는 논거가 성립되는 것이다. 여기에 현대시가 서구적 지성의 세련을 통한 서정정신의 부활로써 그 지향을 세워야 한다는 입지가 이뤄지기도 하는 것이다. 새로운 서정시와 극시를 요청하는 것도 소설과 희곡 아닌 시, 곧 장 엄한 서정에의 요청의 의욕이라고 보지 않을 수 없다.

서정시는 이제 자유시란 형식으로 지성시란 방법을 통과하여 시의 재통일자의 위치에 도달하였다.[17)]

현대시가 상실한 문학적 지주를 회복하기까지에는 오직 서정정신과 비평정신의 고도한 융합이 있을 뿐이라고 생각한다. (…) 현대시가 이 서정정신을 몰각한 데서 시의 몰락이 기인하였고 비평 정신을 무시한 곳에서 시의 무능이 양성되었기 때문이다.[18)]

'서정시' '서정성'을 시 장르의 핵심으로 거론한 대목은 조지훈의 글에서 자주 등장한다. 인용문에는 동서고금 시의 중심 미학이 서정성이라는 것을 전제로 논의가 펼쳐졌다. 첫째 인용문은 통념과 달리 동양 고전의 시에서 '서정시'의 위상이 높다는 것을 강조한다. 둘째 인용문에서는 현대시가 문학 내에서 잃어버린 위상을 되찾기 위해서는 서정정신과 비평정신의 융합이 필요하다고 역설한다. 이 둘을 함께 고려하면 서정성은 떨쳐내어야 할 인습이 아니라 가꾸어 보존 계승해야 할 가치이다. 그런데 서정시의 위상 회복은 그 자체만으로는 이뤄지지 않는다. 첫째 인용문에서는 "자유시란 형식으로 지성시란 방법을 통과"할 때 서정시가 '재통일자'의 위치 도달할 수 있으며, 둘째 인용문에서는 '비평 정신과의 융합'이 있을 때 서정 정신이 현대에서 유효할 수 있다. 재래의 서정성이 현대에 영향력을 행사하기 위해서는 '지성'과 '비평 정신'이 있어야 한다. 앞의 예를 참조하면 이들이 융합한 결과가 '감성'이다.

요컨대 조지훈은 등단 초기부터 지성, 윤리 등 대등한 층위에서 상호 융합 가능한 항목들을 시적 사유에 끌어들여 감정이 주관을 넘어 시대성을 띨 수 있는 방법

---

17) 조지훈, 「서정시 형태론」, 『조지훈전집2 시의 원리』, 253쪽.

18) 조지훈, 「방황하는 시정신」, 『조지훈전집3 문학론』, 249쪽.

을 모색했다. 그 결과 그는 감성의 개념을 활용했다. 그는 감성을 주관적 감정과 객관적 지성 또는 비평 정신 등이 융합된 개념으로 설정했다. 감성이 발휘된 시는 시 본연의 장르적 특성을 놓치지 않으면서 현대성을 확보한다. 급변하는 시대에 살았던 그가 다채로운 시를 썼던 까닭이 여기에 있다.

3. 전통의 확장과 예외적 자연

『청록집』에는 월정사 체류 즈음 쓴 슬픔을 자제하는 '서경의 자연시'가 있는 반면, 등단작에서 확인할 수 있듯 시대적 감성을 드러낸 현대적 '서정시'가 있다. 이 둘은 상반되는 보이지만 둘 다 동양적 전통의 범주 내에서 파악할 수 있는 시의 개성을 함유한다. 등단작에서는 전통적 소재와 애상성이 드러나고 월정사 시편에서는 자연과 인간이 조화를 이룬 전통적인 산수화의 모습이 형상화되었다.[19] 소재에 제한되던 전통의 범주가 확장한 결과라고 이 변화를 판단할 수 있을 것이다. 이와 더불어 산수화의 모습을 연출하는 '서경의 자연시'는 동양의 순환론적 세계관을 바탕으로 하고 있다. 이 점은 주목할 만하다.

닫힌 사립에
꽃잎이 떨리노니

구름에 싸인 집이
물소리도 스미노라.

단비 맞고 난초 잎은
새삼 치운데

19) 최동호, 「산수시와 은일의 정신」, 『하나의 도에 이르는 시학』(고려대학교 출판부, 1997). 산수화와 산수시의 용어와 개념은 최동호의 연구를 참조하였다.

별바른 미닫이를
꿀벌이 스쳐간다.

바위는 제자리에
옴찍 않노니

푸른 이끼 입음이
자랑스러라.

아스럼 흔들리는
소소리 바람

고사리 새순이
도르르 말린다.

—「산방(山房)」

1941년도에 창작된 「산방」의 원제목은 월정사의 거처였던 것으로 추정되는 '완허산방'이다.[20] 앞서 말했듯 그는 월정사로 들어가 강의를 하고 시를 쓰는 동안 불교경전과 서양철학 공부를 게을리하지 않았다.[21] 그 동안 시의 성격은 기교주의에서 무기교주의로, 주지적 경향에서 자연스러움의 미학으로, 슬픈 시에서 슬프지 않은 '서경의 자연시'로 변화했다.[22] 정서의 분출이 아니라 관조할 수 있는 거리를 확보하며 주체와 자연이 교융하고 습합하는 모습이 나타났다. 「산방」은 월정사 체류 시 쓴 '서경시'의 대표작으로서 『청록집』에 수록되었으며, 『조지훈시선』에는 '소품의 서경시'인 3부에 속해 있다.

---

20) 졸고, 「조지훈 육필시고 『지훈시초(芝薰詩鈔)』 연구」, 『어문논집』(민족어문학회) 90(2020), 49-52쪽 참조.

21) 조지훈, 「나의 역정(歷程)」, 『조지훈전집3 문학론』, 203쪽.

22) 같은 책. "나의 시가 지닌 바 기교주의는 선(禪)으로부터 오는 무기교주의로서 지양되었고 주지(主知)의 미학은 자연과의 교감으로 바뀌어지기 시작하였다."

시에서 감정 노출은 "자랑스러라"로 구현되는데 그 감정의 주체가 문면에는 '바위'로 설정되어 있다. 화자와 바위가 '자랑'의 몫을 나눠 가진 것이다. 기승전결의 고전적인 전개를 따르는 이 시의 화자가 자랑스러움의 몫을 나눈 까닭은 무엇인가. 사립문은 닫혀 꽃잎이 떨리고 구름에 싸인 집에는 물소리가 스민다. 인간과 자연의 경계가 설정되어 있으면서 동시에 그 경계를 교란하는 여러 사건이 벌어진다. 그로 인해 '산방'은 산과 구분된 방이 아니라 산과 함께 하는 방의 의미를 띤다. 꽃이 떨리는 것으로 닫힌 문은 바깥의 사건을 수용하고, 구름이 집을 감싸는 것으로 물소리가 그 안까지 스미게 된다. 또한 꿀벌이 미닫이를 스쳐 지나가는 등 경계를 환기하는 말들이 지속적으로 등장하는데, 등장과 더불어 그 경계가 흐려지는 것까지 시는 포착한다. 시인이 생각하는 '서경시'는 감정을 제거하는 시도, 경치와 감정을 반듯하게 구분하는 시도 아니다. 그의 서경시는 주체의 감정을 제거하는 것이 아니라 주체와 자연이 교융하는 시를 가리킨다.

자연과 인공의 경계가 허물어진 다음 등장하는 것은 오래된 자연과 새로운 자연의 경계이다. 바위는 "자랑스러"운의 주체이자 대상인데, 이것이 상징하는 바는 오래된 자연의 한결같음이다. 고사리 새순은 반대로 새로운 자연의 모습이다. 그런데 그것이 시의 마지막에 등장한다. 순환적 세계가 환기되는 것인데, 자아도 감정을 나눠 가진 바위를 경유하여 생성과 소멸을 반복하는 자연에 포함될 수 있지 않을까. 그가 자랑스러워 하는 까닭이 여기에서 비롯한다. '서경'의 특성이 조금 더 분명해진다. 그는 서정과 서사 중간에 서경을 배치했었다. 그 중간 지대는 주관의 감정을 섭취하면서 관조적 거리를 유지하는 조화와 융합의 성격이 짙다. 주관과 객관이 조화를 이루는 동양적 세계관이 반영된 전형적인 시가 「산방」이라 할 수 있다.

꽃이 지기로소니
바람을 탓하랴

주렴 밖에 성긴 별이
하나 둘 스러지고

귀촉도 울음 뒤에

머언 산이 닥아서다.

촛불을 꺼야하리
꽃이 지는데

꽃 지는 그림자
뜰에 어리어

하이얀 미닫이가
우련 붉어라.

묻혀서 사는 이의
고운 마음을

아는 이 있을까
저허하노니

꽃이 지는 아침은
울고 싶어라.

—「낙화(落花)」

조지훈의 대표시로 널리 알려진 「낙화」는 『청록집』에 실렸고 『조지훈시선』에는 3부 '소품의 서경시'가 아닌 4부에 배치되었다. 창작 시기는 월정사에서 나온 뒤인 1943년이다. 좁은 의미에서건 넓은 의미에서건 「낙화」는 월정사 시편의 범주를 벗어난다. '선미와 관조'가 담겨 있다고 하기에는 "꽃이 지는 아침은/울고 싶어라"라는 직접적인 감정이 노출되었다. 등단작과 같이 시대 정신을 반영한 정서라 말하기도 어렵다. 낙화의 이미지는 특정 시대나 상황을 특정하기보다는 『조지훈시선』 「후기」에서 말했듯 '동양의 정서'를 표출한 시로 이해하는 것이 적절해 보인다. 동양의 정서는 낙화라는 현상과 그에 대한 화자의 반응에서 확인할 수 있다.

지는 꽃은 고전 시가와 현대시 가리지 않고 등장하는 중요한 모티프였다.[23] 어느 시대이건 누구이건 지는 꽃을 보고 슬퍼하는 것은 마찬가지이지만 슬픔의 이유까지 같은 것은 아니다. 꽃은 다시 피겠지만 본인은 그렇게 되지 않을 예측에서 고전 시가의 슬픔은 비롯한다. 순환적 세계가 전제된 사유 체계 안에서 그 자신이 이탈했다고 인식하면 슬픔이 커지는 것이다. 순환적 세계가 신뢰받지 못하는 시대의 시에서는 동병상련의 성격이 짙다. 즉, 낙화에서 빚어진 슬픔은 앞의 시대에서는 대조에서 발생하지만 뒤의 시대에서는 공감에서 일어난다.

「낙화」에서 꽃이 지는 사건은 자연 현상의 일부이다. 꽃은 바람이 불어 지는 것이 아니라 때가 되어 진다. 별이 스러지는 아침 시간에 산이 다가선 뜰이 시의 주무대다. 아침은 생성을 뜻하고 지는 꽃은 소멸의 의미를 띤다. 소멸과 생성이 겹치는 순환적 세계는 방 밖에 있다. 화자가 아침이 되어 끄려 하는 촛불까지 이 순환에 포함되었다고 보기는 어렵다. 꽃은 스스로 지지만 촛불은 누군가 끄고 켜야 한다. 방 안은 인공의 공간이지만 방 밖은 자연의 공간이다. 묻혀 사는 이의 고운 마음은 지는 꽃을 위해 촛불을 끄고 싶다는 표현을 이끌었으나, 그러한 마음을 알아주는 이는 산 속에 없다. 알아줘야 하고 꺼야 하는 방 안의 세계는 스스로 그러한 자연 세계의 밖에 이탈해 있는 것이다. 그래서 꽃이 지는 아침에 울고 싶은 마음은 지는 꽃에 대한 동병상련이면서 동시에 그 세계에 포함되지 않는 인간의 고독을 반영한다. 자연과의 균열을 드러내는 고독은 근대적인 성격을 지녔으나 순환적 세계관을 전제로 두었다는 점에서 그의 시에 나타난 애상적 정조는 고전적 성격이 짙다. 정지용이 조지훈을 추천하며 시적 성격을 요약 제시한 '신고전'이 확장된 예가 이와 같을 것이다. 「낙화」의 예를 보건대 전통문화의 소재를 취하지 않더라도, '자연의 서경시' 미학을 따르지 않더라도, 전형적인 서정의 기제를 따른다면 전통적 사유체계가 활용될 수 있는 것이다.

산도 산인양 하고
물은 절로 흐르는 것이

23) 졸고, 「김종길의 「산유화」론과 현대시의 '낙화' 모티프 연구」, 『한국 근대 서정시의 기원과 형성』, 327-339쪽.

구름이 머흐란 골에
꽃잎도 덧쌓이매라

오맛 산새 소리
하늘 밤에 날고

진달래 꽃가지엔
바람이 돈다.

—「산(山)1」

「산2」와 더불어 1941년 창작된 「산1」은 『조지훈시선』의 '서경의 자연시'에는 포함되어 있으나 『청록집』에는 수록되지 않았다. 즉 '서경'의 특성을 띠고 있으나 동인 시집을 엮을 당시 시인의 마음에 썩 들지는 않았던 것 같다. 시에서 산은 보이는 것과 들리는 것, 밤과 낮, 거대한 것과 사소한 것, 소멸과 신생이 서로 조화를 이뤄 빚어낸 무결한 공간이다. 원경에서 근경으로 클로즈업하는 방식을 따르며 연이 전개되는데 산과 물의 배경을 제시한 뒤 꽃잎이 쌓인 골짜기와 밤하늘의 산새 소리에 주목하더니 진달래 꽃가지에 도는 바람을 포착하며 시가 마무리된다. 일인칭의 감정은 연마다 등장하는 자연 대상들을 관조하는 방식에 의해 제어된다. 「산1」은 '월정사 시편'을 수식하는 서경과 소품과 관조와 선미 등에 가장 어울리는 시다. 그러나 화자의 감정이 아예 자취를 감추었다고 보기는 어렵다. "구름이 머흐란 골에/꽃잎도 덧 쌓이리매라"와 같은 구절에서 추측하는 화자의 모습이 넌지시 나타나기도 한다. 그가 말하고 있는 서경은 주관성을 지우는 것이 아니라 주관과 객관의 조화를 이루는 것이다.

목어(木魚)를 두드리다
졸음에 겨워

고오운 상좌아이도
잠이 들었다.

부처님은 말이 없이
웃으시는데

서역(西域) 만리(萬里) 길
눈부신 노을 아래

모란이 진다.

—「고사(古寺)1」

「고사(古寺)1」은 「고사(古寺)2」와 함께 1941년 창작되었고 『조지훈시선』의 '서경의 자연시'에 포함되었다. 이 점은 「산1」 「산2」와 닮았으나 「고사1」 같은 경우 『청록집』에 수록되었다. 같은 특성을 지닌 시 중 인용시는 「산방」과 함께 시인에게 미학적 대표성을 지녔다고 인식되었던 것이다. 그러나 서경의 특성을 지녔다고 단언하지 못하는 몇 가지 요소가 시에는 있다. 제목에 등장하는 '절'과 본문에 등장하는 '상좌 아이'나 '부처님'이 환기하는 불상은 당시 시인의 관심을 끌었던 서정의 대상도 서경의 대상도 아니다. 이들은 시대 정신을 구현한다고 판단하기에는 속세와 멀리 떨어져 있고, 관조하는 자연물이라고 보기에는 인간의 흔적이 많이 묻어난다. 오히려 사건을 일으킬 소지가 있으므로 서사적 요소라고는 보는 것이 적절해 보인다. 그러나 아이는 졸고 있으며 절은 낡았다. 아이는 의식을 놓으면서 인위성을 버리고, 절은 오래되면서 자연의 풍경과 조화를 이룬다. 서사적 대상들이 시의 특수한 설정에 의해 서경의 대상으로 바뀌었다. 관조의 대상으로 자리하는 것도 이때인데, 한 편의 서경시가 이와 같이 복잡한 과정을 거치며 형성된다.

'관조'의 세계에서 발생하는 것이 '선미(禪味)'이다. 짧은 순간이 '서역 만리길'이라는 거대한 시공간을 소환하고, 아이의 졸음은 부처의 염화미소를 불러온다. 모순의 대상이 인연을 맺으며 언어의 한계를 환기하는 것이다. 마지막에 등장하는 모란이 지는 순간을 궁극적인 소멸보다는 순환론의 한 과정으로 파악하게 되는 까닭도 이와 관련될 것이다. 조지훈의 전체 시 이력에서 '서경의 자연시'는 외부와 단절되고 자연 속에 기거하는 특정한 시기에 쓰여졌다는 것을 주목할 필요가 있다. 자신의 목소리를 시로 표현할 수 있는 자격을 갖추자마자 그 기회를 잃어버린 그는 자진해서 자연을 찾아갔다. 자연은 그가 지녔던 순정한 내면의 감정과 시대 현실에 대한 감성적 반응의 대체물이다. 자아의 권위를 내려놓고 자연과의 조화를 이루는 세계는 시대적 압력에 의해 뜻하지 않게 조지훈의 시에 등장한다. 그리고 그는 이 시절에 쓴 시를 『청록집』에 배치한다. 예외적인 순간이 대표성을 얻게 되는 순간이 이때이다.

4. '나그네'의 형상과 역사적 현실

조지훈은 등단 전에 낭만적 열정이 투영된 '지옥기' 시편을 쓰고 등단 시기에는 신고전주의를 의식하며 소재적인 측면에서 전통 문화에 주목했다. 그동안 파시즘의 압력은 점점 커지고 시인의 정신적 위기감도 함께 커졌다. 조지훈의 월정사 행은 심신의 안정을 위한 선택이었던 면이 컸다. 그곳에서 동서양 철학서를 읽고 '슬프지 않은' 시를 창작한 일이 그에게 위로가 됐다. 그는 월정사 시절의 시를 시적 고향처럼 여긴다. 정확히 말하면 『청록집』의 시편들을 대상으로 언급한 것이지만, 맥락을 고려하면 '월정사' 시편이 그와 같은 인식 형성에 상당한 영향력을 끼친 듯하다.

> 사실 『청록집』에 수록된 시와 같은 세계를 나 자신은 아직 두 번 다시 노래한 적이 없다. 돌아가고 싶어도 돌아가 지지도 않고, 또 아직은 돌아가고 싶지도 않은 것이 나의 내정(內情)이다. 그동안 나는 애정의 세계와 종군시편, 시사에 대한 격정, 저항시편, 에피그램, 고담한 시세계 등 방황에 가까운 편력을 거쳐 이제 귀로에 오르고 있다.[24)]

앞서 『청록집』의 성격과 발간 경위, 청록파 동인의 시 세계를 요약했던 인용문 다음 대목이다. 자신의 시에 대해 부연하는 자리인데, 그는 여기에서 그 시절의 시로 돌아갈 수 없으며 돌아가고 싶지도 않다고 말한다. 시간의 불가역성 때문이기도 하지만 기회가 있다 해도 돌아가지 않겠다는 뜻이 이 말에는 담겨 있다. '전쟁', '시

---

24) 조지훈, 「내 시의 고향-나의 시작 노트」, 『조지훈전집3 문학론』, 208쪽.

사', '저항' 등이 환기하는 역사적 현실에 대하여 시적으로 응전하는 것이 그가 인식한 시대적 소명이었다. 시대 정신이 구현된 다양한 시적 이력을 그는 "방황에 가까운 편력"이라 표현하며 이제는 '귀로'에 오르고 있다고 덧붙인다. 시의 이력이 급작스럽게 마감된 이후에 판단하건대 그의 귀향이 의도대로 되지는 않은 것 같다. 『문장』 등단 전후의 시대적 감성을 노래한 시와 월정사 시편의 관조와 선미를 담은 시가 『청록집』에 수록된 것을 감안하면, '다시 돌아가지 못하는' 세계는 월정사 시편의 세계이다. 시대적 감성을 담은 『문장』의 시편들은 '방황에 가까운 편력'의 예 중 일부이기도 하기 때문이다.

① 조지훈군. 당신의 시적 방황은 매우 참담하시외다. 당분간 명경지수(明鏡止水)에 일말백운(一抹白雲)이 거닐 듯이 한아(閑雅)한 휴양이 필요할가 합니다.[25)]

② 20년 세월을 시를 써오는 동안에 나의 작품 세계는 그 변이가 매우 심해서 도저히 한 권의 시집 속에는 같이 앉힐 수 없는 것이 있었기 때문이다.[26)]

③ 하여튼 해방 전의 지훈시에 있어서의 이 두 경향[사변적 특성과 감각적 특성—인용자]은 확연히 두 갈래로 나뉘어져 있어 본격적으로 융합된다든가 하는 일은 없었던 것 같다 (…) 다시 말하면 평생 동안 남달리 모색과 방황을 거듭한 시인이었던 것이다.[27)]

조지훈의 등단 시기는 물론이고 공동 시집 『청록집』과 1952년 『풀잎단장』을 상재하는 동안 자연을 배경으로 한 전통적 서정시의 중심에서 시를 창작했다고 평가받기도 한다.[28)] 서정과 순수와 전통의 개념을 중요한 담론으로 이끌었던 그의 글을 상기하면 이와 같은 평가가 주류를 형성하는 것은 마땅한 일이다. 그러나 이러한 진단과 어긋나는 사실들도 혼재한다. 인용문 ①, ②, ③은 그러한 예의 일부이다.

---

25) 정지용, 「시선후」, 『문장』 1-8(1939. 9.), 128쪽.
26) 조지훈, 『조지훈시선』, 177쪽.
27) 김종길, 「지훈시의 계보」, 『시에 대하여』(민음사, 1986), 250-253쪽.
28) 이승원, 「조지훈 시와 순수의 서정성」, 『조지훈』(새미, 2003), 107-122쪽 참조.

1939년 정지용의 평은 추천 과정 중의 것으로 조지훈의 다양한 시도들에 우려를 보내고 있다. ②의 경우 1956년 『조지훈 시선』「후기」 중 일부로 여기에서 시인은 20년간 자신의 시적 변이가 크다고 토로한다. ③의 경우 그의 동향 문인이자 직장 동료이자 후배인 김종길이 시인을 가까이 지켜보며 쓴 글로 조지훈은 여기에서 평생 "방황을 거듭한 시인"으로 평가받는다. 모두 조지훈의 시 세계를 대상으로 하고 있다. 요약하자면 그는 시적 이력 처음부터 끝까지 방황하던 시인이었다. 월정사 시편을 두고 시인이 회고한 '고향'은 어떤 상황에서 떠올리더라도 위안을 주는 안식처나 그의 시 어디에서나 확인할 수 있는 원형이라기보다는 한번 떠나온 뒤 다시 돌아갈 수 없다는 본향의 뜻에 가깝다.

구름 흘러가는
물길은 칠백리(七百里)

나그네 긴 소매
꽃잎에 젖어
술 익는 강마을의
저녁 노을이여.

이 밤 자면 저 마을에
꽃은 지리라.
다정하고 한 많음도
병인양하여
달빛 아래 고요히
흔들리며 가노니……

—「완화삼(玩花衫)-목월(木月)에게」 부분

조지훈은 1941년 말 월정사를 건강상의 이유로 떠난 뒤 이듬해 봄 경주를 찾았다. 박목월과의 만남을 위해서였다. 경주에 체류하는 동안 박목월과 교우가 이뤄졌다. 그는 그 뒤 편지처럼 박목월에게 부치는 한 편의 시를 쓴다. 시의 제목 '완화삼'

은 꽃을 완상하는 적삼 입은 선비를 뜻한다.[29] 고향을 등지고 떠도는 나그네는 시절을 등지고 떠도는 조지훈 자신을 환기한다.[30] 고전시가의 표현을 참조한 여러 시어 사이에서 나그네는 술 익는 마을을 지나간다. 지는 꽃은 어디에나 있을 것인데, 이 나그네는 순환론적 자연의 세계에 동참할 수 있을까. 조지훈은 일제 시대에 방황하다 월정사에 일시적으로 체류하면서 '서경의 자연시'를 썼다. 그 후 그는 격동의 한국 현대사를 관통하며 다시 방황하는 나그네의 모습을 선보인다. 1952년 폐허의 역사에서 생성의 기미를 엿본『풀잎단장』을 상재하고 1956년『조지훈시선』에서 그간 발표하지 못했던 시들을 모은 뒤, 당대 현실의 모순에 일갈하는 목소리를 1959년『역사 앞에서』와 1959년『여운』에서 들려주었다. 지성, 양심 등과 융합하며 등단작부터 선보인 시적 감성이 역사적 현실과 마찰하며 다채로운 모습으로 나타난 것이다.

5. 결론

지금까지 이 글은 조지훈의 시 중 1941년 월정사 체류 시 즈음에 창작한 '소품의 서경시' 또는 '서경의 자연시'를 대상으로, 시에 담긴 고전적인 사유체계를 확인하는 한편 이들 시의 예외성에 주목하여 조지훈 시의 보편적인 개성을 재고해 보았다. 이들 시를 '서경시'라 스스로 규정한 데에서 확인할 수 있듯 여기에서 시인은 자연 현상에 주목하며 관찰자로서 대상과의 거리를 유지했다. 그 결과 주관적인 감정은 자연 대상이나 인물의 몫으로 양도되며 제어되고 인간과 자연의 조화로운 세계가 시에 연출되었다. 이 시들은『청록집』에 실리게 되는데, 이후 조지훈의 시적 개성을 이해하는 중심 요인으로 작동한다.

그러나 조지훈은 등단 초기부터 주관적 감정이 드러나는 시를 쓰는 동시에 주관

29) 고형진,「조지훈의「완화삼」과 박목월의「나그네」의 상호텍스트성 연구」,『조지훈연구2』, 이형대·오형엽 편(고려대학교출판문화원, 2020), 338쪽.

30) 송기한,「조지훈 시의 유랑 의식 연구」,『한중인문학연구』(한중인문학회) 23(2008), 20-37쪽 참조. 송기한은 조지훈 시를 '정(靜)'과 '동'(動)의 미학으로 나눈 뒤 '나그네'로 표상되는 유랑의식에 주목하여 그간 소외되었던 '동'의 미학적 요인을 고찰한 바 있다.

을 넘어 시대 정신을 구현하는 시를 선보였다. 주관성과 객관성을, 장르적 특성과 현대성을 겸비한 시 쓰기의 미학 개념을 그는 감성이라 규정했는데, 이 감성은 시대 변화에 따라 변모하는 다양성에 필연성을 제공하는 핵심 개념이기도 하다. 『문장』 추천작들, 그리고 『청록집』 이후의 시편들이 이와 같은 유형에 속한다. 월정사 시편은 그의 시적 편력에서 오히려 예외에 속하며, 거기에서의 자연은 내면적 감정과 시대적 감성의 대체물이라 말할 수 있다.

조지훈 시의 화자는 방황하며 격동의 한국 현대사를 시에 반영했다. 그는 '나그네'처럼 시대를 떠돌며 역사적 사건에 대한 감성을 시에 드러냈다. 또한 그는 월정사 시편을 고향으로 그 외의 시편을 타향살이로 여겼다. 이때 고향은 다시 돌아가지 못하는 곳의 뜻에 가까웠다. 그동안 연구 대상으로 소외되었던 후기 시편이 재조명되기를 바라는 지점도 여기에 있다. 달리 말하면 『청록집』 이후의 시는 학자와 지사가 휴식의 시간에 쓴 여기로서의 시가 아니라 일관되게 나타난 뜨거운 감성의 변주라는 것이다.

참고문헌

『문장(文章)』 1-3, 1939.4.
『문장(文章)』 1-8, 1939.9.
『문장(文章)』 2-2, 1940.2.

박목월·조지훈·박두진. 『청록집(靑鹿集)』. 을유문화사, 1946.
조지훈. 『풀잎단장(斷章)』. 창조사, 1952.
_____. 『조지훈시선(趙芝薰詩選)』. 정음사, 1956.
_____. 『역사(歷史) 앞에서』. 신구문화사, 1959.
_____. 『여운(餘韻)』. 일조각, 1964.
_____. 『조지훈 전집』. 전 9권. 나남출판사, 1996.

김문주. 「조지훈의 '서경시'에 함축된 시적 전통의 성격」. 『한국문학이론과 비평』((한국문학이론과 비평학회) 11(2)2007, 9-29쪽.
김종길. 『시에 대하여』. 민음사, 1986.
김종훈. 『한국 근대 서정시의 기원과 형성』. 서정시학, 2010.
_____. 「조지훈 육필시고 『지훈시초(芝薰詩鈔)』 연구」. 『어문논집』(민족어문학회) 90(2020), 39-66쪽.

송기한. 「조지훈 시의 유랑 의식 연구」. 『한중인문학연구』(한중인문학회) 23(2008), 19-39쪽.
유성호. 『근대의 심층과 한국 시의 미학』. 태학사, 2020.
이숭원. 「조지훈 시와 순수의 서정성」. 『조지훈』. 새미, 2003.
이형대·오형엽 엮음. 『조지훈 연구 2』. 고려대학교출판문화원, 2020.
최동호. 『하나의 도에 이르는 시학』. 고려대학교출판부, 1997.
하상일. 「조지훈의 비평의식과 서정시론 연구」. 『한국문학이론과 비평』(한국문학이론과비평학회) 11(2)(2007), 85-103쪽.

「조지훈 시의 예외성과 보편성」에 대한 토론문

주영중

이 글은 조지훈의 전체 시작(詩作) 중 1941년 월정사에 체류할 즈음에 창작한 시들과 그 외의 시들이 서로 다른 특성을 보여 주고 있다고 진단하면서, 이를 조지훈 시의 예외성과 보편성에 해당한다고 보고 있다. 자연과 인간이 조화를 이룬 전통적 산수화의 세계를 표현한 월정사 시편들을 오히려 예외적이었다고 진단하는 이러한 시각은 그간의 시각과는 다른 새로운 관점을 제공한다. 이와 함께 조지훈 시의 근간이 되는 동력을 '감성'으로 보는 발표자의 시각은 지성과 윤리와 미를 회통시키면서 시대성을 담보하려 했던 조지훈의 시적 사유에 대해 다시 한 번 생각해 보는 계기를 제공하리라 본다. 조지훈 시의 흐름을 섬세하게 짚고 있는 부분들에 일정 부분 동의하면서, 다음과 같은 질문과 의견을 개진하고자 한다.

1.

발표자는 조지훈 시가 다양한 시적 이행을 보이면서도 서경시를 제외한 시들에서 '감성' 중심의 시적 사유를 보인다는 시각을 견지한다. 이러한 견해는 나름의 타당성을 확보하고 있지만, 조지훈 시의 다양한 시적 이행이 과연 어떠한 맥락에서 이루어졌는지에 대해 적극적으로 해명하고 있지 않은 것 같다. 이에 대해 발표자의 견해를 청하고자 한다.

조지훈 시의 다양한 시적 이행에 대해 다음과 같은 시각을 조심스럽게 타진해 본다. 전통적인 미를 기반으로 시의 현대성을 담보하려는 조지훈의 내적 고뇌의 산물이라고 보는 좀 더 적극적인 의미부여가 이루어지면 어떨까 하는 것이다. 이와 관련하여 『시의 원리』를 비롯한 조지훈의 여타 시론들을 참조할 수 있을 듯하다. 예를 들어, 조지훈이 우아미와 비장미, 관조미를 또는 서정시와 서경시를 논하는 자리에서, T. S. 엘리엇의 전통론을 비롯하여 전통을 새로운 관점으로 접근하는 자리에서 이러한 징후들이 드러난다. 새로운 전통을 모색하는 가운데 현대미에 근접하려는 실험의식이 다양한 시적 이행을 가능하게 한 내적 동인이 되지 않았을까 하는 것이다.

이와 관련하여 다음과 같은 지점들을 좀 더 참고해 보면 좋을 듯하다. 조지훈은 『시의 원리』에서 우아미를 전통적 미의식의 발로로, 비장미와 관조미를 현대적 미의식의 발로로 말하고 있다는 점에서 우리는 조지훈이 추구했던 서정시와 서경시의 향방을 추측해 볼 수 있다. 자신의 시 중 「고사」가 현대적인 미인 관조미를 실현하고 있음을 스스로 밝히고 있는 부분에서 우리는 그가 전통적인 미뿐만 아니라 현대적인 미에 대해서도 중요하게 의식하고 있었다고 짐작할 수 있다.

2.

1960년을 즈음한 시기에 창작된 조지훈의 시가 자연에서 역사로, 감각에서 관념으로, '신고전'의 세계에서 역사적 현실 세계로 이행해 갔다는 발표자의 견해에 다음과 같은 견해를 덧붙여 본다. 이 시기의 시를 보면, 진과 선과 미, 감성과 지성을 회통시키려는 조지훈의 내적 고뇌가 작용하고 있다고 생각된다. 또한 역사와 현실로의 이행이 새로운 미를 향해 가는 조지훈의 또 다른 시적 이행의 결과가 아닐까 한다. 조지훈이 정의했던 '감성'에 중점을 두어 이 시기의 시에 대한 좀 더 적극적인 의미가 부여되면 어떨까 한다.

조지훈 시론의 보편성 연구

『시의 원리』를 중심으로

오형엽

1. 머리말

조지훈(1920-1968)은 1939년 『문장』에 「고풍의상(古風衣裳)」과 「승무(僧舞)」가, 1940년에 「봉황수(鳳凰愁)」가 정지용에 의해 추천됨으로써 시단에 등장했으며, 『청록집』(1946), 『풀잎 단장』(1962), 『조지훈 시선』(1956), 『역사 앞에서』(1959), 『여운(餘韻)』(1964) 등의 시집 혹은 시선집을 간행했다. 또한 그는 시론집 『시의 원리』(1953)를 비롯한 문학론, 수필집 『지조론』(1962) 등의 에세이, 그리고 『한국문화사서설』(1964)을 비롯한 한국학 연구서를 집필하는 등 다양한 방면의 활동을 보여주었다. 1968년 조지훈이 영면한 이후 시를 포함한 그의 저술들을 모아 1973년에 『조지훈 전집』(전 7권, 일지사)이 간행되었고, 1996년에 다시 『조지훈 전집』(전 9권, 나남출판)이 간행되기에 이른다.

시인이자 지사적 논객이며 한국학의 초석을 닦은 학자이기도 했던 조지훈의 문학적·학문적 업적은 그동안 수많은 연구의 대상이 되어 왔다. 이 중 조지훈의 시론에 대한 선행 연구는 중요한 성과들을 축적해 왔는데, 이를 정리하면 크게 두 가지 문제의식을 중심으로 유형화될 수 있다. 첫째, 조지훈 시론을 특정한 문학적 테마나 사조의 영역에서 논의하고 그 근거와 특성을 규명한 연구이다. 이 문제의식을 가진 선행 연구들은 대부분 조지훈 시론을 민족시론, 순수시론, 전통시론, 생명시론, 유기체시론 등의 관점에서 고찰해 왔다. 이 유형의 선행 연구들은 조지훈의 시론을 민족문학·순수문학·전통문학의 관점에서 고찰한 논의[1]와, 생명문학론·유기체문학론의 관점에서 고찰한 논의[2]로 다시 나눌 수 있다. 둘째, 첫 번째 문제의식과 결부되거나 중첩되는 것으로서 사상적·문학적 입각점을 기준으로 조지훈 시론의 근거와 특성을 규명한 연구이다. 이 문제의식을 가진 선행 연구들은 서구적 사상이나 문학관을 기준으로 조지훈 시론의 근거와 특성을 밝히려는 시도[3]와, 동양적 전통의 사상이나 문학관에 입각하여 조지훈 시론의 근거와 특성을 밝히려는 시도[4]로 대별할 수 있다.

조지훈 시론에 대한 선행 연구는 대체로 순수문학, 전통문학과 민족문학, 생명문

---

1) 김흥규, 「민족문학과 순수문학」, 『한국문학의 현단계 IV』, 백낙청·염무웅 편(창작과비평사, 1985), 183-202쪽; 권영민, 「조지훈과 민족시로서의 순수시론」, 『한국민족문학론 연구』(민음사, 1988), 399-409쪽; 최승호, 「조지훈 순수시론의 몇 가지 이론적 근거」, 『한국현대시론사』, 한국현대문학연구회 편(모음사, 1992), 454-467쪽; 고형진, 「순수시론의 본질과 전개과정—박용철과 조지훈의 순수시론을 중심으로」, 『현대시』 76호, 1996. 4, 18-31쪽; 최승호, 「전통서정시학의 현대적 의미」, 『20세기 한국시론 1』(글누림, 2006), 133-157쪽; 하상일, 「조지훈의 비평의식과 서정시론 연구」, 『한국문학이론과비평』(한국문학이론과비평학회) 35집(2007. 6), 85-103쪽; 김윤태, 「한국 현대시론에서의 '전통' 연구—조지훈의 전통론과 순수시론을 중심으로」, 『한국전통문화연구』(한국전통문화대학교 한국전통문화연구소) 13집(2014. 5), 209-233쪽.

2) 김윤식, 「유기체 시론 비판—한국근대시론 검토」, 『한국학보』(일지사) 4집 4호(1978), 141-142쪽; 박호영, 「조지훈 시론 연구—유기체 시론을 중심으로」, 『한국현대시론사』, 한국현대문학연구회 편(모음사, 1992), 335-347쪽; 정효구, 「유기체 시론의 의미」, 『시와 젊음』(문학과비평사, 1989), 259-268쪽; 이미순,「조지훈의 유기체론」,『조지훈』, 최승호 편(새미, 2003), 169-188쪽.

3) 김윤식, 「유기체 시론 비판-한국근대시론 검토」; 박호영, 「조지훈 시론 연구-유기체 시론을 중심으로」; 정효구, 「유기체 시론의 의미」; 이찬, 「20세기 후반 한국현대시론 연구」(박사학위논문, 고려대학교, 2004), 42-64쪽.

학과 유기체문학, 고전주의와 낭만주의 등의 관점에서 규명되었다. 그리고 대부분의 선행 연구는 조지훈 시론이 동양적 전통 사상 및 문학관의 계승과 서구 사상 및 문학관의 수용이라는 양극 중 어느 하나를 기준으로 다른 편을 흡수한다는 식으로 평가되어 왔다. 즉 조지훈 시론이 동양적 전통 사상 및 미학을 중심으로 하되 서구 사상과 문학이론을 수용하여 접목시켰다는 관점과, 서구 사상과 문학이론을 수용하는 방식이 동양적 전통 사상 및 미학과 혼선을 빚거나 논리적 모순에 빠지게 되었다는 관점이 공존하는 것이다. 조지훈의 시론에 동양적 전통 사상 및 문학관과 서구 사상 및 문학관이 혼재하는 것은 사실이지만, 양극 중 어느 하나의 기준에 입각하여 이를 분석하고 평가한다면 시론 자체의 내적 논리를 왜곡하거나 훼손할 수 있다.

조지훈은 『시의 원리』의 「서(序)」에서 '시의 원리'라고 제(題)한 이유를 "모든 대립되고 착종(錯綜)된 시론의 공통한 바탕으로서의 시의 통일된 자리를 찾고자" 했으며, "시문학 일반의 기초를 단편적이 아닌 전체적 구조로서 전개"[5]했다고 밝힌 바 있다. 조지훈은 1940년대 후반에서 1950년대 초반의 시대 상황 속에서 혼미한 시정신 및 시론의 제 양상을 극복하기 위해 '시의 원리'로서 '근본문제'를 규명하고자 하였다. 시의 '원리'와 '근본'에 대한 지향은 그것의 본질, 원형, 근원 등의 가치를 추구하는 것으로서, '부분' 혹은 '특수'를 포용하는 차원에서 '전체' 혹은 '보편'의 영역으로 전개된다. '부분/전체' '특수/보편'의 관계를 고려할 때, 우리는 "지훈은 전체가 부분의 합보다 큰 인물이었다"[6]라는 평가와 함께, 전통의 시각은 부분의 자립성과 전체의 통일성을 동시에 보존하는 열린 체계를 형성하며, 이 열린 체계 안에서 부분과 부분이 상호 작용하고 부분과 전체도 상호 작용하거나 상호 의존한다는 김인환의 관점[7]을 주목할 필요가 있다. 즉 동아시아 전통의 시각에서 부분과 전체, 특수와 보편은 이항대립의 어느 하나의 항목으로 환원되지 않고, 부분이 곧

---

4) 최승호, 「조지훈의 시학에 있어서 형이상학적 관점」, 『관악어문연구』(서울대 국어국문학과) 16집(1991), 244-250쪽; 이미순, 「조지훈의 유기체론」; 강웅식, 「허무와 초월-조지훈의 생명시론」, 『텍스트에서 경험으로』(새미, 2003), 61-82쪽.

5) 조지훈, 『시의 원리—조지훈 전집 2』(나남출판, 1996), 15쪽.

6) 김인환, 「조지훈론」, 『다른 미래를 위하여』(문학과지성사, 2003), 165쪽.

7) 김인환, 「전통과 창조」, 『어문논집』(안암어문학회) 제26집 1호(1986), 49-59쪽; 김인환, 「동아시아 문학교육의 전통」, 『의미의 위기』(문학동네, 2007), 11-29쪽.

전체이고 전체가 곧 부분인 상호 통합의 관계로 이해되는 것이다.

결국 조지훈의 『시의 원리』는 착종된 시정신 및 시론에 대응하기 위해 시의 근본적 원리의 관점에서 동서양의 사상과 문학이론을 아우르는 보편시론을 정립하려는 목표를 가지고 있다. 따라서 순수시론, 민족시론, 전통시론, 생명시론, 유기체시론 등의 문학적 테마나 고전주의, 낭만주의 등의 문예사조의 관점이나 서구적 문학관, 동양적 전통의 문학관 등의 사상적 입각점은 조지훈이 보편적 시론에 도달하려는 목표에 이르기 위한 일종의 과정이자 결절 점으로서 그의 시론의 부분을 이룬다고 볼 수 있다. 다시 말해, 조지훈 시론에 있어서 보편시론이 최종 목표이며 전체라면, 순수시론, 민족시론, 전통시론, 생명시론, 유기체시론, 고전주의, 낭만주의 등은 그것에 도달하기 위한 과정이자 부분이라고 볼 수 있다. 조지훈 시론에서 동양적 전통과 서구적 현대, 민족문학과 세계문학, 순수문학과 참여문학, 고전주의와 낭만주의 등의 대립 항은 동서양의 사상과 문학이론을 아우르는 보편시론을 정립하고자 하는 목표의 과정이자 부분으로 작용했다고 판단된다. 따라서 이 글은 선행 연구의 중요한 성과들을 토대로 『시의 원리』(1953)를 중심으로 조지훈 시론을 부분과 전체를 융합하는 보편성의 관점에서 고찰하여, 조지훈이 동서양의 사상과 문학이론을 아우르는 '보편시론'을 어떻게 정립하려 했는지 살피려 한다.

2. 『시의 원리』의 구성과 내용

『시의 원리』는 시의 근본적 문제들을 존재론, 인식론, 가치론에 입각해 규명한 시론서이다. 전체적으로 이 시론서는 '1부(시의 우주)' '2부(시의 인식)' '3부(시의 가치)'로 이루어지는데, 일단 우리는 1부를 '시란 무엇인가?'라는 질문에 대한 대답으로서 '시의 존재론'이고, 2부를 '시란 어떻게 감수하는가?'라는 질문에 대한 대답으로서 '시의 인식론'이며, 3부를 '시는 무슨 보람이 있는가?'라는 질문에 대한 대답으로서 '시의 가치론'이라고 간주할 수 있다. 그런데 여기서 조지훈에 제시한 시의 존재론, 인식론, 가치론은 에이브럼스(M. H. Abrams)가 제시한 문학론의 좌표와 비교할 때 그 특성을 보다 잘 이해할 수 있다.

주지하듯이 에이브럼스는 작품·예술가·청중·우주의 네 가지 요소를 중심으로 문학론의 좌표를 설정한다. 여기서 우주는 작품을 형성하는 사건의 객관적 상태, 혹은 그러한 사건들과 모종의 관계를 맺는 그 무엇으로서, 흔히 자연이라는 말로 표시되어 온 것이다. 그리고 청중은 듣는 사람·관객·독자를 포함하고 있어 포괄성을 띤다. 에이브럼스는 작품을 중심으로 이 네 가지 요소를 삼각형의 도식으로 표시한다.[8] 에이브럼스는 이 삼각형의 도식을 토대로 문학론의 유형을 네 가지로 설정한다. 우주와 작품의 관계에서 '모방론', 작품과 청중의 관계에서 '효용론', 예술가와 작품의 관계에서 '표현론', 작품 자체의 관점에서 '존재론'이 그것이다. 그는 이 네 유형에 해당하는 비평의 사례들을 역사적으로 고찰해서 그 특징을 살핀다. 에이브럼스의 좌표 설정에 따른 문학론의 유형에 관한 이론은 이후 널리 받아들여지고 활용되고 있다.[9] 그러나 이 관점은 연구대상의 전체적 위상을 조망할 수 있는 장점이 있는 반면, 좀더 미세한 특징을 정교히 고찰하기에는 너무 포괄적이다. 또한 모방론, 표현론, 존재론, 효용론 등 네 가지로 분류된 문학론의 각 유형이 마치 독립되어 있는 것처럼 인식하여, 실제 문학론이나 비평에 있어서 각 유형의 특징이 상호 교섭하는 복합성을 고찰하는 데는 미치지 못하는 한계를 지닌다.

이런 측면에서 조지훈이 『시의 원리』에서 제시한 '1부(시의 우주)' '2부(시의 인식)' '3부(시의 가치)'는 단순히 시의 모방론, 표현론, 존재론, 효용론의 영역으로 구분하기 어려운 복합성과 상호 관련성을 가진다는 점에서 그 의의를 찾을 수 있다. 즉 조지훈이 추구하는 보편시론으로서의 '시의 원리'는 에이브럼스가 설정한 문학론의

8) M. H. Abrams, *The Mirror and the Lamp*(London: Oxford University Press, 1953), p. 6. 삼각형의 도식은 다음과 같다.

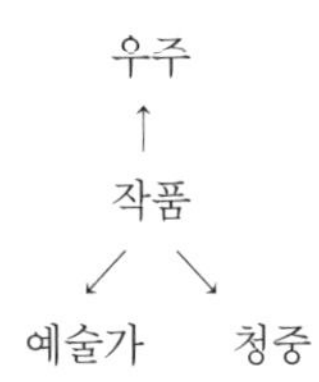

9) Hazard Adams, *The Interests of Criticism*(New York: Harcourt, 1969)와 Paul Hernadi, *Beyond Genre*(Ithaca and London: Cornell University Press, 1972)도 에이브럼스의 체계를 따른 것이다. 헤르나디는 이 책에서 장르비평의 유형으로 표현론적 개념, 효용론적 개념, 구조론적 개념, 모방론적 개념을 설정하여 이를 원용한다. 이상섭의 『문학의 이해』(서문당, 1972)와 『문학이론의 역사적 전개』(연세대 출판부, 1975)도 문학론의 근본체계를 모방론, 효용론, 표현론, 존재론으로 나누어 그 역사적 전개를 살피고 있다.

좌표인 모방론, 표현론, 존재론, 효용론을 모두 포함하고 있으면서도 각 영역이 분리되지 않고 상호 연관적으로 혼융되어 있으며 보다 유연하고 관계 지향적이다. 『시의 원리』가 보여 주는 전체적 구성과 그 내용을 살피면 다음과 같다.

『시의 원리』의 '1부(시의 우주)'는 전체적으로 '시란 무엇인가?'라는 질문에 대한 대답으로서 '시의 존재론'을 규명하는 듯하지만, 여기서 '존재론'은 작품 자체의 관점만을 의미하지 않고 시의 본질과 진실로서의 '생명', 시의 원천과 독자성과 사명으로서의 '감성', 시의 질료와 형식으로서의 '언어'를 제시한다는 점에서 에이브럼스적 관점의 '모방론', '표현론', '존재론', '효용론'을 모두 포함하고 있다. 여기서 조지훈은 자연미와 예술미의 관계 속에서 '시의 생명'으로서 시적 진실을 탐색하고, 시정신과 시작품 사이의 관계를 카오스와 코스모스의 관점으로 규명한다. 그리고 '시의 감성'으로서 시적 태반이 되는 정서적 감동을 강조하고, 시의 가치 판단에 있어서 여타 분야와 구별되는 독자성의 근거로서 감성을 제시하며, 독자나 사회에 미치는 시의 효용 면에서 간접성을 통한 감성의 사명을 언급한다. 또한 시적 표현의 차원인 '시의 언어'로서 시정신의 존재 형식인 언어를 고찰하고, 시어와 산문어의 구별을 통해 시적 언어의 특성을 밝히며, 시적 언어의 근본 특질로서 언어의 율동적 조형에 대한 언급한다. 요약하면 조지훈은 1부에서 '시의 본질'을 '우주의 생명적 진실'로 간주하고, '시의 작용'으로서 '사상의 정서적 감동'을 제시하며, '시의 표현'으로서 '언어의 율동적 조형'을 규명하는 것이다.

『시의 원리』의 '2부(시의 인식)'는 전체적으로 '시란 어떻게 감수하는가?'라는 질문에 대한 대답으로서 '시의 인식론'을 규명하는 듯하지만, 여기서 '인식론'은 시작품을 감수하는 독자의 입장이 아니라 시정신을 언어로 표현하는 시인의 입장에서 시의 착상, 구성, 현상 등을 규명한다는 점에서 '시 창작방법론'이라고 볼 수 있다. 이것은 에이브럼스적 관점의 '모방론'과 '표현론'을 포함하고 있다. 여기서 조지훈은 시를 감수하는 시인의 자아 발견과 영감과 주의력의 교감을 통한 시의 잉태를 가술하면서 '시의 착상'을 살피고, '평범의 비범화'라는 시작 원리에 근거하여 시의 세 가지 기본 미학인 우아미, 비장미, 관조미를 설명하면서 '시의 구성'을 성찰하며, '혼돈의 질서화'와 '복잡의 단순화'라는 방법론에 근거하여 생략과 부연, 해조와 변조, 과장과 반복을 중심으로 시작 기법으로서 '시의 현상'을 규명한다. 요약하면 조지훈은 2부에서 '시의 착상'으로서 영감과 주의력이 협동하는 창조적 무의식인 상상력을 제시하고, '시의 구성'으로서 우아미, 비장미, 관조미를 설정하며, '시의 현상'으로서 생략과 부연, 해조와 변조, 과장과 반복을 설명하는 것이다.

『시의 원리』의 '3부(시의 가치)'는 '시는 무슨 보람이 있는가?'라는 질문에 대한 대답으로서 '시의 가치론'을 규명하는 듯하지만, 여기서 '가치론'은 수용미학적 관점의 효용론을 의미하지 않고 문학의 원형이자 산문과 구별되는 시의 본성으로서 율격의 관점에서 '시의 위치', 충족(유희)과 정화(효용) 작용에 대하여 무자각적 의욕인 파토스를 강조하는 '시의 윤리', 창조적 감상으로서 '시의 감상'을 제시하고 있는 점에서 문학 장르론과 시 장르론뿐만 아니라 에이브럼스적 관점의 '존재론'과 '효용론'을 포함하고 있다. 여기서 조지훈은 문학의 원시적 발생을 운문과 음악과 무용이 종합된 민요무용에서 발견하고, 정신 내용 면에서 토의문학인 산문과 창조문학으로서의 시를 구별하며, 표현 형식면에서 산문과 운문을 구별한 후 외형률과 내재율의 차원에서 정형시, 자유시, 산문시를 규명함으로써 '시의 위상'을 검토한다. 그리고 유희와 효용에 대하여 실질적 목적 이상으로 자기표현 및 고양을 지향하는 '시의 목적'과 예술성을 통해 공리성에 이바지하는 '시의 생활'을 중심으로 '시의 윤리'를 제시한다. 또한 시인과 독자, 즉 창작과 감상 사이의 관계에서 구심적 공감, 창조적 감상, 원심적 괴리의 태도를 구분하고, 관조와 향수와 평가의 결합으로 이루어지는 시 감상의 차원을 '음미(吟味)'라는 개념으로 규정하며, 시 감상의 실제를 제시하면서 '시의 감상'을 해명한다. 요약하면 조지훈은 3부에서 '시의 위치'를 문학 장르론과 시 장르론으로 정립하여 율격적 운문정신을 강조하고, '시의 윤리'로서 충족과 정화 작용 등의 실질적 목적 이상의 자기표현 및 고양을 지향하며, '시의 감상'을 작품의 주제화와 가치를 추상하는 창작과 감상의 관계를 통해 천착하는 것이다.

지금까지 우리는 『시의 원리』가 보여 주는 전체적 구성과 내용을 통해 조지훈의 시론이 에이브럼스가 설정한 문학론의 좌표인 모방론, 표현론, 존재론, 효용론을 모두 포함하고 있으면서도 각 영역이 분리되지 않고 상호 연관적으로 혼융되어 보다 유연하고 관계 지향적이라는 점을 살폈다. 이처럼 조지훈 시론이 단순히 어느 하나의 문학론의 영역으로 한정하거나 환원되기 어려운 복합성과 상호 관련성을 가지는 것은 동서양의 사상과 문학이론을 아우르는 '보편시론'을 정립하고자 하는 일관된 추구에서 기인한다고 볼 수 있다. 이 글은 이러한 조지훈 시론의 특성을 심충적으로 살피기 위해 다음 장부터 각론을 구체적으로 분석하고자 한다.

3. 시의 우주론—생명, 감성, 언어

조지훈은 『시의 원리』의 '1부(시의 우주)'에서 시의 본질과 진실로서의 '생명', 시의 원천과 독자성과 사명으로서의 '감성', 시의 질료와 형식으로서의 '언어'를 제시한다. 우선 조지훈은 '시의 생명'의 본질을 자연미와 예술미의 관계 속에서 규명한다.

> 시생명의 본질은 '시를 사랑하는 인생 속에 내재(內在)하여 생성(生成)하는 자연(自然)'이라고 봐야 할 것이다.
>
> (…) 대자연은 자연 전체의 위에 그 '본원상(本原相, Urphänomen)'을 실현하지만 반드시 개개의 사물에 완전히 나타나는 것은 아니기 때문에 어느 의미에서 시인은 자연이 능히 나타내지 못하는 아름다움을 시에서 창조함으로써 한갓 자연의 모방에만 멈추지 않고 '자연의 연장(延長)'으로서 자연의 뜻을 현현(顯現)하는 하나의 대자연일 수 있는 것이다. 바꿔 말하면, 시는 시인이 자연을 소재로 하여 그 연장으로써 다시 완미(完美)한 결정(結晶)을 이룬 '제2의 자연'이라고도 할 수 있다.[10]

조지훈은 시 생명의 본질을 '자연'이라고 규정하는데, 이때 '자연'은 인간 외부에 존재하는 객관적 세계가 아니라 "시를 사랑하는 인생 속에 내재(內在)하여 생성(生成)하는" 것이다. 이 문장에는 조지훈 문학관의 기본 전제가 함축되어 있다. 사람이 대자연의 일부라는 관점은 상식적인 차원이지만, 사람이 창조적 자연을 내부에 간직하여 다시 자연을 창조할 수 있는 기능을 가진다는 관점은 인간과 자연을 단순히 포함관계로 보지 않고 상호 침투와 교섭의 관계로 본다는 점에서 복합성을 가진다. 그 연장선에서 시인은 "자연이 능히 나타내지 못하는 아름다움을 시에서 창조"하여 "자연의 모방에만 멈추지 않고 '자연의 연장(延長)'으로서 자연의 뜻을 현현(顯現)하는 하나의 대자연일 수 있"다고 언급한다. 즉 조지훈은 시뿐만 아니라 모든 예

10) 조지훈, 『시의 원리—조지훈 전집 2』, 20-21쪽.

술이 자연을 정련(精鍊)하여 그것을 다시 자연의 혈통에 환원시키는 역할을 담당한다고 보는 것이다. 그리하여 "자연미(自然美)의 구극(究極)이 예술미에 결정(結晶)되고 예술미의 구극은 자연미에 환원된다"에서 요약되듯, 자연미와 예술미를 이항대립이 아니라 상호 교섭적인 관계망으로 파악하는 조지훈의 관점은 서구적 문학관으로서 모방론과 표현론을 아우르며, 더 나아가 고전주의 문학관과 낭만주의 문학관을 포괄하는 '통합'과 '융화'의 시관을 보여 준다.

이런 기본 전제를 바탕으로 조지훈은 시적 내용과 형식의 문제에 대해 언급한다. 그는 시의 언어로 표현되기 이전의 내용적 차원을 '넓은 의미의 시', 다시 말하면 '시정신'이라고 부르고, 이것이 시인의 개성적 언어 표현으로 창조되어 이루어진 것을 '참뜻의 시'라고 부른다. 그리고 시의 '태반'으로서 먼저 '저 자신의 사상'을 가지라고 요구하는데, 이것은 일단 언어 표현보다 내용을 우선하는 시관이라고 볼 수 있다. 조지훈에게 있어 시의 원천은 '자신의 사상'인데, 그는 이것을 "우주의 생명의 직관(直觀)에 통하는 길"이라고 정의한다. 이는 자기 심화의 궁극에서 인생이나 자연이 모두 하나의 커다란 혈연적 유대로 맺어져 있다는 사유로부터 기인하는 것이다. 결국 조지훈은 시의 '내용'으로서 '우주의 생명'을 직관하는 '자신의 사상'을 제시하고 있는 셈이다. 그런데 조지훈은 이 시적 내용의 차원이 시작품으로 전환되기까지 "시를 위한 재편성"을 거쳐야 한다고 말하는데, 이것이 바로 언어를 통한 시적 표현의 차원이 된다. "저 자신의 사상은 그 체득하는 방법, 탐구하는 방법, 표현하는 방법에 따라 얼마든지 다른 길을 잡을 수 있"다는 언급은 시를 위한 사상의 재편성 과정을 의미하는데, 조지훈은 "언어의 음률적 조형"이라는 차원으로 그것을 설명한다. 이후 조지훈의 시론은 이러한 시의 내용과 형식의 관계를 기본 전제로 삼아 전개된다. 한편 조지훈은 '넓은 의미의 시' 즉 '시정신'과 '참뜻의 시' 즉 '시작품'의 관계를 '카오스'와 '코스모스'라는 개념을 통해 제시한다.

> 불완전한 언어가 우주를 대변하는 것, 언어의 제약이 정신의 비약을 주는 점이 시의 묘처(妙處)이다. (…) 표현이 없는 것을 예술이라 할 수는 없으므로 시표현(詩表現)의 유일한 방법인 언어적 형성을 부인하는 것은 시를 부인하는 결과에 이르고 마는 것이다. (…)
>
> 표현을 통하여서만 저 자신의 사상은 혼돈 속에서 명확히 구체화되는 것이다. (…)
>
> 참뜻의 시(詩)인, 나타나는 시는 시인이라는 창조자를 통하여 산출되는 것이요, 시인은

시정신의 섭리를 받아 시를 산출하므로 시정신과 시인과 시는 서로 매개(媒介)하고 통일하고 제약하여 떨어질 수 없는 것도 알 수 있다[11].

표현 이전의 사상, 즉 시정신은 모든 예술에 공통된 에스프리이자 포에지이며, 표현된 시는 이 카오스적 혼돈을 시만이 가진 표현 형식인 언어를 통해 구체화하여 코스모스를 형성한다. 조지훈은 표현 이전의 '직관적 감흥'으로서 '생명적 진실'을 카오스적 혼돈으로 간주하고, 불완전한 언어가 우주를 대변하고 언어의 제약이 정신의 비약을 주는 점에서 언어 표현의 묘처(妙處)를 발견한다. '시정신'과 '시인'과 '시작품'은 서로 매개하고 통일하고 교섭한다고 파악하는 점에서, 조지훈은 '비분리의 시학'을 지지한다고 볼 수 있다.

조지훈은 '시와 시인의 비분리'의 관점에 근거하여 시인을 "대자연의 생명"을 현현시키는 천분(天分)을 가진 존재로 파악하고, 시인이 "뜨거운 사랑"을 가져야 하는 이유로 대자연의 생명이 꿈과 힘을 지닌 위대한 사랑이기 때문이라고 말한다. 그리고 시인이 언어로 표현하는 시는 생명의 표현이고 인간성의 발현이라고 말한다. 이것은 조지훈이 '대자연의 생명'과 '사랑을 가진 시인'과 생명의 표현이자 인간성의 발현인 '시작품'을 분리하지 않고 하나의 연속적인 상호 연관 속에서 사유하고 있음을 입증한다. 조지훈은 이러한 시관의 연장선에서 시의 본질을 "대상을 자기화하고 자기를 대상화하는 곳에 생기는 통일체 정신"이라고 정의하고, "인간 의식과 우주 의식의 완전 일치의 체험"를 시의 궁극적 경지라고 강조한다. "시의 우주는 실로 한 편의 시를 통하여 영원한 시간과 무변한 공간을 통일한다"라는 주장에서 보듯, 우주와 인간과 대상 사이의 '통합'과 '조화'와 '질서(코스모스)'를 추구하는 '동일성의 시학'은 조지훈 시관의 근본적 입지점을 형성한다. 조지훈은 '인간 의식과 우주 의식의 완전 일치의 체험'으로 요약될 수 있는 시의 생명적 본질을 전제로, 그것을 시적 언어로 전환하는 근거에 대해 다음과 같이 언급한다.

시는 인생의 표현이므로 인생을 위하여 존재하는 것이요, 인생을 위하는 다른 것을 위하여 존재하는 것이 아니다. 바로 인생을 위하여 존재하는 시는 제 스스로 타고난 길이

---

11) 같은 책, 24-26쪽.

있다는 말이다. (…)

시적 진실은 먼저 예술가치(藝術價値)로서 정서적 감동이다. 감성으로서 받아들이고 감성으로 표현하며 감성에 자극되는 것이 시의 정통적 본질이라는 말이다. (…) 그러나, 정서적 감동이라고 해서 모두 예술이 되는 것도 아니다.

그것이 미(美)의 가능한 소재요, 핵심의 내용은 될 수 있으나 곧 그대로 예술가치로 볼 수 없는 것은 실로 예술가치로서의 시는 자연과 인생 속에 내재하는 미(美)의 소재를 시인의 손으로 다시 창조한 제2의 자연이기 때문이다.[12)]

조지훈이 시를 "인생의 표현이므로 인생을 위하여 존재하는 것"으로 정의할 때, "인생"은 대자연의 본질인 '생명'을 구현하는 인간적 차원이므로 단순히 통상적인 의미의 '인생을 위한 예술'로 이해하면 곤란하다. "인생을 위하여 존재하는 시"는 "제 스스로 타고난 길이 있다"는 언급까지 고려하면, 그는 시가 다른 가치를 위해 존재한다든지 제 가치만을 위해 존재하는 것도 아니라는 의미를 피력하는 것이다. 이런 관점의 연장선에서 조지훈은 "시적 진실은 먼저 예술가치(藝術價値)로서 정서적 감동이다"라고 정의한다. 이 정의는 시의 정통적 본질을 '사상의 감성화'에 두는 것으로서, 지성이나 윤리를 시의 전부처럼 주장하는 시관에 대한 부정이지 그것이 시에 불필요하다는 의미가 아니다. 또한 조지훈은 '정서적 감동'이 그대로 예술이 되는 것이 아니라, 그것을 시인의 손으로 재창조하는 언어 표현의 과정을 밟아야 한다는 점을 재차 강조한다. 조지훈은 내용과 형식의 관계에서 내용 우위의 시관을 가지면서도 형식적 언어 표현의 중요성을 견지하고 있는 것이다. 이런 '시적 독자성'의 관점에 근거하여 조지훈은 시정신의 존재 형식으로서 언어에 대해 다음과 같이 피력한다.

시 창생(蒼生)의 유일한 질료(質料)는 언어이다. 시의 뼈와 살, 빛과 소리, 혼과 향기는 모두 언어 속에 깃들여 있다는 말이다. 그러므로, 언어 속에는 우주의 생명이 깃들여 있다고 하지 않을 수 없다. (…)

시의 생명이 깃들이는 육신, 곧 시의 형식은 언어의 순일(純一)한 결정(結晶)이다. (…)

---

12) 같은 책, 33-34쪽.

왜 그러냐 하면, 시의 언어는 시 내용으로서의 언어의 존재 형식이기 때문이다. (…)

정신의 운동은 물질계에 나타날 때에 비로소 언어가 되고 그 이전은 다만 관념일 따름이므로 언어는 육체 밖에 나와서 움직이는 정신이란 뜻이 된다. 하지만 언어는 관념이나 실재의 표현이 아니요, 도리어 그것의 내용이며 관념과 실재의 존재 형식인 것이다.[13)]

조지훈은 시를 창조하는 유일한 질료를 언어라고 보고, 그 속에 우주의 생명이 깃들어 있다고 파악한다. 이런 언어관은 서구 근대적 언어관이 전제하는 '내용/형식'의 이분법을 초월한다. 왜냐하면 조지훈에게 언어는 단지 우주의 생명적 직관이라는 시의 내용을 전달하는 '수단'이나 '매개'의 개념이 아니라, 그 자체에 우주의 생명이 깃들어 있는 '생명체'이기 때문이다. 시의 생명이 깃들이는 육신으로서 시의 형식은 "언어의 순일(純一)한 결정(結晶)"인데, "시의 언어는 시 내용으로서의 언어의 존재 형식"이라는 정의는 간단치 않은 의미를 함축한다. 통상적으로 시의 언어를 시적 내용과 대비되는 형식의 차원으로 이해하지만, 조지훈은 시 형식으로서의 언어와 시 내용으로서의 언어를 아울러 사유하고 있기 때문이다. 다시 말해, 그는 "언어는 관념이나 실재의 표현이 아니요, 도리어 그것의 내용이며 관념과 실재의 존재 형식"이라는 것이다. 언어를 표현의 차원으로만 보지 않고 내용의 차원으로도 파악하는 관점은 조지훈 시론의 비범성을 말해 주는 것으로서 성경적 언어관과도 상통하는 면이 있다. 창세기에서 언어와 창조는 같은 뜻으로 사용되기 때문이다. 이런 차원에서 조지훈의 언어관은 창조의 의미를 가진 '아담의 언어'와 개별 언어의 실제를 초월하는 '순수 언어'의 형식을 사유하는 벤야민의 언어관과도 상통하는 측면이 있다고 볼 수 있다. "동일한 이성(理性)의 내적 활동형식이 사고(思考)요, 외적 활동형식이 언어(言語)"라는 언급에서 보듯, 조지훈에게 시의 언어는 시정신의 형식인 동시에, 정신의 내부에 본래 갖추어져 있는 한 작용인 것이다. 조지훈은 이러한 언어관을 토대로 시적 언어의 근본 특질을 다음과 같이 요약하여 제시한다.

언어의 율동적 조형(造型)—이것이 예술로서 시의 개성이다. "우주의 생명적 진실이라는 시의 본질이 사상의 정서적 감동이라는 시의 작용을 통하여 언어의 율동적 조형이라는

13) 같은 책, 45-48쪽.

시의 표현을 갖출 때 여기 한 편의 시가 나타나는 것이다."[14]

조지훈은 '시의 본질'을 "우주의 생명적 진실"로 간주하고, '시의 작용'으로서 "사상의 정서적 감동"을 제시하며, '시의 표현'으로서 "언어의 율동적 조형"을 규명한다. 여기서 '시의 표현'으로서 "언어의 율동적 조형"은 조지훈이 시적 언어 표현을 '율동'과 '조형'의 융화와 통합적 차원으로 간주하고 있음을 의미한다. 즉 그는 시가 공간적·시각적·지적인 특징을 가진 미술적 성격과 시간적·청각적·정적(情的)인 특성을 가진 음악적 성격을 동시에 가지면서, 음악과 미술이 가지지 못하는 찰나의 움직임을 영원화하고 무한의 고요함을 찰나의 움직임으로써 표현할 수 있다고 파악하는 것이다.

4. 시의 창작방법론—착상, 구성, 현상

조지훈은『시의 원리』의 '2부(시의 인식)'에서 '시의 본질'인 '우주의 생명적 진실'을 담고 있는 '시정신'을 시적 언어로 표현하는 과정으로서 '시 창작방법론'을 제시한다. 즉 시인의 입장에서 시의 착상, 구성, 현상 등을 차례로 규명하는 것이다. 그는 우선 '시의 착상'으로서 시작을 통한 시인의 자아 발견이라는 관점에서 '시의 감수'를 언급하고, 시 창작에 대한 태도와 견해로서 '영감(靈感)'과 '주의력(注意力)'을 주목한다.

조지훈은 시 창작에 대한 태도와 견해의 양대 유형으로서 시를 움직이는 힘이 시인 자신의 밖에서 '영감'으로 온다는 관점과, 이와는 반대로 시인의 강력하고 침착한 '주의력'에서 온다는 관점을 전제한다. 시가 나를 쓴다는 '영감설'이 수동적 방법인 데 반해 내가 시를 쓴다는 '주의력설'은 능동적 방법이라고 볼 수 있다. 여기서 '영감설'은 '시는 감정의 자발적 분출'이라고 정의하면서 '감정'의 영역에 '상상력'과 '영감'을 포함시키는 낭만주의적 시관과 맞닿아 있으며, '주의력설'은 질서와 조화와 균형을 추구하며 이성적 사유를 중시하는 고전주의적 시관 및 '시는 장인의

---

14) 같은 책, 60쪽.

의도적 제작의 산물'이라고 간주하는 모더니즘적 시관과 맞닿아 있다. 그런데 조지훈은 이 '영감'과 '주의력'에 대해 다음과 같이 언급한다.

> 시의 창작은 실제로 봐서 영감과 주의력을 엄밀히 구분할 수는 없는 것이요 이 양자가 혼일(混一)되는 것이란 말이다. 영감은 우주의 무한광대(無限廣大)한 원주(圓周)를 무의식계(無意識界)라 하고 이 무의식계를 포에지의 세계로 본 다음, 시인의 자아를 그 원의 중심점으로 하여 자아의 중심점이 무의식의 원주 안에 용화되는 절대무의식의 상태를 최선의 방법으로 삼는데 반하여, 주의력(注意力)은 자아의 의식중심점을 확대하여 무의식의 원주(圓周)에까지 침식하는 완전의식의 상태를 최선의 방법으로 삼는 것이다.
>
> (…) 그러므로 영감과 주의력은 '의식과 무의식', '자기와 대상(對象)', '주관과 객관' 문제로 대치될 수밖에 없다.
>
> 나는 시의 감수(感受)되는 상태인 '생명의 고조'는 의식이 무의식화할 때, 무의식이 의식화할 때 어느 것에서나 다 가능하다는 것을 믿을 뿐 아니라 체험한다.[15)]

조지훈은 무한한 우주의 포에지를 무의식계로 보고, 자아의 중심점이 무의식 안에 용화되는 절대 무의식의 상태에 도달하는 것을 '영감'으로 파악한다. 그리고 자아의 의식 중심점을 확대하여 무의식의 원주(圓周)에까지 침식하는 완전 의식의 상태에 도달하는 것을 '주의력'으로 간주한다. 여기서 조지훈은 '영감과 주의력'을 '의식과 무의식', '자기와 대상', '주관과 객관' 등의 문제로 대치하는데, 조지훈 시론의 독창성은 "시의 감수(感受)되는 상태인 '생명의 고조'는 의식이 무의식화할 때, 무의식이 의식화할 때 어느 것에서나 다 가능"하다는 시 창작의 체험으로부터 '영감'과 '주의력'의 혼일(混一)을 주장하는 데 있다. 시 창작의 본질을 '의식과 무의식의 융화 운동'에서 찾는 관점은 유한과 무한이 통일하는 상태이자 자연과 인공이 교감된 상태로서 감성이 초감성화하는 상태를 의미한다.

이러한 조지훈의 시론에 대해 낭만주의와 고전주의 혹은 모더니즘적 관점이 혼재되어 논리적 모순을 노출한다고 지적하는 견해는 객관적 사실을 왜곡할 우려가 있다. 왜냐하면 시인의 내밀한 창작 체험 속에서 의식과 무의식, 자기와 대상, 주관

---

15) 같은 책, 72-73쪽.

과 객관이 융합되는 찰나적 경험이 가능하기 때문이다. 그리고 오히려 낭만주의와 고전주의 및 모더니즘 등의 서구적 시관을 하나의 고정된 척도로 간주하고 어느 하나의 영역에 시론을 한정하려는 태도 자체가 우려할 만하다고 볼 수 있다. '영감'과 '주의력'의 혼일을 주장하는 조지훈의 관점은 기존의 문예사조적 관점들을 전제하고 그것들을 통합하고 융화시키는 재구성을 통해 시 창작 과정의 은밀한 비밀을 규명한다는 점에서 오히려 독창성을 높이 평가할 수 있다. 더 나아가 조지훈은 '영감'과 '주의력'을 '자연'의 개념과 관련하여 동양적 예술전통의 관점에서 새롭게 해석하는 독창성을 보여 준다. 즉 조지훈은 '영감'을 "생활에서 스스로 찾은 것"이라는 관점에서 안에서 찾은 것이고, '주의력'을 "정신에서 저절로 이루어진 것"이라는 관점에서 절로 만들어지는 것이라고 새롭게 해석한다. 그리고 이 두 개념을 '자연(自然)'의 '자(自)' 자(子)가 가진 '스스로'와 '절로'라는 두 가지 뜻의 묘합(妙合)으로 이해한다. 이러한 관점은 조지훈이 서구적 개념의 문학론 및 시론에 구속되지 않고 그것을 동양적 전통예술의 개념과 상호 침투시키고 교섭시켜 보편시론으로 재구성하고 있음을 확연히 보여준다.

한편 조지훈은 '명의(命意)'라는 동양 시학의 개념을 통해 '시의 구성'을 논의하면서 시인의 재질로 느낌의 예민성, 생각의 천진성, 노력의 심각성을 들고 이 세 가지를 종합하여 '평범의 비범화'라는 시작 원리를 제시한다. 그리고 이 원리에 근거하여 시의 세 가지 기본 미학인 우아미, 비장미, 관조미를 설정한다. 조지훈에 의하면, '우아미'는 오성과 상상력, 목적과 감흥, 영혼과 육신, 내용과 형식, 주관과 객관을 융합시키는 조화와 일치의 미이며, 동양적 정신미의 최고 경지이다. 우아미는 고요한 아름다움 속의 즐거움으로서 고요한 것으로서 '맛'과 동적인 것으로서 '멋'으로 구분된다. '비장미'는 슬픔의 힘이 동반되지 않을 때 센티멘탈리즘이 되고, 슬픔의 힘을 가지고 동적일 때 장엄미가 된다. '우아미'는 다시 화사한 쾌락미와 부박한 골계미로 나누어지고, '비장미'는 다시 퇴폐미와 투쟁미로 나누어진다. '관조미'는 서구 시의 경우 흔히 '위트(wit)'를 중시하는 주지주의 시에서 나타나고, 동양의 경우 '적(寂)'을 중시하는 선운파(禪韻派)에서 나타난다. 우아미가 정서적이고 비장미가 의지적이라면 관조미는 지적이라고 할 수 있다. 조지훈은 이처럼 우아미, 비장미, 관조미를 중심으로 시의 세 가지 기본 미학을 제시하면서도 다음과 같이 언급한다.

> 시가 되고 안 되는 것이 문제지 우아니 비장이니 낭만주의니 주지주의니 순수니 공리(公利)니 하는 것은 무슨 소용이 있는가. 시를 짓는 것이 이미 지(知)·정(情)·의(意)가 합일된 작용이라면 어느 시든 조화와 의욕과 상징이 아주 없는 것은 정말 전혀 있을 수 없을 것이다. 그러므로, 실제 우리가 접할 수 있는 시는 대개 이 세 가지 미의 배합에서 오는 색채미(色彩美)일 것이다.16)

조지훈은 우아미, 비장미, 관조미 등의 미학적 관점뿐만 아니라 낭만주의, 주지주의 등의 문예사조적 관점이나 순수, 공리(公利) 등의 문학적 입장에 대해서도 큰 비중을 두지 않는다. 다만 "시가 되고 안 되는 것이 문제"라는 표현은 미학적 관점, 문예사조적 관점, 문학적 입장 등의 특정한 이론적 규정 및 정의에 구속되지 않고 시 창작 과정의 내밀한 체험을 주체적으로 정립하려는 의도로부터 조지훈의 시론이 생성됨을 확인시킨다. 그리고 "시를 짓는 것이 이미 지(知)·정(情)·의(意)가 합일된 작용"이라는 말과 "시는 대개 이 세 가지 미의 배합에서 오는 색채미(色彩美)"라는 말은 부분들의 '통합'과 '융화'를 추구하는 조지훈 시론의 원리를 상기시킨다.

이어서 조지훈은 '혼돈의 질서화'와 '복잡의 단순화'라는 방법론에 근거하여 생략과 부연, 해조(諧調)와 변조(變調), 과장과 반복을 중심으로 시작 기법으로서 '시의 현상'을 규명한다. 조지훈에 의하면, 시 표현의 제1원리는 '생략'이다. 예술 일반의 공통적 본질인 '혼돈의 질서화'는 먼저 생략을 바탕으로 한다. 생략의 시는 소극적이고 자극적이며 함축적인 반면, 부연의 시는 적극적이고 율동적이며 서술적이다. 그러므로 비장미의 애수, 우아미의 아려(雅麗), 관조미의 고담(枯談)은 생략만으로 이루어질 수 있지만, 장엄한 시의 곤곤(滾滾)한 율조, 풍류(風流)로운 시의 휘영청거리는 멋, 침중한 시의 묵직한 격은 극도의 생략만으로 불가능하고 오히려 적절한 언어 부연으로써 이루어진다. 조지훈은 시 표현의 제2원리인 '해조'에 대해 다음과 같이 서술한다.

> 시형식이 다른 문학과 구별되는 또 하나의 특질을 나는 언어의 율동적 조형이라고 말하였다. 시는 애초에 노래에서부터 비롯되었고 노래가 문자를 가지기 전에는 청각에 의

---

16) 같은 책, 100쪽.

한 감동이었다. (…)

시는 언어 예술이란 그 하나만으로도 벌써 미술성을 음악성 아래 포함시키지 않을 수 없게 되는 것이다. 그 음악성의 최대 요소가 시에서 해조(諧調)로 나타나는 것이다. 그 해조 안에 향기와 빛과 소리가 일치하는 계기가 있는 것이다.[17]

조지훈은 시 형식의 한 특질을 "언어의 율동적 조형"이라고 지적한다. '율동'과 '조형'은 각각 시의 음악적 특성과 미술적 특성을 의미하는데, 그는 이 둘의 조화와 결합으로 시 형식의 특성을 파악하는 것이다. 그런데 이 두 가지 요소 중에서 조지훈의 시론은 음악성, 즉 해조에 무게중심을 두고 있다. 애초에 노래에서 비롯된 시는 문자 발생 이후 시각적 형자(形姿)를 육체적 외현으로 삼게 되면서 조형적 성격이 부가되었다. 따라서 "시는 노래하는 정신의 그림이요, 조각하는 마음의 음악"이듯이 '언어의 율동적 조형'으로 양자가 긴밀히 결합되어 있지만, 미술성을 음악성 아래 포함시키지 않을 수 없다는 것이 조지훈의 생각이다. 이는 정형시와 자유시를 막론하고 시를 형성하는 음악적 요소로서 '해조'를 강조하는 관점으로 이어지는데, 산문의 흐름에 맞서 시정신을 회복해야 한다는 조지훈의 기본 관점과도 연결된다. 그리고 조지훈은 '해조'가 잘 조화된 율조로서 일종의 정형이라면, '변조'는 해조가 파탄된 것이라고 설명하면서 "파탄의 미(美)로서 해조 아닌 변조(變調)가 새로운 해조를 형성할 수도 있다"라고 언급한다. 이런 언급은 개성에서 우러난 변조미도 종래에 없는 새로운 해조의 창조에서만 가능하다는 관점으로서, 변조보다 해조에 무게중심을 두고 있음을 짐작케 한다.

조지훈에 의하면, 시 표현의 제3원리는 '과장'이다. 상상적 실현, 즉 외계의 현실에는 없는 가감(加減)으로써도 강력한 진실감을 불러일으킬 수 있다. 과장은 사상(事象)의 핵심 되는 진실을 표현하기 위해 있는 그대로가 아니라 더 강조하기 위한 일체의 수사(修辭)를 통칭하는 개념이다. 조지훈은 의인(擬人), 의물(擬物), 의태(擬態), 의성(擬聲)은 물론 일체의 비유와 수사의 적절한 사용을 과장이라 부른다. 따라서 이 용어는 통념적인 과장이 아니라 '그것 아닌 것을 통해서 그것의 진실을 보이는 언어적 방편'이라는 뜻으로 사용된다. 동어반복과 유어반복(類語反復)으로 대표

17) 같은 책, 112-113쪽.

되는 '반복'이 '해조'의 귀결이라면, '과장'은 '생략미'의 심연(心然)한 귀결이라고 볼 수 있다.

5. 시의 가치론—위치, 윤리, 감상

조지훈은 『시의 원리』의 '3부(시의 가치)'에서 문학 장르론과 시 장르론의 관점에서 문학의 원형이자 산문과 구별되는 시의 본성으로서 '시의 위치', 충족과 정화 작용에 대하여 무자각적 의욕인 파토스를 강조하는 '시의 윤리', 창조적 감상으로서 '시의 감상'을 제시한다. 그는 우선 문학의 원시적 발생을 운문과 음악과 무용이 종합된 민요무용에서 발견하고, 정신 내용면에서 토의 문학인 산문과 창조문학인 시를 구별하며, 표현 형식면에서 산문과 운문을 구별한다. 조지훈은 시와 산문의 구별을 문학정신, 즉 창작정신의 유무로써 문학의 본질적 의의를 해명하는 것이라고 강조하면서 다음과 같이 언급한다.

> 우리의 시 전통은 향가(鄕歌) 이래 순연(醇然)한 서정시에 있으므로 이와 같은 시의 독립 운동은 서구에서처럼 그렇게 절실한 문제는 아니나 근자에 보이는 시의 산문에의 굴복과 해소적 경향은 이러한 상징파 운동을 타산지석(他山之石)으로 삼아야 할 것이다. 아무리 광대한 산문예술에 압도되더라도 좁으면서도 치밀한 서정성과 비평성(批評性)의 일치에서 오는 연금(鍊金)—그것이 현대시가 소생하는 최후의 보루(堡壘)이다. 아니 근원적인 형식이다. 시의 멸망을 염려하여 타협과 몰입을 뜻하는 것은 범용(凡庸)한 시인의 타락에의 첫 길이라 할 것이다. 시와 산문의 대결-그것은 본디 하나이지만 나눠진 뒤에는 제 스스로의 힘으로 영원히 존속하는 또 하나 각기 다른 생명이다.[18)]

조지훈은 운문과 산문의 차이는 단지 리듬의 차이에 불과하지만, 리듬의 차이가 생각의 차이에서 규정되는 곳에 시 생명의 입지가 있다고 본다. 즉 시와 산문의 창작문학 내부에서의 분열은 표현 형식면이 아니라 오히려 정신 내용면에서 비롯된

---

18) 같은 책, 132-133쪽.

다는 것이다. 이런 차원에서 조지훈은 시 가운데 가장 순수한 형태를 '서정시'라고 간주하고, 서사시, 극시, 사상시(思想詩)가 모두 산문의 발달과 함께 산문 속에 해소되어 버릴 운명에 놓여 있다고 지적한다. 따라서 조지훈은 한국시의 전통은 서정시에 있으며, 산문에 대한 시의 굴복과 해소적 경향을 치밀한 서정성과 비평성의 일치에서 오는 연금(鍊金)으로 극복해야 한다고 요청한다. 조지훈에게 있어 "시와 산문의 대결"은 본디 하나였던 시의 본질이자 원형인 서정시로의 회귀를 통해 극복되어야 하는 것이다.

이처럼 조지훈은 '시와 산문의 구분'을 '운문과 산문의 구분'으로 연결시키면서 시는 본질상 '음률'에 생명적 의의가 있다고 강조한다. 그리고 현대시, 즉 자유시를 운문과 산문의 중간에 위치하는 바 운문정신이 산문 형태로 표현된 시라고 설명하면서, '율문(律文)'이라는 명칭을 편의상 붙인다. 그는 시의 형식이 운율의 파동을 희구하므로 음률과 음조(音調)를 시의 필연한 형식으로 간주하고, 결국 시는 운율의 정서가 사상의 의미를 영도한다는 관점에서 시적 율격의 중요성을 강조한다. 이런 차원에서 그는 시의 율격인 '외형률'과 '내재율'에 대해 다음과 같이 언급한다.

> 우리가 시의 분류를 시험한다면 대개 두 가지 면에서 이를 고찰할 수 있을 것이니, '외형률(外形律)', 곧 시의 나타난 형식의 면에서 보는 것이 그 하나요, '내재율(內在律)', 즉 시의 읊어진 내용의 면에서 보는 것이 그 다른 하나이다.
>
> 전자를 2대별하여 '정형시'와 '자유시'로 나누고 후자를 양분하여 '서정시'와 '서사시'로 쪼개는 것은 가장 일반적인 분류법일 뿐 아니라 그만큼 정곡(正鵠)을 얻은 간편한 방법이기도 하나 나는 약간의 사견에 의거함으로써 외형률의 면에서 '정형시'와 '자유시'와 '산문시', 내재율의 변에서 '서정시'와 '서경시(敍景詩)'와 '서사시'의 3대 분법(分法)을 취하는 것이 타당하다고 본다.[19)]

조지훈은 시를 분류할 때 형식의 측면에서 '외형률'과 내용의 측면에서 '내재율'로 나누고, 다시 외형률의 측면에서 '정형시'와 '자유시'와 '산문시', 내재율의 측면에서 '서정시'와 '서경시(敍景詩)'와 '서사시'로 구분한다. 여기서 주목할 점은 '서경

---

19) 같은 책, 141쪽.

시'를 시 내용의 측면인 '내재율'의 한 유형으로 설정하는 대목이다. 조지훈은 서정시 안에 서경시가 포함되는 것이 타당하지만, 한편으로는 서정시가 주관적 표현인 데 비해 서경시는 객관적 묘사의 측면이 두드러져서 오히려 서사시의 진술에 통하는 면이 강하기 때문에, 서경시를 서정시와 서사시의 중간 위치에 둔다고 언급한다. 이런 관점은 통상적으로 '극시'를 제시하는 자리를 '서경시'로 대치한 것으로서, 시의 음악적 특성인 '해조'를 강조하는 조지훈의 입장에서 볼 때 예외적이라고 볼 수도 있다. 그러나 이것은 시 형식의 특질을 "언어의 율동적 조형"으로 파악하면서 '음악성'과 '회화성'이라는 양극의 조화와 균형을 중시하는 조지훈 시론의 원리를 확인시킨다.

조지훈은 정형시의 율격을 크게 음성률(音性律), 음위율(音位律), 음수율(音數律)로 나누어 각각을 설명한다. 음성률이란 음의 성질, 즉 음의 장단·고저·강약을 가려서 배율(配律)하는 것으로서 한시(漢詩)의 평측법(平仄法)이 예가 되고, 음위율은 음의 위치, 즉 두(頭)·요(腰)·각(脚) 등 정해진 위치에 비슷한 음을 반복하여 이루는 음악적 율격으로서 한시와 영시(英詩)의 압운법(押韻法)이 예가 되며, 음수율은 음절의 수, 즉 자(子)·구(句)·행(行)을 구성함에 일정한 수를 배열하는 율격으로서 한국의 시조가 예가 된다.

한편 조지훈은 시의 효용적 측면에서 비극의 인생에 대한 효용을 '카타르시스(katharsis)'에 있다고 본 아리스토텔레스의 견해를 인용하면서도, 예술이 주는 효용은 우리가 예술을 창작하거나 감상함으로써 새로운 진실과 선(善)과 미(美)를 깨닫고 그 용해융합(溶解融合)의 정조 속에서 자아의 모순을 극복하며 정신의 파괴된 균형을 복구하고 이해득실의 염(念)을 초월할 수 있기 때문이라고 말한다. 더 나아가 조지훈은 예술과 물질적 효용을 혼동하는 견해의 착오를 지적하면서 원시예술이 실상은 실질적 목적 이상으로 자기표현 내지 자기 고양(高揚)을 지향했을 것이라고 강조한다. 조지훈은 예술의 충족 작용과 정화 작용의 양면에서 실질적 목적 이상의 가치를 시 창작 자체가 가진 자기표현 및 자기 고양의 측면에 비중을 두고 있는 것이다. 그리하여 조지훈은 충족 작용으로서의 '유희'와 정화 작용으로서의 '효용'에 대하여 무자각적 의욕인 '파토스'를 강조하면서 다음과 같이 피력한다.

이와 같이, 예술은 유희(遊戲)이기에는 그 창조의 동기가 너무나 절실하고 심각하며, 효용이기에는 그 창조의 의미가 너무나 잉여적이요, 비실질적이기도 하다. 그러므로, 예술활동 곧 문학의 창작행위는 그 결과 속에 가치를 발견하는 목적적 활동인 것이요, 그 동력은 '파토스'인 것이다. 파토스는 '인간의 생물학적 존재의지 속에 그 고향을 두는 자아균형 유지의 무자각적(無自覺的) 의욕'이라 할 것이다.[20]

조지훈은 예술 및 문학의 창작행위를 '유희'와 '효용'의 관점으로 이해하기보다는 "그 결과 속에 가치를 발견하는 목적적 활동"으로 이해하고, 그 동력을 "파토스"에서 찾는다. 여기서 주목할 부분은 파토스를 "무자각적(無自覺的) 의욕"이라고 정의하는 데서 알 수 있듯, 문학 창작이 어떤 목적을 염두에 두지 않는 무목적적이고 무의식적인 의욕의 소산이라고 이해한다는 점이다. 그리고 "인간의 생물학적 존재의지 속에 그 고향을 두는 자아균형 유지"라는 전제에서 알 수 있듯, 이 무목적적이고 무의식적인 의욕인 파토스가 결국은 인간의 생물학적 존재 의지 및 자아균형의 유지라는 근거를 충족시킨다고 이해한다는 점이다. 사실 이 두 가지 관점은 공존하기 어려운 이율배반성을 지닌 것 같지만, 조지훈의 시론 내부에서 이 모순은 해소될 수 있다. 왜냐하면 그는 문학을 유한을 계기로 이루어지는 무한자의 의욕의 표상으로 파악하기 때문이다.

결국 조지훈은 이런 관점에서 실질적 목적 이상으로 자기표현 및 고양을 지향하는 '시의 목적'과, 예술성을 통해 공리성에 이바지하는 '시의 생활'을 통해 '시의 윤리'를 제시한다. 그리고 그는 시인과 독자, 즉 창작과 감상 사이의 관계에서 구심적 공감의 세계, 창조적 감상의 태도, 원심적 괴리의 경지를 구분하고, '관조'와 '향수'와 '평가'라는 세 기능의 복합적 결합으로 이루어지는 시 감상의 측면을 '음미(吟味)'라는 개념으로 규정하며, 시의 외현적 육체인 '언어→형식→구성', 그 속에 담긴 내재적 정신인 '취재(取材)→심경→사상', 이를 위한 보조 방법인 '시인→시대→사회'라는 세 계열의 종합으로 이해가 진행되는 시 감상의 차원을 해명한다. 그러나 조지훈은 결국 시인·시대·사회를 초월해 버리고, 취재·심경·사상을 몰라도 아름다우며, 언어·형식·구성을 분석하지 않아도 즐거운 것이 시라고 언급하면서 시 감상은 이러한 높은 사랑의 경지에 들어가야 한다고 역설한다.

---

20) 같은 책, 160-161쪽.

6. 맺음말

지금까지 이 글은 『시의 원리』(1953)를 중심으로 조지훈 시론을 부분과 전체를 융합하는 보편성의 관점에서 고찰하여, 조지훈이 동서양의 사상과 문학이론을 아우르는 '보편시론'을 어떻게 정립하는지 살피려 했다.

『시의 원리』의 '1부(시의 우주)'는 전체적으로 '시란 무엇인가?'라는 질문에 대한 대답으로서 '시의 존재론'을 규명하는 듯하지만, 여기서 '존재론'은 작품 자체의 관점만을 의미하지 않고 시의 본질과 진실로서의 '생명', 시의 원천과 독자성과 사명으로서의 '감성', 시의 질료와 형식으로서의 '언어'를 제시한다는 점에서 에이브럼스적 관점의 '모방론', '표현론', '존재론', '효용론'을 모두 포함하고 있다. 자연미와 예술미를 상호 교섭적인 관계망으로 파악하는 조지훈의 관점은 서구적 문학관으로서 모방론과 표현론을 아우르며, 더 나아가 고전주의 문학관과 낭만주의 문학관을 포괄하는 통합과 융화의 시관을 보여준다. 그리고 '시정신'과 '시인'과 '시작품'은 서로 매개하고 통일하고 교섭한다고 파악하는 점에서 조지훈은 '비분리의 시학'을 지지한다. 이러한 시관의 연장선에서 우주와 인간과 대상 사이의 '통합'과 '조화'와 '질서(코스모스)'를 추구하는 '동일성의 시학'은 조지훈 시관의 근본적 입지점을 형성한다. 조지훈은 내용과 형식의 관계에서 내용 우위의 시관을 가지면서도 형식적 언어 표현의 중요성을 견지한다. 언어를 표현의 차원으로만 보지 않고 내용의 차원으로도 파악하는 관점은 조지훈 시론의 비범성을 말해 주는 것으로서 성경적 언어관 및 벤야민의 언어관과도 상통하는 측면이 있다. 조지훈은 '시의 본질'을 '우주의 생명적 진실'로 간주하고, '시의 작용'으로서 '사상의 정서적 감동'을 제시하며, '시의 표현'으로서 '언어의 율동적 조형'을 규명한다.

『시의 원리』의 '2부(시의 인식)'는 전체적으로 '시란 어떻게 감수하는가?'라는 질문에 대한 대답으로서 '시의 인식론'을 규명하는 듯하지만, 여기서 '인식론'은 시작품을 감수하는 독자의 입장이 아니라 시정신을 언어로 표현하는 시인의 입장에서 시의 착상, 구성, 현상 등을 규명한다는 점에서 '시 창작방법론'이라고 볼 수 있다. 이것은 에이브럼스적 관점의 '모방론'과 '표현론'을 포함하고 있다. 시 창작의 본질을 '의식과 무의식의 조화운동'에서 찾는 관점은 유한과 무한이 통일하는 상태이자 자연과 인공이 교감된 상태로서 감성이 초감성화하는 상태를 의미한다. 이러한 조지훈의 시론에 대해 낭만주의와 고전주의 혹은 모더니즘적 관점이 혼재되어 논리적 모순을 노출한다고 지적하는 견해는 객관적 사실을 왜곡할 우려가 있다. '영감'과 '주의력'의 혼일을 주장하는 조지훈의 관점은 기존의 문예사조적 관점들을 전제하고 그것들을 통합하고 융화시키는 재구성을 통해 시 창작 과정의 은밀한 비밀을 규명한다는 점에서 오히려 독창성을 높이 평가할 수 있다. 더 나아가 그는 '영감'과 '주의력'을 '자연'의 개념과 관련하여 동양적 예술전통의 관점에서 새롭게 해석하는 독창성을 보여 준다. 조지훈은 우아미, 비장미, 관조미 등의 미학적 관점뿐만 아니라 낭만주의, 주지주의 등의 문예사조적 관점이나 순수, 공리(公利) 등의 문학적 입장 등의 특정한 이론적 규정 및 정의에 구속되지 않고 시 창작 과정의 내밀한 체험을 주체적으로 정립하고자 한다. 조지훈은 시 형식의 특질을 "언어의 율동적 조형"이라고 지적하면서 음악성, 즉 해조에 무게중심을 두고 있다. 이는 정형시와 자유시를 막론하고 시를 형성하는 음악적 요소로서 '해조'를 강조하는 관점으로 이어지는데, 산문의 흐름에 맞서 시정신을 회복해야 한다는 조지훈의 기본 관점과도 연결된다.

『시의 원리』의 '3부(시의 가치)'는 '시는 무슨 보람이 있는가?'라는 질문에 대한 대답으로서 '시의 가치론'을 규명하는 듯하지만, 여기서 '가치론'은 수용미학적 관점의 효용론을 의미하지 않고 문학의 원형이자 산문과 구별되는 시의 본성으로서 율격의 관점에서 '시의 위치', 충족(유희)과 정화(효용) 작용에 대하여 무자각적 의욕인 파토스를 강조하는 '시의 윤리', 창조적 감상으로서 '시의 감상'을 제시하고 있는 점에서 문학 장르론과 시 장르론뿐만 아니라 에이브럼스적 관점의 '존재론'과 '효용론'을 포함하고 있다. 조지훈은 시와 산문의 구별을 문학정신, 즉 창작정신의 유무로써 문학의 본질적 의의를 해명하는 것이라고 전제하고, 시 형식의 새로운 창조는 산문에의 귀화를 끝까지 거부하며, 시와 산문의 대결은 시의 가장 순수한 형태, 즉 본디 하나였던 서정시를 회복하는 회귀의 과정을 통해 극복되어야 한다고 강조한다. 그리고 그는 시를 분류할 때 외형률의 측면에서 '징형시'와 '자유시'와 '산문시', 내재율의 측면에서 '서정시'와 '서경시(敍景詩)'와 '서사시'로 구분한다. '서경시'를 시 내용의 측면인 '내재율'의 한 유형으로 설정하는 것은 시의 음악적 특성인 '해조'를 강조하는 조지훈의 입장에서 볼 때 예외적이라고 볼 수도 있지만, 시 형식의 특질을 "언어의 율동적 조형"으로 파악하면서 시의 '음악성'과 '회화성'을 통합하려는 그의 균형감각을 보여 주는 것이다. 조지훈은 예술 및 문학의 창작행위를 '유희'와 '효용'의 관점으로 이해하기보다는 "그 결과 속에 가치를 발견하는 목적적 활동"으로 이해하고, 그 동력을 "파토스"에서 찾는다. 문학 창작이 어떤 목적을 염두에 두지 않는 무목적적이고 무의식적인 의욕의 소산이라고 이해하는 것과, 이 파토스가 결국은 인간의 생물학적 존재 의지 및 자아 균형의 유지라는 근거를 충족시킨다고 이해하는 것은 이율배반성을 지닌 것 같지만, 조지훈은 문학을 유한을 계기로 이루어지는 무한자의 의욕의 표상으로 파악하기 때문에 그의 시론 내부에서 이 모순은 해소될 수 있다.

결국 이 글은 『시의 원리』가 보여 주는 전체적 구성과 내용을 세밀히 고찰함으로써 조지훈의 시론이 에이브럼스가 설정한 문학론의 좌표인 모방론, 표현론, 존재론, 효용론을 모두 포함하고 있으면서도 각 영역이 분리되지 않고 상호 연관적으로 혼융되어 있으며 보다 유연하고 관계 지향적이라는 점을 살폈다. 그리고 동양적 전통과 서구적 현대, 민족문학과 세계문학, 순수문학과 참여문학, 고전주의와 낭만주의 등의 대립 항에서 단순히 어느 하나의 영역으로 한정하거나 환원되기 어려운 조지훈 시론의 복합성과 상호 관련성은 동서양의 사상과 문학이론을 아우르는 '보편 시론'을 정립하고자 하는 일관된 추구에서 기인한다는 점을 확인하였다.

참고문헌

조지훈. 『시의 원리—조지훈 전집 2』. 나남출판, 1996.

강웅식. 「허무와 초월-조지훈의 생명시론」.『텍스트에서 경험으로』. 새미, 2003.

고형진. 「순수시론의 본질과 전개과정—박용철과 조지훈의 순수시론을 중심으로」.『현대시』 76호, 1996. 4.

권영민. 「조지훈과 민족시로서의 순수시론」.『한국민족문학론 연구』. 민음사, 1988.

김윤식. 「유기체 시론 비판—한국근대시론 검토」. 『한국학보』(일지사) 제4집 4호(1978), 141-142쪽.

김윤태. 「한국 현대시론에서의 '전통' 연구—조지훈의 전통론과 순수시론을 중심으로」. 『한국전통문화연구』(한국전통문화대학교 한국전통문화연구소) 13집(2014). 209-233쪽.

김인환. 「전통과 창조」. 『어문논집』(안암어문학회) 제26집 1호(1986). 49-59쪽.

______. 「조지훈론」. 『다른 미래를 위하여』. 문학과지성사, 2003.

______. 「동아시아 문학교육의 전통」. 『의미의 위기』. 문학동네, 2007.

김흥규. 「민족문학과 순수문학」. 『한국문학의 현단계 Ⅳ』. 백낙청·염무웅 편. 창작과비평사, 1985.

박호영.「조지훈 시론 연구—유기체 시론을 중심으로」.『한국현대시론사』. 한국현대문학연구회 편. 모음사, 1992.

이미순.「조지훈의 유기체론」,『조지훈』. 최승호 편. 새미, 2003.

이찬.「20세기 후반 한국현대시론 연구」(박사학위논문, 고려대학교, 2004).

이상섭.『문학의 이해』. 서문당, 1972.

_____.『문학이론의 역사적 전개』. 연세대 출판부, 1975.

정효구.「유기체 시론의 의미」.『시와 젊음』. 문학과비평사, 1989.

최승호.「조지훈의 시학에 있어서 형이상학적 관점」.『관악어문연구』(서울대 국어국문학과) 16집(1991). 244-250쪽.

_____.「조지훈 순수시론의 몇 가지 이론적 근거」.『한국현대시론사』. 한국현대문학연구회 편. 모음사, 1992.

_____.「전통서정시학의 현대적 의미」.『20세기 한국시론 1』. 글누림, 2006.

하상일.「조지훈의 비평의식과 서정시론 연구」.『한국문학이론과비평』(한국문학이론과비평학회) 제35집(2007). 85-103쪽.

Abrams, M. H. *The Mirror and the Lamp*. London: Oxford University Press, 1953.

Adams, Hazard. *The Interests of Criticism*. New York: Harcourt, 1969.

Hernadi, Paul. *Beyond Genre*. Ithaca and London: Cornell University Press, 1972.

「조지훈 시론의 보편성 연구」에 대한 토론문

장만호

1.

조지훈의 『시의 원리』는 동서양의 철학과 문학 이론을 종횡하며 이질적이거나 상호 대치되는 시학적 요소들을 통합시킨 한국의 대표적인 시론서라 할 수 있다. 인간으로부터 자연과 우주로 확산하는 논리적 체계를 갖추면서도 한편으로는 자유로운 비약을 통해 시적 사유의 전형을 보여 주기도 한다. 『시의 원리』를 관통하고 있는 이 두 가지 특징, 즉 논리적 구성과 자유로운 비약의 상충적 구성은 조지훈의 사유가 갖는 매력이면서 동시에 세밀하고 호방한 이중적 독해를 요구하는 특징이기도 하다. 이런 점에서 하나의 작은 우주라 할 수 있는 『시의 원리』를 이해하기 위해서는 조지훈 시론의 골격을 헤아리고, 이론을 구성하는 하위 요소들을 체계적으로 재분류하며, 비약하는 진술들의 의미적 연관을 짚어 나감으로써 체계적인 설명에 이르러야 한다. 발표자는 이 같은 이해와 작업을 바탕으로 조지훈의 시론을 설명하고 있으며 결론적으로 그의 시론이 '보편성'을 획득하고자 하는 기획을 통해 구성된 것이라고 보고 있다.

보편성이란 일반적으로 두 가지 의미를 포함하고 있는 것으로 생각할 수 있다. 먼저 보편성이란 불변성의 의미, 즉 가변성과 우연성의 영역을 초월한 곳에서 그 본질적인 성격을 유지하고 있는 불변하는 체계이다. 이 경우 조지훈의 시론이 지니는 보편성이란 우연적 계기에 의해 훼손되지 않는, 지속적인 체계라고 이해될 수 있다. 보편성에 대한 다른 하나의 의미는 상호주관적인 동의 가능성이다. 특수와 개별은 그 자체로 고립되어 있지만 보편성에 의해 동의와 연결이 가능하며, 이로써 소통 가능한 열린 체계의 일부가 된다. 결국 조지훈 시론이 보편성을 지향한다는 것은, 동의할 수 있고 소통 가능하며 지속적인 열린 체계를 추구하고 있다는 것을 의미한다고 할 수 있다. 발표자의 이 같은 관점에 전체적으로 동의하며, 몇 가지 질문을 통해 세부적인 이해에 도달하고자 한다.

2.

조지훈의 『시의 원리』는 한국시론사에서 돌올한 위용을 자랑하지만 그것이 갑작스레 돌출된 것은 아니다. 익히 알고 있듯이 『시의 원리』는 그의 나이 스물여덟, 그러니까 "1947년 늦은 봄부터 그해 여름에 걸쳐 십수회 매주 일요일 문화강좌시간을 이용하여 시의 창작과 감상 이란 제목아래 강연한 방송원고"로 쓰여졌고, 일정의 수정을 거쳐 1953년에 발간된다. 그리고 1959년에 재발간된다. 그 탄생 시기를 고려한다면, 『시의 원리』는 해방과 전쟁, 그리고 1950년대의 문단이라는 한국 문학사의 변곡점이 산출한 산물이라고 할 수 있다. 조지훈 시론의 보편성이란 바로 1930년대말에 등단한 시인이 해방기의 민족문학과 순수문학 논쟁, 전쟁의 참화와 이데올로기의 대립, 전후 새로운 문학의 모색과 같은 일련의 문학사적 흐름에 적극적으로 참여하면서 '동의할 수 있고 소통 가능하며 지속적인 열린 체계'의 필요성을 인식하고 이를 겨냥한 것이라고 생각된다. 발표자도 "조지훈의 『시의 원리』는 착종된 시정신 및 시론에 대응하기 위해" 보편시론을 지향한 것이라고 말하고 있다. 조지훈이 극복하고자 했던 "착종된 시정신 및 시론"이란 구체적으로 어떤 것이라고 생각하는지 듣고 싶다.

3.

다음으로는 내용과 형식의 관계이다. 발표자는 (조지훈이) "시의 '태반'으로서 먼저 '저 자신의 사상'을 가지라고 요구하는데, 이것은 일단 언어 표현보다 내용을 우선하는 시관이라고 볼 수 있다. 조지훈에게 있어 시의 원천은 '자신의 사상'인데, 그는 이것을 '우주의 생명의 직관(直觀)에 통하는 길'이라고 정의한다"라고 설명하고 있다. 이 같은 표현의 맥락상 발표자는 지훈의 시론이 '언어 표현보다 내용을 우선하는 시관'이라고 이야기하는 듯하다. 이는 조지훈의 시론이 형식에 우선하는 내용, 내용 우선주의, 혹은 내용 선행주의로 이해될 수 있는 여지를 갖게 한다. 그러나 주지하듯 최초의 시론인 「해방시단의 과제」(청년문학가협회 창립대회)로부터 시작하여 조지훈의 초기 시론들은 민족문학과 순수문학의 입장에서 좌익문단의 편내용주의, 내용 우선의 '뼈다귀시'를 비판해 왔다. "오늘 우리가 쓰는 문학이란 개념은 형식적으로 봐서 문학으로 쓰여진 것이면 다 문학이라 한다든가 내용적으로 사람의 관념을 기록한 것이면 다 문학이라는 그런 생각 우에서 있는 것이 아니고 언어문학으로 창조되지만 예술의 영역 속에 드는 문학, 바꿔 말하면 형식으로나 내용으로나 보담도 양자의 일체화된 점에서 문학은 벌서 자신의 독자적 체계를 세우게 된 것"(「문학의 예술성과 공리성」, 『백민』, 1949)이라는 지훈의 주장은 이 같은 맥락에서 이해된다. 지훈은 여기서 형식과 내용의 일치를 주장하고 있는 셈인데, 앞에서 언급했듯이, 조지훈 시론의 가장 큰 특징 중의 하나는 동서양을 통합하고, 비약을 감행하는 언술을 통해 모순적이고 상호 대치적인 요소들을 통합하는 사유에 있다고 생각한다. 내용과 형식의 문제 역시 그런 것은 아닐지 추측하게 되는데, 이에 대해 발표자의 보충 설명을 듣고 싶다.

조지훈과 혜화전문학교*

식민지 고등교육 이원 구조와 조선학 학술장을 중심으로

송현지

1. 들어가며—'혜화전문학교'라는 공백의 기록

조지훈은 1939년 1월 30일, 혜화전문학교[1]의 교지 『룸비니』 제3집에 「된소리기사에 대한 일고찰—쌍서와 된시옷은 어느 것을 취할까」를 싣는다. 『룸비니』에 실린

* 이 글은 2020년 10월 16일에 개최된 〈조지훈 탄생 100주년 기념 포럼〉에서 발표한 글을 수정·보완한 것이다. 당시 토론을 통해 유익한 조언을 해주신 박헌호 선생님께 감사의 말씀을 올린다.

1) 1940년 6월, 중앙불교전문학교가 혜화전문학교로 개칭되었기에 정확히 말하자면 『룸비니』는 중앙불교전문학교의 교지이다. 그러나 조지훈이 이곳에 재학 중 이와 같이 교명이 바뀌었다는 점에서 이 글은 논의의 통일성을 위해 이를 '혜화전문학교'로 통칭하고자 한다. 다만, 두 학교의 변경된 학제 등을 논의할 때는 이를 구분하여 서술하도록 하겠다.

유일한 국어학 학술 논문인 이 글은 식민지 말기부터 1960년대까지 이어졌던 그의 한국학 연구 기간 동안 그가 발표한 첫 번째 글이었다.

시인 조지훈에 익숙한 우리에게 조지훈이 『문장』지에 추천을 받기 몇 개월 전 이와 같은 국어학 논문을 발표하였다는 사실은 그가 시인보다 국학자로서의 정체성을 먼저 가졌다는 점에서 우리의 눈길을 끈다. 또한 여러 학문의 영역을 넘나들며 민족문화를 탐구하고 그 체계를 세우고자 했던 조지훈이 국어학에서부터 학술 활동을 시작하였다는 사실은 그의 여러 논고가 어원에 대한 고찰을 중요한 방법론으로 삼고 있다는 점을 상기시키며 그러한 방법이 그의 연구 초기부터 있었던 국어학에 대한 관심에서 비롯되었음을 짐작하게 한다.

그런데 이 글이 조지훈의 첫 학술 논문을 서두에 가져온 것은 그것의 내용과 의의를 살펴보기 위함이 아니라 그것의 서지사항에 주목하기 위함이다. 그것은 이 서지사항이 그간 조지훈의 학문을 논의하는 과정에서 소외되었던 한 지점, 그러니까 그의 첫 학술 활동이 식민지 말기, 좀 더 정확히 말하자면 1934년의 조선학운동 이

---

2) 이는 조지훈 연구에서 상대적으로 활발하게 이루어진 그의 문학에 대한 논의들에서도 마찬가지이다. 유일하게 서익환만이 혜화전문학교의 입학이 조지훈의 생애에서 가진 의미를 그가 최초로 정규교육과정을 밟았다는 사실과 함께 구체적으로 언급할 뿐이다. 서익환은 조지훈의 혜화전문학교 학적부를 열람함으로써 이 글이 참고할 만한 중요한 기록들을 제시하여 주었을 뿐만 아니라 이를 바탕으로 이 시절의 조지훈의 생활을 재구성하는 등 주목할 만한 성과를 보여 주었다. 그러나 그는 조지훈의 혜화전문학교에서의 수학이 "조지훈의 시정신을 공고하게 확립시키는 획기적 전환점"이라는 점을 지적하면서도 그것의 의미를 "유교적 휴머니즘이 불교적 사상과 만나게 된 것"에 한정하고 있다는 점에서 아쉬움을 남긴다(서익환, 『조지훈 시와 자아·자연의 심연』, 국학자료원, 1998, 41-42쪽). 한편, 김윤식은 조지훈이 참여하였던 정통문협파의 정신구조를 형성하는 기반으로 혜화전문학교를 언급한 바 있으나 그 논의의 중심에는 김동리와 서정주, 그리고 조연현이 있었으며 신정숙 역시 혜화전문학교의 문학 전통을 이야기하며 조지훈을 언급하였으나 그 초점은 김동리에 있었다. 이 외에도 방민호는 조지훈이 혜화전문학교에서 불교를 공부하고 서정주, 김달진 등과 정신적 교섭을 이루었다는 사실만을 단편적으로 언급하였다(김윤식, 『한국근대문학사상비판』, 일지사, 1978, 190쪽; 신정숙, 「김동리 문학사상의 형성과 혜화전문」, 『한국근대문학연구』 제28호[한국근대문학회, 2013]; 방민호, 「조선어학회 사건 전후의 조지훈」, 『우리문학연구』 제30호[우리문학회, 2010], 31쪽). 이 글은 조지훈과 혜화전문학교와의 관련성을 고구하는 연구가 필요하다는 문제의식 아래 먼저 그의 한국학 논고를 중심으로 이를 살펴보고자 한다. 이러한 작업을 바탕으로 이후 문학을 비롯한 조지훈의 업적을 혜화전문학교와의 관련 아래 총체적으로 해명하는 작업을 진행할 것이다. 이 글은 이를 위한 출발점으로서의 의미를 갖는다.

후 '혜화전문학교'에서 이루어졌다는 사실을 담고 있기 때문이다.

조지훈의 사상적 기반으로서 조부에게 배운 한학이 주로 거론되고 그가 정규교육과정을 제대로 거치지 않았다는 사실이 그의 생애에서 특이한 이력으로 논의되어 온 그간의 연구에서 그가 혜화전문학교에 수학하였다는 사실은 줄곧 논의의 대상에서 벗어나 있었다.[2] 『조지훈 전집』에 수록된 연보만을 보더라도 그가 한문을 수학하고 영양보통학교에 다니던 시기는 물론 그가 혼자 읽은 독서 목록 등이 상당히 구체적으로 기록되어 있는 것에 비해 혜화전문학교와 관련된 기록은 매우 간략하게 기술되어 있다.[3] 연보에는 그가 혜화전문학교에 입학한 시기조차 정확하게 밝혀져 있지 않은 채 그 졸업 연도만이 기록되어 있을 뿐이며 『룸비니』에 실린 그의 첫 학술 논문의 발표 연도는 1936년으로 오기되어 있기까지 하다.[4] 이러한 연보상의 미표기와 기록상의 오류들은 이후 조지훈의 논의가 진행되면서도 보완되거나 검증되지 않은 채 여러 차례 인용되었으며 이에 조지훈이 혜화전문학교 '문과'를 졸업하였다는 잘못된 정보까지 더해져있다.[5] 이러한 사정은 그간 조지훈이 혜화전문학교에 수학하였다는 사실이 소홀하게 여겨졌음을 증명하는 것이다.

여기에는 '전통적 지식인'이라는 오랫동안 그를 규정해 온 정체성이 작용하는

---

3) 이는 『조지훈 전집』에 수록된 연보가 조지훈의 회고문인 「나의 역정」을 바탕으로 하고 있다는 점과도 밀접하게 관련된다. 이 글에서 조지훈은 혜화전문학교 시절에 대해서는 그의 「고풍의상」이 "강의시간에 낙서 삼아 쓴 것을 그대로 우체통에 넣은 것이 뽑힌 것이었다"거나 "스물 두 살 되던 해 봄에 학교를 마치자마자 오대산 월정사로 가게 되었다"는 서술 정도에 그치고 있다(조지훈, 「나의 역정—시주(詩酒) 반생(半生) 자서(自敍)」, 『조지훈 전집 3—문학론』, 나남, 1996, 201-202쪽). 그가 자신의 문학 역정을 이야기하는 데 있어 혜화전문학교 시절을 상세하게 서술하지 않은 까닭에 대해서는 조지훈의 문학과 연관하여 좀 더 논의가 필요하다.

4) 이 논문이 조지훈의 국어국문학 논고가 담긴 『조지훈 전집 8—한국학연구』(나남, 1996)에 실려 있지 않은 것은 물론이다.

5) 서익환은 조지훈의 혜화전문학교 학적부를 바탕으로 조지훈이 1938년 4월 11일 혜화전문학교 특과에 입학하여 1941년 3월 16일에 졸업하였음을 정확하게 기록함으로써 기록의 공백을 메우고 오류를 수정하였다(서익환, 앞의 책, 41쪽). '문과'와 '특과'라는 일견 사소한 것으로 여겨질 수 있는 이러한 기록상의 오류는 조지훈의 학문적 특성을 다루는 데 있어 이 글의 2, 3장에서 다루는 것과 같은 혜화전문학교의 특수성과 식민지 조선학 학술장의 역학관계를 고려하지 않았다는 증거이기도 하다. 이는 일본의 식민지 고등교육 이원화 정책과 식민지 시기 조선학 학술장 속 혜화전문학교의 위치를 생각해 볼 때 눈여겨보아야 할 지점이다. 이는 본론에서 상술하도록 한다.

것으로 보인다. 학병세대로 불리는 조지훈의 세대 중 명문가 출신들의 상당수가 일본으로 유학을 가서 신학문을 배웠다는 점을 생각해 볼 때,[6] 명망 있는 집안의 자제임에도 일본 유학을 가지 않고 대부분의 시간을 집에서 한학을 중심으로 독학한 그가 남긴 학문적 업적은 학적 자생성에 대한 우리의 열등감을 해소시키기에 충분하였으며 그를 '전통적 지식인'으로서 우리 학술사에 기입하게 하였다. 더욱이 당시 사립전문학교가 조선인들을 중심으로 구성되었다 하더라도 기본적으로 조선총독부의 조직적인 관리와 통제하에서 운영되었다는 점[7]에서 그가 혜화전문학교에 수학하였다는 사실, 즉 그가 정규 고등교육과정을 거쳤으며 '학술지'라는 지식을 재생산하는 근대적 제도를 통해 자신의 학(學)을 처음 발표하였다는 사실은 일본의 교육에 기대지 않은 민족주의자로서의 조지훈의 모습을 부각시키려는 담론과도 맞물리며 그 의미가 축소·배제되었을 가능성이 크다.[8] 그가 혜화전문학교에서 교육을 받았다는 사실은 이를테면, "명문가의 아들이면서도 보통학교와 혜화전문학교 이외에 제도교육을 받아본 적도 없다"는 서술과 같이 그가 제도권 교육을 받지 않았다는 점을 부각하는 데 활용되었던 것이다.[9]

그런데 조지훈의 실제 저작들을 살펴볼 때 그의 학문적 관점과 방법들은 오히려 '전통적 지식인'이라는, 그간 그를 규정해 온 정체성에서 벗어나는 여러 맥락들을 보여 준다는 점에서 지금까지의 연구에서 소외되었던 근대적 교육기관으로서의 혜화전문학교와 조지훈 학문의 관련성은 재고되어야 한다. 오히려 조지훈은 전통과 근대, 특수와 보편, 민족주의와 객관주의 사이의 균형을 의식하였을 뿐만 아니라

---

6) 김종길, 「조지훈론」, 『조지훈 연구』, 고려대학교 출판부, 1978, 434쪽; 김건우, 「조지훈 대 김수영, 한국 인문 정신의 두 원형」, 『대한민국의 설계자들』, 느티나무책방, 2017, 247쪽.

7) 김혜련, 「식민지 고등교육정책과 불교계 근대고등교육기관의 위상—중앙불교전문학교를 중심으로」, 『불교학보』 제45권(동국대학교 불교문화연구원, 2006), 272쪽.

8) 대표적으로 김종균은 조지훈의 지식이 "신식개화교육을 등진" 채, "오직 독학과 수련으로서만 얻어졌"다고 서술한 바 있다(김종균, 「조지훈의 사회비평—그 논설과 비평정신을 중심으로」, 『국어국문학』 제76호[국어국문학회, 1977], 20쪽). 이 외에도 열거할 수 없을 만큼 여러 연구들에서 이와 비슷한 서술을 확인할 수 있는데 이는 그간 이루어진 조지훈 연구에서 '전통적 지식인'으로서의 조지훈의 정체성이 얼마나 공고하게 형성되었는가를 짐작하게 한다.

9) 박지영, 「해방 후 전통적 지식인의 탈식민 민족(시문학)사의 기획」, 『반교어문연구』 제37권(반교어문학회, 2014), 297-304쪽. 박지영의 연구에서 조지훈이 '전통적 지식인'이라는 점이 강조되어 서술된 것은 좌파 사상에 대한 조지훈의 부정적인 태도가 좌파 진영의 전통 부정에 있다

한국학을 과학적으로 체계화함으로써 전통적 지식인들이 범해온 과오에서 벗어나고자 하였다. 이러한 사실은 지금까지 그를 규정하였던 '전통적 지식인'이라는 틀에서 벗어나 학인으로서의 조지훈을 새로이 정립해야 함을 의미하며 그가 이러한 균형 감각을 갖출 수 있었던 배경을 궁구하게 한다.

이 글은 조지훈의 한국학 연구에 나타난 균형 감각과 학적 타당성에 대한 각성이 그가 식민지 말기 혜화전문학교에서 수학하였다는 사실과 밀접하게 관련된다고 가정하고 혜화전문학교를 중심으로 조지훈의 학문적 방법과 관점을 살펴보고자 한다. 그가 이곳에서 누구와 교류하였으며 누구에게 가르침을 받았는가의 문제 역시 그의 학문을 논할 때 중요한 지점일 것이나 이 글은 그보다 학술사의 맥락에서 혜화전문학교와 조지훈 학문의 상관관계를 살펴보는 데 집중하고자 한다. 그것은 조지훈이 학술 활동을 시작하던 식민지 말기, 혜화전문학교가 놓인 특수한 위치가 학자로서의 자존심이 강했던 조지훈에게 계속해서 학문의 관점과 방법을 고심하게 만들었던 것으로 보이기 때문이다. 식민지 조선학 학술장의 역학관계 속에서 조지훈의 학문적 관점과 방법이 배태되었음을 풀어냄으로써 한국학 연구자로서의 조지훈의

는 점을 설명하기 위함이었다. 이를 위해 박지영은 조지훈이 혜화전문학교에 수학하였던 사실의 의미를 본문의 인용과 같이 축소하여 서술한 후, "다만 와세다대학 통신 강의록 수학 등 독학으로 근대 학문을 수학했을 따름이다"라고 덧붙인다. 그런데 조지훈이 수강한 와세다대학 통신강의록 〈중학강의〉는 와세다대학이 이를 광고하며 입신출세와 학력 취득을 내세웠다는 사실에서 알 수 있듯 그 발행 목적이 순수하게 학문을 위한 것이라기보다 주로 자격 취득에 있었다. 『早稲田大学百年史』 弟二卷, 早稲田大学大學史編集所 編, 早稲田大学出版部, 1981, 484-485쪽; 최선웅, 「1910년 일본유학 전후 장덕수의 행적과 민족문제의 자각」, 『한국사학보』 제47호(고려사학회, 2012), 145-146쪽에서 재인용. 따라서 와세다대학 통신강의록은 조지훈이 근대적 학문에 입문하게 하는 역할을 했다고 할 수는 있겠으나 이를 그가 경험한 '대표적'인 근대 학문 수학 경험으로 서술하는 것은 설득력이 떨어진다. 오히려 근대 학제를 바탕으로 영어, (서양) 철학 등을 포함한 교과목을 갖추고 있었으며 그 수업 연한이 와세다 통신강의록보다 1년 길었던 혜화전문학교에서 조지훈은 근대적 학문 체계와 태도를 본격적으로 배울 수 있었던 것으로 판단된다. 다만, 통신강의록 연구가 이제 시작 단계이고, 현재까지 이루어진 연구들이 주로 통신학교에서 발행되는 통신강의록을 대상으로 삼고 있다는 점에서 와세다대학 통신강의록과 그중의 하나였던 〈중학강의〉의 학술사적 의미는 좀 더 연구가 필요하다고 여겨진다. 특히 해방 이후의 학자들 중에서 조지훈과 같이 와세다대학 중학강의록을 통해 독학을 한 학자들이 적지 않다는 점에서 이 부분은 충분히 연구될 가치가 있다. 이는 추후 과제로 삼고자 한다.

위치를 우리 학술사에 새로이 정립하고자 하는 것이 이 글의 궁극적인 목적이다.

2. 지식체계의 교점과 학제 연구라는 방법론

1938년 4월 11일, 조지훈은 혜화전문학교 특과[10]에 입학한다. 1936년 상경한 조지

---

10) 간혹 조지훈이 혜화전문학교 '문과'를 다녔다고 기록한 연구들이 있으나 조지훈이 혜화전문학교에 다니던 당시 혜화전문학교에는 문과가 존재하지 않았다. 여러 논자들이 지적한 대로 당시 문과가 있던 전문학교는 연희전문학교, 숭실전문학교, 이화여자전문학교, 단 세 곳에 불과하였다(정선이, 「연희전문 문과의 교육」, 『근대학문의 형성과 연희전문』, 연세대학교 국학연구원 편, 연세대학교 출판부, 2005, 63쪽; 정준영, 「해방 직후 대학사회 형성과 학문의 제도화—학과제 도입의 역사사회학적 의미」, 『한국근현대사연구』 제67호[한국근현대사학회, 2013], 71-74쪽; 강명숙, 「일제 강점기 연희전문학교의 학칙을 통해 본 교육 운영」, 『교육사학연구』 제28권[교육사학회, 2018], 7쪽). 혜화전문학교에 '문과'가 생긴 것은 그가 졸업한 이후인 1945년, 1940년에 신설된 '흥아과'가 그 이름을 '문과'로 고쳐 부르면서부터였다.

물론, 이 시기 이전부터 혜화전문학교는 문과를 신설하고자 학제 변경을 시도하였다. 혜화전문학교의 전신인 중앙불교전문학교의 교우회지 『일광』 제5호(1935.1)에 실린 「중앙불교전문학교변경학칙」을 보면 중앙불교전문학교는 조지훈이 입학하기 전인 1934년(소화 9년), 기존의 본과, 특과, 선과가 아닌 '불교과'와 '문과'를 두는 양과(兩科) 체제로 학제 변경 신청을 해놓은 상태였으며 학제를 이와 같이 개선해야 하는 필요성에 대해 「중앙불교전문학교학제개선」에서 상당히 상세한 설명을 덧붙여 놓았다. 그러나 서익환이 입수한 조지훈의 학적부(1938-1941, 〈부록 5. 혜화전문학교의 조지훈 학적부〉)에서 확인할 수 있듯 실제 이러한 학제 변경이 이루어지지는 않았던 것으로 보인다. 학적부의 '과별(科別)'란에는 불교과와 문과가 아닌 본과, 특과, 선과가 표기되어 있으며, 특과를 제외한 본과와 선과에 그어진 두 줄은 조지훈이 특과에 재학하였음을 드러낸다. 또한 여기에는 조지훈의 성적이 과목별로 기재되어 있는데, 중앙불교전문학교가 혜화전문학교로 승격되기 이전인 1, 2학년 시절 그가 수강한 과목들은 「중앙불교전문학교변경학칙」이 아닌, 『중앙불교전문학교 일람』(1936, 1938)에 기재된 과목들과 일치한다. 예를 들어, 「중앙불교전문학교변경학칙」에는 불교과와 문과 모두 〈심리학 및 논리학〉 과목을 신설하고 문과는 여기에 더해 〈역사〉, 〈언어학 및 문학〉을 새로이 개설할 것으로 기록되어 있는가 하면, 〈영어〉, 〈음악〉, 〈체조〉 과목은 더 이상 개설하지 않는 것으로 변경되어 있으나 조지훈의 학적부에는 〈심리학 및 논리학〉, 〈역사〉, 〈언어학〉이 모두 기재되어 있지 않으며, 〈영어〉, 〈음악〉, 〈체조〉는 여전히 개설되어 조지훈의 점수가 적혀 있다(조지훈의 학적부는 서익환, 「조지훈 시 연구」, 한양대 박사학위논문, 1989, 174-175쪽). 이러한 점을 종합해 볼 때, 중앙전문불교학교 시절 학칙은 개정되지 않았으며 '문과' 역시 존재하지 않았음을 알 수 있다.

훈이 여러 교육 기관 중에서 혜화전문학교에 입학한 배경에 대해서는 전해지는 기록이 없다. 다만, 일본 유학을 포함하여 일본식 제도 교육을 받지 않기를 원했던 조부 조인석의 바람[11]은 그가 경성제국대학이 아닌, 대부분 조선 교수들로 구성된 사립전문학교를 선택한 계기로 작용했던 것으로 보이며,[12] 여러 사립전문학교 중에서 혜화전문학교를 선택한 데에는 이곳의 전신이었던 명진학교 출신으로서 박한영과 함께 혜화전문학교의 대표적인 지도자였던 한용운과의 인연이 작용하였을 것으로 추정된다.

혜화전문학교에 입학한 뒤 그는 적극적으로 교내 활동을 하였던 것으로 보인다. 『룸비니』에 학술 논문을 두 차례 투고하고[13] 혜화전문학교 출신들이 주축을 이루었던 '백지' 동인에 주도적으로 참여하였음은 물론, 이곳에서 두 차례의 연극 공연을 한 것[14] 등이 그 흔적이다. 조금의 상상력을 발휘해 본다면, 지금껏 혼자 공부하던 그가 또래의 학우들과 관계를 맺고 그들과 더불어 여러 시도를 해볼 수 있는 환

한편, 중앙불교전문학교가 학제 변경의 필요성을 강조하며 학제 변경을 시도했으나 개정이 이루어지지 않은 것은 당시 사립전문학교의 학칙 개정을 위해서는 조선총독부의 인가를 반드시 받아야 했던 사정과 밀접한 관련이 있어 보인다(강명숙, 앞의 글, 3쪽). 「중앙불교전문학교학제개선」은 "소화 9년 10월 9일부로 「학제변경 건신청」을 제출인바 당국의 인가를 위하야 소화 10년 4월부터 실시코저함"이라는 서술을 통해 「중앙불교전문학교변경학칙」이 당국의 인가를 받기 이전에 작성된 것이라는 점을 드러내는데 이는 이후 중앙불교전문학교가 학칙 변경 인가를 받지 못하였을 가능성을 상정하게 하기 때문이다. 조선총독부가 문과의 신설을 포함한 중앙불교전문학교의 학제 변경을 인가하지 않은 것은 이 장에서 서술할 일본의 고등교육 이원화 정책과 관련이 있어 보인다.

11) 조부 조인석이 조지훈의 부친 조헌영을 포함하여 세 아들을 모두 일본에 유학 보내고 딸은 서울로 보내 신교육을 받게 했다는 점을 생각해 볼 때, 이는 의아한 지점이다. 이에 대해 김종길은 조인석이 조지훈을 슬하에 두어 한학을 공부하게 하고자 하였기 때문이라고 설명한 바 있으나 여기에는 그의 건강상의 이유도 작용했던 것으로 보인다(김종길, 앞의 글, 434쪽). 학병세대임에도 징용되지 않았던 것에서 알 수 있듯 그는 4살 때 홍역을 앓는 등 체질적으로 약하였던 것으로 알려져 있는데, 그런 그가 일본에 유학을 가거나 대부분 서울에 포진되어 있던 사립전문학교를 다니기 위해 집을 떠나는 일은 조부로서는 염려되는 일이었던 것으로 여겨지기 때문이다.

12) 이러한 이유 외에도 당시 경성제국대학 예과에 입학하기 위해서는 고등보통학교 4년 수료의 자격을 갖추어야 했는데, 와세다대학 통신강의록으로 중학교 과정을 수료하였던 조지훈으로서는 이는 고를 수 없는 선택지이기도 하였을 것이다.

13) 「된소리에 대한 일고찰」 외에도 그는 『룸비니』 제4집(1940.3.10.)에 문학 이론 「유미주의문예소고」를 발표하였다.

경을 접하며 생긴 감흥이 이처럼 적극적인 활동으로 이어졌던 것으로 짐작할 수 있다. 이는 혜화전문학교 시절을 그의 생애에서 일종의 돌기로 볼 수 있는 이유이다. 그런데 그의 학문을 놓고 생각해 볼 때 그가 혜화전문학교에 입학하였다는 사실은 단순히 그가 새로운 인물을 만나거나 새로운 학문을 접하게 되었음을 의미하는 것만이 아니라 그가 지금껏 익숙하게 접해 온 지식체계에서 벗어나 새로운 지식체계를 접하게 되었음을 뜻한다.

잘 알려져 있다시피 그는 명망 높은 유학자 집안에서 태어나 조부에게 한학을 수학하였다. 개인의 도덕적 수양을 바탕으로 "삶의 통합적 원리"를 궁구하는 유학[15]을 유년 시절에 내내 접하였다는 것은 그가 동아시아의 전통적인 지식체계에 익숙한 전통적 지식인으로서 성장하였음을 의미한다. 전통적인 지식체계란 범박하게 말하자면 학(學)이 각각의 연구 대상과 방법론을 가지지 않으며 인간과 세계가 통합적 원리를 통해 설명되는 체계이다. 1905년 이래 조선에서도 경사자집(經史子集)의 학문, 즉 통합학문인 경학에서 벗어나 소위 문·사·철로 통합되어 불리던 문학, 역사학, 철학이 각각의 학문으로 분화되는 등 근대 지식체계가 형성되었지만[16] 정규교육과정을 거치지 않고 집에서 유학을 공부한 조지훈으로서는 이보다 전통적 지식체계에 익숙할 수밖에 없었을 것으로 판단된다.

이러한 점에서 그가 근대 학제를 바탕으로 한 혜화전문학교에 입학한 것은 익숙한 전통적 지식체계에서 벗어나 이와 정면으로 배치되는 새로운 학문체계를 접하게 된 전환점이라는 측면에서 생각해 볼 수 있다. 그런데 당시 혜화전문학교는 온전히 분과학문제도를 시행하지 못하고 있었다. 경성제국대학만을 대학으로 인정하고자 하였던 일본은 경성제국대학에만 분과학문제도를 둠으로써 학문과 연구기능

---

14) 조지훈은 연극 〈흰 젖〉과 〈한낮에 꿈꾸는 사람들〉을 공연한 것으로 전해진다. 홍사용의 희곡을 바탕으로 한 〈흰 젖〉은 1939년 4월 8일, 중앙불교전문학교에서 불탄 경축행사로 공연된 순수 불교 연극으로서 연출은 홍사용이, 주연은 연극계 중견배우였던 홍계명과 김윤심이, 나머지 배역은 조지훈을 비롯한 학생들이 맡았다. 한편, 〈한낮에 꿈꾸는 사람들〉은 이무영의 작품으로서 1938년 학생 연극으로 공연되었다. 동대백년사편찬위원회, 『동국대학교 백년사I』, 동국대학교, 2006, 157-160쪽.

15) 구장률, 『근대 초기 잡지와 분과학문의 형성』, 케포이북스, 2012, 28쪽.

16) 신주백, 「식민지기 새로운 지식체계로서 '조선사'·'조선문학'·'동양철학'의 형성과 고등교육」, 『동방학지』 제160권(연세대학교 국학연구원, 2012a), 257쪽 참조.

을 그곳에만 부여하고자 했다.[17] 이러한 일본의 고등교육 이원화 정책에 의해 사립 전문학교인 혜화전문학교는 전공제나 과목제를 갖출 수 없었고, 단과(單科) 체계 아래 인문학의 여러 분야를 나누어 교과목을 개설하였다.[18] 본과, 특과, 선과로 이루어진 학제의 구분은 입학 당시의 학생 신분과 이전 학력에 따른 분류체계일 뿐, 분과학문제도와는 무관하였다.

이러한 교과체계 아래 혜화전문학교 학생들은 분화된 교과목을 통해 각기 다른 학문들을 구분하여 공부하였으나, 문·사·철 중 하나를 특정한 전공으로 선택하지 않음으로써 인문학 전반에 걸친 지식을 두루 섭렵하는 방식으로 공부하게 된다. 같은 사립전문학교였던 연희전문학교가 학과를 문과, 상과, 수물과로 분리하여 구성하고 선택과목 제도를 통해 문과 학생들이 역사, 문학을 전공제와 같이 선택할 수 있게 하였던 것과 달리[19] 혜화전문학교의 교과 편제는 비(非) 분과적인 성격이 더욱 강했던 것이다.[20]

이러한 혜화전문학교의 체계는 조지훈이 자신에게 익숙한 전통적인 지식체계를 온전히 등지지 않은 채 새로운 근대적인 지식체계를 받아들이는 바탕이 되었던 것으로 보인다. 오히려 조지훈은 두 상반된 지식 체제의 교점에서 전통적 지식체계에

---

17) 정선이, 앞의 글, 62쪽. 정준영에 따르면, 경성제대의 법문학부는 법학과, 철학과, 문학과, 사학과로 분리되어 있었으며 각 학과는 다시 몇 개의 전공영역으로 나뉘어 학생들은 이 중 하나를 골라 수업을 듣고 학위논문을 써야 학위를 받을 수 있었다. 물론, 학생들은 전공과목 이외에 학과 공통의 필수과목 및 다른 학과의 과목을 들을 수 있었으나 분과학문마다 학(學)의 대상은 명확하게 구분되었으며, 분과학문의 전문성이 중요하게 다루어졌다. 강좌제가 정착된 이후에는 학과별로 교육이 분산되었으며 학문적 전문성은 더욱 강화되었다. 정준영, 앞의 글, 64-65쪽.

18) 1940년 6월, 흥아과 증설이 인가되며 혜화전문학교는 불교과와 흥아과의 양과(兩科) 체제를 갖추었지만 흥아과는 그해 9월에서야 정식으로 출범하였다. 이때는 이미 조지훈이 3학년 1학기를 마무리하던 무렵으로서 조지훈은 마지막 학기를 제외하고는 모두 단과 체계 아래 수업을 들었다.

19) 정선이, 앞의 글, 88쪽. 그러나 1940년 조선총독부의 방침에 따라 학칙이 개성되면서 선택과목 제도는 없어졌다.

20) 이러한 점은 혜화전문학교의 전신인 중앙불교전문학교의 총칙 제1조가 "본교조선교육령에 의하여 불교학 급 동양문학에 관한 전문교육을 실시함을 목적으로 함"에서도 확인할 수 있다. 즉, 혜화전문학교는 학생들이 불교와 문학을 함께 공부하게 하는 데 목적이 있었던 것이다. 동대칠십년사편찬위원회, 『동대칠십년사』, 동국대학교 출판부, 1976, 297쪽.

서 배웠던 학(學)의 통합 원리에 근대적 지식체계인 분과학문제도를 적극적으로 접목하여 이를 자신의 학문 방법으로 구축하였다. 그것은 조지훈의 가장 특징적인 학문 방식으로 거론되는 일종의 학제 연구의 방법이다.[21)]

조지훈의 학문이 집대성되어 있다고 평가되는 『한국문화사서설』은 이러한 학제 연구 방법이 사용된 대표적인 저서이다. 이 책에서 그는 국어학, 국문학, 역사학, 민속학, 종교학, 철학 등 여러 학문의 영역을 자연스레 넘나들며 민족문화의 정신사를 체계화하는 한편, 종교, 철학, 예술과 같은 각 분과학문을 명확히 구분함으로써 학문적 전문성을 강화한다. 그러면서 그는 이러한 학문적 방법론이 민족문화학을 위해 필요하다는 점을 다음과 같이 주장한다.

> 우리가 당면한 학문의 과제는 '민족문화학'(民族文化學)의 체계화란 것이다. 인문과학, 사회과학의 모든 분야의 전공은 그 부문의 일반이론과 지식을 우리 민족문화의 입지에서 정리하고 체계 세우고 응용하고 실천하는 것만이 가장 중요하고 갈망되는 과제이다.[22)]

이는 여러 학문 영역에 걸쳐 있는 그의 학문적 특성을 단지 그의 박학함을 드러내는 표상[23)]이나 "보편적 지성",[24)] 혹은 교양인의 표상으로 해석[25)]할 것이 아니라 그가 자신의 학문적 방법으로 이를 선택한 것이라는 관점에서 살펴보아야 하는 근

---

21) 조지훈이 한국학의 토대를 세우기 위하여 여러 학문의 영역을 넘나들며 자매 과학을 원용했다는 사실은 선행 연구자들의 공통된 의견이다. 연구자에 따라 이는 그의 박식함을 증명하는 증거로서 활용되거나, "박학비평"이라는 말과 함께 그의 학문이 전문성의 깊이가 부족하다는 사실을 지적하는 근거로 사용되기도 하였다(인권환, 「조지훈 학문의 영역과 특징」, 『어문논집』 제39권[민족어문학회, 1999]; 송희복, 「조지훈의 학인적 생애」, 『한국문학연구』 제18호[동국대학교 한국문학연구소, 1995], 93쪽). 그의 학문적 전문성에 대해서는 민속학, 역사학, 국어학 등의 각 분과학문의 연구자들이 밝혀 주어야 하겠으나 조지훈은 각 분과학문의 전문성을 바탕으로 이러한 연구가 이루어져야 함을 여러 차례 밝혔다는 점에서 학제 연구를 시도한 것으로 판단된다.

22) 조지훈, 「향토문화 연구의 의의—민족문화학의 기초를 위한 노트」, 『조지훈 전집 7—한국문화사서설』, 나남, 1996, 219쪽. 이후 『조지훈 전집』(나남, 1996)에 실린 조지훈의 글을 인용 시 권수와 쪽수만을 표기하도록 한다.

23) 인권환, 앞의 글, 30쪽.

24) 김종길, 앞의 글, 437쪽.

25) 김윤태, 「한국의 보수주의자 조지훈」, 『역사비평』 제57호(역사비평사, 2001), 48쪽.

거이다. 즉, 그는 '민족문화'를 구성하는 각 분야를 전문적으로 연구한 후 이를 통괄하여 민족문화 전체의 체계를 세우는 것을 자신의 학문적 방법으로 삼았던 것이다.

하나의 대상을 여러 분과학문들이 각자의 방법으로 연구한 뒤 그것을 통괄하여 체계화하는 이러한 연구 방식은 분과학문을 구분하되 이를 하나의 교과과정으로 아울렀던 혜화전문학교의 교과 편제와 닮아 있다는 점에서 그의 학문 방법의 형성에 미친 혜화전문학교의 영향을 짐작하게 한다. 더욱이 그는 1964년, 『한국문화사서설』을 상재하며 쓴 서문에서 자신이 이러한 구상을 한 시기가 24, 5년 내의 일임을 분명히 밝힌 바 있다. 이는 1939-1940년으로서 그가 혜화전문학교에 재학 중이었던 시기와 정확히 일치한다.

> 한국의 종교와 철학과 예술을 중심한 정신사 방면에 관심을 둔 것은 24, 5년 내의 일이다. 그동안 틈틈이 문헌을 섭렵하고 자료를 수집하고 선배학자의 연구를 비판취사(批判取捨)하여 윤곽과 관점만은 잡았으나, 한 권의 저서를 기필(起筆)할 용기와 겨를은 가지지 못하였다. (…) 이번 탐구당 출판사의 요청으로 그 중에서 18편을 뽑아《한국문화사서설》이라 이름지어 상재(上梓) 할 것을 수락한 것은, 아직 이 방면의 저술이 태무(殆無)한 실정이므로 한국문화(韓國文化)를 공부하려는 젊은 학도들과 외국인사에게 아쉬운 대로 약간의 도움이 되었으면 하는 뜻에서이다. 이 18편의 논고는 각기 분리 독립된 논문이지만 그것들은 서로 관련을 가진 것일 뿐 아니라 목차에서 보이는 바와 같이 그 선택된 항목이 특히 정신사 체계화의 안목을 요약한 것임을 알 수 있을 것이다.[26)]

그런데 우리가 혜화전문학교와 관련하여 이 서문에서 또 하나 눈여겨보아야 할 점은 그가 정신사를 체계화하되, 이를 한국의 종교, 철학, 그리고 예술을 중심으로 구성하겠다는 생각 역시 이 시기부터 하게 되었다는 점이다. 이는 조지훈이 혜화전문학교의 교육체계만이 아니라 교과 내용에서도 영향을 받았을 가능성을 상정하게 한다.

---

26) 조지훈, 「序」, 『조지훈 전집 7—한국문화사서설』, 17쪽.

<표 1> 중앙불교전문학교의 학년별 이수 교과목 및 수업시수[27]

학년 / 교과목	제1학년	수업 시수	제2학년	수업 시수	제3학년	수업 시수
불교학	조계종지	2	조계종지	2	조계종지	2
	불교개론	2	삼론학	2	화엄종지(화엄경)	2
	구사학	2	천태학	2	유식학	2
	계율학 정토학	1 1	기신학	2	불교서사학	1
	불전개설	1			불교미술	1
불교사	인도불교사	2	지나불교사 조선불교사	2 2	일본불교사	2
종교학 및 종교사	조선종교사	1	종교학개론	2		
윤리학 및 윤리사	국민도덕론	2	윤리학개론	2	서양윤리사	2
철학 및 철학사	윤리학 심리학	2 2	철학개론 지나철학사	2 2	인도철학사 서양철학사	2 2
교육학 및 교육사			교육학개론	2	교육사 및 교수법	3
법제 및 경제	법학통론	2	경제원론	2		
사회학			사회학개론	2	사회문제 및 사회사업	2
문학	문학개론	2				
한문 및 조선문학	한문강독 조선어	2 2	지나문학사 조선문학사	1 1	조선문학강독 조선유학사	2 1
국어 및 국문학	국어(강독, 문법)	2	국어강독	2	국문학	2
영어	영어	4	영어강독	3	영어강독	3
범어					범어	2
음악	음악	1				
체조	체조	1	체조	1	체조	1
합계		34		34		34

27) 중앙불교전문학교, 『중앙불교전문학교 일람』, 1936-1938; 정준영, 「식민지관학과 '민족사학'의 사이—중앙불교전문학교와 식민지전문학교체제」, 『사회와 역사』 제128호(한국사회사학회, 2020), 113쪽에서 재인용. 이 글은 정준영의 위의 글에 힘입어 조지훈이 재학 중이던 당시 중앙불교전문학교의 교과과정을 확정지을 수 있었다. 귀한 자료를 공유해 주신 정준영 선생님께 감사드린다.

<표 2> 혜화전문학교 '불교과'의 학년별 이수 교과목 및 수업시수[28)]

학년 / 교과목	제1학년	수업 시수	제2학년	수업 시수	제3학년	수업 시수
수신	수신	1	수신	1	수신	1
일본학	일본학	1	일본학	1	일본학	1
불교학	불교학	8	불교학	8	불교학	8
불교사	불교사	2	불교사	2	불교사	2
종교학					종교학	2
윤리학 및 윤리사	서양윤리학사	2	동양윤리학사, 윤리학	2, 2	일본윤리학사	2
철학	심리 및 논리	2	심리 및 논리	2	철학개론, 인도철학	2, 2
교육학 및 교육사			교육학	2	교육사	3
법제 및 경제	법학통론 및 경제원론	2	법학통론 및 경제원론	2		
사회학					사회학	2
국어 및 한문	국어 및 한문	8	국어 및 한문	7	국어 및 한문	5
국사 및 동양사	국사	2	국사, 동양사	1, 2	국사	1
외국어	지나어, 영어	3, 3	지나어, 영어	3, 3	지나어, 영어	3, 3
체조 무도 및 교련	체조 무도 및 교련	3	체조 무도 및 교련	3	체조 무도 및 교련	3
합계		36		36		37

28) 동대칠십년사편찬위원회, 앞의 책; 혜화전문학교, 『혜화전문학교 일람』, 1941.6. 이는 〈표 1〉과의 손쉬운 비교를 위해 필자가 위 자료를 바탕으로 재구성한 것이다. 혜화전문학교의 학칙에는 중앙불교전문학교의 학칙과는 달리 그 구체적인 과목명이 표기되지 않고 학과목 영역만이 표기되어 있어 이를 그대로 인용하였다. 조지훈이 수강한 구체적 과목명은 그의 학적부를 통해 확인이 가능하다. [부록] 참조.
『동대칠십년사』에 기록된 학년별 이수 교과목 및 수업시수는 『혜화전문학교 일람』의 기록과 상이하다. 이 글은 『동대칠십년사』가 중앙불교전문학교가 혜화전문학교로 승격되던 직후이자 조지훈이 재학 중이던 1940년도의 학칙을 기록하고 있다는 점에서 시수의 총합이 맞지 않는 등의 오류가 있음에도 불구하고 이곳에 기록된 학년별 이수 교과목과 수업시수를 인용하였다. 시수상의 오류는 선택 과목 등의 표기가 누락되면서 생긴 문제로 여겨지는데 『혜화전문학교 일람』을 참조해 보면, 〈지나어〉와 〈영어〉는 선택 이수가 가능한 과목이었으며, 3학년의 경우 본과생과 별과생에 따라 〈교육사〉(본과생)와 〈(응용)사회학〉(별과생)을 선택하여 수강할 수 있었다.

〈표 1〉에서 알 수 있듯 조지훈이 1, 2학년에 재학 중이던 당시 중앙불교전문학교의 교과목은 〈불교학〉, 〈불교사〉, 〈종교학 및 종교사〉, 〈윤리학 및 윤리사〉, 〈철학 및 철학사〉, 〈교육학 및 교육사〉, 〈법제 및 경제〉, 〈사회학〉, 〈문학〉, 〈한문 및 조선문학〉, 〈국어 및 국문학〉, 〈영어〉, 〈범어〉, 〈음악〉, 〈체조〉 등 총 15개의 영역으로 나뉘어 있었으며, 그가 3학년이 되던 해 중앙불교전문학교가 혜화전문학교로 승격되며 여기에 더해 〈수신〉, 〈일본학〉, 〈동양사〉, 〈지나어〉 등이 개설되었다. 그런데 수업 시수 등을 고려하여 이 영역들을 자세히 살펴보면, 혜화전문학교의 교과 편제에서 종교, 철학, 문학 관련 과목의 비중이 상대적으로 높다는 사실을 확인할 수 있다.[29] 예컨대 교육학, 법제, 사회학 관련 과목들이 특정 학년에만 개설된 것에 반해, 종교, 철학, 문학 관련 과목들은 중앙불교전문학교에서 매 학년 개설되어 있었으며 수업 시수도 월등히 많다. 이는 혜화전문학교의 교과과정이 종교, 철학, 문학이라는 세 영역을 중심으로 구성되었다는 것을 의미한다. 조지훈이 한국 문화사 연구의 세 기둥으로 삼은 종교, 철학, 예술이 이처럼 혜화전문학교에서 집중적으로 개설되었던 교과목들의 분야라는 점은 그가 혜화전문학교의 교과 과정을 통해 민족문화의 체계화에 필요한 각 분과학문들을 정립할 수 있었을 가능성을 상정하게 한다.

특히 『한국문화사서설』에서 드러나는 종교에 대한 그의 해박한 지식은 혜화전문학교의 교과목 중 종교 관련 과목이 가장 높은 비중을 차지한다는 점에서 혜화전문학교에서의 수학 경험이 그의 학문에 영향을 미쳤다는 이 글의 가설을 뒷받침하는 중요한 근거이다. 혜화전문학교가 식민지 시기 유일한 근대불교교육기관이라는 점에서 교과과정에 〈불교학〉과 〈불교사〉를 두고 이에 대한 수업시수가 높게 배정되었다는 점은 일견 당연한 것으로 여겨질 수 있으나 혜화전문학교는 이에 더해 〈종교학 및 종교사〉 과목을 따로 두고 있었다. 이는 마찬가지로 종교를 기반으로 설립된 연희전문학교 문과가 종교 관련 교과목으로는 〈성서〉만을 각 학년에 주당 2시간 배정[30]하였다는 점과 비교하여 볼 때 혜화전문학교만의 독특한 특성이라 할 수

29) 물론, 중앙불교전문학교에서 혜화전문학교로 승격되며 〈문학〉 과목이 사라지고 〈국어 및 한문〉의 비중이 상대적으로 커진 것은 사실이다. 그러나 조지훈이 2년간 다녔던 중앙불교전문학교와 혜화전문학교에서의 1년의 교과과정의 평균을 내어 본다면 이 세 영역의 비중이 상대적으로 크다는 것을 확인할 수 있다.

30) 정선이, 앞의 글, 85쪽.

있다. 종교 관련 과목에 편중되었던 이러한 교과 편제는 조지훈이 불교뿐만 아니라 종교 전반에 대한 지식을 쌓을 수 있게 해주었고, 민족문화를 체계화할 때 종교를 하나의 기둥으로 삼는 기반으로 작용하게 하였던 것으로 보인다. 이러한 점들을 종합해 볼 때, 혜화전문학교의 교과 편제와 교과 내용은 학제 연구라는 조지훈의 학문적 방법의 형성은 물론 그가 민족문화를 체계화하는 데 필요한 학문들을 공부하는 근간이 되어 주었음을 확인할 수 있는 것이다.

3. 학술장의 주변부에서 쓰는 대항의 글쓰기

『한국문화사서설』에서 우리 민족문화를 체계화하기 위해 조지훈이 제일 먼저 하였던 일은 민족성의 개념을 정립하는 것이었다. 민족문화를 형성하는 주체가 민족성이라는 점에서 그는 그것의 특성과 구성요소를 밝히는 일이 선행되어야 한다고 주장하는데 이러한 자신의 주장을 관철하기 위해 그는 민족성 문제에 대한 두 상반되는 관점과 방법들을 먼저 제시한 후 그 각각을 비판하는 것으로 글을 시작한다.[31] 각각의 견해들이 지양된 자리에 입지점을 놓고 자신의 의견을 개진하는 변증법적 논리 전개의 전형을 보여 주는 이러한 서술 방식은 『한국문화사서설』 전체를 관통한다.

예컨대, 그는 단군신화를 서술하면서 그간 단군신화에 대해 제기되었던 부정적 견해와 긍정적 견해를 모두 열거한 후 그 각각을 모두 비판한 뒤에야 자신의 의견을 개진한다.

> 단군신화에 대해서는 고래로 부정적 견해와 긍정적 견해가 병행되어 왔다. 단군신화의 내용이 비과학적이며, 사실상 있을 수 없는 황탄(荒誕)한 일이므로 족히 취할 것이 못 된다는 견해와, 단군신화의 출처가 분명하지 않다 해서 불도(佛徒)의 위작(僞作) 또는 후세의 장작이라 본 것은 부정적 견해요, 단군신화 시대를 무슨 굉장히 문화가 열린 시대로 만들

31) 조지훈, 「한국문화의 성격—풍토·민족성·민족문화」, 『조지훈 전집 7—한국문화사서설』, 20쪽.

어 단군의 말씀과 사상이라 하여 어려운 글을 만들어내려는 경향과, 단군신화를 우리 민족의 독특한 사상인 줄 오인하고 민족의 슬기를 표현하였느니 하는 투로 자과(自誇)하는 견해는 긍정적 견해들이다. 그러나 이 부정과 긍정의 네 가지 태도는 모두 다 변상적(變常的)인 선입견에서 출발하였을 뿐만 아니라 학적 타당성을 잃고 있다. 이 네 가지 그릇된 견해를 파쇄(破碎)하고 해소하는 길은 단군신화가 바로 신화라는 사실의 자각 그것 하나뿐이다.

신화로 보고 신화학적으로 다루어 거기서 우리 문화 고유소(固有素)의 계통을 찾고 민족적 사고방식의 원형을 찾을지언정, 다른 불길한 선입견과 목적의식으로써 무리한 부정과 지나친 긍정을 하고자 하는 것은 바른 태도가 아닌 것이다.[32]

단군신화는 비과학적인 것이니 교과에서 빼어야 한다는 주장은 해방 직후부터 있었다. 군정청 위촉으로《국사교본》(國史教本)을 편찬하기 직전에 당시 학술원에서《국사교본》을 편찬한 적이 있거니와, 그때 좌경(左傾)했던 몇몇 학자는 국사 교과서는 삼국시대로부터 시작해야 된다고 강력히 주장하였다. 필자는 그것을 반대하고 단군신화로부터 시작할 것을 주장하였다. 과학적으로 처리하면 되는 것을 어째서 외국의 역사에도 올라 있는 삼한(三韓) 시대며 그 이전의 우리 신화고고학 시대를 스스로 빼야 할 까닭이 무엇이냐고 반박하여 관철한 바 있었다.[33]

이러한 글쓰기 방식은 한편으로는 공격적이며, 다른 한편으로는 상당히 방어적이다. 이를 공격적이라 할 수 있는 것은 그가 지금까지 제출된 모든 단군신화 연구들의 관점과 방법을 비판하기 때문이며, 그것이 방어적이란 것은 그가 이러한 연구들의 제반 문제들을 분명히 인식한 후 그러한 전철을 밟지 않으려고 의식적으로 노력하는 가운데 이 문제를 새로운 관점으로 접근하려 하기 때문이다. 문제는 그가 이 각각의 견해들을 어느 한 학자의 것으로 서술하지 않고 이를 뭉뚱그려 각 진영의 논리로 배치하며,[34] 그가 비판하는 이 논리들의 대부분이 해방 이후의 학자들에 의해 제기된 것이 아니라 식민지 조선학 학술장에서 각축을 벌이던 각 진영들이 제

---

32) 조지훈, 「민족 신화의 문제—단군신화의 학적 의의와 이념적 처리에 대하여」, 『조지훈 전집 7—한국문화사서설』, 224쪽.

33) 같은 책, 232쪽.

기한 것이라는 점, 더욱 중요하게는 그가 이들과 모두 거리를 둔 채 이를 비판하고 있다는 사실이다. 무엇이 그를 이러한 방식으로 서술하게 하였던 것일까.

이에 대한 답변을 찾기 위해 우리는 그가 처음 학술 활동을 시작하였던 식민지 말기의 혜화전문학교로 다시 거슬러 올라갈 필요가 있다. 그것은 그의 서술이 식민지 조선학 학술장을 비판적으로 재구성한 후 그 연계선상에서 자신의 의견을 개진하는 방식으로 이루어지기 때문이다. 이는 그의 글쓰기를, 나아가 그의 민족 문화사 연구를 식민지 조선학의 맥락에서 살펴볼 필요성을 제기한다.

조지훈이 혜화전문학교를 다니며 첫 학술 논문을 발표하던 무렵 조선학 학술장은 크게는 두 계열로 나뉘어 학술적으로 경쟁과 대항의 관계를 형성하고 있었다. 한 계열은 경성제국대학으로 대표되는 관학으로서의 조선학이고, 다른 한 계열은 연희전문학교를 중심으로 형성된 민족주의 진영의 민간 조선학이었다. 일본의 고등교육제도 이원화 정책은 조선학 학술장의 진영을 구분하는 하나의 기준으로 작용하였던 셈인데, 경성제국대학을 다니던 조선인 학생들이 아카데미즘의 세례를 받은 자신들만이 학술을 실현할 수 있다는 관점 아래 경성제국대학 외부에서 이루어지는 학술 세계를 배제하였다면, 연희전문학교를 중심으로 형성된 민족주의 학술 진영은 경성제국대학 연구자들의 실증적인 학풍에 대항하며 연구를 이어 갔다.

---

34) 단군신화에 대한 부정적 견해들은 각각 사대적 모화사상에 젖은 유학자들과 일본의 동양사학자들의 주장이었으며, 긍정적 견해들은 신채호, 박은식, 신규식, 정인보 등과 같이 '단군민족주의'를 내세운 민족주의 진영의 주장이었다. 또한, 단군신화를 교과서에서 빼자는 주장은 해방 이후 백남운과 같은 마르크스주의자들에 의해 주장된 것이지만 그들은 해방 전에도 단군신화를 유물적인 사관에 의거하여 서술한 바 있다. 이처럼 하나의 주제에 대한 견해를 각 진영의 것으로 배치하는 방식은 조지훈의 다른 글에서도 쉽게 찾아볼 수 있는데 예컨대 다음과 같은 글에서 그는 각각의 견해들을 "모화주의학자"라든지, "일본의 어용학자", "유물사관을 신봉하던 학자"들의 것으로 분류한다.

조지훈, 「한국 사상의 모색」, 『조지훈 전집 8—한국학연구』, 285-286쪽: "나는 한국 사상의 모색을 위하여 먼저 한국 사상이란 따로 없다거나, 있어도 하잘것없는 남의 모방에 불과하다는 견해를 파쇄(破碎)해야 한다고 강조하고자 합니다. 한국 사상이 어떻게 있느냐하는 우리의 관심은 한국 사상의 좋은 점과 나쁜 점을 있는 그대로 찾아보려는 것이지, 시원찮은 것을 과장하거나 좋은 것을 엄폐하는 일이 아니기 때문입니다. 그러므로, 이러한 선입견을 깨뜨리기 위해서 우리의 모화주의학자(慕華主義學者)와 일본의 어용학자와 유물사관을 신봉하던 학자의 한국 사상에 대한 사고와 주장을 재수정해야 한다는 것입니다. 우리는 이러한 관점으로 우리의 역사부터 새로 바꿔 써야겠다고 생각하는 것입니다."

여기에 1934년 조선학운동 이후 신남철을 필두로 경성제국대학 출신이지만 이 두 진영을 동시에 비판한 마르크스주의 계열이 등장하며 당시 조선학 학술장은 복잡한 학술 지형을 가지고 있었다.[35)]

당시 사립전문학교에서 수학하며 학술 활동을 시작하였던 조지훈은 필연적으로 경성제국대학이 배제한 민간 학술장에 위치할 수밖에 없었다. 성대생(城大生)만큼 선망의 대상이 되지 못했을지 몰라도 사립전문학교를 다니던 이들 역시 소수의 지식청년으로서 교지를 통해 학술 활동을 하였음에도 불구하고[36)] 경성제국대학교의 학생들은 자신들이 창간한 학술잡지 『신흥』만을 유일한 학술지로 인정하였는데,[37)] 자신이 속한 곳의 학술 활동이 이처럼 비판·배제되는 상황은 조지훈의 학자로서의 자존심을 건드렸을 것이며 그가 계속하여 그들을 의식하며 이에 대항하는 가운데 연구를 수행하였을 것임을 추정하게 한다.

그런데 그의 학술적 기반이 민간 아카데미즘의 중심에 있었던 연희전문학교[38)]가 아닌, 혜화전문학교였다는 점에서 조지훈은 이러한 각축 현장에서 어느 정도 비껴

---

35) 전윤선은 여기에 정치성을 배제하고 순수 학문으로서 조선 문화를 연구하고자 한 진단학회를 더해 설명하기도 한다. 전윤선, 「1930년대 '조선학' 진흥운동 연구—방법론의 모색과 민족문제 인식을 중심으로」, 연세대 석사학위논문, 1999, 9-13쪽.

36) 박헌호는 연희전문학교에서 간행된 『연희』 등과 같은 사립전문학교의 교지가 "오늘날의 학술지와 같은 역할"을 하였음을 밝힌 바 있다(박헌호, 「『연희』와 식민지 시기 교지(校誌)의 위상」, 『현대문학의 연구』 제28호[한국문학연구학회, 2006], 285쪽). 조지훈이 재학 중이던 혜화전문학교의 학생들 역시 『룸비니』는 물론이고 교우지 『일광』을 통해 철학, 불교학, 문학 관련 논문을 발표하는 등의 학술 활동을 하였다. 『일광』은 1928년 12월에 창간된 후 중단되었으나 1931년 3월, 제3호로 속간되어 제10호(1940.1)까지 발간되었다. 동대백년사편찬위원회, 앞의 책, 154쪽.

37) 박광현, 「경성제대와 『신흥(新興)』」, 『한국문학연구』 제26호(동국대학교 한국문학연구소, 2003), 251쪽. 경성제대 법문학부 출신들이 창간한 학술잡지 『신흥』 창간호의 「편집후기」(1929.7.15.)에 실린 다음의 구절, "우리는 조선에 잇서서, 지금까지에 이만치 진실한 의미의 학술 논문을, 다수등재한 잡지가 잇섯슴을 기억치 못한다"는 이러한 그들의 태도를 함축적으로 담고 있다. 『신흥』과 기존 학술지와의 변별점을 강조한 이러한 글 외에도 그들은 『신흥』 제5호(1931.7) 등을 비롯한 여러 「편집후기」에서도 『신흥』을 유일한 학술지로 설명하는 등 외부의 학술 세계를 배제하는 태도를 보여주었는데, 이는 그들의 특권의식이 어느 정도였는가를 짐작하게 한다.

38) 이는 혜화전문학교와 달리 연희전문학교에 '문과'가 있었다는 사실과 관련하여 생각해 볼 필요가 있다. 정준영의 설명대로 사립전문학교의 '문과'는 당시 연구를 독점하였던 경성제국대학 중심의 학술 지형에 대항하여 대안적 아카데미즘을 추구하였다는 점에서 각별한 의미를

선 자리에 위치하였던 것으로 보인다.[39] 연희전문학교가 설립 초기부터 국학에 대한 애착을 가지고 국사, 국어, 국문학에 대한 연구와 교육을 중시하였다면,[40] 혜화전문학교는 조선 불교계의 인재 양성과 불교학을 비롯한 동양문학에 대한 전문교육을 실시하는 것을 목적으로 두었던 만큼 조선학과 관련해서는 뚜렷한 학풍을 가지고 있지 않았다. 이는 "연전 문과는 사학과"라고 말할 만큼 역사에 대한 체계적 교육을 바탕으로 하는 연희전문학교[41]와 달리, 혜화전문학교에는 역사 과목이 따로 개설되지 않은 채 종교학과 철학, 그리고 문학을 중심으로 교과목이 개설되어 있는 점에서도 확인할 수 있다.[42] 조선학이 조선 역사를 기초로 조선을 연구하고 탐색하는 학문[43]이라는 점을 상기하여 볼 때 조지훈이 연희전문학교의 학풍에서

갖는다(정준영, 앞의 글, 2013, 73쪽). 이러한 점에서 '문과'를 가지고 있었던 연희전문학교가 민간 학술장의 중심에 있었던 것은 당연한 일이었다.

39) 경성제국대학을 중심으로 한 관학 아카데미즘과 조선인 사립전문학교의 학술장이 어떠한 관계를 가지고 있었는지에 대한 연구는 활발히 이루어졌다. 대표적으로 신주백, 「식민지 조선의 고등교육체계와 문·사·철의 제도화, 그리고 식민지 공공성」, 『한국교육사학』 제34권(한국교육사학회, 2012b); 홍종욱, 「'식민지 아카데미즘'의 그늘, 지식인의 전향」, 『사이』 제11호(국제한국문학문화학회, 2011) 참조. 그러나 이러한 연구들은 연희전문학교 문과를 중심으로 이루어진 것일 뿐, 혜화전문학교가 당시 조선학 학술장에서 어떠한 위치에 있었는가를 집중적으로 탐구한 연구를 찾아보기는 어렵다. 물론 여기에는 당시 혜화전문학교가 이러한 학술장의 변방에 위치하고 있었다는 점에서 그 원인을 찾을 수 있겠으나 조지훈 외에도 권상로 등과 같이 혜화전문학교를 기반으로 삼은 학자들이 있다는 점에서 이에 대한 논의가 진행될 필요가 있다. 한편, 각 사립전문학교마다 학풍과 교과과정 등이 달랐다는 점에서 경성제국대학과 혜화전문학교 사이의 경쟁과 배제의 관계만이 아니라 혜화전문학교와 연희전문학교의 학술적 관계 등에 대해서도 보다 심화된 논의가 이루어져야 할 것으로 판단된다. 이 글은 이러한 문제의식을 바탕으로 이에 대한 시론 격으로 제시된 것임을 밝혀 둔다.

40) 이준식, 「연희전문학교와 근대 학문의 수용 및 발전」, 『근대학문의 형성과 연희전문』, 연세대학교 국학연구원 편, 연세대학교 출판부, 2005, 33쪽.

41) 정선이, 앞의 글, 89-90쪽. 정선이의 글에 소개된 역사 과목 소개 표를 살펴보면, 연희전문학교의 역사 교과목은 〈동양사〉와 〈서양사〉 두 과목이 개설되어 있었으며, 주당 시수는 3시간이었다. 선택과목으로 개설된 〈동양사〉와 〈서양사〉는 각각 두 과목으로 나뉘어 시기별, 지역별로 다른 내용을 학습할 수 있게 구성되었는데 이처럼 체계적인 구성은 연희전문학교가 역사학 교육에 얼마나 심혈을 기울이고 있었는가를 짐작하게 한다.

42) 물론 혜화전문학교에도 〈불교사〉, 〈종교사〉, 〈윤리사〉, 〈철학사〉, 〈교육사〉, 〈조선문학사〉 등의 과목은 있었으나 이는 문화사로서 연희전문학교에 개설된 〈동양사〉나 〈서양사〉와 같은 교과목과 차이가 난다. 이에 대해 김기승은 사학과 교과목이 정치·경제사 중심으로 이루어지는 것과 달리 혜화전문학교의 과목이 사상사 혹은 철학사임을 지적하고, 조지훈의 역사 서술이

영향을 받아 성장하지 않았다는 것은[44] 그가 정인보로 대표되는 민족주의 진영과도 거리를 둘 수 있었음을 의미한다.

실제로 그가 민족주의 진영과 견해를 달리하였음은 앞서 인용한 글에서 확인할 수 있다. 그는 단군신화를 신앙이 아닌 학문으로 봐야 함을 지적하며 단군을 국조로 숭배하는 학자들을 비판하는데 정인보가 단군을 민족의 시조로 자리 잡게 하려 했던 대표적인 연구자로서 민족주의 진영에 속해 있었다는 점을 생각해 볼 때 조지훈이 민족주의 진영과 거리를 둔 채 그들과 전혀 다른 논리를 구가하고자 하였던 것은 분명해 보인다. 더욱이 그는 단군에 대한 지나친 긍정을 "단군신화의 학적 의의로서는 정상적인 것이 아님"이라는 말로 꼬집으며 그 학적 타당성을 문제 삼았는데 이는 그가 경성제국대학의 연구자들이 민간 학술 연구를 비과학적인 것으로 비판하던 것과 같은 관점에서 그들의 문제를 지적하고 있음을 드러낸다.[45] 즉, 그는 연희전문학교와 같은 사립전문학교 출신이었지만 엄밀히 말하자면 이들 진영에 속하지 않은 채, 학술장의 주변부에 위치해 있었던 것이다.[46]

"역사학을 전공한 전문 역사가와 다르게 나타나"는 원인으로 설명한 바 있다. 김기승, 「조지훈의 민족운동사 인식과 동학관」, 『동학학보』 제6권(동학학회, 2003), 365쪽.

43) 왕현종, 「연희전문의 한국사 연구와 민족주의 사학의 전개」, 『근대학문의 형성과 연희전문』, 연세대학교 국학연구원 편, 연세대학교 출판부, 2005, 341쪽.

44) 윤석성은 조지훈이 다니던 월록서당에서 한학, 조선어, 수신, 역사, 도서를 가르쳤다는 점에서 그가 이곳에서 조선 역사를 배웠을 것으로 가정한다. 윤석성, 『조지훈』, 건국대학교 출판부, 1997, 15쪽.

45) 이는 같은 글에서 그가 "미흡과 오류와 역설의 혐"을 지니면서도 "학적 논의에 응분의 기여"를 했다는 점에서 다른 현대 학자들의 학문적 방법을 제시하면서도 정인보의 방법은 아예 제외한 채 서술한다는 점에서도 확인할 수 있다. 조지훈, 「민족 신화의 문제—단군신화의 학적 의의와 이념적 처리에 대하여」, 『조지훈 전집 7—한국문화사서설』, 229쪽.

한편, 정인보와 함께 조선학운동을 주도하였던 안재홍의 경우, 그가 과학적인 방법론을 학문의 방법으로 삼았음을 주장하는 논의가 제기된 바 있다(류시현, 「1930년대 안재홍의 조선학운동과 민족사 서술」, 『아시아문화연구』 제22권[가천대학교 아시아문화연구소, 2011]). 이는 민간 학술장에 대한 새로운 관점을 던져 주는 점에서 의미 있는 주장으로 여겨진다. 그러나 본 연구가 주목한 것은 당시 민족주의 진영의 학문적 방법이 실제로 과학적인가 비과학적인가에 있기보다는 경성제국대학 연구자들이 그들을 '비과학적'이라는 말로 비판적으로 규정짓고 있다는 점에 있다. 민간 학술장에 속한 조지훈으로서는 그 사실 여부와는 별개로 그 비판을 의식할 수밖에 없었을 것이며, 그가 이에 대응하는 방편으로서 학문의 과학적 체계화를 꿈꾸었다고 추정할 수 있다.

그가 이처럼 경성제국대학에도, 연희전문학교에도, 그리고 마르크스주의에 기반을 둔 진영에도 속하지 않음으로써 그는 일본인 학자들은 물론 경성제국대학 연구자들의 학문적 태도와 방법의 문제에 대해서도, 연희전문학교를 중심으로 조선학 운동을 주도하였던 민족주의 진영의 문제에 대해서도, 또한 마르크스주의에 기반을 둔 좌파 진영의 문제들도 모두 조감할 수 있었다. 이는 그가 관학 아카데미즘의 실증적인 방법과 민간 아카데미즘의 문헌고증적인 방법을 모두 비판하는 가운데[47] 어느 한 가지 방법론만을 고집하지 않게 하였으며, 그들 모두의 관점을 비판하는 것으로부터 자신의 글쓰기를 시작하게 하였던 것으로 여겨진다. 식민지 조선에서 형성된 학술장의 지형이 마르크스 진영을 제외하고는 해방 이후 지식사회에서도

---

46) 그가 민족주의 진영의 민간 아카데미즘과 거리를 두고 있음을 드러내는 이러한 여러 흔적들은 그간의 조지훈 연구가 한국학자로서의 그를 민족주의 진영의 연구자라거나 '국학파' 등으로 서술하는 것이 얼마나 섬세하지 못한 설명인가를 시사하는 동시에, 종래 서너 계열로 분류되던 한국학 학술장을 보다 정교하게 분류할 필요성을 제기한다. 물론 신주백 등에 의해 한국학 학술장을 보다 세밀하게 구분하려는 시도들이 최근까지 이루어지고 있기는 하나 여전히 조지훈의 자리는 마땅하지 않다. 신주백, 「1930년대 초중반 조선학 학술장의 재구성과 관련한 시론적 탐색—경성제대 졸업자의 조선연구 태도 및 연구방법과 관련하여」, 『역사문제연구』 제26권(역사문제연구소, 2011), 99-101쪽. 이는 박지영이 지적한 대로 조지훈이 해방 직후 조선학 내부에서 어떠한 계보에도 속하지 않았던 사실과도 연계하여 생각해 볼 수 있다. "유학자로서 정신적 지향은 안재홍 등 비타협적 민족주의 조선학운동 노선에 가까웠지만, 연구방법은 실증주의적인 연구 방식을 택한 진단학회나 〈조선어학회〉의 성향에 가까"운 조지훈 학문의 성격을 적확하게 분석하며 박지영은 조지훈이 "식민지 조선학운동의 제 방면을 두루 경험"하였다고 서술한 바 있다(박지영, 앞의 글, 303-304쪽). 물론 이 글은 조지훈이 해방 이후만이 아니라 이전에도 조선학 내부의 어떠한 계파에도 속하지 않은 채, 각 진영들과 거리를 두고 있었음을 중점적으로 밝히는 데 그 목적이 있으나 해방 이후 조지훈의 행보와 사립전문학교를 전신으로 하는 대표적 사학들의 행보들을 살펴볼 때에도 조지훈을 비롯한 사립전문학교 출신의 학자들을 단순히 '민간 학술장' 계열로 뭉뚱그릴 수 없다. 1950년대 후반부터 대표적 사학들에서 설립된 한국학 연구소들은 각 연구소마다 서로 다른 사업들을 중점적으로 추진하며 상이한 정체성을 갖게 되는데, 이것이 식민지기 조선학 학술장에서의 그들의 정체성 및 위치와 밀접하게 관련되기 때문이다. 이에 내해서는 마지막 장에서 후술하도록 한다.

47) 조지훈, 「《민족문화연구》창간사」, 『조지훈 전집 3—문학론』, 386-387쪽: "민족 해방을 맞아 어느덧 20년, 그동안 우리 학계는 모든 혼란과 궁핍의 악조건을 극복하면서 꾸준히 발전해 왔다. 그러나, 분석과 고증(考證)에 치우친 학풍은 우리가 목마르게 요청하고 있는 민족문화의 학적 체계화 또는 거시적 사관(史觀), 심화적(深化的) 방법에는 외면하는 혐(嫌)이 있다."

이어졌다는 점에서, 또한 일본 유학생을 비롯하여 경성제국대학 졸업생들이 해방 이후에도 학술장을 장악하는 상황에서[48] 그는 여전히 주변부에 놓여 있었으며 이는 계속해서 그에게 식민지 조선학 학술장을 의식하게 하였던 것으로 보인다. 따라서 그의 서술 방식은 혜화전문학교라는, 식민지 조선학 학술장의 주변부에 있던 그가 주류 진영들의 담론 사이에서 도태되지 않고, 이를 넘어서는 관점과 방법을 찾으려는 고투의 흔적이었던 것이다.

그렇다면 국학 연구를 시작하던 무렵부터 각 진영의 문제점을 조감할 수 있었던 조지훈은 이들과 변별되는 한국학 연구의 방향을 설정하고자 어떠한 노력을 하였던 것일까. 이는 혜화전문학교를 졸업한 이후 그의 행보를 통해 살펴볼 수 있다.

4. 진영의 너머, '보편적 민족주의자'의 탄생

1941년 3월, 혜화전문학교를 졸업한 조지훈에게 경성제국대학교 종교사회학 연구실의 아카마쓰 지조(赤松智城)와 아키바 다카시(秋葉隆)는 만몽민속품참고관의 일자리를 추천한다. 그들은 조지훈이 혜화전문학교에 재학 중이던 당시 겸임교수로 있으며 조지훈에게 각각 종교학과 사회학 등을 가르쳤던 이들이었다. 그들이 추천한 경성제국대학 민속참고품실은 1928년 설립된 당시에는 조선토속참고품 진열실로 창설되었으나 이후 만몽과 에스키모의 수집품들이 포함되면서 민속참고품실로 개명되고, 1941년에는 민속참고품실과 고고참고품실로 조직되어 새롭게 문을 열게 되었는데, 이 설립에 주도적인 역할을 담당하였던 아키바[49]가 조지훈에게 일자리를 제의한 것이다. 그러나 조지훈은 "어지러운 머리를 가누기 위해서는 심산(深山)

---

48) 신주백의 다음과 같은 설명을 참조할 수 있다. 신주백, 「한국 현대역사학의 3분과제도 형성과 역사인식·역사연구방법」, 『동방학지』 제149권(연세대학교 국학연구원, 2010), 144쪽: "해방 후 연희대학을 제외하고 역사학 관련 학과의 교수진은 와세다대학 출신을 비롯한 일본 유학생과 경성제국대학에서 역사를 전공한 사람들로 채워졌다." 그 목록은 다음과 같은데, 이는 박광현의 글에서 확인할 수 있다. 박광현, 「경성제국대학 안의 동양사학—학문제도·문화사적 측면에서」, 『한국사상과문화』 제31호(한국사상문화학회, 2005), 308쪽: "해방 직후 대학에서의 동양사학은 서울대학의 김상기(와세다대학), 고려대학의 정재각(경성제대), 김준엽(게이오대학 중퇴), 연희대학의 민영규(다이쇼대학), 좌조호(도쿄제대), 동국대학의 채희순(경성제대)."

의 고찰이 더 필요"[50]하며 "속세가 싫다는 심사"[51]에서 이를 거절한다. 그러나 이는 표면적인 이유일뿐 그의 거절에는 일본인 학자들의 식민사관에 대한 그의 부정적 견해가 작용하였던 것으로 보인다. 애초에 만몽에 대한 경성제국대학의 관심 자체가 일본의 대륙 침략의 야심에서 비롯된 것이며 그들의 오리엔탈리즘의 시각을 반영하는 것이라고 할 때 이는 조지훈이 '민족의식 말살의 정책적 선입견'을 가지고 있다고 비판한 일본인 학자들의 식민사관과 일치하며, 일본인 학자들과 특무기관원들의 협력을 통해 수집된 만몽 지역의 민속품[52]들이 진열된 그곳에서 일을 하는 것은 그의 가치관과 상충되는 것이었다.

이를 거절한 그는 1941년 4월, 오대산 월정사 불교 강원의 외전 강사를 시작하며 혜화전문학교와 불교계와의 인연을 계속 이어 나간다. 이곳에서 그가 읽은 독서 목록은 비교적 상세하게 전해진다. 『금강경오가해』, 『화엄경』, 『전등록』, 『선문염송』 등과 같은 불교서적과 스피노자와 헤겔과 베르그손과 같은 서양철학이 그것이다. 전자의 독서 목록은 불교 강원에서 그가 하고 있었던 강의와 관련해서, 또 그간 혜화전문학교의 교과과정을 통해 접하였던 불교학의 연장선상에서 그가 읽었을 것으로 해석할 수 있는 것이나 후자의 독서 목록, 즉 서양철학을 그가 이 시기에 읽었다는 점은 흥미롭다. 그는 왜 이 시기에 이러한 서양철학을 탐독하였던 것일까.

이는 당시 경성제국대학의 관학 아카데미즘이 민간 학술의 과학성 결여와 국수적인 태도를 지적하며 비판하였던 점과 연계하여 생각해 볼 수 있다. 경성제국대학의 학술 외에 민간 학술의 전문성을 인정하지 않는 관학 아카데미즘의 시선은 민간 학술장에 있었던 조지훈에게 과학적 학문 방법을 고구하게 하였을 것이고, 그가 국수주의에서 벗어나는 방안의 일환으로서 서양철학으로 눈을 돌려 이를 공부하였을 것임을 추정해 볼 수 있는 것이다.

더욱이 조지훈이 받은 교육과정을 되짚어 볼 때, 그가 서양철학을 접할 기회는

---

49) 전경수, 「서울대학교 박물관의 초기연혁에 관한 몇 가지 단상」, 『한국 박물관의 어제와 내일』, 일지사, 2005.

50) 조지훈, 「나의 역정—시주(詩酒) 반생(半生) 자서(自敍)」, 『조지훈 전집 3—문학론』, 203쪽.

51) 조지훈, 「비승비속지탄」, 『조지훈 전집 4—수필의 미학』, 61쪽.

52) 전경수, 「특무기관과 인류학자가 함께 만든 만몽민족학」, 『민속학연구』 제39권(국립민속박물관, 2016), 58쪽.

많지 않았던 것으로 보인다. 앞서 살펴본 중앙불교전문학교의 교과 편제에서 서양철학 관련 교과목은 3학년 학생을 대상으로 〈서양철학사〉와 〈서양윤리사〉라는 두 과목이 개설되어 있을 뿐이었으며, 총 시수는 각각 2시간에 불과하였다. 그런데 이 과목들마저도 그가 3학년이 되던 1940년, 중앙불교전문학교가 혜화전문학교로 승격되어 학제가 변경되면서 《서양윤리학사〉라는 1학년 과목으로 바뀌어 그는 2시수의 〈철학개론〉을 제외하고는 혜화전문학교에서 서양철학 관련 과목을 전혀 수강할 수 없게 된다. 이는 〈서양철학사개설〉 등을 비롯한 다양한 철학 과목들을 개설하고[53] 대부분 서양철학을 전공한 교수들이 전공으로서 철학을 가르쳤던 경성제국대학 철학과의 사정을 생각해 볼 때[54] 경성제대 출신들과 조지훈이 필연적으로 학술적인 불균형 가질 수밖에 없었음을 의미한다. 더군다나 혜화전문학교에 입학하기 전, 한학을 공부하였던 조지훈으로서는 동양철학과 서양철학에 대한 이해의 격차가 상당할 수밖에 없었을 것으로 여겨진다.[55] 따라서 이 시기 그가 서양철학을 읽은 것은 단순한 흥밋거리라기보다 그의 학문의 부족한 부분을 보충할 수 있는 독서로서의 성격이 강하였던 것으로 보인다.

1941년 12월에 상경한 그는 1942년 가을, 여의대 병원에 입원해 있던 안호상의 옛 원고를 정리[56]하면서 특히 독일의 관념론을 자세하게 공부할 수 있었다.[57] 그가 정리한 안호상의 원고가 정확히 무엇인지는 전해지지 않으나 기본적으로 안호상은 독일 관념론 철학에 경도되어 있었으며 헤겔이 졸업한 독일 예나대학에서 박사 학

---

53) 박영식, 「인문과학으로서 철학의 수용 및 그 전개과정(1900-1965)」, 『인문과학』 제26권(연세대학교 인문학연구원, 1972), 117-118쪽.

54) 김재현, 「한국에서 근대적 학문으로서 철학의 형성과 그 특징」, 『시대와 철학』 제18권(한국철학사상연구, 2007), 193-203쪽.

55) 하상일은 그가 다녔던 월록서당이 서양의 신식 학문도 두루 접하고 익힐 수 있게 해 주었다고 설명한 바 있다. 그러나 앞서 언급하였듯 월록서당의 학과목은 한학, 조선어, 수신, 역사, 도서로서 조지훈이 여기서 서양철학을 배웠던 것으로는 보이지 않는다. 하상일, 「역사와 현실 앞에서 전통과 순수를 노래한 민족시인」, 『신생』 제84호(전망, 2020 가을), 240쪽; 윤석성, 앞의 글.

56) 조지훈, 「나의 시의 편력—슬픔과 멋의 의미」, 『사상계』, 1965.8.

57) 이는 김인환의 논의에 힘입은 바가 크다. 구체적인 설명이 이루어진 것은 아니었으나 그는 조지훈이 안호상의 원고를 정리하며 독일의 관념론에 대해 자세하게 공부할 수 있었으며 조지훈의 논리 전개에 헤겔의 영향이 나타났다고 주장한 바 있다. 김인환, 「조지훈론」, 『다른 미래를 위하여』, 문학과지성사, 2003, 148쪽.

위를 받고 돌아온 만큼 헤겔에 특히 관심을 가지고 있었던 철학자였다는 점에서 그가 안호상의 원고를 읽으며 헤겔의 철학을 접하였음은 어렵지 않게 추측된다.[58] 특히 안호상은 헤겔의 철학에 대하여 다음과 같은 생각을 가지고 있었기에 그의 원고에는 헤겔의 다음과 같은 측면이 부각되어 서술되어 있었을 것이라 생각해 볼 수 있다.

> 그[헤겔: 인용자]의 철학은 어디까지나 과학을 근거로 하고 있다. 그는 한마디로 세계정신에 바탕을 둔 민족철학자다. 그의 철학에는 자유가 그 바탕을 이룬다. 그가 국가철학자이면서도 세계성을 띨 수 있는 것은 그 국가의식이 옹졸한 수준에 머무르지 않고 세계를 상대로 하고 있기 때문이다.[59]

한국학을 과학적으로 체계화하고 이를 세계적인 맥락에서 살펴볼 방법을 모색하고 있었던 당시의 조지훈에게 안호상의 원고를 통해 접한 이러한 헤겔 철학의 특성은 매혹적이었을 것이며, 그에게 적잖은 영향을 끼쳤을 것으로 여겨진다. 이는 조지훈이 한국학 논고에서 설정하고 있는 특수와 보편의 관계가 헤겔이 구체적 보편을 설명하며 설정한 특수와 보편의 관계와 닮아 있다는 점에서 확인할 수 있다.

당시 조선학 학술장을 장악하고 있던 각 진영들은 각각 특수와 보편의 문제에 대하여 관심을 기울였으며[60] 저마다 다르게 이들의 관계를 설정하고 있었다. 예컨대, 일본인 학자들과 민족주의 진영 학자들은 조선을 상반된 시각에서 바라보면서도 이를 특수한 것으로 설정하는 데에는 그 입장을 같이 했다. 다시 말하자면, 오리엔탈리즘을 차용한 일본인 학자들이 일본을 보편으로 상정하고 조선을 특수한 것으로 설정한 후 '조선 특수 사정'으로 조선의 정체성(停滯性)을 강조하였다면, 민족주의 진영은 "조선의 특수성과 고유성을 부각"시키며 조선의 정체성론에 대항할 수 있는 민족의 우월성을 과시함으로써 "민족 정신과 애국주의를 고조"[61]하고자 하였다.

---

58) 이태우, 「안호상의 독일관념론 철학의 수용과 한국적 변용」, 『인문과학연구』 제22호(대구가톨릭대학교 인문과학연구소, 2014), 132-133쪽.

59) 안호상, 『한뫼 안호상 20세기 회고록』, 민족문화출판사, 1996, 168쪽.

60) 정종현, 「단군, 조선학 그리고 과학—식민지 지식인의 보편을 향한 열망의 기호들」, 『한국학연구』 제28호(인하대학교 한국학연구소, 2012), 10쪽.

이에 반해 경성제국대학의 조선학 연구자들은 역사를 보편적 법칙으로 파악함으로써 민족주의자들의 태도가 신비적·감상적 태도라며 비판하였는데, 특히 신남철과 같은 마르크스주의자들은 일제 관학과 민족주의자들의 조선학을 모두 비판하며 보편의 관점에서 특수를 서술하고자 하였다. 즉, 조선 역시 인류 사회 발전의 보편적인 법칙을 보여 준다는 점에서 "조선적 특수성을 세계사적 보편 속에서 위치"[62]짓는 것이 그들의 관점이었다.

조지훈은 특수와 보편 중 어느 것만을 취하지 않는다는 점에서는 신남철과 같은 마르크스주의자들과 유사하지만, 보편을 중심에 두고 특수를 이야기한 그들과 달리 특수를 중심에 두고 보편을 이야기함으로써 그들과 다른 방식의 서술을 이어나간다. 이는 그의 중요한 업적 중 하나인 「멋의 연구」에서 두드러지게 나타난다.

> '멋'이 한국적 미가치의 대표적 특질이 될 수 있느냐 하는 문제는 멋이란 과연 한국에만 있느냐, 세계 통유(通有)의 것이냐 하는 문제와 밀접히 관련된다. 만일 그것이 세계 통유의 것이라면 한국적 미의 특질이란 이름에 값하지 못할 것이요, 만일 한국에만 있고 세계 어느 나라 사람도 아주 느낄 수가 없는 것이라면 그것은 미라고 할 수조차 없을 것이다.
>
> 만근(輓近) 십수년래 몇몇 인사에 의하여 멋에 대한 논의가 있었거니와, 그 논의가 대개는 멋의 성격에 대한 단편적인 열거였고, 주로 이 멋이란 것이 한국 특유의 것이냐 아니냐 하는 문제에 논점이 집중되었다.
>
> (…) 멋이란 관념내용이 지닌 바 여러 가지 성격을 분석하면 그 개개의 요소와 상통되는 것은 어느 나라에도 있을 수 있으나, 그것들이 종합된 의미로서 별반의 전체 관념내용은 다른 나라에는 없는 성싶다. 이런 뜻에서 본다면 '멋'이 한국 특유의 미의식 내지 미가치 또는 미이념이 되는 것은 혹 종개념(種概念)의 종합으로 변형하여 이루어진 새로운 특수의 전체라는 점에 있고, 외국에는 이와 동일한 종합적 의미의 미이념이 발달되지 않았

---

61) 김경일, 「좌절된 중용—일제하 지식 형성에서의 보편주의와 특수주의」, 『사회와역사』 제51권(한국사회사학회, 1997), 81쪽.

62) 정종현, 「신남철과 대학 제도의 안과 밖—식민지 '학지(學知)'의 연속과 비연속」, 『동악어문학』 제54호(동악어문학회, 2010), 404-405쪽. 이러한 관점은 백남운의 관점과 유사하다. 실제로 신남철은 백남운의 『조선사회경제사』를 인용하며 조선의 특수성을 강조하는 조선학 연구의 문제점을 비판하였다.

기 때문이라 할 수 있다.

그러므로, 일반적 의미에서의 '멋'은 한국 특수(特殊)의 것이지만, 부분적 의미로서의 '멋'은 세계 일반의 미의식이라 할 수 있는 것이다.[63)]

인용된 부분에서 알 수 있듯 조지훈은 '멋'을 한국적 미가치의 특질로서 설명하면서도 그것이 '미'이기에 보편적인 성격을 띠고 있다는 점을 시종 강조한다. '멋'의 개개의 요소와 상통하는 것은 세계 어느 나라에도 있을 수 있기에 이는 보편성의 영역에 있으나, 그 요소들이 종합된 의미로의 '멋'은 한국에만 있기에 특수한 것이라는 그의 주장은 "일반적 의미에서의 '멋'은 한국 특수(特殊)의 것이지만, 부분적 의미로서의 '멋'은 세계 일반의 미의식"이라는 문장으로 요약된다. 다시 말하자면 그는 세계의 미 개념에도 우리의 '멋'이 있다고 말함으로써 그것이 우리만의 특유한 것이 아니면서도 어떻게 우리의 미가치를 대표하는 특수한 것인가를 설명한다.

이러한 조지훈의 독특한 시각은 보편과 특수를 대립하는 개념으로 보지 않고, 보편은 "항상 특수를 자신의 개념 안에 포함"하며, 특수는 "항상 보편이 매개됨으로써만 특수일 수 있다"[64)]고 주장한 헤겔의 철학을 상기하게 한다. 물론 헤겔의 철학은 보편을 우위에 둔다는 점에서 오히려 신남철과 같은 마르크스주의자들이 특수 보편의 관계를 설정하는 방식과 유사할지 모르나 마르크스주의자들이 헤겔을 근간으로 자신의 논리를 이어 나갔다는 점을 생각해 볼 때, 그는 헤겔을 읽으며 그들과 초점을 달리하는 방법을 찾게 되었고 헤겔의 논리 전개 방식과 개념 설정의 방식에 모종의 힌트를 얻어 특수와 보편의 균형 위에서 민족의 고유성을 고구하는 한국학 연구의 새로운 시각을 열어 보여 줄 수 있었던 것으로 판단된다.[65)] 그것은 민족의 특수성을 강조하면서도 국수적이지 않으며, 전통을 이야기하면서도 과학적인 체계

---

63) 조지훈, 「'멋'의 연구—한국적 미의식의 구조를 위하여」, 『조지훈 전집 8—한국학연구』, 390-394쪽.

64) 강순전, 「사회적 통합의 두 변증법적 모델 (1)—헤겔과 아드로노의 주체-객체, 보편-특수의 변증법」, 『시대와 철학』 제15권(한국철학사상연구회, 2004), 253쪽.

65) 조지훈의 이러한 균형감각은 그의 저서 곳곳에서 확인할 수 있다. 이를테면 다음과 같은 서술도 그중 하나이다. 조지훈, 「예술의 지방성과 국제성」, 『조지훈 전집 3—문학론』, 103쪽: "세계문화란 민족문화의 합성이기 때문에 민족문화를 떠나서는 세계문화란 실상 공허한 개념이 되고 말 것입니다. 더구나, 예술은 특수성 또는 개성을 통해서 보편성 내지 전형성(典刑性)을 추구하는 것이기 때문에 세계성으로 통하는 길은 먼저 민족적 전통의 탐구에서 찾아

를 갖춘 한국학으로의 길이었다.

5. 나오며

1963년 6월, 조지훈은 고려대학교 부설 민족문화연구소의 초대 소장으로 취임한다. 같은 해 10월, 그는 「창립취지문」에서 자신이 지금까지 추구해 온 한국학 연구의 방법을 민족문화연구소의 앞으로의 방향에 접목하여 이곳을 한국학 연구의 새로운 교두보로 삼겠다는 의지를 내보인다.

> 우리는 〈민족문화연구소〉라는 기관을 창립하고, 우리의 현실 속에 살아 있는 과거—우리의 역사를 관통하는 전통을 탐구하며 민족의 혈맥(血脈)인 문화유산을 조사, 수집하고 정리, 연구하여 체계화함으로써 민족문화의 부흥과 민족적 현실의 타개를 위한 기초사업에 학적(學的) 기여의 일조를 바치고자 한다.[66]

문화유산을 조사하고 정리하여 이것을 체계화하는 기초 작업을 통해 학적 기여를 하겠다는 「창립취지문」의 내용은 그대로 민족문화연구소의 주력 사업으로 이어지며 그는 1963년, 『한국문화사대계』(총 7권, 1964-1972)를 기획하는 것으로 그 첫걸

야 할 것입니다. 민족적 전통이란 결국 하나의 개성입니다. 그리고, 훌륭한 예술가는 그 자신이 민족적 개성에 대등한 하나의 개성일 수 있습니다. 그는 사회집단의 구성원으로서는 한 민족에 속해 있지만 정신적으로는 전인류에 속해 있어서 그 민족 전체의 특징적인 개성과는 다른, 거기서 벗어난 개성을 지닐 수 있다는 말입니다. 민족적 개성이란 말은 그 민족 개개인의 성격의 총화는 아니기 때문입니다. 그러므로, 세계성에 통하는 길은 예술가 자신의 길이든지, 민족적 전통에 의하는 길이든지 간에 남의 길 아닌 제길을 택하는 것이 정도요 첩경(捷徑)이라고 생각합니다."

김윤태는 조지훈의 이러한 균형 감각에 대해 다음과 같이 설명한 바 있다. 김윤태, 앞의 글, 41쪽: "그[조지훈]는 순수 한국적인 것의 모색을 경계한다. 한국문화, 민족문화는 세계문화 안의 한국적 양식의 발견과 형성에 있는 것이라 하여 전통과 보편주의의 관계를 해명하고 국수주의적 태도를 배격한다."

66) 조지훈, 「고려대학교 부설 민족문화연구소 창립취지문」, 『조지훈 전집 4—수필의 미학』, 505쪽.

음을 내딛는다. 이후 민족문화연구소에서는 『한국문화사대계』가 순차적으로 발간되는가 하면 1967년부터는 '독립운동사자료총서'를 비롯한 총서류 역시 간행되기 시작한다. 조지훈이 혜화전문학교 시절부터 구상하고 1940년대 후반부터 집필한 『한국문화사서설』이 각 학문들을 바탕으로 민족문화를 체계화하고 집대성하는 데 중점을 두었다는 점을 상기해 보면 이처럼 대계류와 총서류 발행에 집중된 민족문화연구소의 사업[67]은 식민지 시기 혜화전문학교에서 배태된 조지훈의 학문적 태도와 방법을 그대로 가져온 것으로 보인다.

이는 연희전문학교를 전신으로 하는 연세대학교의 동방학연구소가 지식들의 경합장이라 할 수 있는 학술지 발간을 핵심 사업으로 삼음으로써[68] 식민지 시기 경성제국대학과 학술적으로 경합하고자 하였던 연희전문학교의 특성을 이어 갔다는 점과 선명한 대비를 이룬다. 해방 이후 설립된 대학 부설연구소의 정체성과 핵심 사업이 이처럼 식민지 조선학 학술장의 연장선상에서 이루어진다는 점에서 조지훈이 식민지 시기 혜화전문학교에서 수학하며 학술활동을 시작했다는 사실은 그의 한국학을 논의하는 데 있어 문제적인 지점이다.

그러나 지금까지 살펴본 것처럼 조지훈 연구에서 그가 혜화전문학교에서 수학하였다는 사실은 언제나 논의의 바깥에 위치해 있었다. 오랫동안 조지훈을 규정해 온 '전통적 지식인'이라는 정체성은 그가 정규 고등교육을 받으며 근대적 학문 제도를 경험하였다는 사실의 의미를 축소하거나 배제하게 하였으며 이 과정에서 유학적 전통 아래 성장한 선비로서의 그의 모습은 더욱 공고해졌다. 그러나 조지훈의 실제 논고들은 그가 '전통적 지식인'에 머물러 있지 않고 '근대적 지식인'을 꿈꾸었

67) 조지훈의 사후에도 민족문화연구소는 대계류 및 총서류를 활발히 간행하며 애초의 취지를 이어 나갔다. 1975년에는 『한국현대문화사대계』(총 5권, 1975-1980)가, 1980년에는 『한국민속대관』(총 6권, 1980-1982)이 발간되었는가 하면, 1982년에는 '민족문화연구총서'가 출간되었다.

68) 사립전문학교를 전신으로 하는 대표적인 사학들이 설립한 한국학 연구소들의 성격과 핵심 사업이 조선학 학술장에서 각 사립전문학교의 위치와 그들이 추구하던 학술의 방향과 일치한다는 사실은 성균관대학교의 대동문화연구원을 통해서도 확인할 수 있다. 대동문화연구원은 유교 중심의 국학과 광의의 동양학을 연구 대상으로 삼음은 물론 주로 고서를 영인하고 번역하는 작업에 치중하는데 이는 식민지기, 유학을 중심으로 우리나라 문화를 조사 연구하였던 명륜전문학교의 취지를 이어받은 것으로 보인다. 각 연구소의 핵심적인 특성은 김현주의 다음의 글을 참조하였다: 김현주, 「동방학지를 통해 본 한국학 종합학술지의 궤적」, 『동방학지』 제151권(연세대학교 국학연구원, 2010), 57-59쪽.

던 연구자임을 나타낸다. 그는 과학적인 방법과 체계적인 합리성을 강구하면서 논의의 학적 타당성을 고민하였는가 하면 탁월한 균형 감각을 바탕으로 민족주의의 과잉과 "주체를 망각한 국제주의"[69]를 동시에 비판하였다. 이 글은 바로 이 지점에 주목하여 '전통적 지식인'으로 성장해 온 그가 어떻게 '근대적 지식인'으로 나아가는가를 살펴보았다.

혜화전문학교는 조부의 가르침과 독학을 통해 학문을 이어 나가던 그가 처음으로 근대적 지식체계를 접한 교육기관이라는 점에서 그의 경계적 정체성을 설명하는 데 있어 중요한 참조점이었다. 그가 입학하던 당시 과목제와 전공제 없이 단과(單科)로 구성된 혜화전문학교의 교과체계는 그에게 익숙한 전통적 지식체계와 같이 문·사·철을 통합한 교육과정을 제공하였으나 각 교과목은 학문의 대상을 분명히 구분하여 개설되어 있었는데, 이는 여러 학문을 넘나들면서도 각각의 분과학문들의 전문성을 심화하였던 조지훈의 학문적 특성을 형성하게 하였던 것으로 보인다. 특히 그가 이후 『한국문화사서설』에서 민족문화를 체계화하는 데 있어 세 기둥으로 삼은 종교, 철학, 예술이 혜화전문학교에서 중점적으로 개설된 교과목이었다는 점에서 혜화전문학교의 교과 편제가 그의 학문에 미친 영향을 짐작할 수 있다.

그런데 혜화전문학교의 이러한 교육 편제는 식민지 시기 일제의 고등교육 이원화 정책과 관련되어 있었으며, 고등 교육 기관이 조선학 학술장의 진영을 구분하는 중요한 기준점으로 작용하였다는 점에서 조지훈의 학문적 방법은 단순하게 조지훈 개인의 선택이 아닌, 학술장의 역학관계라는 지성사의 맥락에서 살펴볼 필요가 있다. 더욱이 조지훈의 첫 학술 활동이 조선학 학술장을 중심으로 각 진영들이 각축을 벌이고 있었던 식민지 말기였다는 점은 그의 한국학 연구를 식민지 조선학 학술장과 연계하여 살펴봐야 하는 이유이다.

경성제국대학을 중심으로 하는 관학 아카데미즘과 연희전문학교를 중심으로 하는 민간 아카데미즘이 서로를 배제하거나 경쟁하던 1930년대의 학술 지형에서 조지훈이 재학 중이던 혜화전문학교는 주변부에 위치해 있었다. 이는 그가 관학 아카데미즘과 '과학'으로서의 아카데미즘은 물론, 연희전문학교를 중심으로 한 민간 아카데미즘과도 거리를 두면서도 그들을 의식하고 연구를 수행할 수밖에 없는 위치

---

69) 조지훈, 「민족적 자아발견의 겨울—《20세기 한국》을 엮고 나서」, 『조지훈 전집 3—문학론』, 389쪽.

에 있었음을 의미한다. 이들 진영 중 어느 곳에도 속하지 않았던 조지훈의 자리는 각 진영들의 관점과 방법론의 문제를 조감하게 함으로써 변증법적인 글쓰기라는 그의 특징적인 논리 전개 방식을 만들어 내는 한편으로, 그로 하여금 그들 진영에서 벗어나는 독자적인 연구의 방법과 관점을 고심하게 하였다. 혜화전문학교를 졸업한 이후 그가 서양철학에 탐독한 것은 그러한 방편에 대한 모색의 행보로 이해할 수 있다. 특히 그는 헤겔을 접함으로써 특수와 보편의 관계를 균형 있게 서술하는 모종의 힌트를 얻게 되었던 것으로 보이는데 이는 민족의 정신을 다루면서도 과학적이고, 우리 민족의 특수성을 다루면서도 세계적인 보편성을 갖춘 그의 학문이 어떻게 형성되었는가를 이해하게 한다.

이처럼 조지훈이 혜화전문학교에 수학하였다는 사실, 그리고 조선학 학술장에서의 혜화전문학교의 특수한 위치를 주목할 때, 우리는 조지훈의 학문적 관점과 태도가 식민지 고등교육 이원 구조와 학술장의 역학관계에서 배태되었음을 추정해 볼 수 있다. 또한, 공격적이기도 방어적이기도 한 그의 글쓰기의 심층에서 학술 진영의 어디에도 속하지 않은/못한 채 외롭게 고투하고 있는 그와 만나게 된다. 해방 후 지식사회가 식민지 조선학 학술장의 지형을 그대로 이어 갔다는 점에서 혜화전문학교 출신의 조지훈은 적어도 한국학 연구에서는 여전히 주변부의 자리에 있다. 여전히 그의 한국학은 심도 있게 논의되지 않으며, 2010년대 이후 그의 한국학에 대한 논의의 흐름도 끊겨 버렸다. 그러나 전통과 근대, 민족주의와 과학주의, 그리고 특수와 보편의 균형 아래 독자적인 시각으로 한국학을 탐구하려 하였던 그의 노고는 우리가 그의 한국학을 학술장의 중심부에 놓고 논의해야 할 이유이다. 학문 간의 통섭과 융합이 주목받는 지금의 학술장에서 학제 연구의 방법을 선취하였던 조지훈의 방법을 빌려 그가 연구하였던 각 분야의 학문들을 살펴봄으로써 그의 한국학을 총체적으로 재정립할 것을 제안하며 글을 마친다.

[부록] 조지훈의 혜화전문학교 수학 시절 수강 과목*

구분	중앙불교전문학교				혜화전문학교	
	1학년(1938)		2학년(1939)		3학년(1940)	
	과목명**/교강사***	수업시수	과목명/교강사	수업시수	과목명/교강사	수업시수
수신					수신	1
					다카하시 도루(高橋亨)/김두헌	
일본학					일본학	1
					아키바 다카시(秋葉隆)/나카무라 히데타카(中村榮孝)/에다 타다시(江田忠)/다카다데츠 타로우(高田哲太郎)	
불교학	조계종지	2	조계종지	2	불전개론	2
	김경주/박한영/김영수		김경주/김영수		에다 토시오(江田俊雄)/히가시다 다이도(東田大童)	
	불교개론	2	삼론학	2	천태학	2
	김잉석		강유문		김동화	
	구사학	2	천태학	2	밀교학	2
	김영수		김잉석		에다 토시오(江田俊雄)****	
	계율학		기신학	2	화엄학	2
	박한영		김영수		사토 야스토시(左藤泰舜)	
	정토학					
	김잉석					
	불전개설	1				
	조명기					
불교사	인도불교사	2	지나불교사	2	일본불교사	2
			김경주			
			조선불교사	2		
	강유문		권상로		에다 토시오(江田俊雄)/히가시다 다이도(東田大童)	
종교학 및 종교사			종교학개론	2	종교학	2
			박윤진		아카마쓰 지조(赤松智城)/히가시다 다이도(東田大童)	
	조선종교사	1				
	권상로					

<table>
<tr><td rowspan="2">윤리학 및 윤리사</td><td>국민도덕론*****</td><td rowspan="2">2</td><td>윤리학개론</td><td rowspan="2">2</td><td rowspan="2"></td><td rowspan="2"></td></tr>
<tr><td>김경주</td><td>김두헌</td></tr>
<tr><td rowspan="4">철학 및 철학사</td><td>윤리학*****</td><td rowspan="2">2</td><td>철학개론</td><td rowspan="2">2</td><td>철학개론</td><td rowspan="2">2</td></tr>
<tr><td>김두헌</td><td>김두헌</td><td>김두헌</td></tr>
<tr><td>심리학</td><td rowspan="2">2</td><td>지나철학사</td><td rowspan="2">2</td><td>인도철학</td><td rowspan="2">2</td></tr>
<tr><td>박윤진</td><td>김잉석</td><td>에다 토시오(江田俊雄)/히가시다 다이도(東田大童)</td></tr>
<tr><td rowspan="2">교육학</td><td rowspan="2"></td><td rowspan="2"></td><td>교육학개론</td><td rowspan="2">2</td><td>교육학******</td><td rowspan="2">3</td></tr>
<tr><td>마츠즈키 히데오(松月秀雄)</td><td>마츠즈키 히데오(松月秀雄)/요시다 마사오(吉田正男)</td></tr>
<tr><td rowspan="2">법제 및 경제</td><td>법학통론</td><td rowspan="2">2</td><td>경제원론</td><td rowspan="2">2</td><td rowspan="2"></td><td rowspan="2"></td></tr>
<tr><td>이동화</td><td>이동화</td></tr>
<tr><td rowspan="2">사회학</td><td rowspan="2"></td><td rowspan="2"></td><td>사회학개론</td><td rowspan="2">2</td><td>응용사회학</td><td rowspan="2">2</td></tr>
<tr><td>아키바 다카시(秋葉隆)</td><td>아키바 다카시(秋葉隆)</td></tr>
<tr><td rowspan="2">문학</td><td>문학개론</td><td rowspan="2">2</td><td rowspan="2"></td><td rowspan="2"></td><td rowspan="2"></td><td rowspan="2"></td></tr>
<tr><td>이유복</td></tr>
<tr><td rowspan="4">한문 및 조선문학</td><td>한문강독</td><td rowspan="2">2</td><td>지나문학사</td><td rowspan="2">1</td><td rowspan="2"></td><td rowspan="2"></td></tr>
<tr><td>권상로</td><td>권상로</td></tr>
<tr><td>조선어</td><td rowspan="2">2</td><td>조선문학사</td><td rowspan="2">1</td><td>한문</td><td rowspan="4">5</td></tr>
<tr><td>유응호</td><td>권상로</td><td>에다 토시오(江田俊雄)/김용배</td></tr>
<tr><td rowspan="2">국어</td><td>국어(강독, 문법)</td><td rowspan="2">2</td><td>국어강독</td><td rowspan="2">2</td><td>국어</td></tr>
<tr><td>에다 토시오(江田俊雄)/이유복</td><td>에다 토시오(江田俊雄)/이유복</td><td>다카하시 류지로(高橋龍四郎)/가노 미츠루(狩野滿)</td></tr>
<tr><td rowspan="2">영어</td><td>영어</td><td rowspan="2">4</td><td>영어강독</td><td rowspan="2">3</td><td>영어</td><td rowspan="2">3</td></tr>
<tr><td>정준모</td><td>정준모</td><td>정준모/이동화</td></tr>
<tr><td rowspan="2">음악</td><td>음악</td><td rowspan="2">1</td><td rowspan="2"></td><td rowspan="2"></td><td rowspan="2"></td><td rowspan="2"></td></tr>
<tr><td>이종태</td></tr>
<tr><td rowspan="2">체조</td><td>체조</td><td rowspan="2">1</td><td>체조</td><td rowspan="2">1</td><td>체조</td><td rowspan="2">1</td></tr>
<tr><td>박성희</td><td>박성희</td><td>타카시마 산토쿠(貴島三德)/김동영</td></tr>
<tr><td rowspan="2"></td><td rowspan="2"></td><td rowspan="2"></td><td rowspan="2"></td><td rowspan="2"></td><td>무도</td><td rowspan="2">1</td></tr>
<tr><td>이경석</td></tr>
<tr><td rowspan="2"></td><td rowspan="2"></td><td rowspan="2"></td><td rowspan="2"></td><td rowspan="2"></td><td>교련</td><td rowspan="2">1</td></tr>
<tr><td>타카시마 산토쿠(貴島三德)/김동영</td></tr>
</table>

* 서익환, 「조지훈 시 연구」, 한양대 박사학위논문, 1989, 174-175쪽 〈부록 5·6〉; 중앙불교전문학교, 『중앙불교전문학교 일람』, 1930, 1936, 1938; 혜화전문학교, 『혜화전문학교 일람』, 1941.6; 동대칠십년사편찬위원회, 『동대칠십년사』, 동국대학교 출판부, 1976.

** 조지훈의 학적부에는 그가 중앙불교전문학교를 다니던 시절 수강한 교과목명은 구체적으로 기재되어 있지 않다. 〈불교학〉, 〈불교사〉, 〈종교학 급 종교사〉 등과 같이 과목을 영역별로 분류하여 두고 있을 뿐이다. 이에 이 글은 조지훈이 재학 중이던 당시 중앙불교전문학교의 교과과정을 참조하여 이를 재구성하였다. 단, 혜화전문학교 시절 조지훈이 수강한 교과목명은 학적부에 모두 기재되어 있어 이를 그대로 인용하였다.

*** 조지훈의 학적부에는 교강사의 이름이 명기되어 있지 않기에 이는 위 자료에 기재된 교강사진 목록을 참고하여 추정·작성한 것이다. 해당 과목을 강의한 교강사가 여러 명 있는 경우에는 이를 특정할 수 없어 이들을 모두 표기하였다. 당시 혜화전문학교는 교장 등을 비롯하여 교강사진의 변동이 심해 『중앙불교전문학교 일람』(1930.6)과 『혜화전문학교 일람』(1941.6)만을 통해서는 조지훈이 혜화전문학교를 다니던 시기(1938.4-1941.3)의 교강사진을 특정할 수 없었다. 이에 『동대칠십년사』에 수록된 김경주 교장 체제(1938.11-1940.6)의 교강사 목록과 혜화전문학교로 승격된 이후 다카하시 도루(1940.6-1941.4) 교장 체제의 교강사 목록을 참조하였다. 단, 『동대칠십년사』의 기록을 살펴보면 다카하시 도루가 교장으로 있던 약 1년이란 짧은 기간 동안에도 교강사진의 변동이 있었던 것을 확인할 수 있다. 이에 그가 취임한 직후의 교강사진의 목록도 함께 참조하여 작성하였다. 『동대칠십년사』, 50, 304, 313쪽.

**** 위 자료에서는 혜화전문학교의 〈밀교학〉 강의를 담당한 교강사를 명기하고 있지 않다. 이에 중앙불교전문학교에서 이 과목을 담당하였던 에다 도시오(江田俊雄)가 연속하여 강의를 하였을 것으로 추정해 보았다. 그러나 에다 도시오(江田俊雄)는 다카하시 도루가 취임한 직후에는 교강사 목록에 있었으나, 1941년의 기록에는 구직원으로 분류되어 있어 이는 추정에 불과하다. 『동대칠십년사』, 50, 304쪽.

***** 조지훈의 학적부에는 그가 윤리학 관련 과목을 한 과목 들은 것으로 기재되어 있으나 당시 중앙불교전문학교의 교과과정을 살펴보면 1학년 학생들은 〈국민도덕론〉과 〈윤리학〉을 수강해야 하는 것으로 기록되어 있다. 현재로서는 조지훈이 이 두 과목 중 어느 과목을 들었는가를 특정할 수 없어 이를 모두 기재하였다.

****** 『동대칠십년사』에 기록된 혜화전문학교 학제상 3학년생은 〈교육사 및 교수법〉을 수강해야 하는 것으로 표기되어 있으나 조지훈의 학적부에는 그가 〈교육학〉을 수강한 것으로 기재되어 있어 그대로 인용했다. 이 외에도 『동대칠십년사』에 제시된 학년별 교과목과 조지훈의 학적부에 기재된 그가 수강한 과목은 상이한 부분이 있다. 예컨대, 『동대칠십년사』에는 3학년생은 〈국사〉와 〈일본윤리학사〉를 수강하여야 한다고 되어 있으나 실제 조지훈은 이 두 과목을 수강하지 않은 것으로 기록되어 있다.

참고문헌

동대백년사편찬위원회. 『동국대학교 백년사I』. 동국대학교, 2006.

동대칠십년사편찬위원회. 『동대칠십년사』. 동국대학교 출판부, 1976.

조지훈. 『조지훈 전집 1-9』. 나남출판, 1996.

중앙불교전문학교. 『중앙불교전문학교 일람』. 1930; 1936; 1938.

중앙불교전문학교 교우회. 『일광』 5호, 1935.1.

중앙불교전문학교 학생회. 『룸비니』 3호, 1939.1.

______. 『룸비니』 4호, 1940.3.

혜화전문학교. 『혜화전문학교 일람』. 1941.6.

강명숙. 「일제 강점기 연희전문학교의 학칙을 통해 본 교육 운영」. 『교육사학연구』 제28권(교육사학회, 2018), 1-26쪽.

강순전. 「사회적 통합의 두 변증법적 모델 (1)—헤겔과 아드로노의 주체-객체, 보편-특수의 변증법」. 『시대와 철학』 제15권(한국철학사상연구회, 2004), 240-263쪽.

구장률. 『근대 초기 잡지와 분과학문의 형성』. 케포이북스, 2012.

김건우. 『대한민국의 설계자들』. 느티나무책방, 2017.

김경일. 「좌절된 중용—일제하 지식 형성에서의 보편주의와 특수주의」. 『사회와역사』 제51권(한국사회사학회, 1997), 75-107쪽.

김기승. 「조지훈의 민족운동사 인식과 동학관」. 『동학학보』 제6권(동학학회, 2003), 355-396쪽.

김윤식. 『한국근대문학사상비판』. 일지사, 1978.

김윤태. 「한국의 보수주의자 조지훈」. 『역사비평』 제57호(역사비평사, 2001), 18-52쪽.

김인환. 「조지훈론」. 『다른 미래를 위하여』. 문학과지성사, 2003.

김종균. 「조지훈의 사회비평—그 논설과 비평정신을 중심으로」. 『국어국문학』 제76호(국어국문학회, 1977), 17-35쪽.

김종길 외. 『조지훈 연구』. 고려대학교 출판부, 1978.

김재현. 「한국에서 근대적 학문으로서 철학의 형성과 그 특징」. 『시대와 철학』 제18권(한국철학사상연구회, 2007), 179-217쪽.

김현주. 「동방학지를 통해 본 한국학 종합학술지의 궤적」. 『동방학지』 제151권(연세대학교 국학연구원, 2010), 49-108쪽.

김혜련. 「식민지 고등교육정책과 불교계 근대고등교육기관의 위상—중앙불교전문학교를 중심으로」. 『불교학보』 제45권(동국대학교 불교문화연구원, 2006), 251-284쪽.

류시현. 「1930년대 안재홍의 조선학운동과 민족사 서술」. 『아시아문화연구』 제22권(가천대학교 아시아문화연구소, 2011), 25-52쪽.

박광현. 「경성제대와 『신흥(新興)』」. 『한국문학연구』 제26호(동국대학교 한국문학연구소, 2003), 247-274쪽.

______. 「경성제국대학 안의 동양사학—학문제도·문화사적 측면에서」. 『한국사상과문화』 제31호(한국사상문화학회, 2005), 283-313쪽.

박영식.「인문과학으로서 철학의 수용 및 그 전개과정(1900-1965)」.『인문과학』 제26권(연세대학교 인문학연구원, 1972), 105-132쪽.
박지영.「해방 후 전통적 지식인의 탈식민 民族(詩文學)史의 기획」.『반교어문연구』 제37권(반교어문학회, 2014), 287-323쪽.
박헌호.「『연희』와 식민지 시기 교지(校誌)의 위상」.『현대문학의 연구』 제28호(한국문학연구학회, 2006), 271-304쪽.
방민호.「조선어학회 사건 전후의 조지훈」.『우리문학연구』 제30호(우리문학회, 2010), 29-52쪽.
서익환.「조지훈 시 연구」. 한양대 박사학위논문, 1989.
______.『조지훈 시와 자아·자연의 심연』. 국학자료원, 1998.
송희복.「조지훈의 학인적 생애」.『한국문학연구』 제18호(동국대학교 한국문학연구소, 1995), 83-97쪽.
신정숙.「김동리 문학사상의 형성과 혜화전문」.『한국근대문학연구』 제28호(한국근대문학회, 2013), 333-371쪽.
신주백.「한국 현대역사학의 3분과제도 형성과 역사인식·역사연구방법」.『동방학지』 제149권(연세대학교 국학연구원, 2010), 131-176쪽.
______.「1930년대 초중반 조선학 학술장의 재구성과 관련한 시론적 탐색—경성제대 졸업자의 조선연구 태도 및 연구방법과 관련하여」.『역사문제연구』 제26권(역사문제연구소, 2011), 85-109쪽.
______.「식민지기 새로운 지식체계로서 '조선사'·'조선문학'·'동양철학'의 형성과 고등교육」.『동방학지』 제160권(연세대학교 국학연구원, 2012a), 255-298쪽.
______.「식민지 조선의 고등교육체계와 문·사·철의 제도화, 그리고 식민지 공공성」.『한국교육사학』 제34권(한국교육사학회, 2012b), 57-81쪽.
안호상.『한뫼 안호상 20세기 회고록』. 민족문화출판사, 1996.
왕현종.「연희전문의 한국사 연구와 민족주의 사학의 전개」.『근대학문의 형성과 연희전문』. 연세대학교 국학연구원 편. 연세대학교 출판부, 2005.
윤석성.『조지훈』. 건국대학교 출판부, 1997.
이준식.「연희전문학교와 근대 학문의 수용 및 발전」.『근대학문의 형성과 연희전문』. 연세대학교 국학연구원 편. 연세대학교 출판부, 2005.
이태우.「안호상의 독일관념론 철학의 수용과 한국적 변용」.『인문과학연구』 제22호(대구가톨릭대학교 인문과학연구소, 2014), 121-144쪽.
인권환.「조지훈 학문의 영역과 특징」.『어문논집』 제39권(민족어문학회, 1999), 27-31쪽.
전경수.「서울대학교 박물관의 초기연혁에 관한 몇 가지 단상」.『한국 박물관의 어제와 내일』. 일지사, 2005.
______.「특무기관과 인류학자가 함께 만든 만몽민족학」.『민속학연구』 제39권(국립민속박물관, 2016), 29-73쪽.
전윤선.「1930년대 '조선학' 진흥운동 연구—방법론의 모색과 민족문제 인식을 중심으로」. 연세대 석사학위논문, 1999.
정선이.「연희전문 문과의 교육」.『근대학문의 형성과 연희전문』. 연세대학교 국학연구원 편, 연세대학교 출판부, 2005.

정종현. 「신남철과 대학 제도의 안과 밖—식민지 '학지(學知)'의 연속과 비연속」. 『동악어문학』 제54호(동악어문학회, 2010), 381-430쪽.
______. 「단군, 조선학 그리고 과학—식민지 지식인의 보편을 향한 열망의 기호들」. 『한국학연구』 제28호(인하대학교 한국학연구소, 2012), 1-38쪽.
정준영. 「해방 직후 대학사회 형성과 학문의 제도화—학과제 도입의 역사사회학적 의미」. 『한국근현대사연구』 제67호(한국근현대사학회, 2013), 41-87쪽.
______. 「식민지관학과 '민족사학'의 사이—중앙불교전문학교와 식민지전문학교체제」. 『사회와 역사』 제128호(한국사회사학회, 2020), 89-124쪽.
최선웅. 「1910년 일본유학 전후 장덕수의 행적과 민족문제의 자각」. 『한국사학보』 제47호(고려사학회, 2012), 137-169쪽.
하상일. 「역사와 현실 앞에서 전통과 순수를 노래한 민족시인」. 『신생』 제84호(전망, 2020 가을).
홍종욱. 「'식민지 아카데미즘'의 그늘, 지식인의 전향」. 『사이』 제11호(국제한국문학문화학회, 2011), 93-134쪽.

「조지훈과 혜화전문학교」에 대한 토론문

박헌호

훌륭한 논문의 첫 독자가 된 것을 영광으로 생각한다. 송현지 선생의 발표문은 조지훈 선생님의 탄생 100주년을 맞아 그분의 업적을 재구성하고 재평가하여 현재화하고자 하는 이번 심포지엄의 취지에 적극적으로 부응하는 내용이라고 생각한다. 본시 뛰어난 학자/예술가/사상가의 업적은 그 뛰어남으로 말미암아 해석이 정형화되어 마치 신성불가침의 영역인양 굳어 있기 십상이다. 훌륭함이 또 다른 훌륭함으로 덧칠되어 의미의 동심원을 그리며 자기복제를 확산하는 것이다. 그랬을 때 그 훌륭함은 어느덧 해석의 순환에 빠지거나 유사한 것들의 지엽적인 추가에 그치곤 한다. 하여 그 훌륭한 학자/예술가/사상가는 액자에 들어가 기림의 대상이 될지언정 '지금·여기'에서 생생하게 작용하고 자극하며 '현재'를 추동해 내는 원동력을 상실하곤 한다. 과거 조지훈에 관한 많은 연구가 '지조', '풍류', '멋', '전통'과 같은 개념으로 수렴될 뿐, 조지훈으로부터 발신하여 현재에까지 이어지는 것이 무엇이며 지금이라도 복구/복원하여 한국학의 자산으로 삼을 만한 것이 무엇인지를 밝히는 데 상대적으로 소홀했던 것도 이런 '기림'의 마음 때문이었으리라 추정한다. 그런 점에서 발표문은 조지훈 선생님의 탄신 100주년을 맞아 기획된 이번 심포지엄의 지향점을 분명하게 보여 준다고 생각한다. 토론자로서 발표문의 전체적인 취지에 동의하기 때문에 여기서는 비판적 질문보다는 발표자에게 보충 설명할 기회를 드린다는 차원에서 몇 가지 논의를 보탤까 한다.

1. 발표문에서 첫 번째로 빛나는 지점은 조지훈의 정체성을 '전통적 지식인'으로 규정해 온 과거의 통설에 대한 비판이었다. 혜화전문학교 수학경력을 명시적으로

드러내고 그곳의 개설교과목에 대한 분석을 통해 종교, 예술, 철학을 '민족문화사'의 근간으로 설정한 조지훈의 학문적 태도와 방법의 기원을 밝혔다. 또한 오대산 시절의 서양철학 독서목록과 안호상과의 만남에 의한 헤겔철학의 수용이 보편과 특수에 대한 나름의 균형 잡힌 안목을 길러 준 것으로 추정했다. 이 대목에서 오히려 궁금한 것은 조지훈을 '전통적 지식인'으로 규정해 온 과거의 견해들의 숨겨진 욕망이 무엇인가 하는 점이다. 발표문에서 다룬 내용을 넘어서는 것이기는 하지만, 발표자가 밝혀낸 이러한 '사실'들이 오랫동안 간과 혹은 경시돼 온 이유가 궁금하다. 이에 대해 추가로 설명할 내용이 있는지 묻고 싶다.(개인적인 생각으로는 '學的 自生性'에 대한 오랜 열등감과 열망이 20세기 한국사를 관통하며 작용한 게 아닌가 생각한다)

2. 이와 관련해서 '와세다 대학 통신강의록' 부분을 기존 연구보다 낮게 평가한 이유도 궁금하다. 발표문의 논지를 강화하기 위해 필요한 서술이었다고 생각하지만, 근대적 학문(서구의 분과학문 체제나 내용에서의)을 경험하는 것은 체계적인 학교교육제도를 통하는 것이 확실하지만 당시 상황을 고려할 때 이런 통신강의록을 통해서도 가능한 것이었다고 생각한다. 통신강의록이 입문 역할을 하고 혜화전문학교에서의 경험이 본격적인 진입이었다고 평가하는 것이 사실에 부합하지 않을까 판단한다. 어떤 견해를 갖고 있는지 묻고 싶다.

3. 식민지 조선학의 학술장에 대한 고찰에서도 빛나는 대목들이 허다하다. 경성제대 출신의 관제 아카데미와 연희전문을 중심으로 한 민족주의 계열 그리고 마르크스주의 진영에 더하여 진단학회 계열 등을 서술 혹은 인용하며 밝혀주었다. 그렇다면 조지훈의 위치는 어디에 있는 것인가? 다른 계열을 설정해야 하는지 아니면 어떤 계열에 속하지만 특이한 성향을 보여 준 것인지 그것이 궁금하다. 이는 혜화전문학교의 학술사적 맥락을 밝히는 것과 관련있을 뿐만 아니라 해방 이후 조지훈 선생님의 학술적 행보를 설명하는 데도 긴요한 문제라고 판단하기 때문이다.

토론자가 소속된 고려대 민족문화연구원도 조지훈 선생님이 설립자에 준한다. 그곳에서 민족문화사 서술을 위한 많은 일들을 벌이셨다. 그런데 그 즈음에 연대에서는 동방학연구소(현재의 국학연구원)가 설립되고 성균관대에서는 대동문화연구원 등이 설립된다. (단국대도 그러하다) 즉 1950년대 후반에 이르러 대표적인 사학들에서 동양학 혹은 한국학에 대한 연구소 설립이 줄을 잇는데 이를 학술적으로 어떻게 평가해야 하며, 그중에서 조지훈 선생의 궤적은 다른 곳들과 어떤 공통점과 차이점이 있는지를 알고 싶다. 조직적 측면과 학술적 측면이 있다면 그 둘에서 조지훈 선생이 보인 행적은 식민지 학술장과의 관련(연장선상)에서 어떻게 해석될 수 있을지 궁금한 것이다.

4. 이것은 바로 다음 질문과도 연결된다. 발표자는 '보편적 민족주의자'의 탄생이란 말로 조지훈 선생님의 학문적 업적과 지향을 정리해 주었다. '학제연구'라는 방법론도 그렇고 보편과 특수에 대한, 민족주의와 보편주의에 대한 균형 잡힌 관점도 그렇고, 오늘날의 관점에서 봤을 때 조지훈 선생님의 이런 업적과 지향은 매우 선구적인 작업이었다고 판단된다. 그런데 매우 애석하게도 이런 업적과 지향이 한국학 연구에서 생산적 유산으로 작용했다는 기억은 뚜렷하지 않다. 이것이 학문적 깊이의 문제인지, 학술장과 학계 네트워크에서의 비주류성('혜화전문학교'와 '식민지 학술장'에서의 문제와 연동된다)이 학문적 업적평가에까지 이어진 것인지, 이 분을 「승무」와 〈청록파〉 시인, 「지조론」의 필자로만 기억하려는 한국문학(지성)사의 미필적 고의에 의한 것인지 의아하다. 교과서에 실려 국민 모두가 알지만 철저히 제한적인 모습으로만 기억되게 하는 것, 여기에 토론자 역시도 공범자가 아니었나 하는 자괴심이 든다.

5. 마지막으로 조지훈 선생님이 필생의 사업으로 추진했던 '민족문화사'의 확립이라는 문제는 해방 이후 우리 민족이 스스로에 대한 앎을 형성해 가던 과정, 즉 '민족지'의 형성과 어떤 연관을 갖는지 묻고자 한다. 조지훈 선생님이 민족문화연구원을 설립하고 '한국문화대계'를 기획, 출간하시던 이 시기가 한국 민족이 스스로를 설명하는 틀을 만들어 가던 시기와 겹친다. 대표적인 것이 역사학계를 중심으로 전개된 '내재적 발전론'이다. 서툴게 말하면 이것은 사회과학적으로 즉 경제적 토대로서의 자본주의 발생을 우리 역사 안에 기입함으로써 '식민사관'의 극복은 물론 민족적 자긍심을 우리 안에서 발견하려는 노력이었다고 말할 수 있겠다. 그런 맥락에서 조지훈 선생의 작업은 토대가 아닌 상부구조의 측면 즉 정신사/문화사의 측면에서 우리 스스로를 설명하려는 노력이라고 칭할 수도 있다. 이에 대한 발표자의 견해를 듣고 싶다.

조지훈의 민족, 역사, 그리고 정치성

임광순

머리말

시인, 수필가, 학자, 현대의 선비—조지훈(趙芝薰, 1920-1968, 이하 지훈)을 수식하는 단어들이다. 지훈은 이른 나이에 작고했지만 몇몇 직업으로 한정할 수 없는 삶을 살았다. 영양 주실마을에 위치한 지훈문학관은 그의 삶을 "근면하면서 여유 있고 정직하면서 관대하고 근엄하면서 소탈한 현대의 선비"라고 설명한다.[1] 지훈의 삶은 동료 문인 및 연구자들에 의해 회고 및 추모되었고, 1978년 시론, 문학론, 인간론으로 정리되었다.[2] 지훈의 생애는 식민통치와 해방, 분단과 전쟁, 전후복구와 독재,

1) 「조지훈은 누구인가」, 지훈문학관 홈페이지, http://www.yyg.go.kr/jihun/story/jihun.

4·19혁명과 5·16군사쿠데타 등 한국 근현대사의 질곡을 경유하며 구성되었고, 사후 국문학계를 중심으로 시 창작과 역사 인식이 중요한 연구대상으로 자리 잡았다.[3] 역사학계는 생애와 역사인식을 다루는 유의미한 연구를 도출[4]했으나 문사철(文史哲)을 월경(越境)하였던 세계관을 특정 연구 분과의 경계 안에서 설명하기에 부족했다. 또한 국문학계와 달리 지속적인 연구 대상이 되지 못하였다.

본 원고는 지훈의 철학과 역사인식을 잘 보여 주었던 『한국문화사서설』, 『한국민족운동사』를 중심으로 전집에 수록된 글을 분석한다. 그의 주요 개념어인 '민족', '역사' 개념이 계보학적으로 어떤 위치에 있었는지, 역사적 현실 속에서 구성되었는지 살펴본다. 이를 통하여 지훈의 학술적 지향이 현실 인식과 결합한 방식을 확인하고자 한다. 이는 학술 작업이 학제 경계뿐 아니라 시계열과 공간까지 횡단한 과정을 되돌아보는 작업이다. 지훈의 주요 개념이 일정한 학문 분과 또는 분절적 개념으로 제한될 수 없다는 것을 의미한다. 본 원고는 지훈의 주요 개념어와 역사인식을 살펴보고, 그로부터 도출된 현실 인식을 지훈의 정치(성)[5]으로 접근한다. 시

---

2) 김종길 외, 『趙芝薰硏究』(고려대학교 출판부, 1978).

3) 인권환은 조지훈의 생애와 시를 통하여 "민주주의를 사랑하고 민족문화를 노래한 시인"으로 평가하였고, 김윤태는 그를 문사철을 하나로 관통하는 교양인이자 반동적 보수와 구별되는 합리적 보수주의자로 위치지었다. 최근 박지영은 조지훈의 역사인식(저항사로서 탈식민-민족사)과 전통을 계승하는 현대시문학사를 연계하여 그의 삶을 근현대 역사상 내에서 포착하였다. 인권환, 「조지훈, 민주주의를 사랑하고 민족문화를 노래한 시인」, 『한국사 시민강좌』 50(2012), 344-359쪽; 김윤태, 「한국의 보수주의자 조지훈」, 『역사비평』 57(2001), 107-128쪽; 박지영, 「해방 후 전통적 지식인의 탈식민 민족(시문학)사의 기획」, 『반교어문연구』 37(2014), 287-323쪽.

4) 강만길, 「지훈과 《한국민족운동사》」, 김종길 외, 앞의 책; 김정배, 「조지훈의 역사관 연구」, 『민족문화연구』 22(1989), 107-128쪽; 류시현, 「1940~60년대 시대의 '불안'과 조지훈의 대응」, 『한국인물사연구』 17(2012), 385-411쪽; 김기승, 「조지훈의 민족운동사 인식과 동학관」, 『동학학회』 6(2003), 355-396쪽.

5) 한나 아렌트는 정치성(the political)을 인간이 행할 수 있는 가장 자유로운 행위이자 국소적 공간을 넘어 시, 문학, 종교 등으로 확장되는 개념으로 설명한다. 정치성은 공적인 삶과 연관된 다양한 장 사이의 관계망(network)이며 카를 슈미트가 설명하는 '정치의 적대성'을 포함한다. 이는 좁은 의미의 문사철뿐 아니라 넓은 의미의 민속, 민중의 삶 등을 연계(연속)하여 사고하였던 지훈의 삶에 부합한다. 또한 권력으로부터 1960년대 '정치교수'로 낙인 받았던 과정을 지훈의 세계관 내에서 이해하려는 시도이다. 권력이 부여한 '정치교수' 낙인은 '비정치성-순수'를 강조하기보다 그의 '정치성'을 보다 드러내는 방식으로 극복되어야 한다.

기적으로는 『한국문화사서설』, 『한국민족운동사』를 서술하고, 현실 참여가 두드러졌던 1960년대로 한정하였다.

1. 지훈의 민족 개념

지훈의 삶에서 '민족'은 중요 키워드였다. 시인 지훈은 「고풍의상」, 「승무」, 「봉황수」 등의 작품에서 복고주의를 넘어 민족의식의 구현과 전통적 고유미를 형상화하는 데 열정을 쏟았다. 「된소리에 대한 일고찰」(1938), 「어원소고」(1939) 등 초기 논문은 국어학 연구를 민족정신 고양과 민족주체의식 확립이란 목적하에 작성되었다.[6] 지훈은 일제 전시파시즘이 고양되었던 1942년 조선어학회 사건으로 검거되었고, 1945년 조선문화건설협의회 회원으로 활동하였다. 이후에도 여러 작품과 글에서 한국 민족문화와 민족주체의 중요성을 주장하였고, 관련 활동을 이어 나갔다. 1962년 고려대 한국고전국역위원장, 1963년 고려대 민족문화연구소 초대 소장 등을 역임하였다.[7] 그렇다면 지훈의 삶에서 '민족'은 어떤 개념이었을까. 그의 세계관과 철학 속에서 '민족'은 어떻게 배치되었을까.

> 만일 민족성이 단순히 일시적인 것이라면 그것은 민족성이란 이름에 값하지 못할 것이요, 이는 참된 민족성의 개념으로는 무의미하다고 볼 수 있으니 <u>민족성은 일시적 성향이 아니고 통시적인 永恒성향</u>이기 때문이다. 그 시간과 공간 안의 주체인 인간, 곧 민족을 빼어버리고는 민족성을 생각할 수는 없다. 그러므로 <u>민족성은 역사적으로 생성되지만 그것은 다시 역사의 주체로서의 고유소(固有素) 곧 기본소(基本素)를 지님으로써 역사를 움직이는 법</u>이다. 바꿔 말하면 민족성은 생성과 존재의 어느 한 측면에서가 아니라 그것들의 통일에서 체득되고 파악되어야 한다는 말이다.[8] (밑줄은 인용자)

지훈 철학에서 '민족'은 ① 고유소(固有素)=기본소(基本素)를 가지면서도 ② 역사

---

6) 인권환, 앞의 글.

7) 「조지훈 연보」, 『조지훈 전집 1—시』(나남, 1997).

8) 조지훈, 『조지훈 전집 7—한국문화사서설』(나남, 1997)(이하 전집 7), 20쪽.

적으로 구성되고 ③ 다시 역사를 움직이는 주체로 설명된다. 즉, 역사와 민족(성)은 일방적 인과관계가 아니라 상호간에 영향을 주고받는 주체이자 대상이다. 역사적으로 구성(생성)되는 '민족'과 역사발전의 주체로서 '민족'의 양 측면이 존재한다고 강조하였다. 민족을 고정불변의 존재로 보거나 허구적 주체로 보았던 양 극단을 경계한 것이다. 지훈 철학에서 '생성-존재'는 일방으로 설명되지 않았다. 이러한 흐름은 민족문화(민족문물)에 대한 이해로 연결되었다.

지훈 철학에서 '문화'는 민족, 역사와 마찬가지로 고유소가 있으면서도 역사적으로 구성되는 것이었다. "문화는 이동함으로써 생명을 유지하고 복합"되므로 "제 민족만의 순수한 고유문화는 사실상 존재할 수 없"고, 한국 문화도 "복합문화일 뿐 아니라, 앞서 말한 반도성(半島性) 때문에 상당히 다채로운 복합을 거듭"하였다고 인식하였다.[9] 지훈 입장에서 문화는 만들어지는 것이므로 적극적인 변화의 대상으로 위치 지어졌다. 지훈 철학에서 '주체'는 역사적 구성물이자 변화를 이끌어 갈 핵심 개념으로서 중요하였다. 일방의 분석 대상으로 가두지 않았다.

> <u>민족성과 민족문화와 민족문물은 상생(相生) 관계</u>에 있다. 민족성이 민족문화를 낳고 민족문화가 민족문물을 낳는다면, 우리는 민족이 만든 바 문물제도에서 그 민족문화를, 그 민족문화에서 그 민족성을 추출할 수 있으니, 그 3자는 상호 행성과 제약의 관계에 있는 까닭이다. 그러므로, <u>우리는 문물제도의 변혁을 통하여 민족문화의 마음을 변성시킬 수 있으며, 민족문화의 노력으로써 민족성의 개조에 거슬러 올라갈 수 있다는 것이다.</u> (…) 그러므로, 민족성은 그 형성의 요소를 해명할 수 있을지언정 그것들을 시비하는 것, 곧 가치론의 대상으로 삼을 수는 없다. 민족성은 그 주체인 민족과 마찬가지로 가치 형성의 주체이긴 하지만, 가치 평가의 대상이 되는 것은 그들로 말미암아 형성된 문화, 즉 그 문화가 낳은 문물이요, 그 민족이나 그 민족성 자체는 아니다. 민족과 민족성은 그 문화 형성의 주체자로서의 책임은 질지언정 가치 평가의 대상이 될 수는 없다.[10]

위 인용문에 따르면 민족성-민족문화-민족문물은 상호 영향을 미친다. 민족성

---

9) 조지훈, 전집 7, 30쪽.
10) 조지훈, 전집 7, 22-23쪽.

이 민족문화와 민족문물을 만들지만 그렇기 때문에 문물제도 변혁을 통하여 역(逆)으로 민족문화와 민족성을 개조할 수 있다고 바라보았다. 전술한 민족의 가변성(可變性)이 민족문화, 민족문물의 개념에 그대로 적용되었다. 따라서 민족(성)은 계몽을 거쳐 변화하고 개혁될 수 있는 영역이었다. 민족(성)은 개혁의 대상이자 변화를 이끌어 갈 책임자로 설정되었다.

> 민족은 문화창조의 주체요, 문화는 민족정신의 발현이니, 민족의 흥망이 문화의 성쇠로 더불어 표리의 관계에 있음은 우리가 익히 아는 사실이다. (…) 그러나, 우리의 문화 오늘의 현상은 결코 만족할만한 것이 몬된다. (…) 비록 학문의 자유와 과학적 방법은 얻었다 해도 문화적 전통은 일실(逸失)의 위기에 놓였고 민족의 주체의식은 파멸의 관두에 직면하고 있다.[11)]

위 인용문은 1963년 고려대학교 부설 민족문화연구소 창립취지문의 일부이다. 지훈은 1960-62년, 사회 변화를 열망하면서도 변화를 이끌어 갈 민족 주체의 부재 속에서 큰 갈증을 느꼈다(3절에서 후술). 1963-64년 『한국문화사서설』, 『한국민족운동사』를 서술하고, 고려대 민족문화연구소를 창립한 것은 학자로서 이론을 정립하는 과정이자 현 정세를 "민족의 주체의식" 부재로 판단하고, 이에 실천적으로 대응한 것이었다. 그는 민족문화연구소의 역할을 "전통의 자각", "문화유산을 조사, 수집"하는 것으로 보았는데, 그 목표는 "주체성의 확립", "민족문화의 부흥과 민족적 현실의 타개"로 삼았다. 이처럼 보수주의-반공주의 노선을 견지하면서 학문과 실천을 분절된 영역으로 보지 않았다. 그는 '민족'을 '전통'(원시적 기본소)의 연속으로 바라보면서도 역사적 구성물로서 가변성에 주목하였다. '민족주체'는 다시 민족문화를 창조할 책임자이자 사회를 변화시킬 혁명 주체의 다른 이름이었다. 이러한 세계관하에서 지훈은 현실 문제에 대한 인식, 개입, 실천을 지속할 수 있었다.

지훈의 『한국문화사서설』, 『한국민족운동사』는 문학, 민속학, 역사학, 인류학, 사회경제학 등의 경계를 넘나들었고, "치밀한 고증 못지 않게 중요한 역사의 줄기를

11) 조지훈, 「고려대학교 부설 민족문화연구소 창립취지문」, 『조지훈 전집 4—수필의 미학』(나남, 1997)(이하 전집 4), 504쪽.

세우는데 심혈을 기울"였기에 "단순히 실증사학의 범주에 속하지 않"았다.[12] 그럼에도 지훈 철학은 근대주의 세계관 위에 서 있었다. 『한국문화사서설』이 민족의 고유소와 민족 문화의 변화·구성 과정을 설명했다면, 『한국민족운동사』는 장기 지속하는 민족 문화를 복고주의·초역사주의에 함몰되지 않도록 균형을 맞추었다.

> 우리 민족도 모든 민족 형성의 일반 과정인 원시 씨족(氏族) 사회에서 부족(部族)으로, 다시 부족동맹을 거쳐 그것들이 발달 통합된 민족이다. 그러므로 우리의 민족운동사는 이러한 전과정을 정리하는 것이 아니요, 우리 민족이 형성된 이후로부터 시작되어야 하는 것이다. (…) <u>다시 말하면 민족이 형성되기 전의, 민족의식이 발생하기 전의 역사를 민족이 형성된 후의 민족의식의 눈으로 본다는 말이다.</u> 한국문화와 민족의 형성에 참여함으로써 한국역사에 거두어진 사실(史實)인 이상, 한국민족의 조상의 역사임에는 틀림이 없겠지만, 그러나 그것은 한국 민족운동사의 논제(論題) 안에 들어올 성질의 것은 아닌 것이다.[13]

> 그러면 <u>근대적 의미의 민족(民族)이라는 의식 개념은 어느 때부터 태동했는가.</u> (…) 근대의 사상적 계보는 실학운동-천주교 전래-개화사상이라는 3단계요, 정치적 배경은 왜·호양란-병인(丙寅)·신미(辛未) 양요-청일전쟁이요, 그 사회적 요구는 홍경래란-삼정소요-동학혁명으로 표현되었다. (…) <u>우리는 한국의 근대 민족운동의 발단을 갑신 개화당 정변과 갑오 동학혁명으로 보고, 기미 독립운동, 곧 3·1운동을 비로소 근대적 의미의 민족운동, 또는 독립항쟁의 비롯으로 보고자 한다.</u>[14]

지훈의 근대주의적 세계관은 위 인용문에서 확인할 수 있다. 그는 "민족이 형성된 후의 민족의식의 눈"으로 역사를 조망하였다. 근대 민족주의에 기반하여 민족의 기원과 변화 과정을 설명하고자 하였다. 전근대적 민족(문화)과 근대 민족운동사에서 민족을 구분하였다. 물론 양자는 '민족주의의 렌즈'로 관찰된다는 점에서 공통되었지만 말이다. 이러한 시각은 '전통'에 대한 설명으로 이어졌다. '전통'은 근

12) 김정배, 앞의 글.

13) 조지훈, 『조지훈 전집 6—한국민족운동사』(나남, 1997)(이하 전집 6), 19-20쪽.

14) 조지훈, 전집 6, 24-25쪽.

대 민족 성립 이전의 역사를 설명하는데 유의미(연속성)하면서도 근대 민족운동의 시각에서 재창조되어야 하는 영역(단절성)이었다. 전술한 바와 같이 지훈에게 민족문화의 변화는 곧 민족성의 개조·개혁을 의미했기 때문이다. 지훈의 민족 개념은 연속-단절, 생성-주체, 전근대-근대 시간축, 지역별 공간축을 염두에 두고, 이것들의 상호 연관성을 전제하며 구성되었다.

2. 상고사와 근현대 역사 인식

그렇다면 지훈의 민족 개념은 독창적 인식만으로 설명되는가. 지훈 철학은 그가 경험했던 한국 근현대사의 질곡 속에서 구성되었고, 그 시대가 내포하였던 특징과 한계를 모두 반영하였다. 이를 설명하기 위하며 먼저 1930년대 조선학 운동의 계보를 확인하고, 다음으로 『한국문화사서설』, 『한국민족운동사』에 서술된 상고사 및 근현대 역사 인식을 살펴보도록 한다.

1931년 5월, 민족협동전선체이자 좌우통일전선체였던 신간회가 해소되었다. 신간회 해소는 좌우파 독립운동세력의 분열을 의미하였지만 정치운동이 불가능한 정세하에서 차선책으로 '조선문화운동론', '조선학' 수립으로 이어졌다.[15] 1930년대 조선학 운동은 조선의 역사와 문화를 제대로 이해하자는 방향성을 가졌고, 좌파 유물사관에 의하여 크게 비판받았다고 알려졌지만 실제로는 좌우파 공통의 화두였다. 사회주의 진영의 조선학 운동 비판은 계급주의에 기반하여 '복고주의'를 비판하였지만 조선학 자체를 부정한 것은 아니었다.[16] 1930년대 조선학 운동은 일제 식민사관에 저항하고, 제한된 정치 지형을 극복하려던 좌우파 민족운동의 대응으로 볼 수 있으며, 다른 한편 식민통치의 이데올로기로 배치된 '조선적인 것'의 확산과도 일정한 상관관계를 갖는다.[17]

1920-30년대 '조선적인 것'에 대한 열망과 조선학 운동에서 최남선의 '불함문화'와 안재홍의 '동방문화'는 일정한 차이를 보였다. 최남선이 민족 경계를 지우

15) 이진한, 「민세 안재홍의 조선사 연구와 신민족주의론」, 『한국사학보』 20(2005), 317-344쪽.
16) 류시현, 「1930년대 안재홍의 '조선학운동'과 민족사 서술」, 『아시아문화연구』 22(2011), 25-52쪽.

며 동아시아 문화권을 상정하고 문화 전파와 수용을 설명하였다면, 안재홍은 외부 문화의 영향을 인정하지만 민족 내적으로 형성된 각각 문화의 상호 작용을 강조하였다. 또한 안재홍은 중국과 일본의 고유문화와 조선의 문화를 비교하여 독립적인 '조선소(朝鮮素)'를 도출했고, 일본과 중국 문화에 기여한 동방문화의 창시자로서 조선 문화를 배치하였다.[18] 나아가 안재홍은 조선학 운동의 '과학적 정비'를 강조하였다. 안재홍은 조선학 운동을 '생장, 발전 및 완성'해야 할 대상으로 여겼고, 운동 목표 및 방법은 민족적 단위의 통일된 조직체 결성과 교양 운동이었다. 안재홍의 입장은 1930년대 붕괴된 민족협동전선 정치운동의 일부이자 유물론에 기반하여 사회주의 계열에서 제기하였던 조선학 운동 비판에 대한 대응이었다. 안재홍은 민족 조직체 결성의 전(前) 단계로서 민중문화의 향상 및 보급, 심화, 순화 단계를 설정하였고, 조선학은 앞으로 완성되어야 할 '진행형' 과제였다.[19] 이처럼 안재홍의 조선학 운동은 민족의 고유소와 변화를 강조하며 근대국가 수립 및 민족문화 창성을 목표로 두었다. 상고사는 민족 정치운동의 일부로 위치 지어졌고, 방법론으로 인류학 및 비교언어학을 도입하였다.[20]

지훈의 저서에서 안재홍이 직접적으로 거론되지 않지만 안재홍과 지훈은 1940년대 '조선어학회 사건'에서 시기적으로 교집합을 갖는다. 지훈은 1942년 3월 조선어학회 '큰사전' 편찬원으로 참여하였고, 동년 10월 검거되어 심문을 받았다. 안재홍도 같은 시기 구속되어 1943년까지 모진 고문과 수감생활을 경험하였다(제9차 옥고). 안재홍은 이때의 고문과 옥고로 사망할 때까지 후유증을 겪어야 했다. 6·25전

---

17) 1920-30년대 '조선적인 것'을 찾으려는 시도는 민족운동 계열에서만 진행되지 않았다. 1920년대 안확의 '국학' 연구와 최남선의 '조선학 운동' 제창, '민족주의문학론' 제출을 필두로 하여 1930년대 중반 조선일보와 동아일보는 고전 부흥론과 조선학 운동을 전개하였고, 사회주의 문학계열에서는 '조선적 특성론' 등의 시도가 이어졌다. 한편 식민 당국은 일본제국의 일부로서 조선을 설정하고 경성제대를 중심으로 '지방학으로서 조선학'을 구축하고자 하였다. 1920-30년대 조선학 또는 '조선적인 것'의 부흥은 기본적으로 타자에 의해 호명된 '조선'을 재전유하려는 동기에서 출발하였다. 박용규, 「경성제국대학과 지방학으로서의 조선학」, 『'조선적인 것'의 형성과 근대문화담론』, 소명, 2007, 124-147쪽.

18) 채관식, 「안재홍의 인류학 이론 수용과 조선 상고사 연구—「朝鮮上古史管見」을 중심으로」, 『한국사연구』 167(2014), 117-154쪽.

19) 류시현, 앞의 글, 2011.

20) 채관식, 앞의 글.

쟁 당시 납북되었던 안재홍은 이승만 정권기에 월북인사로 지정되어 금기의 대상이 되었다. 지훈과 안재홍의 직접적 관계를 확인할 수 없으나 1930년대 조선학 운동에서 안재홍의 위상, 그리고 조선어학회 활동, 1940년대 안재홍의 정치활동(민족주의계열 좌우합작운동)을 고려했을 때에, 또한 안재홍의 철학 및 역사관을 보았을 때에 일정한 영향을 받았다고 추측할 수 있다. 특히 1930년대 안재홍이 보여 준 철학—민족운동으로서 조선학 운동, 근대국가 수립과 민족문화의 상관관계, 전통 계승과 과학적 연구방법론 지향, 학술과 정치운동의 병행, 인류학 및 비교언어학에 기반한 상고사 인식 등—은 지훈의 그것과 닮아 있다. 더 넓게 보자면 지훈의 한국학 실천은 1930년대 조선학 운동의 전통 위에 서 있었다.

지훈의 상고사 인식은 『한국문화사서설』에서 두드러진다. 지훈은 민족(성), 민족(문화)의 가변성을 설명하며 '이동'의 표현을 사용하였다. 한국문화의 고유문화는 존재하지 않지만 여러 문화권의 접촉과 변화에 주목하였다. 그는 최남선의 문화인류학, 백남운의 사회경제사학, 이병도의 역사학, 양주동의 어원학, 김재원의 고고학, 윤성범의 종교학, 이병윤의 정신분석학을 모두 검토하고, "각기 전공 분야에서 단군신화에 대한 해석을 내린 것으로, 비록 미흡과 오류와 억설의 혐을 지니면서도 학적 논의에 응분의 기여를 했다"고 평가하였다.[21] 지훈은 한국문화의 근간으로 시베리아 문화를 강조했는데, "이는 인류학, 민족학, 역사학, 고고학의 각 분야의 현재까지의 연구를 종합하여 세운 가설로서, 앞으로 이 방면의 연구가 더욱 개척되고 무엇보다 고고학적 발굴이 병행됨으로써 증명될 성질의 것"[22]이라면서도 "필자는 역사상 한족의 대두를 주족(周族)부터 보고 그 이전의 중국 상대사는 동북 시베리아족, 곧 동이문화권에 넣어 중앙아시아 문화와의 연결선을 설정하는 자"[23]라고 확언하였다. 『한국문화사서설』에서 한국 문화의 근간은 ① 시베리아 문화권, ② 중국 문화권, ③ 인도 문화권의 결합으로 설명되는데 그중 시베리아 문화권이 가장 높은 비중으로 서술되었다.

한국민족의 구성은 복합임에는 틀림없으나 일본처럼 혼혈의 도가 심하지 않은 단일 민족

21) 조지훈, 전집 7, 229쪽.
22) 조지훈, 전집 7, 53쪽.
23) 조지훈, 전집 7, 230-231쪽.

이며, 그 구성의 근간족인 원조선인(原朝鮮人)은 동양의 고문헌에 예맥(濊貊)이란 이름으로 나타난 동이계(東夷系)의 일파요, 그것은 시베리아 문화권에 속하기 때문이다.[24]

튜란 문화권 또는 시베리아 문화권을 설(說)함으로써 한국 고유문화의 기초를 대강 밝혔다. 여기서 우리가 명기할 것은, 이 문화 자체가 가장 고대 문화적이기 때문에 현대 문명의 수준으로 볼 때 자기 본래의 문화를 잃거나 희박해진 민족을 제하고는 원시적 면목을 가장 많이 보유한 자는 실로 한국으로 첫손을 꼽지 않을 수 없는 사실이다.[25]

이와 같이 시베리아 문화권은 고대에서 내려올수록 소멸되고 마침내 동방문화는 한문화와 인도문화 밖에 남지 않은 듯이 보이나 시베리아적 문화 전통을 지니고 현대문명의 단계에 오른 대표적인 문화는 한국문화요, 한국문화는 장차 새로운 전개자로서 설 수 있을 것이다. (…) 볽 문화의 볽이 우리말에 광명과 불[火]과 국토[벌]의 뜻임은 주지하는 사실이다. 최남선은 이 '볽' 또는 '볼칸'을 '白' 또는 '불함(不咸)'이라 하여 불함문화권(不咸文化圈)이라는 거대한 문화권을 설정한 바 있거니와, 발칸 반도에서 우리나라에까지 이르는 이 광대한 문화권은 허황하고 견강의 혐(嫌)을 받을 우려가 있으나 그것이 아주 근거가 없는 것이 아닐 뿐 아니라 수메르족의 이동분포사와 암합(暗合)하는 것을 볼 수 있다.[26]

위 서술에서 지훈은 시베리아 문화와 튜란 문화를 동의어로, 튜란 문화를 메소포타미아 수메르족부터 동아시아 한국과 일본, 북아메리카 인디언 문화까지를 동일한 문화 영역으로 보았다는 사실을 알 수 있다. 또한 한국을 시베리아 문화의 "원시적 면목을 가장 많이 보유한" 국가이자 시베리아 문화의 정통 계승자로 이해한다. 지훈은 한국 무속신앙과 민속, 신화를 연구하며 이와 같은 상고사 인식을 강화한 것으로 보인다. 학술적으로는 여러 이론을 섭렵했지만 최남선의 불함문화론이 가장 큰 영향을 미쳤다. 지훈은 최남선을 "단군신화를 일본신화와 결합시킨 망발을 범했지만" "단군신화를 인정하고 학문적으로 연구한 최초의 학자"로 고평가하였

24) 조지훈, 전집 7, 31쪽.
25) 조지훈, 전집 7, 37쪽.
26) 조지훈, 전집 7, 42-43쪽.

54 I. 한국문화사 서설 / 55

〈A圖〉

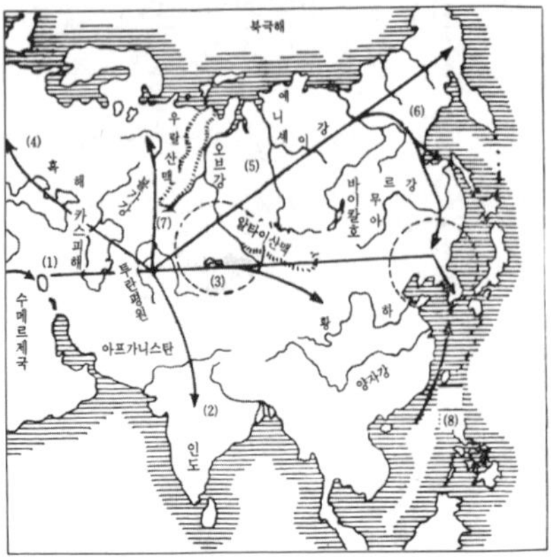

〈A圖 설명〉

(1) 아프리카족의 침입. 이 선의 역코스는 토이기족(土耳基)족의 이동선이다.
(2) 인도·아리아족의 남하.
(3) 고대중국족의 이동. 이 직선 코스는 몽고족, 퉁구스족, 원조선족의 이동선이다. 한족은 뒤에 이보다 서남쪽에서 이동하였다.
(4) 라틴·아리아족의 이동.
(5) 토이기족, 퉁구스족, 아메리카 인디언족의 이동선이다. 알래스카를 관류하는 반원의 간선(幹線).
(6) 아이누족, 퉁구스족, 원조선족[濊貊]의 이동이다.
(7) 우랄계족의 북상이동선. 튜튼족의 남하도 이 선을 타고 이동했다.
(8) 해양족의 이동. 말레요 폴리네시아족, 네그리토족이 이 선을 타고 왔다.

* 점선 원은 우리 문화의 원류인 '알타이 문화권'과 '요하(遼河)문화권·대동문화권·한강문화권·낙동강문화권·금강문화권'을 합친 조선문화권을 표시한 것이다.

〈B圖〉

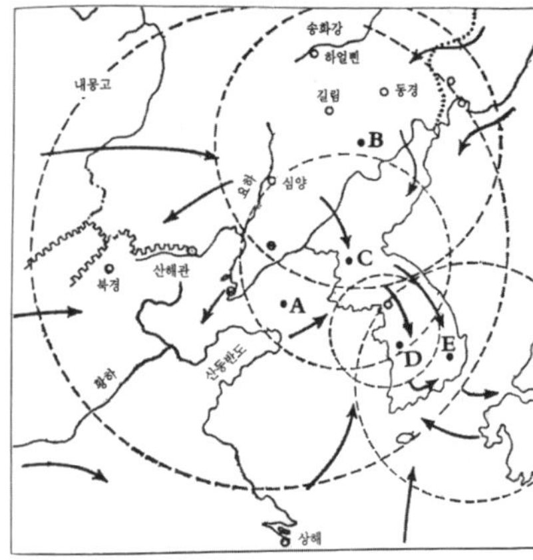

〈B圖 설명〉

A 고대 동북아문화권. 산동반도-요동반도-한반도를 주축으로 한 상고문화권. 주(周) 시대 이전의 중국문화도 이 권내에 든다(東夷문화권). 편의상 그린 원이요, 실제로는 서북쪽으로 더 확대되는 원이다.
B 고조선문화권. 요하(遼河)-압록(鴨綠)-도문(圖們)을 주축으로 한 원조선문화권. 만주문화도 이 권내에 든다(濊貊문화권).
C 고구려문화권. 압록-대동강을 주축으로 한 문화권. 낙랑문화도 여기에 든다(扶餘문화권)
D 백제문화권. 한강-금강을 주축으로 한 문화권. 남북문화의 혼성권(馬韓문화권).
E 신라문화권. 낙동강-형산강을 주축으로 한 문화권. 가락(駕洛)문화도 여기에 든다(弁辰문화권).

<그림1> 『한국문화사서설』에 삽입된 그림 A와 B. 지훈은 자신의 가설을 도식화하여 지도상에 표현하였다. 지훈은 그림 A에서 투란평원에서 출발한 민족의 이동을, 그림 B에서 선진시대 동이(東夷)와 한반도 동이(東夷)를 동일하게 인식하였다.

다.[27] 『한국문화사서설』에서도 최남선은 다른 학자에 비하여 많은 부분에서 인용되었다.

> 문화의 계통을 찾아가는 그(지훈)의 공헌은 옳은 면이 있으나 우리의 문화를 결국은 슈메르 문화의 정점에서 구하게 되는 것은 어려운 난점이 있다. 이것은 육당의 불함문화론의 영향과 밀접한 연관이 있는 ᄇᆞᆰ문화에 상당히 기울이 있기 때문이라고 보아야 할 것이다. (…) <u>지훈은 육당의 견해에 만족하지 않고 한 걸음 더 나아가 슈메르-튜란문화와의 선까</u>

---

27) 조지훈, 전집 7, 228쪽.

지 언급한 것을 자족하는 것이 아닌가 하는 느낌을 강하게 받게 된다. 문화는 한가지 요소만으로 이루어지는 것이 아니고 일반적으로 복합적인 성격을 지니고 있으므로 어느 한두가지 요인만으로 어느 문화와 같다고 결론을 내리는 것은 어려운 점이 있다. 따라서 이 문제는 앞으로 더 검토되면서 다시 평가를 받아야 할 문제가 아닌가 하는 생각이 든다. 왜냐하면 우리나라 문화의 기원 문제와 연결되는 사안이라고 볼 때 슈메르-튜란문화와 우리나라 문화의 연결고리는 명확한 논증이 되기에는 여전히 거리가 있기 때문이다.[28)]

고대사 연구자 김정배는 지훈의 역사인식을 긍정적으로 평가하면서도 최남선의 불함문화론에서 더 나아간 시베리아 문화권 설명을 과도한 해석으로 경고하였다. 지훈의 민족/문화 개념에서 '시베리아 문화권' 즉 '튜란 문화'는 19-20세기 투라니즘(Turanism, 범투란주의, 츠란주의)의 발흥과 관계지어 이해해야 한다. 민족주의 광풍이 몰아닥친 19세기 핀란드, 헝가리에서는 범투라니즘 운동이 전개되었다. 범투라니즘 운동은 이란 북동부 투란 평원에서 기원한 종족을 우랄-알타이 어족으로 보고, 이들의 이동 및 분화를 민족적 시각으로 해석하며, 광범위한 투란 민족으로 묶어 내려는 시도였다. 고대의 언어-문화를 근대 국가의 민족-영토로 해석하는 정치적 기획이었다. 1930년대 투라니즘은 일본제국의 대아시아주의와 결합하며 식민지 조선으로 유입되었다. 조선군 사령관 하야시 센주로(林銑十郎)는 일본을 맹주로 우랄-알타이 민족의 단결을 도모해야 한다고 주장하였다.[29)] 투라니즘은 일본 제국의 대동아공영권과 내선일체, 식민지 전쟁동원에 중요한 이데올로기로 활용되었다. 본래 1929년 제출된 투라니즘은 일본 학계에서도 언어계통을 민족계통으로 지나치게 도식화하여 환영받지 못하고 비주류에 머물렀다. 그러나 1936년 미나미 지로(南次郎) 총독이 부임하고 내선일체 정책이 강조되면서 식민지 조선에서 주목을 받았다. 조선총독부는 국민정신작흥주간에 맞춰 "역사상으로 본 내선관계"를 주제로 전국 순회강연을 개최하였고, 언론과 친일 지식인을 동원하여 투란 민족의 대단결과 일본-조선 민족의 연속성을 강조하였다. 이들은 우랄-알타이 산맥에서 동쪽으로 이주한 무리의 자손이 일본인이며, 일본 퉁구스족이 중국에 의해 오염된 조선

28) 김정배, 앞의 글.

29) 이문영, 「1960~1970년대 유사역사학의 식민사학 프레임 창조와 그 확산」, 『역사문제연구』 22-1(2018), 219-262쪽.

퉁구스족을 정화한다고 설명하였다. 또한 투라니즘 입장에서 도요토미 히데요시(豊臣秀吉)의 조선정벌은 "일본 퉁구스 통일사업을 동족인 조선 퉁구스에게 확대"한 것이라며 일본의 침략과 식민지배를 미화하였다. 이 때문에 해방 직후 정벽해, 신석호, 손진태 등 역사학자들은 일제의 동조동근설(同祖同根說)을 "우리들의 민족혼을 뽑아 없애려"했다며 비판하였다.[30)]

문제는 동조동근설(同祖同根說)이 해방 후 지식인 및 학계에서 철저하게 무시당하였지만 투라니즘 비판으로 나아가지 못했다는 점이다. 식민사관 극복의 대상은 주로 정체성론, 타율성론에 집중되었고 투라니즘은 논의의 대상조차 되지 않았다. 1930년대 조선총독부가 주창했던 투라니즘은 주인공을 일본 민족에서 한국 민족으로 바꾼 채 지속되었다. 우랄-알타이어 언어 계통을 강조하고, 이것을 근대적 민족/영토와 동일시하는 사고 체계가 유지되었다. 투라니즘 사고 체계의 승인은 1960년대 후반부터 안호상, 최동, 문정창, 박창암, 임승국 등 친일 인사 출신들에게 활용되며 1975년 유신정권에 충성하였던 '우리국사찾기협의회' 발족으로 본격화되었다. 이들은 "민족주체성"을 강조하였던 1970년대 유신정권하에서 "유신, 새마을운동, 국가안보, 멸공평화통일 등 당면한 국가시책의 그 지도 원리는 마땅히 민족사관의 기반 위에 바탕 하여야 할 것"이라 말하며, 고대 한민족의 역사를 아시아 전체로 확장하는 태도를 보였다. '위대한 상고사'를 접점으로 유사역사학(사이비역사학)과 군부독재가 결합한 것이다.[31)]

이상의 설명이 지훈과 1970년대 이래 전개된 유사역사학의 연관성을 지적하는 것은 아니다. 오히려 유사역사학을 중창했던 박창암은 1966년 "70년간의 긴 세월에 침략국 일본이 이 땅에서 범한 죄과를, 이 나라 사가(史家)들이 아직 사기(史記)로써 밝히지 못"했다며 제도권 학계를 비판하였는데, 이는 1961년 이기백의 『국사신론』, 김용섭 등이 참여했던 1963년 『사상계』 한국사 논쟁, 전국역사학대회에서 화두였던 식민사학 극복, 1964년 지훈이 주도하였던 『한국문화사대계』 1권 간행 등

---

30) 장신, 「일제말기 동근동조론(同根同祖論)의 대두와 내선일체론의 균열」, 『인문과학』 54(2014), 87-122쪽.

31) 투라니즘과 유사역사학, 군부독재의 결합에 대해서는 다음의 책들을 참조. 이문영, 『유사역사학 비판—『환단고기』와 일그러진 고대사』(역사비평사, 2018); 젊은역사학자모임, 『욕망 너머의 한국 고대사—왜곡과 날조로 뒤엉킨 사이비역사학의 욕망을 파헤치다』(서해문집, 2018).

학계의 식민사학 극복 시도를 의도적으로 무시한 비난이었다.[32] 다만 지훈의 상고사 인식은 ① 해방 후 학계에서 전개되었던 식민사관 극복의 움직임, ② 투라니즘과 반공-냉전주의를 결합시켰던 유사역사학의 맹동, 그 가운데 어딘가에 존재하였다. 이는 지훈의 한계이자 한국사회의 탈식민 과제 및 민족주의 발흥이라는 시대적 맥락하에서 이해되어야 한다. 또한 1930년대 조선학 운동에서 보이는 초역사적 민족주의 정치의 한계를 일정 부분 반영한다고도 볼 수 있다.

다음으로 지훈의 『한국민족운동사』를 중심으로 근현대 역사 인식을 살펴보도록 한다. 『한국민족운동사』는 선행 연구들이 공통되게 지적하였듯 ① 독립운동사에 관한 최초의 본격적인 저술이자 ② 독립운동사를 근대 민족운동의 내재적 발전사로 구조화하고 ③ 사회주의 계열의 항일운동을 민족운동의 일부로 서술했다는 큰 의의를 갖는다.[33]

> 1876년에서 1945년에 이르는 약 70년간의 민족운동사에서, 그 첫머리 15년을 제외한 나머지 55년은 대일전쟁의 역사임을 알 수 있다. 그러므로 <u>우리의 근대 민족운동사는 대일항쟁사(對日抗爭史)라 하여도 과언이 아닌 것이다.</u> (…) 그러므로 1910년 경술국치에서 1945년 민족해방에 이르는 <u>36년간의 역사는 소수의 친일주구(親日走狗)의 반동을 예외로 하고는 전민족적인 대일항쟁사라고 할 수 있다.</u> 적극적 항쟁과 소극적 항쟁의 차이와, 그러한 소장(消長)이 시기적으로 있었다고는 하나, 민족의식의 저류로서의 장구한 항일의식에는 아무런 변동도 있을 수 없었다.[34]

전술하였듯 지훈은 ① 역사를 관통하는 민족과 ② 근대 민족주의에서 민족을 구분하였다. 민족(성)이 한국적인 기본소를 유지하면서도 역사 속에서 구성되었다고 보았다. 보다 구체적으로 한국 근대 민족운동사를 민족자위항생, 민족해방투쟁, 민족사회운동의 3단계로 구분하여 설명하였다. 한국 근대 민족(성)의 획득 과정을 "대일항쟁사(對日抗爭史)"로 보았다. 저서에서 사회주의 계열 활동은 "한국의 민족운동은 민족적 사회주의, 사회주의적 민족주의의 색조"로 보았고, "해방 전까지의

---

32) 이문영, 앞의 글.

33) 강만길, 앞의 글; 김정배, 앞의 글; 류시현, 앞의 글, 2012 등.

34) 조지훈, 전집 6, 29-30쪽.

공산주의 운동은 민족해방운동사에서 제외"할 수 없었기에 서술될 수 있었다.[35] 즉 지훈은 반일 민족주의 렌즈로 한국의 근대 민족운동을 관찰하였고, 그 결과 대일항쟁사는 한국의 근대 민족주의의 모든 것을 설명하는 위상을 얻었다. 『한국문화사서설』이 한국 민족의 기원과 기본소(基本素)를 규명하려는 시도였다면, 『한국민족운동사』는 근대 한국 민족의 형성 과정을 설명하는 시도였던 셈이다. 일반적으로 『한국문화사서설』은 인류학 및 민속학, 문화 연구로, 『한국민족운동사』는 역사학으로 구분할 수 있지만 지훈의 입장에서 이는 독립적인 작업이 아니었다. 그는 '민족'의 역사성을 설명하고, 어두운 현실 속에서 민족문화-민족(성)의 나아갈 길을 제시하는 데 두 권의 저서를 배치하였다.

> 임시정부는 한국의 망명정부로서 안으로는 민족혼(民族魂)의 상징이 되었고, 밖으로 세계 만방에 대하여 무력 항쟁과 외교와 선전으로 한국이 일본의 통치에 복종하지 않는다는 대의와 투지를 밝혀 전후처리에 독립의 보장을 받게 된 원동력이 되었던 것이니, 임정이 밟아온 중로(中路)의 분열과 침체와 이산을 들어 이를 폄(貶)한다는 것은 그 형극의 길에서 끝까지 '대한민국 임시정부'의 간판을 지켜 온 그 피눈물 어린 지조와 드높은 신념에 침을 뱉는 것에 지나지 않는 것이다. (…) 이로써 민족 자위항쟁(自衛抗爭), 민족 해방투쟁(解放鬪爭), 민족 사회운동(社會運動)의 3단계로 이루어진 한국 근대 민족운동사는 일단락을 고하고 유종의 미를 거두었던 것이다. 민족해방 후의 반탁(反託)운동, 반공(反共)운동, 반독재운동사(反獨裁運動史)는 앞으로 다시 정리될 것이다.[36]

그는 근대 민족운동사를 정리하며 현실 문제를 진단하고 미래를 전망하였다. 사회주의 계열의 독립운동을 근대 민족운동사로 포함하면서도 "해방 전까지의 공산주의 운동"이라 전제한 것은 근대 민족운동사가 해방 후 반탁운동, 반공운동, 반독재운동으로 연속된다고 보았기 때문이다. 그에게 사회주의 운동은 1945년 이전 대일항쟁사의 일부로서만 의미가 있었고, 해방 후에는 제거되거나 이겨야 할 대상이었다. 근현대 역사 인식에서 임시정부를 강조한 까닭도 38선 이남에 수립된 대한민

35) 조지훈, 전집 6, 231쪽.
36) 조지훈, 전집 6, 336-337쪽.

국 정부를 정통으로 보았던 것으로 추정된다. 이와 같이 지훈은 현실의 반공-반독재 운동을 과거와 현재, 미래를 연결하는 근대 민족운동의 일부로 인식하였다. 이러한 태도는 곧 현실 문제에 대한 실천, 즉 정치 문제로 자연스럽게 이어졌다.

3. 역사관에서 도출된 현실 인식과 선택

지훈의 현실 인식과 정치성에 앞서, 지훈의 종교관 및 지식인 위상을 간단히 살펴볼 필요가 있다. 지훈은 『한국문화사서설』에서 여러 종교를 서술하였는데 샤머니즘(무교, 민간신앙)에 가장 많은 비중을 할애하면서도 불교, 도교, 유교, 예수교(천주교, 기독교), 신흥종교(천도교, 대종교, 유사종교)까지 긍정적으로 평가하였다. 'Ⅱ. 한국사상사의 기저'에서 종교 부분을 서술하였는데, 그는 종교를 개인의 심리적 요소가 아닌 사회 구성체의 일부로 이해했기 때문이다. 그는 종교를 "단순히 감정생활의 비현실적 저태의 일부 면에 그치는 것이 아니라 인간생활의 전체"라고 보았고, 종교가 곧 "모든 문화를 혁신하는 운동"에서 출발했다고 이해하였다. 각 종교들은 창설기에 "문화의 혁명가" 역할을 담당했고, "현실적 생활의 개선가 내지 구원자로서 일으킨 운동이 곧 종교가 된"다고 보았다.[37] 그의 세계관에서 종교는 다른 개념과 마찬가지로 역사적 구성물이자 사회 변혁의 주체로 존재할 때에 시대적 의의를 갖는다고 보았다. 따라서 지훈은 개별 종교들이 대일항쟁사에 기여했던 역할론을 중요시하였다. 신앙적 측면보다 근대 민족 형성이라는 측면에서 조명되었다. 특히 천도교는 동학혁명, 3·1운동, 대일항쟁사, 즉 근대 민족 형성과정에서 주요 행위자였다. 이는 지훈이 천도교와 홍익사상을 사상적으로 중요시했다기보다 근대 민족운동의 역사 속에서 높게 평가했다고 말할 수 있다. 또한 그는 "외국 문화사상의 공식 고수는 추수적인 동시에 보수적"이라 보았고, "자기 전통의 발견 수립은 언제나 창조적이요 진보적"이라 평가하였다.[38] 천도교를 넘어 신흥종교(대종교, 단군교, 삼성교, 수운교 계통, 증산교 계통 등)를 모두 불·도·유 지파 또는 결합체로서 민족종교로 이해

---

37) 조지훈, 전집 7, 134쪽.

38) 조지훈, 전집 7, 289쪽.

한 것도 같은 맥락이다. 그중에서 천도교는 "사회민중운동의 선구"이자 "민중의 호응"이 대단하였기 때문에 높은 평가를 받았다.[39)]

지훈이 민중에게 많은 애정을 쏟았던 것도 주지의 사실이다. 그는 방학 때 학생들에게 고향으로 내려가 전통 문화와 민중의 생활상을 관찰하라고 충고하였다. 1960년 4월 혁명 이후에는 학생들이 민중과 괴리된 채 지식인적 계몽 활동을 벌인다며 비판하였다. 그렇다면 그가 바라본 지식인, 특히 교원과 학생은 어떤 모습이었을까.

> 민권을 탈환하고 민주주의의 방향을 감시하는 임무는 현단계에서는 거족적 단결로 구구한 소아(小我)의 이해(利害)를 뒤로 미루고 먼저 오직 민족적 대아(大我)를 위한 방향으로 경주되어야 한다. (…) "정신적으로는 언제든지 학원과 민족국가의 핵심체 속에 들어 있거라. 그런, 형식적으로는 항상 외부에서 비판자와 감시자가 되어라"[40)]

> 3.1운동, 6.10만세, 광주학생만세, 어느 민중운동에 학생이 앞장서지 않은 것이 있는가. 반탁운동, 4월혁명, 한미 행정협정촉구 데모, 이것도 학생이 선봉이 되지 않았던가. 이러한 민족의 사활문제, 민족주체 주권확인운동에 과감히 일어선 학생들은 그것이 평소의 정치적 관심의 깊은 사려와 억눌린 제약의 나머지에 불가피하게 폭발된 것임을 생각할 때 학생운동의 정치참여가 우리 민족사에 공(功)은 남겨도 실(失)을 가져온 것은 아직 없다. (…) 학생의 정치운동은 엄격히 말하면 교화운동에 통한다. 교원의 정치운동도 마찬가지다. 정계의 술책과 민중의 양심 사이에서 그들을 비판하고 매개하고 숙정(肅正)하는 구실을 맡았다는 말이다. 그러므로, 학원의 정치운동은 현실에 입각한 초월자로서 항시 기본적이요 간접적인 의의를 지닌다. 정치가 기본적인 양심의 궤도를 벗어나서 달릴 때만 그는 혁명의 고발자·선구자로 직접 등장하는 것이다.[41)]

지훈은 4·19 당일 거리에 나가 세종로 일대를 돌아다니며 혁명 완수의 상상을

---

39) 조지훈, 전집 7, 133쪽.

40) 조지훈, 「썩지 않은 민족정기를 후세에 바로 전하라(1960.05.28. 고대신문)」, 『조지훈 전집 5—지조론』(나남, 1997)(이하 전집 5), 219-220쪽.

41) 조지훈, 「교육과 정치—가치관의 확립을 위하여(1962.09.15.고대신문)」, 전집 5, 50쪽.

펼쳤다.[42] 그는 4월혁명을 지지했지만 역설적으로 학생들에게 날 선 비판자로 등장하였다. 그는 학생 및 교원 운동이 '교화운동'이며, 학원 정치운동에서 학생은 '현실에 입각한 초월자'이자 '혁명의 고발자, 선구자'로 등장해야 한다고 말하였다. 학원과 민족국가의 핵심에 위치하면서도 외부적 비판자로서 역할을 잊지 말라고 충고하였다. 다소 모순적으로 보이는 이러한 표현은, 지훈의 지식인(엘리트)관을 보여 준다. 지훈은 자신을 포함한 지식인이 민족 문제에 철저하게 현실적이어야 하며, 민중을 계몽하고 지도해야 한다고 생각했다. 실천 방식도 시대적 조류에 휩쓸리지 않고 날 선 비판자여야 한다고 판단했다. 그의 인식에서 지식인(엘리트)은 민중을 이끄는 '철인(哲人)'이어야 했고, 기대가 상실되었을 때에 이 기준에 맞춰 지식인을 비판하였다. 혁명은 완수되기보다 영속되어야 하는 사회운동이었다.

> 당파싸움 때문에 나라가 망한다고 하지만 내가 보기에는 우리나라에는 진정한 정당이 없고 당파가 제대로 된 것이 하나도 없다. 같은 정당 안에 다른 몇 개의 정당이 있다는 것이 우스운 데다가 그것을 또 그 정당(政黨)이 공인하는 것은 더 우스운 일이다. (…) 여야(與野)와 보수(保守)·혁신(革新)을 막론하고 오늘 우리나라의 정당은 이 타성을 벗어난 게 하나도 없다. (…) 어찌하여 오늘에 이런 진짜 붕당은 없느냐. 당파 때문에 나라가 망한다고 생각하지 말고 요사스러운 당파, 가짜 당파 때문에 나라가 망한다고 생각해야 한다. 당파 때문에 나라가 망하는 것이 아니라 동도위붕(同道爲朋)의 진정한 당파가 없기 때문에 나라가 망한다고 생각하라.[43]

> 이번 혁명의 봉화를 든 학생들의 그 뒤 행동이 스스로의 위의를 생각하지 않고, 함부로 처신함으로써 국민에게 맹호(猛虎)나 사자(獅子)로 알려졌던 그 기개가 끝내 개나 고양이고 말았구나 하는 실망을 주는 방향으로 바뀌어 가고 있음을 솔직히 충고하고 경계하고 싶은 마음이기 때문이다. (…) 사월혁명 이후 한달이 채 못되어 그 혁명의 선봉에 섰던 학생의 대열에 혼란이 오고, 그 공동전선이 와해된 데는 두 가지 큰 까닭이 있는 것 같다. 첫째, 그것은 우연적이요 돌발적인 순정의 발로였다는 점이다. 이것이 사월혁명이 도의혁

42) 조지훈, 「사월혁명에 부치는 글—불의를 고발한 학생들에게(1960.06.15.새벽 7월호)」, 전집 5, 150쪽.

43) 조지훈, 「붕당구국론-선비의 당이여 나오라(1961.05.07.민국일보)」, 전집 5, 116-118쪽.

명 또는 양심의 혁명으로 불리는 소이연(所以然)이 된다. 둘째, 그것은 비계획적이요 무조직적인 의분(義憤)의 오합지중이었다는 점이다. 이것이 사월혁명을 무주체(無主體) 혁명, 지속적 혁명으로 만드는 까닭이 된다. (…) 조직과 계획과 이념과 방안과 인선(人選) 조각(組閣)의 준비까지 된 완전한 혁명세력을 학생이 잡았다면 얼마나 좋고 다행한 일이었을까. 나는 4.19 의거 날 세종로의 동서남북을 오르내리며 방송국과 국회와 중앙청과 관공서의 접수에 대한 공상에 잠긴 적이 있다. 결국은 섣부른 이런 시도가 없었던 것이 그 간단한 상황 속에서 오히려 잘된 일인지도 모른다. 문제는 힘에 넘치는 일을 손대서는 안되고 그것을 감당할 힘이 없으면서 그것을 과시하지 말라는 것이다. 조용히 힘을 기르라. 먼저 황폐한 학원을 재건하고 출발전야의 제2공화국이 제군의 피를 헛되게 하지 못하도록 깨끗하고 거창한 압력을 주라. 반동세력의 대두를 막기 위하여 그들을 국민 앞에 고발하고 주권자의 위신을 회복하기 위하여 국민을 계몽하는 선두에 나서라. 무엇보다 먼저 제군들이 그것을 분별하는 눈을 마련해야 하고 제군들이 먼저 그것을 실천해야 한다.[44]

지훈은 전술한 지식인이 개인으로만 머무는 것을 경계하였다. 지식인은 계획적이고 조직적이며 동지를 규합하여 새로운 혁명 주체로 거듭나야 했다. 선명성이 강조된 집단으로 존재해야 했다. 이들을 중심으로 정치혁명, 사회혁명을 전개해야 한다고 생각했다. 그 수단은 그의 철학에서 드러났듯 '민족문화'를 계발하고, '민족문물'(제도)을 변화시키는 데서 출발해야 했다. 그는 이러한 지향 속에서 명확한 정치철학을 가진 집단의 권력 장악을 기대하였다. 그의 기준에서 제2공화국 민주당은 혁명을 완수할 주체 세력이 아니었다. 그는 1961년 4월 혁명 1주년을 "배신당한 혁명의 아픈 상흔(傷痕)"으로, "혁명을 비혁명적인 방법으로 완수한다던 과도정부에 맡긴 것이 잘못이었다"고 노래하였다.[45] 지훈 입장에서 학생 그룹도 특정 군소정파에 휘둘리며 무책임하고 무계획적으로 움직이는 집단으로 여겨졌다. 민족혁명의 지속을 주창했던 지훈은 민주당을 혁명의 배반 세력으로, 학생 그룹을 무능한 집단으로 판단하였다.

44) 조지훈, 「사월혁명에 부치는 글—불의를 고발한 학생들에게(1960.06.15. 새벽 7월호)」, 전집 5, 144-151쪽.
45) 조지훈, 「앉아서 보는 사월—그 첫 기념일에」, 『조지훈 전집 1—시』(나남, 1997), 338쪽.

남북통일이 전국민이 꿈에도 잊지 못하는 염원이란 것은 아무도 부인하지 못할 것이다. 망하기 전에는 양보가 있을 수 없는 공산주의를 상대로 해서 또 한 번 협상을 시도한다는 것은 패배를 의미하는 것이 아니고 무엇이겠는가? 그런 줄 알면서도 그러한 생각이 절망 앞에 선 일부 국민의 순진한 어리석음임을 누구나 알고 있지만, 그러한 순진함이 민족통일이라는 명분을 걸고 암약하는 공산주의의 발호할 최적한 바탕이 될 위험을 가져온 것밖에 아무것도 없었다. 어느 순간에라도 폭발할 듯한 위험을 내포한 이런 극단적인 반국가 사상의 조류가 물밀 듯이 전국을 휩쓸게 되어도 온 국민은 도탄에 허덕이기 바빠, 집권당은 계속되는 정권다툼이 더욱 바빠 이에 속수무책의 상태일 때 이런 사태를 보고 가만히 있을 수 없었던 것이 우리 국민의 아들인 군대였다. (…) 국민의 군대는 마침내 흥망의 관두에 선 조국의 운명을 방치해둘 수가 없어서 오랫동안 자중했던 그들의 의분과 사명을 폭발시킴에 이르렀다. 이것이 5.16 군사혁명이다. 타락하고 그릇된 민주주의를 바로잡아 진정한 민주주의에 환원시키기 위해서 군대는 일어서지 않을 수가 없었던 것이다. (…) 국민의 군대는 국민의 뜻을 대신하여 일어서지 않을 수가 없었던 것이다. (…) 국민운동을 통하여 국민이 새 정신을 차리고 국민성이 개조되기 시작했으니 아무가 맡아도 되지 않겠느냐고 생각하기도 쉽다. 그러나, 양심 있는 민간인 새 정치인에게 이 혁명정부를 계승시키지 않으면 안된다는 것은, 마치 병이 근치되기 전에 대체적으로 소생된 병자는 겉으로 평상인과 다름이 없어도 조그만 무리와 불섭생에도 병이 재발하여 다시 돌이키지 못하는 수가 있다. (…) 한말과 일제와 미군정과 자유당, 민주당 정치를 겪는 동안에 그 부패와 불의의 교묘한 술법이 가속도적으로 누적된 우리의 구악과 습성을 이들 부패정치를 담당했거나 (…)[46]

지훈은 1961년 5·16 군사 쿠데타가 일어나자 이를 "국민의 아들인 군대"가 공산주의 위험성을 극복하고 진정한 민주주의를 위하여 "의분과 사명"을 폭발시켰다고 보았다. 민정이양에 대해서도 "병이 근치되기 전에" 서둘러서는 안 된다며 보류하는 입장을 견지하였다. 분명 1961년 시점에서 그는 민주당과 학생 그룹에 비하여 군사정부에 우호적인 입장이었다. 군부를 미군정과 자유당, 민주당 집권기에 경험했던 불의·부패 정치를 청산할 혁명 주체로 여겼다. 이와 같은 인식은 같은 시기 지

46) 조지훈, 「나라를 다시 세우는 길—재건국민운동 요강」, 전집 5, 225-239쪽.

식인의 태도에서 쉽게 발견할 수 있다. 유진오는 제2공화국 시기를 '혁신세력의 발호로 민족이 북한 공산괴뢰집단의 손아귀에 빠질 뻔했던 시기'로 규정하였고, 자유방임주의가 아닌 적극적인 대공투쟁이 필요하다고 인식하였다.[47] 『사상계』는 1961년 6월호 권두언 「5·16혁명과 민족의 진로」에서 "우리는 5·16혁명의 적극적 의의를 구하지 않으면 안된다. 따라서 이러한 의미에서 5·16혁명은 4·19혁명의 부정이 아니라 그의 계승, 연장이 되어야 하는 것"이라 밝혔다.[48] 지훈이 요강을 작성하였던 재건국민운동은 1960년대 전반기 군부와 지식인 그룹의 동상이몽(同床異夢)이 일시 결합하였던 대중운동이었다. 지식인 그룹은 쿠데타 이전부터 민간주도 국민운동을 주도하고자 하였고, 쿠데타 이후 재건국민운동본부가 구성되자 이에 결합하여 재건국민운동을 민간 국민운동으로 개편하고자 하였다. 군부가 강조했던 '반공'은 지식인 그룹의 손쉬운 결합을 가져올 수 있었다. 하지만 지식인 그룹은 군부의 국가주의적 사고, 그리고 재건국민운동을 군부의 외곽 정치세력으로 활용하려는 시도에 강한 이견을 가졌다. 쿠데타 세력에게 재건국민운동은 민정이양 이전까지 자신들의 정당성을 뒷받침하고, 정치적 영향력을 확장하는 수단이었다.[49] 1961년 지훈의 군정 지지는 1950년대 이래 지식인 그룹이 광범위하게 공유하고 승인했던 적극적 반공 의식, 즉 승공(勝共)에의 집단적 열망이 초래한 결과였다.[50]

지훈은 1962년 고려대 한국고전국역위원장을 역임하고, 1963년 고려대 민족문화연구소 초대 소장으로 취임하였다. 『한국문화사대계』 제6권을 기획하고, 『한국민족운동사』를 집필하였다. 1964년에는 『한국문화사대계』 1권, 『한국문화사서설』, 『여운』을 간행하였다. 이 시기 지훈은 본인의 철학 및 세계관을 정리하는 작업을

---

47) 유진오, 「민정의 사상적 허점」, 『서울신문』, 1963.1.

48) 「권두언」, 『사상계』, 1961년 6월.

49) 허은, 「5.16군정기 재건국민운동의 성격—분단국가 국민운동 노선의 결합과 분화」, 『역사문제연구』 11(2003), 11-51쪽.

50) 1961년 시점에서 5·16 쿠데타 세력에게 냉정한 비판을 제기했던 인물은 함석헌이다. 함석헌은 『사상계』 1961년 7월호에 기고한 「5·16을 어떻게 볼까?」에서 "혁명은 민중의 것이다. 민중만이 혁명을 할 수 있다. 군인은 혁명 못한다"고 정확한 관점을 드러내었다. 하지만 다수 지식인 그룹은 군사 쿠데타를 구악(舊惡)의 일소로 이해하고, 자유민주주의론의 관점에서 지지하였다. 자세한 내용은 이상록, 『한국의 자유민주주의와 사상계』(고려대 민족문화연구원, 2020) 참조.

진행하였는데, 이는 민족의 역사성을 설명하고 그 안에서 민족 주체의 확립을 구명하기 위한 과정이었다. 지훈 입장에서 현실 참여 방식이자 정치 활동이었던 셈이다.

한편 지훈은 1960년대 전반기를 혼란의 시기로 상정했던 것으로 보인다. 1962-64년 그는 제도권 정치를 향한 발언을 줄인 대신 지식인의 새로운 역할을 강조했다. 지식인이 "정계의 술책과 민중의 양심 사이에서 그들을 비판하고 매개하고 숙정(肅正)하는 구실"[51]을 해야 하고, 구체적으로 민중 속으로 들어가 "민족적 자아반성, 곧 우리들 자신에로 돌아가는 마음"을 찾자고 주장하였다. 귀향, 고향, 우리 문화로의 복귀가 "민족주체를 세우는 정신적 바탕이며 민족적 현실을 파악하는 첫 걸음"이 된다고 보았다. 그에게 현장은 도시가 아닌 고향, 민중의 삶 속이었다. 그는 학생들에게 "알고 행동해야 한다. 손톱 밑에 가시 든 줄만 알고 염통에 쉬 스는 줄은 모르는 답답한 사람이 되지 않기 위해서 먼저 너 자신을 알라. —그것이 곧 우리 민족을 아는 길에 통해 있다"고 충고하였는데, 이는 지훈 자신의 일상에서 중요한 방향타로 기능하였다.[52]

1963년 민정이양 대통령선거에서 박정희는 '민족적 민주주의'를 기치로 내걸었다. 이는 1960년대 전반기에 고양되었던 민족주의를 추수하는 역할이자 경제자립의 슬로건을 득표로 견인하는 전략이었다. 하지만 1964년 전개된 한일회담 반대시위는 박정희 정부와 학생운동 그룹 사이에 존재했던 민족주의적 열망이 완전히 파국에 도달했다는 사실을 상징하였다. 동년 5월 서울대, 동국대, 성균관대, 건국대, 경희대 학생 등 3천여 명은 서울대에서 '민족적 민주주의 장례식'을 치르고 직접적으로 박정희 정권을 겨냥하였다. 이들은 "축 민족적 민주주의 장례식" 만장을 들고, 실제 관을 앞세우고 이화동 삼거리에서 경찰과 충돌하였다. 이후 한일회담 반대운동은 회담반대운동에서 반정부 운동으로 급속하게 전환되었다. 반대운동은 지속되는 탄압에도 1965년까지 이어졌다. 1965년 2월 한일기본조약이 가조인되면서 한일협정 비준반대투쟁이 다시 시작되었다.[53]

---

51) 조지훈, 「교육과 정치—가치관의 확립을 위하여(1962.09.15.고대신문)」, 전집 5, 50쪽.

52) 조지훈, 「여름 방학엔 무엇을 할까—귀향하는 학생들에게(1963.06.22.고대신문)」, 전집 5, 77-78쪽.

국교 정상화란 말은 정식통교(正式通交)의 조인(調印)이 없으면서도 20년래 사실상 밀접한 교섭을 해 오고 있는 이 변상적 상태를 정상화해야 한다는 말이지, 어떠한 조건 어떠한 형태에 불구하고 국교를 정상화해야 한다는 뜻으로 찬성하는 것은 아니다. (…) 일본은 2차대전에 있어 침략과 배상으로 필리핀을 비롯한 여러 나라에 흔연히 속죄의 값을 치렀으면서도 유독히 36년간이라는 장기간을 훔치고 뺏고 짓밟고 죽인 피 값을 갚는 데는 인색하였고 이제 와선 몇 푼 돈을 미끼로 아주 창자까지 빼 갈 심산으로 버틴다. 한일국교가 만일 지금 제시된 이 변상적 조건으로 타결되지 않을 수 없다면 한일국교의 정상화는 하지 말아야 한다.[54)]

한일협정 비준반대투쟁이 격화되는 가운데, 1965년 4월 지훈은 다시 현실 정치를 향하여 발언하기 시작하였다. 형식적으로 본다면 현실 정치 불개입에서 개입으로의 변화처럼 보이겠지만, 그는 전술한 바와 같이 대일항쟁사를 근대 민족운동의 성립 과정으로 집대성하고 있었다. 그는 대일항쟁사를 반공-반독재 운동의 원류로 보았는데, 이러한 인식하에서 박정희 정부의 일방적인 한일협정 비준은 그의 세계관에서 용납하기 어려운 정치 행위였다. 또한 지훈은 4월 혁명을 전후하여 지식인의 현실 참여와 비판자로서 역할을 강조한 바 있었다.

1965년 5월 2일, 박정희 대통령은 진해 제4비료공장 기공식에서 즉석 연설로 인텔리(지식인), 언론, 정치인을 모두 비판하는 작심발언을 하였다. 그 내용은 "일제 때같이 항거만 하는 정치인과 언론인들의 근본적인 사고방식과 자세는 버려져야 한다", "우리나라 인텔리들은 정부가 하는 일은 무조건 반대해야만 지식인이고 인텔리라는 사고방식을 뜯어 고쳐야 한다", "용기없고 옹졸한 인텔리이다", "학생들은 4·19정신 운운하며 거리로 나오는데 그러한 일은 백년 또는 이백년에 한번 나올까 말까하는 숭고한 정신" 등이었다.[55)] 박정희 대통령이 학생 시위와 지식인 그룹을 모두 비판하자 곧장 지식인들의 반발이 이어졌다. 지훈은 다음의 글을 조선일보에 게재하였다.

---

53) 오제연, 「1960년대 초 박정희 정권과 학생들의 민족주의 분화—"민족적 민주주의"를 중심으로」, 『기억과 전망』 16(2007), 285-323쪽.

54) 조지훈, 「일본의 사죄가 정상화의 전제(1965.04.24. 고대신문)」, 전집 5, 58-59쪽.

55) 「학생데모, 애국 아니다」, 『동아일보』, 1965.5.3.

일언(一言)으로 삼면(三面)을 공격하는 용기는 일신(一身)으로 국민 전체에 맞서려는 자세라 아니할 수 없다. 학생과 언론과 지식인들의 비판은 오히려 위정책임자(爲政責任者)의 반성의 자료가 될지언정 비애국, 무책임, 옹졸이라는 일언으로 타매(唾罵)할 설질의 것은 아니기 때문이다. (…) 지식인은 옹졸하다는 말에 대해서 우리는 그다지 노하지 않는다. (…) 대다수의 지식인은 아마 옹졸한 지식인이 될지언정 감언(甘言)으로 순어이(順於以)함으로써 그런 의미의 용기있는 지식인이 되기를 바라진 않을 것이기 때문이다.[56]

7월이 되자 재경대학교수단은 「한일협정비준반대선언문」을 발표하였다. 교수단은 한일협정을 불평등, 굴욕 협정이라 규정하고 한국 정부가 "일본제국주의 침략을 합법화"시켰다고 비판하였다. 또한 정부에서 일본과 제휴하여 반공태세를 강화한다고 주장하지만 일본 측에서 한일 국교정상화가 '반공태세가 아니'라고 밝히니 굴욕 외교의 명분조차 찾을 수 없다고 비난하였다.[57] 반공-반일 민족주의 입장에서도 한일협정 비준에 큰 문제가 있다고 바라보았다. 반공주의 입장에서 재경교수단의 입장은 지훈의 『자유공론』 기고로 이어졌다.

첫째, 이념이 없다. (…) 반공을 국시로 한다지만 반공은 국책이지 국시는 아니다. 그 국책의 원천으로서의 국시가 먼저 있어야 하는 것이다. 국시는 긍정의 형식으로 되어야 한다. 둘째, 주체의식이 없다. (…) 민족 주체의식을 강조하면서 대학에 국사학과 하나 두지 않는 것도 알 수 없는 일이다. (…) 이 문화부가 먼저 착수해야 할 사업은 민족문화 유산의 전반적인 발굴 정리요 '한국사'의 새로운 편찬이다. 우리의 민족사관, 주체적인 입지에서 보는 새로운 역사의 편찬은 무엇보다 시급한 것이다.[58]

위 글은 정부의 문교정책에 대한 일반적 비판이지만, 지훈은 이 시기 쿠데타에 비쳤던 기대를 완전히 상실하고 정치적으로 단절했다는 점을 알 수 있다. 지훈은 정부가 '승공(勝共)'을 구체적인 정책으로 구현하지 못한다고 비판했다. 그는 현 정

---

56) 조지훈, 「그들은 과연 비애국적이며 무책임하고 옹졸한가(1965.05.05. 조선일보)」, 전집 5, 183-185쪽.

57) 「재경대학교수단, 한일협정비준반대 선언문」, 『동아일보』, 1965.07.12.

58) 조지훈, 「교육, 문화정책상의 비판과 제언(1965.07. 자유공론)」, 전집 5, 346-352쪽.

부가 사회 문제를 극복하려는 '민족 주체'로서의 역할도 미흡하다고 지적하였다. 정부를 향해 '민족사관', '민족문화'를 부양할 제도적 장치 마련을 당부하였다. 이는 정부 정책과 별개로 그가 지속적으로 추진하였던 사업이었다.

한편 한일협정 비준반대 시위가 격화되자 정부는 각 대학에서 주동자(학생 및 교수)를 처벌하라는 지시를 내렸다. 9월 4일 문교부는 19명 '정치교수' 명단을 발표하였다. 지훈이 포함된 '정치교수'는 정치적 압력을 받아야 했다. 그는 고려대 '정치교수 5인' 가운데 파면되지 않았지만 동료인 김성식, 이항녕, 김경탁 교수가 대학에서 쫓겨나는 모습을 보아야 했다.[59]

> 박 대통령에 의해서 제기된 신어(新語)인 "제2경제"는 내용적으로 문화와 등질의 개념이면서도 지나친 경제정책 치중의 관점 때문에 "제2"라는 서수와 "경제"라는 표현은 오히려 문화를 경제에 종속되는 것으로 본다는 오해를 낳게 하였다. <u>문화의 하위개념인 경제를 상위에 놓아 문화를 "제2의 경제"라 부른 것은 그의 정책상의 치중과 그 수행의 순서를 나타내는 소박한 견해에서 유래하는 것이라고 추측된다.</u> (…) "제2의 경제"란 말은 결국 박 대통령이 정치이념으로 표방한 조국 근대화 이념의 현실적 표현의 양면으로서 경제와 문화인 모양인데, 조국 근대화의 첫걸음이 경제개발이고 그 둘째 걸음이 제2의 경제란 이름의 문화개발인 듯하다. <u>경제개발을 새로운 문화의 개척이라 한다면 제2의 경제는 그 경제개발의 터전 위에 세우는 문화건설이라 할 수 있다.</u> (…) 어쨌든 경제개발계획에 잇따라 문화건설의 과제가 등장되었다는 것은 군사혁명 당초의 인간개조운동이나 재건국민운동의 무위(無爲)에 비추어 좀 더 성숙된 시의(時宜)를 잡은 것은 사실인 듯하다. <u>그리고 제2 경제의 추진운동은 이미 시작된 모양이나, 그 이론구조와 비전의 제시 또는 구체적인 방책이 마련되지 않고서는 재건국민운동의 전철을 밟는 데 그칠 우려가 없지 않다.</u>[60]

위 글은 1968년 2월, 지훈이 『정경연구』에 기고한 글이다. 1968년 1월 박정희 대통령은 제1경제(생산, 수출, 건설)에 대비되는 제2경제(정신적인 측면)를 역설하였다. 모

---

59) 「휴업령의 상흔」, 『경향신문』, 1965.9.21.

60) 조지훈, 「문화건설은 병행해야 한다—정책상의 치중점과 수행상의 순서를 나타낸 '경제정책 다음'의 이른바 '제2경제'의 일의성에 대하여(1968.2. 정경연구)」, 전집 5, 355-357쪽.

호한 개념이었지만 정부와 공화당은 제2경제가 제1경제에 종속되지 않았다고 강조하고, 정신적 측면에서 '개조'를 주장하였다. 제2경제론은 그 개념의 모호함 때문인지 야당에서도 별다른 비판이 제기되지 않았다. 이 시기는 1·21 무장공비 사태, 푸에블로호 피랍사건, 향토예비군 창설 등 안보위기가 고조되는 시기였다.[61] 제2경제론은 정부의 설명에도 불구하고 결국 수출 중심 경제개발 노선을 보완하기 위한 국민의식 개조운동으로 배치되었다. 위 기고문에서 지훈은 박정희식 경제중심주의 노선과 철학을 비판하고, '문화건설'의 중요성을 강조하였다. 지훈은 1961-62년 5·16 쿠데타 세력에게 ① 승공, ② 반일, ③ 민족주의, ④ 민족문화 주체성의 기대감을 가졌다. 이러한 기대는 1950년대 이래 지속된 지훈의 반일-반공 민족주의의 연속이자 4월 혁명 이후 민주당과 학생 그룹에 대한 실망 속에서 구성되었다. 그의 세계관에서 지식인(인텔리)은 철인이자 선명한 혁명주체여야 했다. 그는 1960년대 정치적 격변 속에서 군부세력과 정치적 결별을 맞이했던 것으로 추정된다. 먼저 1960년대 중반 한일회담 강행과 굴욕적 국교 정상화 국면에서 현 정부가 ① 승공, ② 반일의 혁명 주체가 될 수 없음을 깨달았다. 이후 안보위기와 제2경제론의 부상 속에서 정부는 ③ 민족문화를 창달할 주체가 될 수 없음을 직감한 듯 보인다. 이상의 세 가지는 박정희 정부의 민족주의, 지훈의 민족주의 내에서 어떤 식으로든 영향을 미쳤을 것이다. 지훈이 직접 박정희식 민족주의를 평가한 부분이 없어 알기 어렵지만 지훈의 민족주의 한 축이 '반일'(대일항쟁사)이었다는 점을 고려한다면, 반공 민족주의의 공통된 지향 내에서도 지훈과 박정희 정부의 정치적 결별을 예상할 수 있다.

맺음말

이상으로 지훈의 민족 개념, 역사 인식, 정치적 선택을 살펴보았다. 이 세 가지 요소는 각각 독립적으로 존재하기보다 지훈의 세계관과 철학 내에서 상호 관계망을 형성하였다. 이를 정리하자면 다음과 같다.

---

61) 박태균, 「1960년대 중반 안보 위기와 제2경제론」, 『역사비평』 72(2005), 250-276쪽.

첫째, 지훈의 민족 개념은 생성(구성)-주체의 상호 호환성 속에서 이해되어야 한다. 민족은 공간축-시간축을 기준으로 다양한 문화적 기본소(基本素)들이 상호 영향을 미치며 구성되었다. 한편, 구성된 민족은 다시 주체로서 민족문화 및 민족문물을 만들어 낸다. 그리고 민족문화 및 민족문물의 변화는 다시 민족(성)을 재구성한다. 지훈의 민족 개념은 공간축-시간축, 구성주의적 관점-주체성 담론을 모두 포괄하며 상호 연관관계를 규명하는 데 집중되었다. 일종의 관계성 철학이라고도 말할 수 있다.

둘째, 지훈은 민족이 역사적으로 구성되었다고 보았다. 현대인의 시각에서 근대 민족주의의 렌즈로 역사를 보아야 한다고 생각했다. 지훈은 전근대 영역으로 비춰진 무속, 신화, 습속 등을 연구하였지만 그것을 근대적으로 해석하였고, 이는 근대 민족과 차별화를 하면서도 연속되는 민족의 기본소로 배치하였다. 한국의 근대 민족은 전통적-구성적 기본소를 계승하면서도 대일항쟁이라는 민족사 속에서 재구성된 것으로 보았다. 지훈의 상고사-근현대사 인식은 민족 철학과 마찬가지로 상호 침투하는 관계였다. 지훈 역사인식은 반일 민족주의로 설명할 수 있는데, 상고사 인식에서 일본의 투라니즘을 거꾸로 세워놓는 방식을 택하였고, 근현대사 인식에서는 극일(克日)을 민족사의 정수로 파악하였다. 지훈의 반일-반공 역사관은 근대 민족운동사를 정립했다는 강점을 가지면서도 일본 제국주의가 구축한 극단적 민족주의, 투라니즘을 극복하지 못했다는 한계를 갖는다.

셋째, 근대 민족사는 해방 이후 반탁, 반공, 반독재 운동으로 계승되었다. 지훈이 상고사 인식에서 '지속되는 기본소'를 강조하였듯 현실 문제에서 반공-반독재 문제가 대두되었지만 '반일 민족주의'는 지훈의 현실에서 '지속되는 기본소'로 배치되었다. 식민통치와 해방, 분단과 전쟁, 전후 복구와 독재를 경유하며 지훈의 민족주의는 반일-반공 두 축으로 강화되었다. 반일 민족주의가 한국 민족을 형성하고 현재까지 지속되는 근대성을 상징했다면, 반공 민족주의는 현실 문제를 타개하고 미래로 나아가기 위한 수단으로 위치 지어졌다. 여기에서도 지훈은 '민족 문화'를 강조하였다. 반일-반공 민족주의는 단순한 정치적 역(力)관계나 경제 문제로 환원되지 않았다. 이는 1930년대 조선학 운동에서 사회주의 계열과 민족주의 계열의 논쟁을 오버랩 시킨다. 지훈의 '민족 문화'는 사회주의 계열에서 인식하는 '상부구조'나 '허상'의 영역이 아니었다. 오히려 한국 사회 변화를 위한 대단히 현실적인 수단이자 지속되는(될) 변화의 주체를 의미하였다. 1960년 4월 혁명에 대한 기대와 배신감, 1961년 5·16 군사쿠데타에 대한 기대, 1963-64년의 민족문화 정리, 1965년 한일회담으로 인한 정치적 결별, 1968년 경제와 대비되는 영역으로서 문화건설의 강조. 일련의 흐름은 한국 사회가 노정했던 질곡, 그리고 현실 정치의 지형 변화 속에서 지훈의 변화로도 보인다. 그러나 그 이면에는 반일-반공 민족주의로 과거를 돌아보고, 현재를 변화시키며, 미래를 구축하고자 하였던 지훈의 일관된 세계관을 엿볼 수 있다. 그것은 특정 정치 세력에 대한 호불호나 지지·반대로 귀결되지 않는, 지훈의 정치(성)이자 독창적 세계라 말할 수 있다.

참고문헌

조지훈. 『조지훈 전집 1—시』. 나남출판, 1997.

______. 『조지훈 전집 4—수필의 미학』. 나남출판, 1997.

______. 『조지훈 전집 5—지조론』. 나남출판, 1997.

______. 『조지훈 전집 6—한국민족운동사』. 나남출판, 1997.

______. 『조지훈 전집 7—한국문화사서설』. 나남출판, 1997.

김기승. 「조지훈의 민족운동사 인식과 동학관」. 『동학학회』 6(2003), 355-396쪽.

김윤태. 「한국의 보수주의자 조지훈」. 『역사비평』 57(2001), 18-51쪽.

김정배. 「조지훈의 역사관 연구」. 『민족문화연구』 22(1989), 107-128쪽.

김종길 외. 『趙芝薰硏究』. 고려대학교 출판부, 1978.

류시현. 「1930년대 안재홍의 '조선학운동'과 민족사 서술」. 『아시아문화연구』 22(2011), 25-52쪽.

______. 「1940~60년대 시대의 '불안'과 조지훈의 대응」. 『한국인물사연구』 17(2012), 385-411쪽.

박용규. 「경성제국대학과 지방학으로서의 조선학」. 『'조선적인 것'의 형성과 근대문화담론』. 소명, 2007. 124-147쪽.

박지영. 「해방 후 전통적 지식인의 탈식민 민족(시문학)사의 기획」. 『반교어문연구』 37(2014), 287-323쪽.

박태균. 「1960년대 중반 안보 위기와 제2경제론」. 『역사비평』 72(2005), 250-276쪽.

오제연. 「1960년대 초 박정희 정권과 학생들의 민족주의 분화—"민족적 민주주의"를 중심으로」. 『기억과 전망』 16(2007), 285-323쪽.

이문영. 「1960~1970년대 유사역사학의 식민사학 프레임 창조와 그 확산」. 『역사문제연구』 22-1(2018), 219-262쪽.

______. 『유사역사학 비판—『환단고기』와 일그러진 고대사』. 역사비평사, 2018.

이상록. 『한국의 자유민주주의와 사상계』. 고려대 민족문화연구원, 2020.

이진한.「민세 안재홍의 조선사 연구와 신민족주의론」.『한국사학보』 20(2005), 317-344쪽.

인권환.「조지훈, 민주주의를 사랑하고 민족문화를 노래한 시인」.『한국사 시민강좌』 50(2012), 344-359쪽.

장신.「일제말기 동근동조론(同根同祖論)의 대두와 내선일체론의 균열」.『인문과학』 54(2014), 87-122쪽.

젊은역사학자모임.『욕망 너머의 한국 고대사—왜곡과 날조로 뒤엉킨 사이비역사학의 욕망을 파헤치다』. 서해문집, 2018.

채관식.「안재홍의 인류학 이론 수용과 조선 상고사 연구—「朝鮮上古史管見」을 중심으로」.『한국사연구』 167(2014), 117-154쪽.

허은.「'5·16군정기' 재건국민운동의 성격—'분단국가 국민운동' 노선의 결합과 분화」.『역사문제연구』 11(2003), 11-51쪽.

「조지훈의 민족, 역사, 그리고 정치성」에 대한 토론문

이휘현

토론자는 지난 몇 달간 고려대 박물관에서 소장하고 있는 지훈의 육필자료를 해제하는 작업을 맡아 지훈의 여러 글을 정독할 수 있었다. 1940년대 초반부터 1960년대 초중반에 이르는 약 20년간에 걸쳐 작성된 지훈의 글들을 해제하면서 토론자는 지훈에 대한 여러 상상들을 할 수 있었다.[1] 토론자는 작업에 참여하기 이전까지 오히려 지훈에 대해 상식적인 수준 이상은 알지 못했기 때문에, 더 잦은 감탄과 놀라움을 느끼면서 글을 읽을 수 있었다. 발표자는 1960년대 초중반에 출판된 지훈의 『민족문화서설』과 『한국민족운동사』를 통해 지훈의 민족, 역사의식, 정치성을 분석했다. 토론자는 발표자가 분석한 내용에 관해 토론자의 입장을 제시하기보다는, 토론자가 해제작업을 진행하면서 떠올렸던 여러 상상들을 발표문의 주제들과 연결지어 보려 한다.

이 질문들은 1930년대 후반, 중일전쟁 시기에 글을 쓰기 시작한 식민지 청년이 해방과 전쟁을 겪으면서 1950년대 이후 대한민국의 대표적인 지식인이 되었을 때, 그를 어떻게 이해해야 할 것인가라는 토론자의 호기심과 닿아 있다. 그리고 이 질문들은 발표자가 정리하고 있는 지훈의 민족, 역사, 정치성과 직접적으로 묶이지는 않지만, 분명히 함께 엮어서 다루어야 할 질문들이라고 생각한다. 물론 이때의 호

1) 고려대학교 박물관은 2003년 김난희 여사가 기증한 조지훈의 육필자료, 유품, 사진 자료들을 약 700점가량 소장하고 있다. 조지훈 탄생 100주년을 맞아 올해(2020년) 관련 기념전시를 준비하고 있으며 소장자료의 도록을 내려 한다. 토론자는 이를 위한 준비작업을 맡았으며, 육필자료를 분류, 정리하고, 서지사항을 찾아 여러 가지 흥미로운 사실들을 확인하고 밝혀 낼 수 있었다. 고려대학교 박물관은 작업한 내용을 정리해 곧 발간할 예정이다.

기심에 대한 답을 발표자에게 얻길 바라는 것은 아니며, 발표자가 이후 연구를 진행할 때, 참고할 수 있길 바랄 뿐이다. 토론자 스스로도 이러한 고민들을 바탕으로 지훈을 포함한 이 시기 지식인에 대한 관심을 지속적으로 가지려 한다. 또한 오늘 지훈에 대해 토론자보다 더 많이 알고 계신 선생님들이 자리에 함께 계시므로, 종합토론 시간에 이와 관련한 이야기를 조금 더 할 수 있길 바란다.

1. 누군가의 역사의식과 정치성을 평가한다는 것이 매우 어려운 과정이 될 수밖에 없는 이유는 그것이 일순간에 형성되는 것이 아니라, 긴 시간에 걸쳐서 쌓이고 섞이고 가라앉아 만들어지는 것이기 때문이다. 지훈은 서울에 올라온 1930년대 후반부터 월정사에 머무르던 시기, 영양에 머무르던 시기, 다시 서울에 올라와 문학계 활동에 참여하던 시기, 고려대 교수 이후의 시기, 종군 시기, 1950년대 대표 지식인으로서 다수의 글을 발표하던 시기 등등의 시기를 오롯이 살펴보아야만, 지훈의 일면을 엿볼 수 있을 것이다. 게다가 지훈을 엿본다는 것은, 일제 식민지 말기에 청소년기를 보냈으며, 청년기에 해방공간과 민족상잔이라는 폭발적인 격동의 시간을 경험하고, 1950년대 정부 바깥에서 지식인의 역할을 담당한 '문화인'들을 이해하는 매우 중요한 역사적 작업이다.

그간 학계에서는 1940년대 이 같은 자기 변화 과정을 거쳐 1950년대 대표적인 국내 지식인으로 활동한 세대에 관한 연구가 이루어졌다고 보기 어렵다. 지훈과 함께 묶을 수 있는 지식인 집단인 『사상계』 그룹을 이상록이 분석했지만, 이상록의 핵심은 1950년대 냉전-반공-자유주의 분석에 있다.[2] 즉 분석의 시간대가 1950-60년대이다. 그러나 이때의 맹점은 이들이 지식인으로 활동하기 이전, 그들의 입지와 인식을 만들어 간 이전의 단계인 1940년대 중후반과 1950년대 초반 시기에 대한 분석을 놓치게 된다는 점이다. 이들이 본격적인 지식인으로서 활동한 전쟁 이후 시기를 조망하는 것도 물론 중요하지만, 이들에 대한 이해를 높이기 위해서는 그 전 단계, 그들이 그들의 역사의식과 정치성을 만들어 간 단계를 살펴보는 작업이 선행되어야 하지 않을까 하는 것이 토론자의 의견이다.

따라서 토론자는 지훈의 역사의식과 정치성을 논하기 위해서는 1940년대 중후

---

2) 이상록, 『한국의 자유민주주의와 사상계』(고려대 민족문화연구원, 2020).

반과 1950년대 초반 시기의 지훈을 가장 주목해야 한다고 생각한다. 이 시기는 시인-문인이었던 지훈이 지식인으로서, 또는 '선비'로서 그의 정치성을 처음으로 사회에 드러내기 시작한 시기였기 때문이다. 해방공간이라는 역동적인 열려 있는 공간 속에서 지훈은 사회주의-정치주의문학을 비판하면서 분명하게 우익의 입장에 서서 글을 썼다. 그가 민족, 민족문화, 인간성, 사회, 역사에 관한 글을 쓰기 시작한 것도 분명하게 이 시기이다. 그는 그의 정치적 입장을 설명하는 과정에서 지식인으로서 글을 썼다. 이 과정은 식민지 청년이 우익-반공 지식인으로 탈바꿈하는 과정으로서 지훈의 정치적 생애에서 가장 중요한 시점이었다고 생각한다.

사실 발표자가 분석한 주요 텍스트 중 하나인 『민족문화서설』의 내용 대부분은 지훈이 1940년대 후반 작성한 글들이다. 6부 중 앞의 3부는 1947년 문화강좌 강의 초고이며, 뒤의 글 중에서도 1940년대에 작성된 글들이 확인된다. 가령 「한국예술의 원형」이라는 글은 1948년 5월호 『예술조선』에 실렸던 글이다.[3] 이외에도 지훈이 1950년대 또는 1960년대 발표한 글 중에는 전쟁 이전에 작성했던 글을 '발굴' 후 재정리해서 낸 글들이 여럿 확인된다. 이러한 경향성을 볼 때, 지훈이 민족, 문화, 사상 등에 관해 가장 활발히 글을 쓰고 입장을 개진한 것은 1960년대 초반보다는 오히려 1940년대 후반-1950년대 초반 시점이 아닌가 생각되며, 지훈의 정치성을 볼 때도 이 시기 그 형성 과정을 보는 것이 중요하지 않은가 한다. 그가 민족문화, 민족에 관한 열정적으로 글을 쓴 것 역시 이 시기 그가 정치적 입장을 확고히 해 가는 과정과 관련되어 있을 것이기 때문이다.

2. 해방 이전까지 지훈은 문학, 민족문화 이외의 영역에까지 관심을 갖고 있던 인물은 아니었다. 식민지라는 특수한 공간이 조선인 청년에게 정치 영역을 열어 두지 않았던 영향이 크지만, 이때까지의 지훈은 문인 또는 시인이란 관점에 한정된다. 그러던 지훈이 정치 영역에서 활발하게 활동하기 시작한 것은 해방 이후의 일이다. 지훈은 1945년 조선문화건설협의회, 1946년 청년문학가협회, 1947년 전국문화단체총연합회에 참여했다. 특히 1946년 청년문학가협회와 문총은 우익 색채를 강하

---

3) 육필 초고, 『예술조선』 원고, 『민족문화서설』을 비교했을 때, 조선 ↔ 한국 등과 같이 필요에 의해 수정한 단어를 제외하고는 내용이 완전히 일치한다. 즉 새로 쓴 글이 아니며, 이전에 쓴 글을 다시 실은 것이다.

게 띤 단체였고 지훈은 이 단체들에서 활동하면서 많은 성명문과 논평문을 발표해 그의 정치적 입장, 즉 반공적인 입장을 강하게 드러내기 시작했다. 가령 1947년 1월 전국학련이 주최한 반탁학생투쟁발표대회에 협회 대표로 연대성명서를 보냈는데, "정의는 우리의 것이다"라고 외치는 지훈의 강렬한 어조가 엿보인다.[4)]

그런데 여기서 토론자가 지적하고 싶은 것은, 이 시기 지훈의 정치적 입장을 단순히 냉전-반공주의란 틀에 넣어서 해석할 수 없다는 점이다. 흔히 냉전-반공주의는 내용 없는 반공주의로 설명될 때가 많다. 실체가 있는 주의라기보다는, 냉전체제에 편입되어 들어가면서, 공산주의에 적대적인 입장을 띠게 되고, 사고의 영역을 넓히려는 이들의 시도는 지속적으로 반공이라는 테두리에 의해 제한당한다. 해방과 함께 냉전이라는 거대한 구조 속에 한반도가 편입되는 과정에서 한반도를 가로지른 '주의'들의 충돌은 이 시기 지식인들을 강타하고 이들을 냉전-반공체제 안에 편입시켰다. 그러나 토론자가 해제작업을 하면서 1940년대 중후반 지훈의 글을 보면서 느꼈던 흥미로운 점은 지훈의 '반공'을 이 틀만으로는 설명하기 어렵겠다는 것이었다. 어쩌면 지훈은 '주체적인' 반공주의자였던 것은 아닐까. 민족문화에 대한 지훈의 관심과 '반공'은 연결될 지점이 없는가.

지훈이 꾸준하게 1940년대 후반 사회주의-정치주의 문학을 비판하는 글을 썼다. 해당 글들을 살펴보면, 지훈이 왜 문인의 관점에서, 공산주의를 인정할 수 없었는지에 대해 이해할 수 있다. 지훈에게 문학은, 인간 본연의 것을 표현하는 것이자, 인간의 해방을 위한 것이었다. 그러나 공산주의와 이를 뒷받침하는 소위 정치주의 문학은 과학과 합리주의라는 미명하에, 문학을 동원하고 혁명이란 목적을 위해 종속시킨다. 이때의 문학은 지훈의 관점에서 볼 때 진정한 문학이라 보기 어려운, '허망'한 것이다.[5)] 1940년대 중후반 해방공간에서 치열하게 지훈이 자신의 정치적 입장을 드러내기 위해, 우익의 입장을 강화하기 위해 썼던 글들을 보면, 그의 정치주의 비판, 공산주의 비판은 문인으로서 지훈이 갖고 있었던 관점으로부터 비롯한 것임을 알 수 있다. 그리고 그 관점의 핵심에는 결국 인간, 인간성, 인간해방이라는 지훈이 줄곧 매달려 온 고민들이 놓여 있었다.

---

4) 조지훈, 「전국학련에 보내는 메시지」, 『조지훈 전집 5—지조론』(나남, 1996), 196-197쪽.
5) 조지훈, 「문학의 근본과제」, 『백민』, 1948.10; 「정치주의문학의 정체」, 『백민』, 1948.11.

근래 연구 중 지훈의 반공주의를 가장 잘 설명한 연구는 박지영의 연구라 생각된다.[6] 박지영은 해방 후 전통적 지식인인 조지훈이 반공주의, 보수주의, 민족주의를 내재화해 가는 과정을 분석했다. 그중에서도 전통적 보수주의자인 지훈이 정치주의 문학을 인정할 수 없었으며, 공산주의의 대비되는, 대타자로서 순수시를 내세웠음을 설명했다. 이 말은 곧 순수시, 순수문학의 내용성보다 공산주의 문학을 비판하고 자신의 이론적 뒷받침을 강화하는 수단으로 '순수'라는 개념이 사용되었다는 것이다. 사실 조지훈 자신도 '순수문학', '순수시'라는 것은 정치주의 문학에 대비해서 일시로 사용되는 것일 뿐, 본래 그러한 개념은 존재하지 않는다고 쓰긴 했다. 그러나 지훈이 반공주의 경향을 띠게 되는 과정, 문학인인 지훈이 문학과 인간성에 대해 치열하게 논하고자 한 바는 추후 좀 더 주의 깊게 다루어질 필요가 있다.

3. 발표문에서 언급하고 있는 반일민족주의 역시 이러한 차원에서 다시 생각해 볼 지점이 있다. 1930년대 이후 일제는 끊임없이 전쟁을 치러 왔고 이 과정에서 조선은 제국의 일부로서 더욱 긴밀히 통합-일체화되어야 하며, 전쟁의 후방기지로서 자신의 역할을 다할 것이 요구되었다. 이 과정에서 내선일체, 민족말살-억압책이 더욱 강화되었다. 그러나 그 정책의 성과와 별개로 조선인은 일본인이 아니었고, 일본인이 될 수 없다는 것은 당대 조선인들 모두 알고 있었다. 그에 대한 반발심은 지속적으로 표출되었다.[7] 동화될 수 없었던, 분명히 다른 민족인 조선인들은 일본의 민족(문화) 억압에 반발했다. 지훈 역시 마찬가지였다. 영양의 명문가에서 태어나 선비로 자라난 지훈은 식민지 시대에 조선어로 시를 썼고 조선인으로서의 자신의 정체성을 분명히 자각하고 있었다.

이 시기 지훈은 절망했고 우울했다. "혼자 써놓은 시를 발표는커녕 같이 읽어줄 벗조차 없어서 사람 없는 창경원을 찾아 말 모르는 이국의 동물들 앞에서 혼자 시를 읽던 슬픈 기억을 지니고 있다. 그때 나는 문득 철책 속에 갇힌 것은 나 자신이요, 주위의 철책 밖에서 동물들이 나를 들여다보고 있는 것과 같은 착각을 느끼기도" 한 시기를 보냈다. 식민지 사회에서 지훈이 할 수 있는 것은, 지훈이 다다를 수

6) 박지영, 「해방후 전통적 지식인의 탈식민 민족(시문학)사의 기획」, 『반교어문연구』 37(2014).
7) 변은진, 『파시즘적 근대체험과 조선민중의 현실인식』(선인, 2013), 보론 참고.

있는 것에는 한계가 있었고, 식민지민들이 겪는 본연의 우울과 절망을 지식인인 지훈은 더욱 강렬히 느꼈을 것이다.[8] 식민지 사회에는 자신이 자신일 수가 없는 것, 조선인은 일본인과 같은 대열에 설 수 없게 분명히 그어졌던 그 선들이 있었다. 그가 민족문화, 민속학, 민속에 관심을 갖게 된 것 역시, 오롯이 지훈이 지훈이기 위한 것, 조선인이 조선인으로 산다는 것에 대한 고민과 절망감의 표출이었다고 봐야 하지 않을까.

하지만 토론자는 반일민족주의가 지훈의 사고에 중요한 한 부분이었다는 발표자의 설명에는 다소 의문이 있다. 과연 지훈에게 '반일'이란 감정은 그의 이후 역사 인식, 정치성에 큰 영향을 미쳤을까. 분명 영향이 없다고 보긴 어려울 것이다. 그러나 토론자가 보기에 그 정도에 대한 평가는 스펙트럼을 좀 더 넓혀서 보다 분명히 그 지점을 짚어 줄 필요가 있다고 생각한다. 청년 지훈은, 식민지 지배라는 현실을 분명히 '인정'하면서도, 그 현실로 인한 좌절감과 우울함에 절망하던 조선의 청년이었다. 일본이라는 외부적 타자가 조선인 청년 지훈이라는 개인, 조선 민족에게 가하는 폭력에 대한 대응으로 지훈이 민족 문제에 천착하게 된 점은 분명하다. 이 과정에서 일본에 분노했을 것임도 분명하다. 그러나 이때의 '반일'을 지훈의 역사의식-정치성을 관통하는 핵심으로 보는 것은 다소 지나친 것이 아닐까.

4. 또한 전쟁이 당시 지식인에게 미친 영향도 더 주의 깊게 분석할 필요가 있다. 전쟁이 지훈 개인에게 미친 영향은 그야말로 엄청나다. 그의 조부는 전쟁 중 자결했고, 아버지는 납북되었으며, 어머니와 동생 역시 전쟁 중 잃었다. 그리고 자신은 전쟁 초기부터 문총구국대, 공군구락부 소속으로 종군하며 전쟁의 참상을 직접 목격하고 그것을 기록한 만큼 그는 직접적으로 전쟁의 한복판에 있었다. 또한 1920년대 식민지에서 태어난 지식인-문인들을 '전쟁세대'로 묶는 연구자도 있다.[9] 실제로 이들은 유년기부터 일제의 15년 전쟁(만주사변-중일전쟁-태평양전쟁)을 직접 겪고 자랐으며, 해방공간을 지나, 6·25전쟁을 겪은 세대였다. 20대에 태어난 이들은 10대-30대의 긴 시간을 전쟁을 일상/비일상 영역에서 모두 체화하면서 성장한 세대

---

8) 류시현, 「1940~60년대 시대의 '불안'과 조지훈의 대응」, 『한국인물사연구』 17(2012), 389-390쪽.

9) 방민호, 『한국 전후문학과 세대』(향연, 2003), 220-221쪽.

이기에 이들은 분명 전쟁세대라 불릴 수 있는 세대이며 지훈 역시 마찬가지다.

이들 전쟁세대의 경우, 이들이 사회 안정, 사회를 바라보는 시각, 사회 혼란을 바라보는 시각 자체는 전쟁 경험과 분리해서 볼 수가 없다. 그러나 동시에, 전쟁은 지훈에게 전쟁이라는 역사적 사건이 사회와 사회 속 개인에게 어떠한 영향을 미치는가. 전쟁을 대비하는 사회의 모습, 파시즘적 감각에 대해서도 이들은 익숙하다.[10] '국민재건운동', '더 나은 사회를 위한 인간성 개조'를 당당히 말할 수 있었던 것도 그것이 어색하지 않았던 것도 이들의 경험과 맞닿아있다. 또한 사회적 혼란 상황에 예민한 것도, 4·19혁명 이후 혼란을 본능적으로 위기라 인식하고 군사쿠데타를 반겼던 것도 모두 전쟁세대의 역사적 경험으로부터 비롯했다고 생각된다. 따라서 지훈의 정치성을 이야기할 때, 전쟁세대로서 그가 가질 수밖에 없었던 정치적 입장들을 고려할 필요가 있다.

그러나, 사실 토론자는 이 부분보다 그가 전쟁과정에서 했던 고민들에 대한 탐구 부분에 더 관심이 있는 편이다. 전쟁의 참상은 지훈이 인간다움에 대해 다시 고민하게 만들었던 것으로 보인다. 인간이 인간답게 산다는 것, 삶과 죽음이 교차하는 찰나, 사선을 지나고 있다는 생각들은 지훈이 정치주의 문학을 배격하게 만들었던 바로 그 고민들, 인간, 인간성, 민족, 문화에 대한 고민들을 더욱 깊게 만들었다. 전쟁이 지훈의 가족에게 끼친 피해, 전쟁을 일으킨 반공 진영에 대한 분노와 같은 감정도 당연히 일었겠지만, 토론자가 강조하고 싶은 것들은 그가 전쟁을 겪는 과정에서 보였던 인간에 대한 '연민'이다. 다음과 같은 시는 지훈이 전쟁을 겪는 과정에서 느꼈던 인간에 대한 '연민'을 여실히 보여준다. 다시 돌아가, 결국 그의 민족-역사-정치성은 인간-인간성-해방을 논하는, 휴머니즘을 빼고 논하기 어렵다.

스스로의 뉘우침에 흐느껴 우는 듯
길 옆에 쓰러진 괴뢰전사

일찍이 한 하늘 아래 목숨 받아

---

10) 이 시기 지식인들의 파시즘적 경향에 관해서는 다음의 연구를 참고. 후지이 다케시, 『파시즘과 제3세계주의 사이에서』(역사비평사, 2012).

움직이던 생령들이 이제

싸늘한 가을 바람에 오히려
간 고등어 냄새로 썩고 있는 다부원

진실로 운명의 말미암음이 없고
그것을 또한 믿을 수가 없다면
이 가련한 주검에 무슨 안식이 있느냐.

살아서 다시 보는 다부원은
죽은 자도 산 자도 다 함께
안주(安住)의 집이 없고 바람만 분다.

—조지훈, 「다부원에서」

5. 한국사상의 밑바닥에는 민족중심사상, 곧 민주주의와 민본주의가 놓여있다. 다시 말하면 한국의 휴머니즘은 민족주의와 사회주의를 합일하여 이루어진 것이다. 한국 휴머니즘의 정신형성은 그 기점으로부터 발원한 정신적 흐름이 이와 같이 근대에 이르러 민족 사회주의라는 하나의 방향을 가리키고 있다고 할 수 있다. 지상천국-인내천주의, 그것은 휴머니즘이다. 이 사상적 기점은 오늘에서도 그 의의가 상실되지 않았고, 따라서 변환되지 않은 우리 사상의 주류라고 확신할 수 있다.[11)]

지금까지 살펴본 내용을 통해, 지훈이 지향한 것, 정치적 입장을 무어라 억지로라도 정의하라고 한다면, 휴머니즘이다. 인간성의 회복, 인간에 대한 지향, 인간에 대한 사랑, 인간다운 삶의 지향 등등. 그는 인간의 삶, 인간성, 소위 '인간다움'이라고 할 만한 것을 억압한 것을 모조리 거부하고 비판했다. 그가 일본의 민족억압 통치를 인정할 수 없었던 것도, 그가 정치주의-사회주의 (문학)을 비판한 것도, 그가 전쟁의 폭력성을 비판한 것도, 1950년대 한국 사회의 부조리와 비참함을 인정할 수

---

11) 조지훈, 「한국정신사의 문제」, 『조지훈 전집 7—민족문화서설』, 247-248쪽.

없었던 것도 모두, 그가 본연적으로 갖고 있던 휴머니즘으로부터 비롯한 것이었다. 다만 휴머니즘이란 사상의 특상, 이것이 그 자체로 정치적 내용물을 갖기란 어렵다. 지훈이 그토록 한국사회의 변화와 갈등에 민감했음에도 불구하고 1960년대 새로운 비전을 제시할 수 없었던 이유도 바로 여기에 있다고 생각한다.

발표문에서 그려지는 1960년대 조지훈의 정치적 입장은 다소 답답하게 그려진다. 혁명 이후를 바라보는 그의 입장, 군사쿠데타를 바라보는 그의 입장, 그 이후 한일회담 반대 투쟁에 참여하는 입장, 제2경제를 바라보는 그의 입장은, 비판적 지식인의 모습을 강하게 보여 주지만, 지금 시점에서 바라봤을 때, 그가 사회 모순을 뛰어넘는 비전을 제시한 것으로 보이진 않는다. 물론 이것은 지훈만의 한계는 결코 아니다.[12] 따라서 토론자는 이 한계에 주목하기보다는 전통적인 지식인, 선비로 성장한 지훈과 같은 이들이 내재화한 '전쟁세대의 한국식 휴머니즘'에 관심이 있다. 물론 토론자로서는 이에 대한 고민만 가지고 있을 뿐 본격적인 연구를 할 수준은 되지 않지만, 해제작업을 진행하면서 갖게 된 의문과 호기심은 바로 이 지점에 있었다. 지훈은, 이들 '문화인'들은 대체 어떤 사람들이었을까?

12) 이상록이 잘 지적하고 있듯이 이와 같은 지점은 당대 자유주의 지식인들이 공통적으로 보여 주던 시대적인 한계였다. 그러나 그럼에도 불구하고 이들 중에는 함석헌처럼 그 틀 안에만 갇히지 않고 그 밖의 영역을 모색하던 이들도 분명히 존재했다는 점 역시 평가해 주어야 한다.

3부

조지훈 탄생 100주년 기념 강연 및 추모 좌담회

정지용과 김수영을 통해 읽는 조지훈의 시*

이경수

1. 서론

조지훈 시인의 탄생 100주년을 맞아[1] 그간의 조지훈 시에 대한 연구사를 간략히 정리해 보면 '청록파' 시인으로서의 조지훈 시에 대한 연구를 비롯해 첫 시집 『청

* 이 논문은 2020년 11월 11일 고려대학교 100주년 기념관에서 열린 '조지훈 탄생 100주년 기념 강연 및 추모 좌담회'에서 발표한 강연 원고 「정지용, 김수영과 겹쳐 읽는 조지훈의 시세계」를 수정·보완해 『동악어문학』 83집(동악어문학회, 2021)에 게재한 논문을 재수록한 것이다.

1) 조지훈은 음력 1920년 12월 3일, 양력 1921년 1월 11일에 경북 영양군 일월면 주실에서 태어나 1968년 5월 17일 영면하였다. 엄밀하게는 2021년이 탄생 100주년이 되는 해인데 유족들의 판단으로 2020년에 탄생 100주년 행사를 진행한 것으로 알고 있다. 이는 조지훈의 출생 시기에 대한 혼란을 초래할 수 있으므로 이후 수정될 필요가 있다.

록집』, 두 번째 시집 『풀잎단장』, 세 번째 시집 『조지훈 시선』을 중심으로 한 연구가 압도적으로 높은 비중을 차지하는 것이 사실이다. 이미 여러 편의 석·박사 학위 논문이 나온 시인으로 그의 시세계 전반에 대한 연구도 진행되었고, 시론이라든가 상대적으로 덜 주목받았던 조지훈의 초기 시와 후기 시의 경향에 대한 연구도 이루어지기는 했지만 그럼에도 여전히 조지훈 시의 본령을 논하거나 조지훈 시 연구의 주류를 논할 때에는 『문장』 추천작이나 『청록집』 시기의 조지훈의 대표작들이 중심을 차지한다고 볼 수 있다. 아무래도 비교적 화려한 첫 출발의 자리가 남긴 깊은 인상과 해방과 분단 이후 남한 문단의 주류를 이루었던 '청록파' 시인이라는 위치가 지니는 상징성을 극복하기는 쉽지 않았을 것이다. 이러한 현상은 비단 조지훈에게만 해당되는 것은 아니다. 청록파 시인이라 불렸던 박목월, 조지훈, 박두진 모두 『청록집』 이후 많은 시집을 출간하고 의미 있는 시적 성취를 이루기도 했지만 『청록집』의 영광과 그늘에서 벗어나지는 못했다.

정지용의 추천으로 『문장』지를 통해 등단한 청록파 시인들이 이후 해방기와 한국전쟁기를 거치면서 정지용의 흔적을 어떻게 지우고 계승해 나갔는지에 대해서는 일부 연구가 진행되기도 했다.[2)] 2021년의 시점에서 100년 전에 태어난 조지훈의 시를 다시 읽는다고 했을 때 이 글의 필자가 가지고 있는 문제의식은 사실상 어떻게 조지훈의 시를 새롭게 읽을 수 있는가 하는 데 있다. 이미 적잖은 석·박사 학위논문이 쓰였고 시세계의 본령에 대해서도 충분한 연구가 진행된 시인을 다시 읽는 일, 무엇보다도 이미 시인으로서는 물론 연구사적으로도 시세계에 대한 판단이 일단락되었다고 평가되는 시인을 새롭게 읽는 일은 어떻게 가능할 것인가. 조지훈의 시가 생명력을 지니고 앞으로도 미래 세대의 독자들에게 꾸준히 읽히기 위해서는 이 새로움의 발견이라는 과제를 통과해야 할 것이다. 이런 문제의식 아래 이 글에서는 조지훈의 초기시와 이후의 시력에 절대적인 영향을 미친 정지용의 시를 통해 조지훈의 시를 다시 읽어 보고자 하며, 아울러 4·19혁명을 전후로 비슷한 문제의식을 공유하기도 하고 대결의식을 보여 주기도 했던 김수영 시인과의 관련 속에

---

2) 유성호, 「박목월 문학과 문학장」, 『한국근대문학연구』 제32호(한국근대문학회, 2015), 7-31쪽; 하빛나, 「정지용 시 영향관계 연구—『백록담』이 『청록집』에 미친 영향」, 한양대 석사학위논문, 2015, 1-62쪽; 유성호, 「존재 차원의 자연을 통한 윤리적 투시-박두진의 시적 형이상학」, 『현대문학의 연구』 제60호(한국문학연구학회, 2016), 33-57쪽.

서 조지훈의 후기 시[3])를 읽어 보고자 한다.

이러한 독법이 조지훈의 시에 새로운 자리를 마련해 줄 거라고 확언할 수는 없지만 우리가 몰랐거나 덜 주목해 왔던 조지훈의 시를 발견하는 데 얼마간 기여할 수 있을 거라고 기대해 본다. 조지훈의 시인으로서의 활동 시기는 1939년부터 1968년까지 대략 30년 정도의 기간이라고 할 수 있는데 그 시기 동안 해방과 한국전쟁과 분단, 4·19혁명과 5·16 군사쿠데타라는 굵직한 한국 현대사의 사건들을 통과해 왔다. 이 글에서 주목하는 정지용과 김수영 외에도 청록파 시인 박목월, 박두진, 『문장』지 추천을 통해 등단한 박남수, 이한직, 청년문학가협회, 한국문학가협회 등에서 함께 활동한 서정주 등 조지훈과 교류한 시인들은 많았다. 그중에서도 정지용과 김수영을 통해 조지훈의 시를 다시 읽고자 하는 것은 미처 발견되지 못한 새로움의 자리가 이들과의 겹쳐 읽기를 통해 드러날 거라는 기대 때문이다.

2. 조지훈의 시에 새겨진 정지용의 흔적과 극복의 방향

한문을 수학하고 동요를 쓰다가 1935년부터 시 습작에 손을 댄 것으로 알려진 조지훈이 본격적으로 시단에 이름을 알린 것은 『문장』지를 통해서였다. 당시 『문장』은 3회 추천 완료제를 통해 신진 시인들을 발굴하고 있었는데 시선위원은 정지용이 담당했다. 조지훈은 1939년 4월 『문장』 3호에 「고풍의상」을 추천받았고 이후 12월에 「승무」를, 이듬해인 1940년 2월에 「봉황수」를 추천받으며 약 11개월에 걸쳐 3회 추천제를 통과하게 된다. 추천 과정에서 1회 추천에서 3회 추천 완료까지 꽤 오랜 시간이 걸리기도 했던 조지훈에 대해서 정지용도 추천사에서 각별한 마음을 드러내기도 했는데, 추천된 작품뿐만 아니라 추천에서 제외된 작품들을 통해서도 두 시

---

3) 조지훈 시세계의 시기 구분에는 자신의 시세계를 7단계로 나눈 조지훈의 「나의 시의 편력—자전적 시론」(『사상계』, 1965.8)과 『조지훈 시선』(정음사, 1956)에 실린 「후기」가 결정적인 영향을 미쳤다. 시기 구분에 대한 많은 논의가 있었고 논의의 여지가 더 남아 있지만, 이 글에서는 비교적 최근에 발표된 신철규, 「지훈 시의 시기 구분 문제와 중기시의 의의」, 『한국시학연구』 제63호(한국시학회, 2020), 9-44쪽의 판단을 수용해 등단 무렵부터 오대산 월정사 시기까지의 시를 초기 시, 1940년대 초반에서 후반에 이르는 작품을 중기 시, 1950년대 한국전쟁을 체험하며 쓴 시들로부터 1960년대까지의 시를 후기 시로 구분한다.

인이 시를 통해 주고받은 대화와 영향의 흔적을 짐작할 수 있다.[4] 조지훈의 시인으로서의 생애는 정지용과의 각별한 인연으로부터 시작되었다고 해도 과언이 아니다.

(가) 白孔雀이 파르르 날개를 떤다, 파란 電燈이 켜진다, 白蠟 같은 손가락을 빤다, 빠알간 피가 솟는다. 피는 孔雀夫人 가슴에 얼굴을 묻고 눈물도 아픈 즐거움에 즐거움은 가슴을 쪼다. 아 흰 꽃이 피는 빈 창밖으로 호로 馬車가 하나 은빛 어둠을 헤치고 北으로 갔다. 나어린 少女에게 義로운 피를 잃고 이름도 모를 屈辱에 값싼 웃음을 파는 賣春婦, 나는 貴族令孃의 淫樂의 奴隷란다. 하이얀 電燈을 부수고 하늘빛 구슬을 빨자. 알콜을 빨면 푸른 靜脈이 動脈이 된다. 바다가 된 陸地다. 破船된 寢室이다. 情熱이 過剩되면 生活은 모자라 슬픈 刺戟은 한밤의 悲劇[5]을 낳는다. 나는 대체 죽었느니라.

—조지훈, 「華悲記」(『조지훈 전집 1—시』, 나남출판, 1996)[6] 전문

(나) 하늘로 날을듯이 길게 뽑은 부연끝 풍경이 운다
처마끝 곱게 늘이운 주렴에 半月이 숨어
아른 아른 봄밤이 두견이 소리처럼 깊어가는 밤
곱아라 고아라 진정 아름다운지고
파르란 구슬빛 바탕에 자주빛 호장을 받친 호장저고리
호장저고리 하얀 동정이 환하니 밝도소이다
살살이 퍼져나린 곧은 선이 스스로 돌아 曲線을 이루는 곳
열두폭 기인 치마가 사르르 물결을 친다
초마 끝에 곱게 감춘 雲鞋 唐鞋

---

4) 해방기 정지용과 조지훈 시의 시어를 비교해 두 시인이 걸어간 길을 살펴본 김종훈의 연구도 두 시인이 주고받은 대화의 흔적을 살피려는 시도로 볼 수 있다. 김종훈, 「해방기 시어의 일면—정지용과 조지훈의 경우」, 『한국시학연구』 제42호(한국시학회, 2015), 45-67쪽.

5) 『조지훈 전집 1—시』, 나남출판, 1996, 300쪽에 실린 시에서는 '戀劇'으로 되어 있지만 이는 '悲劇'의 오기이다. 이 논문의 인용 시에서는 '悲劇'으로 바로잡는다.

6) 『조지훈 전집 1—시』, 나남출판, 1996, 300쪽에 실린 시는 제목이 '華戀記'로 되어 있으나 이는 오기이므로 '華悲記'로 제목을 바로잡았다. 이하 인용 시는 모두 『조지훈 전집 1—시』, 나남출판, 1996에서 인용했음을 밝힌다.

발자취 소리도 없이 대청을 건너 살며시 문을 열고
그대는 어느 나라의 古典을 말하는 한마리 蝴蝶
蝴蝶인양 사푸시 춤을 추라 蛾眉를 숙이고……
나는 이밤에 옛날에 살아 눈 감고 거문곳줄 골라보리니
가는 버들인양 가락에 맞추어 흰손을 흔들어지이다

—조지훈, 「古風衣裳」(『文章』 1권 3호, 1939.4) 전문

(다) 趙芝薰君 「華悲記」도 좋기는 하였으나 너무도 앙징스러워서 「古風衣裳」을 取하였읍니다. 매우 有望하시외다. 그러나 당신이 美人畵를 그리시랴면 以堂 金殷鎬畵伯을 당하시겠읍니까. 당신의 詩에서 앞으로 生活과 呼吸과 年齒와 省略이 보고싶습니다.

—정지용, 「詩選後에」(『文章』 1권 3호, 1939.4) 부분

(라) 나는 이 『문장』지의 추천시 모집 광고를 보고 전기(前記) 「화비기(華悲記)」와 이 「고풍의상(古風衣裳)」을 투고했던 바 당시의 선자(選者) 지용(芝溶)은 선후평에서 「화비기(華悲記)」도 좋기는 하였으나 너무 앙징스러워서 차라리 「고풍의상(古風衣裳)」을 택한다 하고, 언어의 생략과 시에 연치(年齒)를 보이라는 충고를 주었다.
다음번 투고에는 「화비기(華悲記)」 계열, 곧 서구적 영향의 시를 몇 차례 보냈더니 낙선되었고, 시적(詩的) 방황이 참담하니 당분간 쉬라는 평이 붙어 있었다. 이로써 선자의 뜻이 같은 계열의 작품을 밀겠다는 눈치였음은 알았으나, 당시 나에게는 민족정서를 노래한 것으로는 「고풍의상(古風衣裳)」이 단 한 편 있었을 뿐, 그 계열의 작품이 더 없었기 때문에 반년여를 투고를 중지하고 있었다. 그 동안 새로 「승무(僧舞)」와 「봉황수(鳳凰愁)」 및 「향문(香紋)」을 써 보내어 소정의 관문을 통과했던 것이다.

—조지훈, 「나의 시의 편력」[7](박목월-조지훈-박두진, 『청록집』, 삼중당, 1975, 147-158쪽) 부분

7) 1975년 삼중당에서 나온 『청록집』에는 '시작 노우트-『청록집』 주변'이라는 지면을 두고 박목월, 조지훈, 박두진이 시작 노트에 해당하는 글을 몇 편씩 실었다. 조지훈의 시작 노트로는 「나의 시의 편력」과 「나의 문학역정」이 실려 있다.

(가)는 조지훈의 시를 처음 추천하면서 정지용이 함께 언급한 시 「화비기(華悲記)」이다. 이 시는 『조지훈 전집 1—시』에 '華戀記'로 잘못 수록되어 있다는 사실이 최근 『조지훈 전집』 개정판 간행을 준비하는 연구자에 의해 확인되었다.[8] (나)는 『문장』지 1회 추천에 빛나는 「고풍의상」이다. 「화비기」와 함께 투고했는데 정지용은 「고풍의상」의 손을 들어 주었다. (다)는 「고풍의상」을 1회 추천하고 쓴 정지용의 선후감이다. 「화비기」도 좋았지만 너무 앙징스러워 「고풍의상」을 선택했다는 말은 이후 선후감과 비교하면 완곡한 표현이다. 「고풍의상」이 선자인 정지용의 마음에 더 든 것은 사실이지만 「화비기」에 대해서도 여지를 남겨 두었기 때문에 이후 조지훈은 「화비기」 계열의 시를 몇 편 더 투고한 것으로 보인다. (라)는 조지훈이 『청록집』 발간 전후의 자신의 시작에 대해 회고한 글로 『문장』지에 작품을 보내 추천받던 시절의 일을 비교적 소상히 기록하고 있다.

우리의 많은 근현대 시인들이 그랬던 것처럼 조지훈의 경우에도 서구 이미지즘이나 모더니즘의 영향을 받은 시를 습작 초기에 썼던 것으로 보인다. 감각적 이미지가 드러나 있다는 점에서 공통점을 찾을 수도 있겠지만 바탕을 이루는 정서나 추구하는 방향이 전혀 달랐던 「화비기」와 「고풍의상」을 동시에 쓸 수 있었던 것은 아직 시작의 방향이 분명히 서 있지 않았던 초기였기 때문에 가능한 일이었을 것이다. 조지훈이 「화비기」 계열의 시를 몇 편 더 투고한 것은 정지용의 의중을 정확히 파악하지 못했기 때문일 수도 있으나 어쩌면 열아홉 청춘의 시기에 그 역시 자연스럽게 새로움에 이끌리고 있었다고 볼 수도 있다. 정지용은 조지훈의 장점을 알아보고 그에게 시인으로서의 개성을 분명히 찾아 준 선배 시인이자 스승이었지만 다른 한편으로는 조지훈 시의 다른 가능성을 조금 더 빨리 닫게 하는 역할을 하기도 했을 것이다. 방황의 시간이 줄어든 문학청년은 새로움의 추구라는 불안정한 길 대신 전통과 민족문화의 계승이라는 길을 걷게 된다. 그것이 시적 추구에 그치지 않고 민족문화와 역사와 전통에 대한 탐구로 나아간 것은 오롯이 조지훈이 개척해 간 빛나는 길인 셈이다.

이 무렵의 조지훈 시에는 여성을 시적 대상으로 삼아 묘사한 시들이 주종을 이루었는데 「화비기」와 「고풍의상」도 묘사 대상이나 시의 분위기는 사뭇 다르지만 감

---

8) 『조지훈 전집』을 준비하고 있는 고려대 김종훈 교수로부터 최근에 이 사실을 전해 들었다.

각적 이미지를 사용해 심미적으로 대상을 묘사한 시라는 점에서는 서로 통하는 면이 있다. 시적 완성도에서는 「고풍의상」이 앞서지만, 「화비기」는 “현실에 대한 반발과 퇴폐와 한이 있어 뒷날의 「비혈기(鼻血記)」나 만근(輓近)의 사회시에의 경향을 내포하고 있었”다는 조지훈의 회고처럼 식민지 조선 청년으로서의 방황의 흔적과 현실에의 접점을 좀 더 드러낸 시였다. 시상이 정돈되어 있지는 않지만 불안하고 혼란스러운 만큼의 에너지와 가능성을 지니고 있는 시였다고도 볼 수 있다. 아마도 이런 이유에서 그는 비록 추천작에서 제외되긴 했지만 바로 포기하지 않고 이런 계열의 시로 다시 한번 인정을 받고 싶었던 것인지도 모른다. 조지훈의 뿌리에는 민족 전통이 깊이 드리워져 있었겠지만 좀 더 자유로운 실험의 자리와 현실과의 접점을 경험하고 난 후 전통에 대한 탐구로 돌아왔을 때 그의 시가 어떻게 달라졌을지 상상해 보는 일은 그것대로 흥미롭다.

얇은 紗 하이얀 고깔은 고이 접어서 나빌네라

파르라니 깎은 머리 薄紗 고깔에 감추오고
두볼에 흐르는 빛이 정작으로 고와서 서러워라

빈 臺에 黃燭불이 말 없이 녹는 밤에
오동잎 잎새마다 달이 지는데

소매는 길어서 하늘은 넓고
돌아설듯 날아가며 사뿐이 접어올린 외씨보선이여

까만 눈동자 살포시 들어
먼 하늘 한개 별빛에 모도우고

복사꽃 고운 뺨에 아롱질듯 두방울이야
세사에 시달려도 煩惱는 별빛이라
휘여져 감기우고 다시 접어 뻗는 손이

깊은 마음 속 거룩한 合掌인양 하고

이밤사 귀또리도 지새우는 三更인데
얇은 紗 하이얀 고깔은 고이 접어서 나빌네라

—조지훈, 「僧舞」(『문장』 1권 11호, 1939.12) 전문

趙芝薰君. 言語의 濫用은 決局 詩의 「에스프리」를 解消식히고 마는것이겠는데 言語의 緊縮節制如何로 써 詩人으로서 一家를 이루고 안이룬것의 一端을 엿볼수 있는것일줄로 압니다. 그러나 이런 詩作的 生長過程은 年齒와 不斷한 習作으로서 自然히 發展되는것이요 一朝의 老成然으로 되는것은 아닙니다. 言語의 多彩 多用 微妙 曲折 이러한것이야말로 青春詩人의 美質의 散火가 아닐수 없읍니다 青年趙君은 詩의 裝飾的인 一面에 向하여 얼마나 燦爛한 打開를 敢行한것일지! 그러나 詩의 美的勤勞는 究極에 生活과 精神에 傾倒할것으로 압니다.

—정지용, 「詩選後」(『문장』 1권 11호, 1939.12, 147쪽)

「화비기」 계열의 시를 몇 편 더 써서 보내 보지만 선자의 눈에는 들지 않고 몇 차례의 시행착오를 거쳐 조지훈은 「승무」로 두 번째 추천을 받게 된다. 「승무」는 그 제작과정이 소상히 기록되어 있는 시이기도 하다. 연달아 고배를 마시며 정지용의 의중을 알게 된 조지훈이 「고풍의상」 계열의 작품을 얻기 위해 작정하고 쓴 시라고 볼 수 있다.

이 한 편의 시를 완성하기까지 몇 번의 승무를 보고 김은호 화백의 「승무도」에까지 마음을 빼앗긴 후에야 비로소 이 작품에 대한 스케치를 얻을 수 있었고 여러 번의 퇴고를 거쳐 「승무」를 완성하게 되었다고 조지훈은 고백한다. 「승무」는 언어 선택과 리듬, 이미지에 하나하나 공을 들인 시라고 할 수 있다.

직입적으로 춤추려는 찰나의 모습을 그리며 시를 시작하려는 계획이었다고 이 시의 제작과정을 밝힌 글에서 조지훈은 고백한다. 정과 동이 아름답게 균형을 이루며 인상적으로 그려진 이 시에서는 무대 위 승려가 춤을 추기 직전의 찰나를 묘사하는 것으로 춤추는 주체를 포착하고 있다. 얇은 사, 하이얀 고깔, 나비의 이미지가 겹치면서 움직임이 시작되기 직전의 고요한 몰입의 상태를 아름답게 그려 내고 있

다. 소리와 뜻이 어우러지면서 높이와 깊이를 획득한 시를 좋은 시의 표본으로 삼은 유종호는 이 시를 두고 「봉황수」만 못하다는 아쉬움을 드러내기도 했지만[9] 승무를 추는 여승의 모습을 섬세하게 포착하여 정중동의 아름다움을 성공적으로 그려 냄으로써 내면의 서러움과 번뇌까지 읽어 내고자 한 시임에는 분명하다.

언어의 긴축 절제와 함께 부단한 습작을 통해 시적 성장을 이루기를 바라는 마음이 정지용의 선후감에서는 느껴진다. 정지용은 조지훈의 시가 "언어의 다채 다용 미묘 곡절"이라는 아름다운 바탕을 지니고 있음을 꿰뚫어 보았으며 몇 차례 방황의 시간을 거쳐 마침내 그의 시가 "장식적인 일면에서 찬란한 타개"를 이루었음을 읽어 낸다. 두 번째 심사평에서도 '생활'과 '정신'을 강조하고 있다는 점도 특기할 만하다. 정지용도 언어를 중시한 시인이었지만 청년 조지훈의 시가 자칫 언어에만 골몰해 재주를 탕진해 버릴까 우려한 것이겠다. 「고풍의상」을 써낸 조지훈에게서 당시 청년 시인들이 갖고 있지 못한 남다른 전통적 미의식을 발견하고 그 미질을 북돋기 위한 의도도 있었을 것이다.

조지훈 역시 오랜 기간 공들여 쓴 시인 만큼 이 시에 대한 각별한 애착이 있었던 것으로 보인다. 한성준(韓成俊)의 춤, 최승희(崔承喜)의 춤, 이름 모를 승려의 춤을 거쳐 김은호의 「승무도(僧舞圖)」에까지 빠져든 연후에야 완성한 「승무」는 앞서의 승무들과 비슷하면서도 다른 "내가 춘 승무"임에 그는 자부심을 드러낸다. 춤추는 주체를 여성으로 형상화함으로써 "어떤 탈속(脫俗)한 한 여인"[10]을 꿈꾸며 환상의 무대를 창안해 낸 점이야말로 자신의 시가 도달한 개성적 자리임을 조지훈은 인식하고 있었다. 설움과 번뇌를 끊고 탈속의 경지에 이르는 한 여승의 춤을 아름답게 그린 이 시에서 고와서 서럽다는 감각을 포착해 낸 점도 조지훈 시의 중요한 정서적 원천을 이룬다는 점을 기억해 둘 필요가 있겠다.

벌레 먹은 두리기둥 빛 낡은 丹靑 풍경소리 날러간 추녀 끝에는 산새도 비들기도 둥주리를 마구 쳤다. 큰 나라 섬기다 거미줄 친 玉座 위엔 如意珠 희롱하는 雙龍 대신에 두마리 봉황새를 틀어 올렸다. 어느땐들 봉황이 울었으랴만 푸르른 하늘 밑 甃石을 밟고 가는 나

---

9) 유종호, 『시란 무엇인가』, 민음사, 1995, 87-89쪽.

10) 조지훈, 『시의 원리』, 나남출판, 1996, 184쪽.

의 그림자. 佩玉 소리도 없었다. 品石 옆에서 正一品 從九品 어느 줄에도 나의 몸둘 곳은 바이 없었다. 눈물이 속된줄을 모르량이면 봉황새야 九天에 呼哭하리라.

—조지훈, 「鳳凰愁」(『문장』 2권 2호, 1940.2) 전문

趙芝薰君 昨年三月에 누구보다도 먼저 當選하야 今年二月 以來 열한달만에 괴팍스런 「文章」推薦制를 突破하시는구료. 미안스러워 親히 만나면 謝過할 覺悟가 있읍니다. 그러나 무릇 道義的인것이나 藝術的인것이란 그것이 熾熱한것이고 보면 不幸한 期間이나 環境이란 것이 애초에 없는것이윈다. 잘 견디고 참으셨읍니다. 撰者의 못난 시어미 노릇으로 趙君을 더욱 빛나게 하였는가하면 어쩐지 撰者도 한목 신이 납니다. 趙君의 懷古的 에스프리는 애초에 名所古蹟에서 捏造한것이 아닙니다. 차라리 固有한 푸른 하늘바랑이나 高邁한 磁器살결에 無時로 去來하는 一抹雲瑕와 같이 自然과 人工의 極致일가 합니다. 가다가 明鏡止水에 細雨와 같이 뿌리며 나려앉는 悲哀에 artist趙芝薰은 한머리 白鷺처럼 도사립니다. 詩에서 깃과 쭉지를 고를줄 아는것도 天成의氣品이 아닐수 없으니 詩壇에 하나 「新古典」을 紹介하며……뻐라—보우!

—정지용, 「詩選后」(『文章』 2권 2호, 1940.2, 171쪽)

「고풍의상」과 「승무」는 일제 말이라는 창작 시기를 감안하고 읽으면 그 바탕에 비애의 정조가 드리워져 있음을 어렵지 않게 짐작할 수 있다. 나라를 잃은 민족에게 "파르란 구슬빛 바탕에 자주빛 호장을 받친 호장저고리"와 "하얀 동정", "초마끝에 곱게 감춘 雲鞋 唐鞋"의 고풍스러운 옷차림이 환기하는 잃어버린 시대와 상실의 정서가 슬픔을 내장하게 한 것이다. 「승무」에서도 "파르라니 깎은 머리 薄紗 고깔에 감추오고/두볼에 흐르는 빛이 정작으로 고와서 서러워라"에서 승무를 추는 여승의 슬픔을 포착하고 있으면서도 "깊은 마음 속 거룩한 合掌"으로 그 슬픔과 번뇌를 극복해 내는 경지로 승무의 의미를 승화하고 있는 점이 인상적이다. 승무 자체를 형상화하는 데 집중하고 있는 조지훈의 시에서는 승무를 추는 여승의 사연은 숨어 있지만 식민지 말기라는 상황, 백석의 「여승」 같은 시에 드러나는 서사를 떠올려 보면 승무를 추는 여승의 모습에서 서러움을 읽어 내는 조지훈의 정서가 보편적인 설득력을 지님을 알 수 있다.

3편의 추천작 중 상실감에서 기인한 비애의 감정이 가장 잘 드러난 시는 마지막

추천작인 「봉황수(鳳凰愁)」이다. 제목에도 ‘시름[愁]’이 들어 있는 이 시에서는 앞의 두 편의 추천작보다 좀 더 본격적으로 나라 잃은 민족의 설움을 드러내고 있다. “벌레 먹은 두리기둥 빛 낡은 丹靑 풍경소리 날러간 추녀 끝에는 산새도 비들기도 둥주리를 마구 쳤다.”라는 첫 문장부터 영화가 사라진 뒤에 쓸쓸히 남겨진 옛 자취를 효과적으로 그려 내고 있다. 쓸쓸한 상실의 풍경은 나라 잃은 민족의 비애와 울분의 감정을 자연스럽게 불러온다. 「고풍의상」, 「승무」와 일관되게 통하는 전통지향적인 감각을 보여 주면서도 「봉황수」에서는 좀 더 식민지 말기의 현실을 상기시키는 상실의 감정이 잘 그려져 있다. 이후 조지훈의 시가 후기시에 이르러 좀 더 본격적으로 모습을 드러내게 되는 지사적인 태도의 일단을 이 시에서도 읽을 수 있다. 청록파 시인들 중에서도 『문장』지가 지향하는 미의식에 가장 근접하게 닿아 있는 시인이 조지훈이었을 것이라는 생각과 함께 그 단초를 선견지명으로 알아보고 북돋은 정지용의 혜안을 새삼 떠올려 본다.

조지훈의 시에 남겨진 정지용의 흔적을 찾는다고 했을 때 또 하나 눈에 띄는 것은 2행 1연 시의 형식이다. 정지용을 대표하는 시 형식으로는 2행 1연 시와 산문시를 들 수 있는데, 청록파 시인 중 박목월과 조지훈은 주로 2행 1연 시를 계승했다면 박두진은 산문시를 계승했다고 볼 수 있다.[11)]

꽃이 지기로소니
바람을 탓하랴

주렴 밖에 성긴 별이
하나 둘 스러지고

귀촉도 울음 뒤에
머언 산이 닥아서다.
촛불을 꺼야하리

11) 유성호, 「존재 차원의 자연을 통한 윤리적 투시—박두진의 시적 형이상학」, 『현대문학의 연구』 제60호(한국문학연구학회, 2016), 52쪽.

꽃이 지는데

꽃 지는 그림자
뜰에 어리어

하이얀 미닫이가
우련 붉어라.

묻혀서 사는 이의
고운 마음을

아는 이 있을까
저허하노니

꽃이 지는 아침은
울고 싶어라.

—「落花」 전문

조지훈의 시 중 눈에 띄는 2행 1연 시로는 「낙화」를 들 수 있다. 조지훈은 꽃의 피고 짐에 유독 마음을 빼앗긴 시인이었다. 그의 시에는 다채로운 꽃 이름이 구체적으로 등장하기도 하고 이 시에서처럼 추상화된 '꽃'이 등장하기도 한다. 이미 선행 연구에서도 주목했지만[12)] 조지훈에게 꽃은 생명의 표상이자 그가 궁극적으로 지향하는 화엄의 세계를 상징하는 것이었다. 꽃이 피고 지는 일에 유독 예민하게 반응하는 시인은 꽃이 지는 사건 앞에서 울고 싶다는 감정을 드러낸다. 흔히 '산수시'로 분류되는 정지용의 2행 1연 시들이 가급적 화자의 모습을 숨기고 산수화가 풍경을 그리는 것과 유사한 방식으로 풍경의 묘사에 주력한 것에 비해 조지훈의 시

12) 김경숙, 「조지훈 시에 나타난 '꽃'의 의미」, 『한국사상과 문화』 제49집(한국사상문화학회, 2009), 137-165쪽.

에서는 감정의 운용이 두드러진다. 저어하는 마음, 울고 싶어 하는 마음을 적절히 표출할 줄 아는 것은 조지훈의 시가 지닌 특장이었다. 정지용의 2행 1연 시에서 모습을 숨기고 있던 시의 주체는 조지훈의 시에서는 전면에 모습을 드러낸다. 그러면서도 넘치지 않는 감정, 공자의 표현을 빌리면 '애이불상(哀而不傷)'의 경지를 조지훈의 시는 펼쳐 놓는다. 꽃이 지는 아침은 울고 싶다는 화자의 마음 상태는 작고 여린 생명에 대한 연민의 마음 같은 것이겠다. 타자의 아픔에 공감하는 연민의 마음을 지니고 있는 조지훈 시의 주체는 종종 눈물 짓고 울음을 운다. 정지용과 다른 조지훈 시의 개성을 이야기할 때 빼놓을 수 없는 것이 눈물 또는 울음이다. 조지훈의 시는 울음을 빚어냄으로써 정지용 시의 한 경지를 넘어선다. 정지용의 시와는 다른 길을 찾아냄으로써 그의 영향의 흔적에서 자연스럽게 놓여나게 되었다는 의미에서이다.

'조찰히', '소소리바람', '고사리 새순' 등 정지용의 시에서 자주 발견되던 표현이 조지훈의 시에서 쓰인 경우도 눈에 띄고 「절정」처럼 「백록담」이나 「나비」를 연상시키는 시도 있지만 결과적으로 조지훈의 시는 꽃과 울음을 통해 작은 것들에 대한 연민을 드러내는 자기 시의 개성을 이루어 낸다. 정지용과의 관계 속에서 읽을 때 새롭게 읽히는 시로는 「밤길」이 있다.

"이 길로 가면은 주막이 있겠지요"

"나그네 가는 길에 주막이 없으리야
꽃같이 이쁜 색시 술도 판다오"

얼근히 막걸리에 취하신 영감님
愁心歌 한가락을 길게 뽑으며
달구지 달달 산 모루를 돌아간다
白楊나무 가지 우에 별이 피는데……
"人生…… 한 번…… 죽어지면……
萬樹…… 長林에…… 雲霧로구나"
구슬프고 아픈 가락 고요한 밤에

달구지꾼 영감님의 愁心歌 소리——

"여보 색시 나이는 몇살이오"
술상 앞에 앉은 색시 두손을 쥐어 본다.
"열아홉……"
새빨간 두볼이 고개를 들고서

"임자는 어데까지 가시는 길입네까"
"서울로 가는뎁쇼, 같이 갈까요"

木花송이 터지듯이 꿈길이 피어나서
이 색시 이 저녁에 서울길이 기룬게지!

"어 졸려라 이 색시 하로밤 같이 자구 갈까부다"
"자는 일 누가 말려……"

내가 도루 색시처럼 부끄러웠다.

長明燈 달아놓은 술집을 나오며
양산도 한가락을 날리어본다.

—조지훈, 「밤길」(『조지훈 시선』, 정음사, 1956) 전문

여보—
운전수 양반
여기 내뻐리구 가믄
어떠카오 !
碌磻里까지 만
날 데레다 주오

冬至 섯달
꽃 본듯이 ……… 아니라
碌磻里까지 만
날 좀 데레다 주소

취했달 것 없이
다리가 휘청거리누나

帽子 아니 쓴 아이
열여들 쯤 났을가?
『碌磻里까지 가십니까?』
『넌두 少年感化院께 까지 가니?』
『아니요』

캄캄 야밤 중
너도 突變한다면
열여들 살도
내 마흔아홉이 벅차겠구나

헐려 뚤린 고개
상여집 처럼
하늘도 더 껌어
쪼비잇 하다

누구시기에
이 속에 불을 키고 사십니까?
불 디레다 보긴
낸 데
영감 눈이 부시십니까?

탄 탄 大路 신작로 내기는
날 다니라는 길이겠는데
걷다 생각하니
논두렁이 휘감누나

소년감화원 께 까지는
내가 찾어 가야겠는데

인생 한번 가고 못오면
萬樹長林에 雲霧로다 ………

— 정지용, 「碌磻里」(『새한민보』 4권 1호, 1950.1.20, 34-35쪽)[13] 전문

「밤길」은 1956년에 정음사에서 나온 『조지훈 시선』에 수록된 시인데, 차례에 1940년이라고 창작 시기가 밝혀져 있다. 이 시의 서술 형식이나 표현에서는 1950년 1월 『새한민보』 4권 1호에 발표된 정지용의 시 「녹번리」를 연상시키는 구절이 꽤 등장한다. 『조지훈 시선』이 출간된 것은 1956년의 일이지만 창작 시기가 1940년으로 밝혀져 있는 것으로 보아, 그리고 정지용과의 이 무렵의 각별한 인연[14]으로 추정할 때 정지용이 조지훈의 이 시를 읽었을 가능성은 꽤 커 보인다. 창작 시기를 기준으로 볼 때 「밤길」은 「녹번리」보다 앞서는 시이다.

「밤길」과 「녹번리」는 취기에 젖은 나그네의 낭만을 그린 시와 '꼬여 버린 인생길에 대한 불안과 공포'[15]를 그린 시라는 점에서 시의 분위기는 상당히 다르지만,

13) 이 시는 이순욱, 「국민보도연맹시기 정지용의 시 연구」, 『한국문학논총』 제41집(한국문학회, 2005), 53-76쪽에 발굴 소개되었다. 이후 나온 『정지용 전집』들도 모두 이순욱 논문 수록 시를 바탕으로 이 시를 수록했다. 그러나 『새한민보』 해당 호 원문을 확인한 결과 문장부호, 띄어쓰기, 철자 등에서 약간의 차이가 발견되었다. 이 논문에서는 원문대로 고쳐 인용하였다.

14) 1939년 4월부터 1940년 2월에 걸쳐 조지훈은 『문장』지 3회 추천을 받는다. 약 11개월에 걸쳐서 꽤 여러 차례 시를 투고했던 것으로 보이고 마지막 선후감에서 정지용이 각별한 애정을 드러낸 것으로 보아 이 무렵에 쓰인 조지훈 시를 정지용이 읽었을 개연성은 꽤 높아 보인다.

15) 이경수, 「해방기 정지용의 시와 산문에 나타난 문학의 정치성과 시적 실천의 문제」, 『우리어문연구』 제57집(우리어문학회, 2017), 217-218쪽.

밤길을 걷는 화자의 상황이 유사하고 밤길을 걷다 만나는 사람들의 모습도 유사하다. 밤길에 만난 이들과의 대화가 시 속에 자연스럽게 들어오는 방식이나 "얼근히 막걸리에 취하신 영감님"(「밤길」)과 "이 속에 불을 키고 사"는 "영감"(「녹번리」)의 대비, 취기 오른 화자의 모습[16], "人生…… 한 번…… 죽어지면……/萬樹…… 長林에…… 雲霧로구나"(「밤길」)라는 구문이 "인생 한번 가고 못오면/萬樹長林에 雲霧로다 ………"(「녹번리」)로 「수심가」의 한 대목이 거의 유사하게 등장하는 점, 「밤길」에서 양산도 한가락을 날리어 보는 장면이 정지용의 「녹번리」에서는 "冬至 선달/꽃본듯이…… 아니라"로 변형되어 등장하는 점 등에서 상호텍스트성[17]을 지니는 시라고 볼 수 있다.

「녹번리」가 쓰인 시기가 정지용이 국민보도연맹에 가입한 후 선전선동 활동에 끌려다니며 불안과 공포를 느끼고 죽음까지도 예감하던 시절이었음을 상기할 때 녹번리 소년감화원까지 가던 길에 길가에 자신을 내려놓고 가 버린 택시기사로 인해 졸지에 낯선 밤길을 불안 속에서 걸어야 했던 경험을 시로 쓰면서 정지용이 조지훈의 「밤길」이라는 시를 상호텍스트적으로 변용했을 가능성을 충분히 고려할 수 있다. 평안도 민요 「愁心歌」 한 자락을 읊는 달구지꾼 영감님을 화자가 밤길에 만나는 것으로 조지훈의 시에서는 그려졌던 장면이 정지용의 「녹번리」에서는 마지막 행에 "萬樹長林에 雲霧로다……"가 등장하면서 앞으로의 인생길에 운무가 가득 끼었음을 예감하는 화자의 불안이 더욱 부각된다. 하루하루가 위태로웠을 이 시기의 정지용은 사실상 청록파 시인들과도 서로 가는 길이 달라 연이 끊어진 상황에 처해 있었지만 그런 위태로운 순간에 오래전에 읽었을 조지훈의 시를 떠올렸던 것이 아

---

16) 「녹번리」에서는 화자의 휘청거림이 단지 취기 때문만은 아닌 것으로 그려져 있다. 화자가 느끼는 불안과 공포, 꼬여버린 인생길에 버려진 막막함 등이 휘청거림의 또 다른 원인이라고 볼 수 있다.

17) 이 글에서 '상호텍스트성'은 하나의 문학 텍스트가 다른 텍스트와 상호관련성을 맺고 있다는 의미로 범박하게 사용한다. 정지용과 조지훈 시의 상호관련성과 영향 관계, 조지훈과 김수영 시의 상호관련성과 영향 관계를 논하기 위해 선택한 용어이다. 주지하듯이 하나의 텍스트는 독자적으로 존재하는 것이 아니라 이전에 존재했던 수많은 텍스트와의 상호관계 속에서 존재한다. 미하일 바흐찐, 『장편소설과 민중언어』, 전승희·서경희·박유미 역, 창비, 1998, 242-248쪽; 앤터니 이스톱, 『시와 담론』, 박인기 역, 지식산업사, 1994, 135쪽; 줄리아 크리스테바, 『세미오티케』, 서민원 역, 동문선, 2005, 105-109쪽.

니었을까. 「밤길」과 「녹번리」 사이의 거리와 상호텍스트성을 생각할 때 시대 현실로 인해 멀어질 수밖에 없었던 두 시인의 인연이 떠올라 가슴이 먹먹해진다.[18] 조지훈의 시인으로서 출발의 자리에는 정지용의 그림자가 짙게 드리워 있었는데 해방 후 좌우대립이라는 시대의 격랑에 휘말려 간 정지용이 시인으로서의 마지막 시기에 조지훈의 「밤길」을 연상케 하는 「녹번리」를 썼다는 사실은 의미심장하다. 서로 가는 길이 달라 이미 멀어진 시기에도 정지용과 조지훈은 시로써 소통하고 있었고 그 방향이 일방적인 것은 아니었음을 짐작해 볼 수 있다.

3. 김수영의 시를 통해 읽는 조지훈의 후기 시와 4·19의 영향

4·19혁명이 김수영의 시에 미친 영향에 대해서는 상당히 많은 양의 연구가 축적되어 있지만 김수영 못지않게 4·19혁명에 대해 많은 시를 남긴 조지훈의 시에 4·19혁명이 미친 영향에 대해서는 상대적으로 많은 주목이 이루어지지 못했다. 다른 청록파 시인들의 경우에도 그랬듯이 『청록집』을 중심으로 한 성과가 조지훈의 시를 대표하면서 상대적으로 후기 시의 비중이 높지 않았던 점에서 하나의 원인을 찾을 수 있을 것이다. 아울러 청년문학가협회의 일원이자 한국문학가협회의 일원으로 서정주와 함께 교류했던 조지훈에 대한 선입견이 4·19혁명 시기의 조지훈 시에 상대적으로 덜 주목하게 했던 것으로 보인다. 조지훈을 정통보수 진영의 자리에, 김수영과 신동엽을 진보 진영의 자리에 놓는 식의 진영 논리가 문단 내에서 굳어져 간 것도 배후의 원인으로 작용했을 것이다. 이러한 흐름은 꽤 오랫동안 지속되어서 가령 2008년 김수영의 40주기를 맞아 공개된 「김일성만세」라는 시에서 언론의 자유를 주장한 김수영이 대결의 자리에 있는 시인으로 조지훈을 언급하면서 1960년대 시단에서 보수적인 위치로 굳어진 조지훈의 시사적 위상이 2000년대 이후에도 별다른 의심이나 재고 없이 받아들여진 면이 없지 않았다.

---

18) 정지용과 조지훈은 『문장』지 추천 후 편지를 주고받을 정도로 가까운 사이였다. 최동호 편, 『정지용 전집 2—산문』에는 조지훈의 편지를 받고 '芝薰賢弟 前'에 답장을 보낸 정지용의 편지가 실려 있다(정지용, 「조지훈에게 보내는 편지」, 최동호 편, 『정지용 전집 2—산문』, 서정시학, 2015, 301쪽).

조지훈과 김수영은 1921년에 태어나 1968년에 세상을 뜬 시인으로 생몰연대가 일치하는 동시대의 시인이다. 태어난 시기는 조지훈이 10개월 정도 빨랐고 작고한 시기도 조지훈이 한 달가량 빨랐지만 동년배 시인이라고 볼 수 있는데 사실상 등단 시기는 조지훈이 훨씬 빨랐다. 조지훈은 1939년에 『문장』지에 「고풍의상」이 추천되며 시작 활동을 본격적으로 시작한 반면, 김수영은 해방 후인 1946년 3월에 발간된 『예술부락』 제2집에 「묘정의 노래」를 발표하며 시작 활동을 본격화한다.[19] 『예술부락』은 조연현이 주도한 잡지로 조지훈, 서정주, 박목월, 박두진, 곽종원, 이한직 등 우파 진영의 문인들이 주로 참여하고 있었다. 김현경 여사의 회고에 따르면 「묘정의 노래」를 써서 조지훈에게 보여 줬는데 작품이 좋다며 『예술부락』에 실었다고 한다.[20] 같은 나이임에도 조지훈이 김수영보다 훨씬 선배라는 인상을 주는 이유는 등단 시기에도 있었지만 이처럼 김수영의 첫 발표작을 추천한 인연 때문이라고도 볼 수 있다.[21] 해방 후에 조지훈을 비롯한 청록파 시인들은 이미 문단을 대표하는 위상을 지니고 있었던 데 비해 김수영은 해방 후에 비로소 연극에서 시로 전향해 시를 쓰기 시작했고 존재감이 드러나기 시작하는 것은 사실상 1950년대 들어서였으니 출발의 자리가 달랐다고 할 수 있다. 이런 차이로 인해 조지훈과 김수영의 시에서 접점을 찾기란 쉽지 않다. 영향을 주고받는 사이는 아니었지만 늦게 시작한 김수영이 조지훈과의 대결의식을 가지고 시를 써 나간 흔적은 얼마간 찾을 수 있다.

---

19) 「묘정의 노래」의 발표 시기와 지면은 오랫동안 1945년 『예술부락』으로 『김수영전집』의 연보에 기록되어 있었다. 그런데 조연현이 주간으로 참여한 『예술부락』은 1946년 1월에 창간호가 나온 잡지이다. 「묘정의 노래」는 1946년 3월에 발간된 『예술부락』 제2집에 실려 있다. 2018년에 다시 출간된 최하림의 『김수영 평전』에 수록된 부록 '김수영 연보'에는 「묘정의 노래」 발표 시기가 1946년으로 수정되었다(최하림, 『김수영 평전』, 실천문학사, 2018, 437-438쪽). 그러나 가장 최근에 출간된 이영준 엮음, 『김수영 전집 2—산문』, 민음사, 2018, 779쪽에 수록된 '김수영 연보'에도 「묘정의 노래」는 1945년 『예술부락』에 발표한 것으로 나와 있어 오류가 수정되지 않은 채 반복 재생산될 우려를 여전히 낳고 있다.

20) 김현경·맹문재 대담, 「김현경 회고담 3」, 『푸른사상』(2014 겨울).

21) 「묘정의 노래」는 조지훈 풍의 시라는 김현의 말을 빌리지 않더라도 김수영의 시에서는 상당히 이질적인 성격을 지니는 시라고 볼 수 있다. 『김수영 평전』에서는 「묘정의 노래」를 『예술부락』에 실은 후 박인환을 비롯한 마리서사의 모더니스트 시인들로부터 비판과 수모를 당했다고 당시의 분위기를 그리고 있다(최하림, 앞의 책, 103-104쪽). 이 사건 또한 이후 김수영 시의 창작 방향에 영향을 미쳤다고 볼 수도 있겠다.

'김일성만세'
한국의 언론자유의 출발은 이것을
인정하는 데 있는데

이것을 인정하면 되는데

이것을 인정하지 않는 것이 한국
언론의 자유라고 조지훈이란 시인이 우겨대니

나는 잠이 올 수밖에

'김일성만세'
한국의 언론자유의 출발은 이것을
인정하는 데 있는데

이것을 인정하면 되는데

이것을 인정하지 않는 것이 한국
정치의 자유라고 장면이란
관리가 우겨대니

나는 잠이 깰 수밖에

—김수영, 「金日成萬歲」(『김수영 전집 1—시』, 민음사, 2018)[22] 전문

4·19혁명이 일어난 후 1960년 6월부터 1961년 5월까지 김수영은 일기를 남기고 있는데, 그중 1960년 10월 6일의 일기에서부터 「잠꼬대」라는 시를 써서 발표하려

---

22) 이후 인용하는 김수영 시는 모두 이영준 엮음, 『김수영 전집 1—시』, 민음사, 2018에서 인용했음을 밝힌다.

고 하다 좌절된 이야기가 자주 등장한다. 10월 6일의 일기에서는 시 「잠꼬대」를 썼는데 단순히 '언론 자유'에 대한 고발장인 이 시를 발표하기 어려움을 토로하면서 이 작품의 최초 제목이 「金日成萬歲」임을 밝히고 있다. 시집으로 내놓을 때는 이 제목으로 하고 싶다고 했지만 결국 이 작품은 발표되지 못하는 운명에 처하고 2008년에 이르러서야 그 모습을 드러내게 된다. 10월 18일의 일기에서는 시 「잠꼬대」를 『자유문학』에서 달라고 했는데 본문의 '金日成萬歲'를 한글 '김일성만세'로 고쳐서 발표하자고 제안했다는 사실을 기록하고 있다. "후일 시집에다 온전하게 내놓기로 기약하고" 『자유문학』에서 요구하는 대로 한글로 고쳐서 원고를 보내기로 결심한 것처럼 쓰고 있지만[23] 바로 다음 날인 10월 19일 일기에서 "시 「잠꼬대」는 무수정(無修正)으로(언문 교체 없이) 내밀자."라는 문장이 나오는 것으로 보아 다시 심경에 변화가 있었던 것으로 보인다. 10월 29일의 일기에서 「잠꼬대」는 다시 등장하는데, 발표할 길이 없고 지금 같아서는 시집에 넣을 가망도 없다고 하며 실망하는 김수영의 모습이 드러나 있다.[24]

문학의 자유를 보장받기 위해서는 언론의 자유가 반드시 전제되어야 함을 누구보다 절감하고 있었던 김수영은 당시 한국 사회에서 최대의 금기어를 찾아내 언론의 자유를 주장하는 시를 쓴다. '김일성만세'는 그야말로 최대의 금기어를 드러내는 기표일 뿐이었다. 그러나 4·19혁명이 일어난 지 약 4개월 정도가 흐른 한국 사회에서도 이런 시는 발표 지면을 찾기 어려웠다. 이 시는 시로서 대단한 의미를 지닌다고 보기는 어렵지만 언론의 자유와 검열, 금기의 문제를 관통하고 있다는 점에서는 나름의 의미를 지닌다. 바로 이 시에서 김수영은 제2공화국 국무총리를 역임한 정치가 장면과 함께 조지훈을 언론의 자유를 막는 상징적 존재로 거론하고 있다. 김수영이 이 시를 쓸 당시 장면은 제2공화국 국무총리를 역임하고 있었고 김수영은 4·19혁명 이후에도 한국 사회가 그다지 달라지지 않았다는 사실을 직시하고 혁명의 실패를 예감하며 절망감에 빠져들고 있었는데, 사실상 장면은 1960년 8월 19일의 방송 인터뷰에서 정치인에 대한 풍자를 허용하겠다고 발표하기도 했을 정도로 당시 언론의 자유를 탄압하는 강성의 정치인은 아니었다. 그런 점에서 조지훈 역시 마찬가지로 오히려 4·19혁명 당시 학생 시위를 독려하고 자성하는 시를 남기

23) 물론 "한국의 언론 자유? Goddamn이다!"라는 구절을 통해 일기에서나마 불만을 표출하고 있기는 하다(김수영, 「일기초 2」, 『김수영 전집 2—산문』, 민음사, 2018, 723쪽).

24) 위의 글, 724쪽.

기도 했고 4·19혁명 이후에도 당시 한국 사회를 비판하는 시를 여러 편 남긴 시인이었다. 물론 조지훈이나 장면 모두 '김일성만세'라는 금기, 반공주의라는 이념에 있어서는 김수영과 다른 입장을 드러내는 인물들이었고[25] 아마도 그런 이유에서 일종의 상징으로 이들이 선택되었겠지만 당시 언론의 자유를 막는 막강한 권력을 지닌 존재로 이들을 곧이곧대로 받아들이는 것은 사실관계에 다소 어긋난다. 조지훈에 대한 의식적인 비판 속에는 우익 진영의 시인으로서 조지훈이 갖는 상징성[26] 외에도 시인으로서의 자신의 출발의 자리를 지우고 싶어 한 김수영의 심리가 반영되었을 수도 있다.

꽃다이 타오르는 햇살을 향하여
고요히 돌아가는 해바라기처럼
높고 아름다운 하늘을 받들어
그 속에 맑은 넋을 살게 하라.

가시밭길을 넘어 그윽히 웃는 한 송이 꽃은
눈물의 이슬을 받아 핀다 하노니
깊고 거룩한 세상을 우러르기에
삼가 肉身의 괴로움도 달게 받으라.
괴로움에 짐짓 웃으량이면

---

25) 최하림은 "장면 정부는 국민이 데모할 수 있는 자유를 터놓았으며, 정치적 민주주의가 무엇인가를 국민에게 보여주었다"고 평가하면서도 "개인의 자유와 언론을 규제하여 효율적인 통치를 하겠다는 장면 정부의 반공법과 데모규제법 제정은 반민주적이며 반혁명적 처사라 하지 않을 수 없으며" 1961년 3월 22일에 일어난 3·22 횃불데모에 김수영도 참여했음을 서술하기도 했다(최하림, 앞의 책, 334, 338쪽).

26) 의용군에 강제 입대했다가 탈출해서 28개월의 기간 동안 부산 거제리 제14야전병원을 비롯한 포로수용소에 수용되어 있다가 풀려난 김수영은 이후 남은 생애 내내 이러한 체험으로 인해 갖게 된 레드콤플레스와 치열한 싸움을 벌여야 했다. 한국전쟁 이후의 한국 사회는 반공주의가 지배하는 사회였고 문학 역시 이념의 대리전의 희생양이 되기 쉬웠던 시절을 통과하고 있었다. 바로 그 시기를 살다 간 김수영은 문학의 자유를 보장받기 위한 언론의 자유를 부르짖으며 반공주의 이념과의 긴 싸움에 돌입하게 된다. 「김일성만세」 같은 시도 이런 맥락을 고려하면서 읽어야 할 것이다.

슬픔도 오히려 아름다운 것이
苦難을 사랑하는 이에게만이
마음 나라의 圓光은 떠오르노라.

푸른 하늘로 푸른 하늘로
항시 날아오르는 노고지리같이
맑고 아름다운 하늘을 받들어
그 속에 높은 넋을 살게 하라.

—조지훈, 「마음의 太陽」(『歷史 앞에서』, 신구문화사, 1959) 전문

푸른 하늘을 제압하는
노고지리가 자유로웠다고
부러워하던
어느 시인의 말은 수정되어야 한다

자유를 위해서
비상하여 본 일이 있는
사람이면 알지
노고지리가
무엇을 보고
노래하는가를
어째서 자유에는
피의 냄새가 섞여 있는가를
혁명은
왜 고독한 것인가를

혁명은
왜 고독해야 하는 것인가를

—김수영, 「푸른 하늘을」 전문

조지훈과 김수영이 1960년대에 실질적으로 교류한 흔적은 1965년 한일협정 국회 비준 반대성명을 조지훈이 박두진, 신동엽 등과 주도했고 김수영도 반대성명에 참여했다는 사실 정도가 남아 있을 뿐이다. 이호철, 김규동 등의 회고에서 한국전쟁이 일어나기 직전과 1950년대 중반경 서울 명동 다방 '무궁원', '동방살롱' 등에 조지훈과 김수영도 드나들었다는 이야기가 전하기도 하지만 이들의 교류를 확인할 길은 없다.[27] 1960년 4·19혁명이 일어났을 때 김수영과 조지훈은 각자의 방식으로 4·19혁명에 동참한다. 김수영은 4월 19일 거리의 시위대와 함께 돌아다니다가 계엄령이 내려졌다는 소문을 듣고 도봉동 어머니 집으로 가 있었던 것으로 『김수영 평전』에 전하는데, 이 시기에 「우선 그놈의 사진을 떼어서 밑씻개로 하자」, 「하…… 그림자가 없다」, 「기도」, 「육법전서와 혁명」, 「푸른 하늘을」, 「만시지탄은 있지만」, 「가다오 나가다오」 등의 시를 쏟아 낸다. 조지훈도 「터져오르는 함성」, 「혁명」, 「늬들 마음을 우리가 안다」, 「사랑하는 아들 딸들아」, 「우음」, 「이 사람을 보라」, 「사자」, 「그날의 분화구 여기에」 등의 4·19혁명에 대한 시를 썼으며, 1960년 4월 25일에는 4·19혁명을 지지하는 교수들의 시국선언문을 기초하기도 했다. 김수영과 조지훈에게 4·19혁명은 중요한 각성의 계기가 된다. 김수영은 혁명의 실패를 누구보다 빨리 예감하며 자유와 혁명 이후를 사유했다면, 조지훈은 기성세대로서의 자신에 대한 뼈아픈 자성을 쏟아 낸다.

위에 인용한 두 편의 시 중 「마음의 태양」은 1959년에 출간된 조지훈의 시집 『역사(歷史) 앞에서』에 실려 있는데 4·19혁명과 관련된 김수영의 시 「푸른 하늘을」과 상호텍스트적으로 읽을 수 있는 시이다. 「푸른 하늘을」은 1960년 6월 15일에 쓴 것으로 김수영의 육필 시고에 적혀 있는 시로 4·19가 일어나고 두 달이 채 못 되는 시점에 쓰인 시이다. 이미 이 시기에 김수영은 4월 혁명이 실패할 것이라는 예감을 가지고 있었고 미완의 혁명의 의미와 '혁명 이후'에 대해서 누구보다 치열하게 사유하고 있었다. 이 시에서도 4·19혁명을 통해 자유의 가치와 혁명의 의미를 깨닫게 되었음을 고백하고 있다. 자유는 거저 쟁취되는 것이 아니라 희생이 따르며 혁명을 완수하기 위해서는 고독해야 함을 4·19혁명의 실패를 지켜보며 그는 깨닫고 있었

27) 김건우, 「조지훈 vs 김수영—정통 보수주의자와 진보적 자유주의자가 뿌리 내린 한국 인문정신의 두 원형」, 『주간동아』 1021호(2016.1.13).

다. 무엇보다도 4·19의 체험은 노고지리가 비상하는 심상한 풍경을 전혀 다르게 보게 하는 인식의 전환을 시의 주체에게 가져다준 것으로 보인다.

"푸른 하늘을 제압하는/노고지리가 자유로웠다고/부러워하던/어느 시인의 말"이 누구의 무슨 시인지는 정확히 알려져 있지 않다. 릴케의 「어느 사월 속에서」, 함형수의 「해바라기의 비명」 등을 비롯해 노고지리가 등장하는 시는 많다. 노고지리의 다른 이름인 종달새, 종다리 등까지 고려하면 더 많은 시와 시인을 떠올릴 수 있을 것이다. 그렇게 볼 때 '어느 시인'이 누구인지를 특정할 필요는 없고 그것을 아는 것이 그렇게 중요한 문제도 아닐 것이다. 그럼에도 김수영이 「푸른 하늘을」을 쓰기 바로 전해에 나온 조지훈의 시집 『역사 앞에서』에 수록되어 있는 「마음의 태양」에 "푸른 하늘로 푸른 하늘로/항시 날아오르는 노고지리같이/맑고 아름다운 하늘을 받들어/그 속에 높은 넋을 살게 하라."라는 구절이 등장하는 것은 의미심장하게 읽힌다. 서로 가는 길은 달랐지만 동년배 선배 시인인 조지훈을 이 무렵의 김수영은 의식하고 있었던 것으로 보인다. 노고지리에게서 맑고 아름다운 하늘을 받드는 높은 넋이라는 긍정적 가치를 읽어 냈던 조지훈의 시를 비롯해 많은 서정시에서 노고지리의 비상을 노래하는 방식의 피상성이 이 무렵의 김수영에게는 다르게 보였을 수 있었을 것이다. 같은 해 10월에 쓴 「김일성만세」에서 하고많은 시인 중에 하필 조지훈을 언론 자유를 가로막는 시인으로 언급했던 김수영을 떠올린다면 「푸른 하늘을」을 쓰면서 그가 떠올린 '어느 시인' 중에는 조지훈이 포함되었을 수도 있겠다는 생각이 든다.

네 壁 어디를 두다려 봐도
이것은 꽝꽝한 바윗속이다.

머리 위엔 푸른
하늘이 있어도
솟구칠 수가 없구나
民主主義여!

絶望하지 말아라

이대로 바윗속에 끼여 化石이 될지라도
1960年代의 暴惡한 政治를
네가 歷史 앞에 증거하리라.

權力의 구둣발이 네 머리를 짓밟을지라도
殘忍한 총알이 네 등어리를 꿰뚫을지라도
絶望하지 말아라 絶望하진 말아라
民主主義여!

백성의 입을 틀어막고 목을 조르면서
"우리는 民主主義를 信奉한다"고
외치는 者들이 여기도 있다
그것은 羊의 탈을 쓴 이리

獨裁가 싫어서 獨裁主義와 싸운다고
손뼉치다가 속은 백성들아
그대로 絶望하진 말아라
民主主義여!

生命의 밑바닥에서 터져오르는 喊聲
그 불길에는
짓눌려 놓은 바위뚜껑도 끝내
하늘로 퉁겨지고 마는 것
가슴을 꽝꽝 두다려 봐도
울리는 것은 自由의 心臟, 그것은 光明
暗黑의 벌판에 물길을 뚫고
구비치는구나 이 激流에
바위도 굴러내린다.

絶望하지 말아라
이대로 가시를 이고 바다 속에 던져질지라도
不義를 憎惡하고 咀呪하는 波濤는
네 몸의 못자욱을
告發하리라 白日 아래
民主主義여!

—조지훈, 「터져오르는 喊聲」 전문

이 시는 1960년 4월 13일에 박목월, 박남수, 이한직과 더불어 한 편의 연작시를 쓴 것이며 『새벽』 1960년 4월에 실렸음을 조지훈은 1964년 일조각에서 출간된 다섯 번째 시집 『여운』 수록 시의 부기에서 밝히고 있다. 이 시집의 3부에는 4월 혁명의 시편들이 여러 편 실려 있다.

"1960년대의 포악한 정치" 현실을 이 시에서는 네 벽이 "꽝꽝한 바윗속"에 갇혀 있는 상황으로 그려 낸다. "머리 위엔 푸른/하늘이 있어도/솟구칠 수가 없"는 상황이 1960년대 4·19혁명 직전의 현실이었던 것이다. 그러나 "권력의 구둣발이 네 머리를 짓밟을지라도/잔인한 총알이 네 등어리를 꿰뚫을지라도/절망하지 말"라고 시의 화자는 외친다. 화자가 호명하는 대상은 민주주의이자 "생명의 밑바닥에서 터져오르는 함성"이다. 바위 뚜껑도 하늘로 퉁겨지게 하고 바위도 굴러 내리게 하는 불길이자 격류이다. 김수영이 4·19에서 자유를 봤다면 조지훈은 4·19에서 1960년대의 포악한 정치를 역사 앞에 증거하는 민주주의의 정신이자 정의를 보았다.

조지훈의 시에서 4·19혁명은 "터져오르는 함성"이자 "암흑의 벌판에 물길을 뚫고/구비치는" "격류"(「터져오르는 함성」), "홍수", "파도", "골목마다 거리마다 터져나오는 함성", "온 장안이 출렁이는 이 격류", "해일"(「혁명」)처럼 솟구치고 범람하고 터져 오르고 흘러넘치는 이미지로 형상화된다. "정의가 이기는 것을 눈앞에서 본 것은/우리 평생 처음이 아니냐"(「혁명」)라는 토로에서 시인의 격정을 짐작하고도 남는다. 초기 시나 중기 시와 분위기와 어조는 많이 달라지지만, 그 바탕에 타자에 대한 연민과 울음을 드리우고 있으면서 지조를 중시한 시인이었음을 기억한다면 후기 시에 드러나는 이러한 변모가 충분히 납득 가능하다고 볼 수 있다.

그 날 너희 오래 참고 참았던 義憤이 터져
怒濤와 같이 거리로 거리로 몰려가던 그 때
나는 그런 줄도 모르고 硏究室 창턱에 기대 앉아
먼산을 넋없이 바라보고 있었다.

午後 二時 거리에 나갔다가 비로소 나는
너희들 그 무엇으로도 막을 수 없는 물결이
議事堂 앞에 넘치고 있음을 알고
늬들 옆에서 우리는 너희의
불타는 눈망울을 보고 있었다.
사실을 말하면 나는 그날 비로소 너희들이
갑자기 이뻐져서 죽겠던 것이다.

그러나 이것은 어쩐 까닭이냐.
밤늦게 집으로 돌아오는 나의 발길은 무거웠다.
나의 두 뺨을 적시는 아 그것은 뉘우침이었다.
늬들 가슴 속에 그렇게 뜨거운 불덩어리를
간직한 줄 알았더라면
우린 그런 얘기를 하지 않았을 것이다
요즘 학생들은 氣槪가 없다고
병든 先輩의 썩은 風習을 배워 不義에 팔린다고
사람이란 늙으면 썩느니라 나도 썩어 가고 있는 사람
늬들도 자칫하면 썩는다고……
그것은 정말 우리가 몰랐던 탓이다
나라를 빼앗긴 땅에 자라 악을 쓰며 지켜왔어도
우리 머리에는 어쩔 수 없는
병든 그림자가 어리어 있는 것을
너희 그 淸明한 하늘 같은 머리를 나무랬했더란 말이다.
나라를 찾고 侵略을 막아내고 그러한 自主의 피가

흘러서 젖은 땅에서 자란 늬들이 아니냐.
그 雨露에 잔뼈가 굵고 눈이 트인 늬들이 어찌
民族萬代의 脈脈한 바른 핏줄을 모를 리가 있었겠느냐.

사랑하는 학생들아
늬들은 너희 스승을 얼마나 원망했느냐
現實에 눈감은 學問으로 보따리장수나 한다고
너희들이 우리를 민망히 여겼을 것을 생각하면
정말 우린 얼굴이 뜨거워진다 등골에 식은 땀이 흐른다.
사실은 너희 先輩가 약했던 것이다 氣槪가 없었던 것이다.

每事에 쉬쉬하며 바른 말 한마디 못한 것
그 늙은 탓 純粹의 탓 超然의 탓에
어찌 苛責이 없겠느냐.

그러나 우리가 너희를 꾸짖고 욕한 것은
너희를 경계하는 마음이었다. 우리처럼 되지 말라고
너희를 기대함이었다 우리가 못할 일을 할 사람은
늬들뿐이라고—
사랑하는 학생들아
가르치기는 옳게 가르치고 行하기는 옳게 行하지 못하게 하는 세상
제자들이 보는 앞에서 스승의 따귀를 때리는 것쯤은 보통인
그 무지한 깡패떼에게 정치를 맡겨 놓고
원통하고 억울한 것은 늬들만이 아니었다.

그러나 이럴 줄 알았더면 정말
우리는 너희에게 그렇게 말하진 않았을 것이다.
가르칠 게 없는 훈장이니
선비의 정신이나마 깨우쳐 주겠다던 것이

이제 생각하면 정말 쑥스러운 일이었구나.

사랑하는 젊은이들아
붉은 피를 쏟으며 빛을 불러 놓고
어둠 속에 먼저 간 수탉의 넋들아
늬들 마음을 우리가 안다 늬들의 공을 온 겨레가 안다.
하늘도 敬虔히 고개 숙일 너희 빛나는 죽음 앞에
해마다 해마다 더 많은 꽃이 피리라.

아 自由를 正義를 眞理를 念願하던
늬들 마음의 고향 여기에
이제 모두 다 모였구나
우리 永遠히 늬들과 함께 있으리라.

—조지훈, 「늬들 마음을 우리가 안다—어느 스승의 뉘우침에서」 전문

4·19혁명에 대한 조지훈의 시 중 압권인 시이다. 해방 이후 조지훈은 줄곧 시인이자 교육자였다. 시인으로서 시를 쓴 기간과 교육자로서 학생들을 가르친 기간이 대체로 겹친다는 점에서 조지훈은 정지용과도 유사한 행보를 보인다.[28] 교육자로서의 정지용의 면모가 주로 산문을 통해 포착되는 데 비해 조지훈은 스승으로서 제자인 젊은이들에게 말 건네는 시를 여러 편 남기고 있다는 점도 특기할 만하다. 인용시는 그중에서도 조지훈이 어떤 스승이었는지를 잘 보여 주는 시이다.

4·19혁명이 일어나기 하루 전인 4월 18일 약 3천여 명의 고려대학교 학생들이 '민주역적 몰아내자'라는 플래카드를 들고 태평로 국회의사당 앞까지 행진하며 재선거 실시를 요구하는 시위를 했다. 평화적인 시위였음에도 정치깡패를 동원해 폭력을 행사하면서 부상당한 학생들이 많았고 이는 4·19혁명의 시발점이 되었다. '어느 스승의 뉘우침에서'라는 부제가 붙어 있고 창작 시기가 1960년 4월 20일로 밝혀

---

28) 정지용의 '시인-교육자'로서의 면모에 대해서는 다음 논문을 참조할 수 있다: 이경수, 「'시인-교육자'로서의 정지용과 그의 산문에 나타난 교육 담론」, 『한국근대문학연구』 제17권 2호(한국근대문학회, 2016), 309-351쪽.

져 있는 이 시는 바로 1960년 4월 18일 "그 날 너희 오래 참고 참았던 의분이 터져/노도와 같이 거리로 거리로 몰려가던 그 때/나는 그런 줄도 모르고 연구실 창턱에 기대 앉아/먼 산을 넋없이 바라보고 있었"음을 뉘우치며 쓴 시라고 볼 수 있다.

"너희들 그 무엇으로도 막을 수 없는 물결이/ 의사당 앞에 넘치고 있음을 알고" "너희의/불타는 눈망울을 보고" 시의 화자는 그동안 청년 제자들에게 미처 말하지 못했던 본심을 고백하고 있다. "사실을 말하면 나는 그날 비로소 너희들이/갑자기 이뻐져서 죽겠던 것이다."라는 시집 『여운』 수록시에만 들어있는 바로 이 구절에서 스승 조지훈의 마음이 흘러넘쳐 드러난 셈이다. '시인-교육자'로서의 조지훈의 모습이 어떤 것이었는지 짐작해 보게 하는 이 시는 세월의 풍파를 견디며 지금도 살아남아 마음을 울린다. 이 시의 전언은 비단 젊은 청년 학도들만을 향하지는 않는다. 시인 자신, 그리고 어느새 기성세대가 되어 청년이 아닌 선생의 자리에 서 버린, 또는 머잖아 서게 될 우리들의 마음 깊이 묵직한 울림과 자성의 순간을 가져다준다. "요즘 학생들은 기개가 없다고/병든 선배의 썩은 풍습을 배워 불의에 팔린다고/사람이란 늙으면 썩느니라 나도 썩어 가고 있는 사람/늬들도 자칫하면 썩는다고……". 어느새 비판하던 기성세대의 자리에 아무렇지도 않게 들러붙어 청년 세대의 기개 없음을 탓하거나 스스로 썩은 줄도 모르고 젊은 날의 자신을 잊고 살아가고 있는 것은 아닌지, 부끄러움을 잊고 살아가고 있는 것은 아닌지 조지훈의 시는 아프게 묻는다. 그런 점에서 이 시는 여전히 살아 있고 앞으로도 "영원히 늬들과 함께" 살아 있을 것이다.

4. 결론

정지용의 추천으로 시단에 나온 조지훈에게 정지용은 그를 추천한 선배 시인이자 시단의 스승이기도 했지만 시인으로서 조지훈의 방향을 설정해 준 절대적 영향력을 행사한 시인이기도 했다. 다른 언어 실험의 자리를 일찌감치 차단하고 조지훈의 시가 「고풍의상」, 「승무」, 「봉황수」로 이어지는 초기 시의 세계를 형성하게 된 데는 정지용의 영향이 컸다. 그렇게 시단에 나온 조지훈은 해방 이후 청록파 시인들과 함께 남한의 문단을 책임지는 막중한 자리를 넘겨받게 된다. 이때부터 정지용은 조지훈에게 동경의 대상에서 극복의 대상으로 그 위치가 바뀌었을 것이다. 해방기에 정지용은 일제 말의 자신의 시적 성취를 부인하며 해방 이후 쓰여야 할 시는 국토와 인민에 기반을 둔 옳은 시여야 함을 누누이 강조한다. 자신은 한 번도 순수시인이었던 적이 없었다고 말하면서 정지용은 해방 이후의 시를 이끌어 갈 신진 시인들에게 기대와 관심을 드러낸다. 들로 산으로 일경을 피해 시를 썼다는 고백과 함께 『백록담』 시절의 시는 성찰의 대상이 된다. 『문장』지를 통해 시단에 추천한 시인들에 대해서도 해방 이후 별다른 언급이 없었고, 청록파 시인들도 이후 회고를 통해 이 무렵의 정지용은 이미 다른 길을 가고 있었다고 진술하기도 했다.

해방기, 특히 1949년 이후 정지용의 시가 교과서에서 빠지면서 정지용을 언급하는 것도 점점 어려워져 가던 시절을 거치며 조지훈에게도 정지용은 극복의 대상이자 결별의 대상이 되었을 것이다. 그럼에도 조지훈의 시 곳곳에는 지용의 흔적이 드리워져 있었다. 그가 즐겨 쓴 표현, 2행 1연시라는 대표적인 형식 등은 오래도록 조지훈의 시에서 모습을 드러내고 있었다. 「밤길」과 「녹번리」의 상호텍스트적 관계를 살펴보면 두 시인의 소통이 일방적인 관계만은 아니었음을 알 수 있다. 아울러 정지용에게 시작 활동 기간과 교육자로서 학생들을 가르쳤던 기간이 대체로 겹쳤던 것처럼 조지훈 역시 시인이자 교육자였다. 선생 외에 다른 직업을 가져 본 적이 없었다고 고백하기도 했듯이 정지용이 못다 걸은 '시인-교육자'로서의 길을 조지훈은 걸어간다. 교육자로서의 길을 마감했을 때 정지용은 결국 시인으로서의 길도 멈추게 되는데, 조지훈은 또 다른 의미로 정지용이 걸었던 '시인-교육자'의 길을 걸어갔다고 볼 수 있다. 그런가 하면 생활을 강조했던 정지용의 흔적은 또 다른 의미에서 4·19를 거치며 조지훈의 후기 시에서 다시 모습을 드러내기에 이른다.

이 무렵 조지훈의 시는 동시대를 살았던 동년배 시인 김수영의 시와 겹쳐 놓고 읽을 필요가 있다. 엄밀하게 말하면 김수영이 조지훈을 대결의 상대로 생각한 것이다. 1921년생으로 같은 해에 태어난 조지훈과 김수영은 나란히 1968년에 세상을 뜨게 된다. 태어난 시기도 작고한 시기도 조지훈이 조금씩 더 빨랐지만 같은 해에 태어나고 같은 해에 작고한 각별한 인연의 시인이라고 볼 수 있다. 서로 처한 입지가 달랐고 어울리는 문인들도 달랐던 조지훈과 김수영은 그럼에도 4·19혁명으로 촉발된 시에서 접점을 드러내고 있다. 극과 극은 통한다고 했던가. 조지훈이 보수주의자의 관점에서 4·19의 정신을 읽었다면 김수영은 자유주의자의 관점에서 4·19

의 의미를 파악하고 있었다. 4·19 정신이 훼손되어 가는 것에 대해서도 두 시인은 날선 비판을 했다. 정지용을 극복하며 걸어온 조지훈의 시인으로서의 길이 결국 김수영과는 다른 편의 자리에서 지사적 정신을 지키며 시대 현실에 대한 비판을 하게 했던 것인지도 모르겠다. 진정한 보수의 정신이 훼손되어 버린 오늘날 조지훈의 시는 우리를 되돌아보게 하며 우리가 잃어버린 가치와 정신을 회복해야 할 필요성을 촉구하고 있다.

참고문헌

기본 자료

김수영. 「일기초2」. 『김수영 전집 2—산문』. 민음사, 2018.
______. 『김수영 전집 1—시』. 이영준 엮음. 민음사, 2018.
정지용. 『정지용 전집 3—미수록작품』. 권영민 엮음. 민음사, 2016.
______. 「詩選後에」. 『文章』 1권 3호(1939.4).
______. 「詩選後」. 『문장』 1권 11호(1939.12).
______. 「詩選后」. 『文章』 2권 2호(1940.2).
______. 「조지훈에게 보내는 편지」. 『정지용 전집 2—산문』. 최동호 편. 서정시학, 2015.
조지훈. 『조지훈 전집 1—시』. 나남출판, 1996.
______. 「나의 시의 편력—자전적 시론」. 『사상계』(1965.8).
______. 「나의 시의 편력」. 박목월·조지훈·박두진. 『청록집』. 삼중당, 1975.
______. 「후기」. 『조지훈 시선』. 정음사, 1956.
______. 『시의 원리』. 나남출판, 1996.

논저

김건우. 「조지훈 vs 김수영—정통 보수주의자와 진보적 자유주의자가 뿌리 내린 한국 인문정신의 두 원형」. 『주간동아』, 제1021호(2016.1.13).
김경숙. 「조지훈 시에 나타난 '꽃'의 의미」. 『한국사상과 문화』 제49집(한국사상문화학회, 2009), 137-165쪽.
김종훈. 「해방기 시어의 일면—정지용과 조지훈 시의 경우」. 『한국시학연구』 제42호(한국시학회, 2015), 45-67쪽.
김현경·맹문재 대담. 「김현경 회고담 3」. 『푸른사상』(2014 겨울).

신철규. 「지훈 시의 시기 구분 문제와 중기시의 의의」. 『한국시학연구』 제63호(한국시학회, 2020), 9-44쪽.
유성호. 「박목월 문학과 문학장」. 『한국근대문학연구』 제32호(한국근대문학회, 2015), 7-31쪽.
______. 「존재 차원의 자연을 통한 윤리적 투시—박두진의 시적 형이상학」. 『현대문학의 연구』 제60호(한국문학연구학회, 2016), 33-57쪽.
유종호. 『시란 무엇인가』. 민음사, 1995.
이경수. 「'시인-교육자'로서의 정지용과 그의 산문에 나타난 교육 담론」. 『한국근대문학연구』 제17권 2호(한국근대문학회, 2016), 309-351쪽.
______. 「해방기 정지용의 시와 산문에 나타난 문학의 정치성과 시적 실천의 문제」. 『우리어문연구』 제57집(우리어문학회, 2017), 195-226쪽.
최하림. 『김수영 평전』. 실천문학사, 2018.
하빛나. 「정지용 시 영향관계 연구—『백록담』이 『청록집』에 미친 영향」. 한양대 석사학위논문, 2015.

바흐찐, 미하일. 『장편소설과 민중언어』. 전승희·서경희·박유미 역. 창비, 1998.
이스톱, 앤터니. 『시와 담론』. 박인기 역. 지식산업사, 1994.
크리스테바, 줄리아. 『세미오티케』. 서민원 역. 동문선, 2005.

전통의 발견과 국학의 탄생

조지훈 학문 세계의 해석 원리와 지적 형상을 중심으로

이재복

1. 매개와 전체에 대한 통찰

한 인물의 인간 됨됨이와 그가 남긴 정신적·물질적 유산에 대한 평가는 결코 간단하지 않다. 이것은 평가자의 관점과 의식이 서로 상이할 뿐만 아니라 그것들조차도 고정되지 않고 끊임없는 변화의 선상에 놓여 있기 때문이다. 과거에는 언급하는 것조차 금기시된 인물과 그들의 저작들이 해금되어 새롭게 그 가치를 평가받는 예들은 어디 멀리 갈 것도 없이 우리의 근현대사를 되짚어 보는 것만으로도 어렵지 않게 그것을 만날 수 있다. 이런 점에서 어떤 인물의 됨됨이와 그가 남긴 유산에 대한 평가에서 단선적이고 결정론적인 입장과 태도를 취하는 것만큼 위험하고 어리석은 일도 없을 것이다. 이것은 비단 인물에 대한 평가에만 해당되는 것이 아니라 어떤 한 현상이나 사건을 평가하는 경우에도 해당되는 것으로, 가령 한국전쟁의 경우 그것에 대한 해석과 평가는 완결된 것이 아니라 지금도 진행 중이라고 할 수 있다. 전쟁이 발발하고 70여 년이 지났음에도 불구하고 그것이 여전히 미증유의 상태에 놓여 있다는 것은 어떤 인물이나 대상에 대한 해석과 평가가 얼마나 어려운 것인지를 잘 말해 주고 있는 예라고 할 수 있다.

어쩌면 온전한 평가와 해석은 불가능한 것인지도 모른다. 하지만 아이러니하게도 그 불가능성에 대한 도전은 계속되고 있으며, 이 과정에서 우리는 그 대상의 실체에 접근할 수 있는 최적화된 가설과 검증 방식을 고민하고 또 일정한 틀을 고안해 내면서 그 불가능을 가능의 영역으로 바꾸어 놓는 일에 도전해 온 것이다. 이런 과정의 진지함과 진정함이 대상의 은폐된 진실을 드러나게 한다고 볼 수 있다. 이렇게 드러난 진실을 우리는 믿으며 그것을 하나의 지식 체계 내에서 구체화하여 보존하려 한다. 사정이 이러하다면 우리가 여기에서 깊이 있게 고민해 보아야 할 것이 있다. 바로 해석과 가치 평가의 대상에 이르는 방법에 대한 고민이다. 우리는 그 대상에 이르는 방법에는 '직관'과 '의식'을 통하는 것이 일반적이며, 이 중 직관은 대상에 이르는 절차와 과정을 생략하는 경우가 많기 때문에 그것을 구체화하기가 어렵다. 이에 비해 의식은 그것을 일정한 '매개'를 통해 드러내기 때문에 구체화할 수 있는 여지가 그만큼 확보될 수 있다.

우리는 종종 이 매개를 통하지 않고 직접 대상과 만나려고 한다. 이것은 학문의 영역에서도 예외는 아니다. 어떤 대상에게서 받은 감각적인 인상을 매개 없이 드러내려다 보니 지식에 기반한 학적 체계가 성립되지 않은 채 변죽만 울리는 형국으로 그치게 된다. 이것은 어떤 대상을 낡고 고정된 개념이나 이론에 꿰어 맞추는 일만큼이나 위험하고 부질없다는 것을 의미한다. 이렇게 장황하게 직관과 의식 그리고 매개의 문제를 거론하는 것은 조지훈의 학문 세계를 해석하고 또 평가하기 위해서 전제되어야 할 것이 무엇인지에 대한 고민 때문이라고 할 수 있다. 그의 학문의 세계는 '국학' 혹은 '한국학'으로 범주화할 수 있지만 그 범주 내에는 '역사학', '철학', '종교학', '문학', '어학', '인류학', '지리학', '민속학'[1] 등이 내재해 있다. 국학이 하나의 '학'으로 성립하기 위해 필요한 학문이 총망라되었다고 해도 과언이 아

1) 인권환, 「조지훈 학문의 영역과 특징」, 『어문논집』(안암어문학회) 39권(1999), 30쪽.

닐 정도로 그의 학문적 외연은 넓고 다양함에 기초해 있다. 식민지와 해방 전후에 걸쳐 국학 운동을 전개한 나철, 박은식, 신채호, 장지연, 정인보, 주시경, 안호상 등의 경우 이들의 학문적 외연은 종교학, 어학, 역사학 중 어느 특정 분야에 국한되거나 또 여기에 중심을 두고 있는 것과 비교해 볼 때 그의 이러한 면모는 남다른 데가 있다.

조지훈이 드러내는 이 학문들은 모두 국학이라는 범주 내에 있기는 하지만 이들 사이에는 각각의 특성에 따른 차이를 드러낼 수밖에 없다. 이 차이는 국학의 정체성을 보다 다양하고 풍요롭게 하는 데 긍정적으로 작용하기도 하지만 그것이 과도하면 이 정체성을 모호하게 하거나 불가능하게 할 수도 있다. 이런 점에서 볼 때 국학의 정체성을 위해서 요구되는 것은 이 각각의 차이를 국학이라는 범주 내에서 살아 있게 하면서 그것을 전체의 차원에서 아우르는 일이라고 할 수 있다. 이것은 단순히 부분이 모여 전체가 되는 것을 말하는 것이 아니라 이때의 전체는 부분과 부분을 매개하고 그 과정에서 생성하고 소멸하는 것까지를 아우르는 세계를 말한다. 그가 다양한 학문을 매개로 국학을 정립하려고 했을 때 가장 염두에 둔 것도 이것이었으리라고 본다. 그의 이러한 고민은 직접적으로 언술화되어 드러나는 것이 아니기 때문에 이것을 위해서는 그의 학문적 저작들[2]을 모두 읽고 그 전체를 가로지르는 흐름 혹은 논리를 찾아내야 한다.[3]

이 '전체'에 대한 통찰의 중요성은 그의 방대한 저작들을 9권의 전집 형태로 간

---

2) 조지훈의 저작들은 모두 9권(나남출판사, 1997)으로 잘 정리· 편집되어 있다. 1. 시 2. 시의 원리 3. 문학론 4. 수필의 미학 5. 지조론 6. 한국민족운동사 7. 한국문화사서설 8. 한국학 연구 9. 채근담 등이 바로 그것이다.

3) 조지훈의 학문 세계와 관련하여 주목할 만한 논의로는 김윤태의 「한국 현대시론에서의 '전통' 연구—조지훈의 전통론과 순수시론을 중심으로」(『한국전통문화연구』[한국전통문화대학 한국전통문화연구소] 13[2014]), 김태곤의 「조지훈의 민속학 연구」(『민족문화연구』[고려대 민족문화연구소] 22[1989]), 최철의 「조지훈의 국문학 연구」(『민족문화연구』[고려대 민족문화연구소] 22[1989]), 김정배의 「조지훈의 역사관 연구」(『민족문화연구』[고려대 민족문화연구소] 22[1989]), 홍종선의 「조지훈의 국어학 연구」(『어문논집』[안암어문학회] 39[1999]), 김인환의 「조지훈론」(『조지훈 연구 2』, 고려대학교출판문화원, 2020), 김기승의 「조지훈의 민족문학사 인식과 동학관」(『동학학보』 6[2003]) , 이선이의 「조지훈의 민족문화 인식 방법과 그 내용」(『한국시학연구』[한국시학회] 23[2008]), 류시현의 「1940~60년대 시대의 '불안'과 조지훈의 대응」(『한국인물사연구』 17, 한국인물사연구소, 2012) 등을 들 수 있다.

행한 편집위원회의 서문에도 그대로 드러난다. 편집위원들은 "지훈은 항상 현실을 토대로 하여 사물을 구체적으로 파악하려 하였고 멋을 척도로 하여 인간을 전체적으로 포착하려 하였다. 지훈은 전체가 부분의 집합보다 큰 인물이었다. 지훈의 면모를 알기 위해서는 그의 전체성을 살펴볼 필요가 있다"[4]라고 하여 그의 인물 됨됨이와 학문의 세계를 이해하기 위해서는 전체 혹은 전체성에 대한 통찰이 필요함을 강조하고 있다. 하지만 문제는 저작 어디에, 어떤 방식으로 그것이 드러나 있느냐 하는 것이다. 전체성은 부분만 보아도 안 되고, 표층에 드러난 의미를 파악하는 것만으로도 드러나지 않는다. 그것은 그가 구상한 전체성, 다시 말하면 그의 저작을 매개하고 아우르는 흐름 혹은 논리를 찾아낼 때 비로소 드러나는 것이다. 그의 저작에서 이 흐름은 크게 네 차원으로 드러나는데, 그것을 의미화하면 다음과 같다.

첫째: 기원과 발생

둘째: 존재와 생성

셋째: 중용과 혼융

넷째: 정신과 생명

그의 학문의 세계는 이 네 개의 의미 차원을 기반으로 탄생한 것이다. 국학이라는 범주 내에 있는 '역사학', '철학', '종교학', '문학', '어학', '인류학', '지리학', '민속학' 등은 기본적으로 이 네 개의 의미 차원을 내재하고 있으며, 이것들이 매개하여 이루어지는 세계이기 때문에 자연스럽게 전체(국학)로서의 정체성을 유지하게 되는 것이다. 물론 이 네 차원이 모든 학문의 영역에 균질하게 내재되어 있는 것은 아니다. 학문의 성격에 따라 이것들 중 어떤 것이 더 두드러질 수 있고 그렇지 않을 수도 있다. 또 이것들 중 어떤 것은 심층에 자리할 수도 있고 또 표층에 자리할 수도 있다. 가령 '첫째: 기원과 발생'과 관련하여 그의 학문 영역에서 두드러진 것으로 간주할 수 있는 것은 '어원학'적으로 접근하고 있는 것과 '샤머니즘'처럼 우리 본래석인 것에 대한 탐색을 들 수 있고, '둘째: 존재와 생성'과 관련해서는 '문화사' 서술의 과정을 들 수 있다. 그리고 '셋째: 중용과 혼융'과 관련하여 그의 학문 영역

4) 조지훈, 「조지훈 전집 서문」, 『조지훈 전집』, 전 9권, 나남출판사, 1996, 11쪽.

에서 두드러진 것으로 간주할 수 있는 것은 '채근담' 주해와 '동학', '통일신라'에 대한 해석, '아름다움'과 같은 미적 범주에 대한 태도를 들 수 있고, '넷째: 정신과 생명' 관련해서는 '지조론'과 '시론(문학론)'을 들 수 있다.

이렇게 네 차원의 흐름 혹은 논리가 그의 저작을 가로지르면서 하나의 방대한 학문적 체계인 국학이 탄생하는 것이다. 이 네 차원이 저작들 내에서 서로 교차하고 또 재교차하면서 저자의 세계를 보는 태도와 그것을 이해하고 판단하는 방식까지 드러내고 있다는 점은 그것이 저자의 의식과 무의식을 반영함과 동시에 그것의 '총체'라는 것을 말해 준다. 이 네 차원의 흐름 혹은 논리 하에 전개되는 그의 다양하고 폭넓은 국학에 대한 논의는 산발적이고 단편적인 차원을 넘어 일정한 방향성과 함께 지속 가능한 영역을 제시하고 있다고 볼 수 있다. 그가 제시하고 있는 국학의 방향성과 지속 가능한 영역이 구체적으로 무엇이고 또 어떤 것인지에 대해서는 이 네 차원의 흐름이 그의 저작들 내에서 어떻게 실현되고 있는지를 각각의 학문 혹은 그 학문의 하위 세목들을 통해 증명할 때 드러날 것이다. 이렇게 드러난 사실을 토대로 그의 국학의 전모를 파악하고 그것이 국학으로서의 어떤 보편타당성을 지니는지에 대해 고찰하는 것이 이 글의 궁극적인 목적이라고 할 수 있다.

2. 국학의 성립 원리와 지적 형상

2.1 기원과 발생의 원리와 지적 형상

조지훈의 학문 세계를 구명하는 데 있어서 가장 먼저 고려해야 할 것이 바로 '기원과 발생'의 논리이다. 이 논리는 우리의 민족 전통의 형식과 내용을 통해 국학을 정립하려는 그의 의도를 잘 반영하고 있다. 어떤 하나의 개념과 형식에 대해 그 기원과 발생을 구명하다 보면 자연스럽게 전통의 면모가 드러나게 된다. 어떤 개념과 형식이든 여기에는 역사적인 흔적과 계보가 존재할 수밖에 없다. 하지만 이 흔적과 계보는 우리가 쉽게 인지할 수 있는 형태로 제시되어 있지 않다. 그것은 은폐되어 있거나 원래의 것과는 다르게 변형된 형태로 존재한다. 사정이 이러하다면 여기에서의 문제는 그 역사적 흔적과 계보, 다시 말하면 기원과 발생을 '어떻게' 구명하는가 하는 데에 있다고 볼 수 있다. 만일 이 '어떻게'에 대한 고민 없이 이 문제에 접근하게 되면 우리가 발견하고자 하는 형식과 내용을 온전히 파악할 수 없게 될 것이다.

이 '어떻게' 혹은 어떤 하나의 개념과 형식에 대한 기원과 발생을 구명하는 방법이란 곧 그 구명 대상에 관계하는 '매개물'을 발견하는 것에 다름 아니다. 어떤 매개를 통해 대상에 관계하느냐의 문제는 단순한 도구의 차원을 넘어서는 존재 일반의 의미를 드러낸다. 이런 점에서 매개(매개물)는 세계에 대한 인간(사유 주체)의 관계를 함께 구성하고 규정하면서 현실의 근거제시에 참여하고 있는 것으로 볼 수 있다. 매개 내에 이미 사유 주체가 목적으로 하는 대상의 세계와 의식이 내재해 있기 때문에 이것을 무엇으로 결정하느냐의 문제는 실로 중요하다고 하지 않을 수 없다. 조지훈의 저작에는 이러한 고민의 흔적이 곳곳에 드러나 있다. 그가 우리의 전통에 이르기 위해 그 매개로 선택한 것은 '어원학(語原學, etymology)'이다. 어원학은 단어의 역사, 즉 그 단어가 어디에서부터 왔으며, 단어의 형태와 어미가 시간이 흐르면서 어떻게 변화하였는가를 연구하는 학문이다. 어원학의 이러한 특성은 기원과 발생의 논리를 통해 우리 전통을 구명하려는 그의 학문적인 의도와 잘 맞아떨어진다는 것을 알 수 있다. 그가 구명하려는 전통이 언어의 형식과 내용의 형태로 존재하기 때문에 언어의 역사에 대한 정치한 분석과 깊이 있는 해석은 중요할 수밖에 없다.

> 어원학(etymology)은 어의학(語義學) 곧 의미론(semantics)으로 더불어 우리 어학 연구에 가장 미개척의 분야이지만, 한국의 제 분야의 연구에 기초적 출발점이 되는 것이 이 어원학적 해명이다. 우선 한 예로 생명(生命)이란 말의 우리말은 '목숨'인데 그 목숨이란 말의 어원은 '목의 숨' 곧 후(喉)의 기식(氣息)이다. 이 말에서 우리는 우리의 조상들은 생명의 실재(實在)를 목숨 곧 호흡에 두었다는 것을 알 수 있다. 일본말에선 그것은 '이노치'요 그러므로, 그들은 생명을 '치(혈[血])' 곧 '피'로 보는 것이다. 남쪽을 '앞'이라 하고 북쪽을 '뒤'라고 하는 고어는 우리 민족이 북방에서 떠나 북을 뒤에 두고 남쪽으로 물결쳐 내려왔다는 것을 의미하게 된다. 이러한 간단한 두 마디 어원에서도 우리는 중대한 문제를 찾아 풀이해 낼 수 있다. 방위수사(方位數詞)·친족어휘·신앙어휘·관직명·도구명 등 중요한 어휘의 어원적 해명은 사상사, 사회경제사, 과학기술사 등 제 분야에 불가결한 기초적인 문제이다.[5)]

모든 학문 연구의 기초가 '어원학'에 있음을 밝히고 있다. 이것에 기초해서 보면 언어는 각각 기원과 발생의 내력을 지닌다. 어원학적인 차원이 아닌 단순히 의미론적인 차원에서 보면 '남북'은 남쪽과 북쪽이라는 방위를 드러내는 말이다. 하지만 그것을 어원학적인 차원에서 보면 남북은 "앞"과 "뒤"의 뜻을 지닌다. 남북이 이렇게 해석되는 것은 '북방에서 남방으로의 이동'이라는 우리 민족의 역사에 그 원인이 있다. 이렇게 되면 남북은 우리 민족의 특수한 지형적 역사성를 내재한 말이 되는 것이다. 어원학적인 차원으로 보지 않으면 포착해 낼 수 없는 의미라고 할 수 있다. 이것은 기원과 발생의 내력을 지닌 언어의 은폐된 매력에 다름 아니다.

언어의 내력이 남북처럼 한 단어의 형태로 드러나기도 하지만 그것은 또한 단어와 단어 사이의 관계의 형태로 드러나기도 한다. 인용문에서 "생명"이 바로 그것이다. 여기에서의 "생명"이라는 말은 한국에서는 "호흡"의 의미로, 일본에서는 "피"의 의미로 쓰인다. 이 차이는 이 각각의 말의 내력이 만들어 낸 차이이다. 그런데 이 차이란 언어의 차이이기도 하지만 달리 보면 그것은 언어가 기원해서 변화해 가는 과정에서의 사회, 문화적인 기반과 조건의 차이라고 볼 수 있다. 언어가 순수한 음성과 음운의 형식으로 존재하는 것이 아니라 그것이 사회·문화적인 산물의 한 형식으로 존재한다는 것은 언어가 인간 삶의 지각장 내에서 살아 꿈틀대는 역사적인 생명성을 지니고 있다는 것을 잘 말해 준다. 언어의 기원과 발생 내력을 탐색해 가면서 거기에서 흥미진진한 역사의 한 장을 만나는 것 같은 느낌을 받는 데에는 그것이 고정되지 않고 끊임없이 다양한 의미를 파생시키고 있기 때문이다.

언어의 내력이 드러내는 이러한 파생력을 「어원소고(語源小考)」와 「어원수제(語原數題)」의 "절(寺)", "부처(佛)", "중(僧)", "명색"[6] 등과 "켜다", "선달", "노다지", "따라지", "슬ㅋ장(실컷)", "방물장수"[7] 등의 어원을 풀어내는 과정에서 보다 자세하게 엿볼 수 있다. 이 각각의 단어들 역시 다양한 기원과 발생 내력을 지니고 있어서 우리가 미처 몰랐던 의미를 발견하는 데서 오는 지적 쾌감을 안겨 준다. 하지만 우리가 체험하는 지적 쾌감은 그것이 역사적으로 논쟁의 대상이 되고 있거나 많은 이들의 관심을 불러일으키고 있는 경우에는 배가 되기에 이른다. 이와 관련하여 이야기

5) 조지훈, 「어원수제(語原數題)」, 『조지훈 전집 8—한국학연구』(나남출판사, 1996), 179-180쪽.

6) 조지훈, 「어원소고(語源小考)」, 위의 책, 169-177쪽.

7) 조지훈, 「어원수제(語原數題)」, 위의 책, 180-188쪽.

할 수 있는 대표적인 예가 "사뇌가"와 "아름다움", "고움", "멋" 등에 대한 해석이라고 할 수 있다. 이 중 "사뇌가"는 여러 학자들에 의해 다양한 각도에서 해석이 행해졌지만 논란의 여지를 많이 지니고 있는 단어로 이것을 해석하는 일은 곧 이두식으로 표기된 신라 향가의 성격을 구명하는 일이기 때문에 보다 많은 관심을 불러일으킨 것으로 볼 수 있다.

"아름다움", "고움", "멋" 등의 어원에 대한 해석은 그것이 한국의 미를 구명하는 것이라는 점에서 주목에 값한다. 한국의 미가 무엇인지에 대해서는 그동안 적지 않은 논의가 있어 온 것이 사실이다. 주로 한국학에 관심을 가진 이들을 중심으로 한, 신명, 그늘 같은 개념을 우리의 전통적인 민중문화양식으로부터 도출해 내 한국의 미 혹은 미학으로 정립하려는 시도가 있어 왔다. 서구 미학의 기세에 눌려 거의 질식할 것 같은 우리 미학을 어렵게 살려 낸 것만으로도 이들의 공로는 주목받아 마땅하다고 본다. 조지훈의 "아름다움", "고움", "멋"에 대한 어원학적 관심과 탐구 역시 이와 다르지 않다. 그는 "아름다움"을 "고움"과 "멋"의 바탕으로 간주하면서 그것을 "한국적 미의식을 대표하는 말"[8]로 보고 있다. 이 과정에서 그는 "아름다움"의 고어원형(古語原形)으로 "아름다옴"을 제시하고 있다. 그런데 "아름다옴"에서 "아름"은 "사(私)의 고훈(古訓)"[9]이라는 것이다. "아름다움"을 이렇게 보는 근거로 그는 『두시언해(杜詩諺解)』, 『내훈(內訓)』, 『명률(明律)』, 『유합(類合)』 등에 표기된 것들을 예로 들고 있다.

"아름다움"을 "사(私)"의 의미로 해석함으로써 그는 이미 "우리 말은 어원 자체로서 애초부터" 미적 체험이 "개인의 개성적 판단"[10]의 하나로 인식되고 있었다는 것을 밝혀내고 있다. 우리의 아름다움이라는 말이 그 안에 이미 "개인의 개성적 판단"이라는 근대적인 미의 이념을 내재하고 있다는 사실에 대한 발견은 우리 미의 정체성을 정립하는 데 중요한 근거 논리를 제공한다고 볼 수 있다. 그러나 우리의 미와 관련하여 그가 어떤 것보다도 심혈을 기울여 논증하고 있는 말은 "멋"이다. 그는 이 "멋"을 "정신미의 한 양상"[11]으로 규정하고 있는데 이것은 "멋"이 "모

---

8) 조지훈, 「멋의 연구」, 위의 책, 180쪽.

9) 위의 글, 375쪽.

10) 위의 글, 376쪽.

11) 위의 글, 387쪽.

든 미의 안에 깃들여 있는 초월미"[12]라는 것을 의미한다. 이것을 증명하기 위해 그는 "멋"과 "맛"의 어원을 비교하고, 또 "멋"에서 파생된 15종의 말을 하나하나 분석해 낸다. 이를 통해 그는 "멋의 형태", "멋의 표현", "멋의 정신" 등 "멋의 미적 내용"[13]을 밝혀내고 있다.

> 첫째, 멋의 형태는 이를테면 멋의 현상이요, 둘째, 멋의 표현은 멋의 작용이며, 셋째, 멋의 정신은 곧 멋의 본질이다. 우리는 여기서 멋의 현상이 멋의 작용의 결과란 것과, 멋의 작용이 멋의 본질의 형식화임을 알았고, 동시에 멋의 본질은 멋의 현상을 떠나서 파악될 수 없음을 보았다. 다시 말하면, 멋이란 명사의 관념내용은 '멋지다' 등의 형용사들과 '멋내다' 등의 동사에서 추상된 개념이란 말이다. (…)
>
> 특히 마지막 대목인 '멋의 미적 내용(三)에서 멋의 정신, 미의 이념 내용을 고찰함으로써 우리는 미적 범주로서의 멋이 어느덧 생활일반의 이념으로 미적 범주를 뛰어넘은 더 고차의 범주화하고 있음을 보았다.
>
> 이에 이르러 멋은 이미 도의 경지임을 알 것이다. 다시 말하면, 미적 가치의 하나인 멋은 특수미로서 도리어 진(眞)의 가치, 미(美)의 가치를 종합하고 넘어서 성(聖)의 가치에 도달한 것을 알 수 있다. 미로 들어가 미를 벗어나는 '멋'은 미 이상 곧 선이미(善而美)·진이미(眞而美)이면서 또한 그대로 미의 범주인 셈이다.[14]

우리의 "멋"이라는 말이 지니는 의미가 "미"이면서 "미"를 초월해서 존재한다는 해석은 그것의 심원함을 드러내는 것에 다름 아니다. "멋"의 이러한 한국적인 특성 때문에 이에 대한 많은 논의가 있어 온 것이다. 이것은 분명 "멋"이 우리의 미의 세계를 내포하고 있는 말이라는 사실을 의미한다. "멋"의 어원 탐구에서 볼 수 있듯이 그의 기원이나 발생에 대한 관심과 탐구는 하나의 견고한 방법론으로 구체화되어 있는 것이 사실이다. 이것은 그의 어원학적인 방식이 언어에 대한 차원을 넘어 하나의 의식화된 형태로 존재한다는 것을 의미한다. 이런 맥락에서 볼 때 그의 '샤머니즘'과 '단군신화'에 대한 애정 어린 관심과 깊이 있는 탐색은 지극히 자연스러

12) 위의 글, 388쪽.

13) 위의 글, 441쪽.

14) 위의 글, 441-442쪽.

운 것이라고 할 수 있다. 그가 샤머니즘과 신화에 적극적인 이유는 그것이 각각 한국의 종교와 국가의 기원을 내재하고 있을 뿐만 아니라 그것은 또한 우리의 문화와 사상의 기원을 내재하고 있기 때문이다.

그는 우리의 샤머니즘을 불교, 도교, 유교, 천주교 같은 외래 종교보다 먼저 이 땅에 존재한 신앙으로 보고 있다. 이 사실은 우리의 샤머니즘이 우리 고유의 신관과 세계관을 지니고 있다는 것을 말해 준다. 그는 우리의 샤머니즘에서의 신에 대한 관념을 기반으로 한국인의 신에 대한 관념을 규정한다. 그에 의하면 "한국인의 주신은 유일신적이기도 하나 다신(多神)을 초월한 유일신이 아니요 다신 가운데 있는 일신(一神)이며, 일지상신적(一至上神的)이기도 하나 다신을 통솔하는 일신이 아니요 다신에 분화된 일신이며, 다신이 교체되는 일신이 아니요 일신이 변화하는 다신"[15]이라고 규정하고 있다. 서구 기독교에서의 유일신 개념과는 다른 하나이면서 동시에 여럿인 신, 다시 말하면 이 "일이다신(一而多神)"[16]으로서의 신관을 우리의 샤머니즘의 기원과 발생의 내력을 통해 밝히고 있는 것이다. 하지만 그는 우리의 샤머니즘에 이러한 고유의 독특함만이 존재하는 것으로 이해하고 있지는 않다. 그는 "우리의 샤머니즘은 도교·불교·유교의 공통된 인자(因子)를 가졌고, 그 공통된 인자로서 자기동화의 계기와 요소를 삼은 것은 우리가 우리의 사상을 분석하면 용이하게 발견할 수가 있는 것"이라고 하여 샤머니즘의 범종교적인 보편성에 대해서도 이야기하고 있다.

샤머니즘 못지않게 그가 강조하고 있는 것은 '단군신화'의 기원과 발생의 내력이다. 그는 신화를 "인간이 발견한 정치와 사회와 과학과 문학과 역사의 원형"으로 인식하고 있는 동시에 그것을 "신화라는 공통된 본질의 민족적 표현과 민족적 변성과 민족적 소장(消長)에 지나지 않는다"[17]고 인식하고 있다. 이것은 샤머니즘처럼 신화 역시 특수성과 보편성을 동시에 지니고 있는 양식이라는 것을 의미한다. 그는 단군신화를 비롯한 우리의 신화를 "실제 사실"[18]의 차원에서 접근할 것이 아니라 "신화" 혹은 "신화학"[19]의 차원에서 이해하고 해석해 줄 것을 당부하고 있

---

15) 조지훈, 「한국사상사의 기저」, 『조지훈 전집 7—한국문화사설』(나남출판사, 1996), 96쪽.

16) 위의 글, 95쪽.

17) 위의 글, 57쪽.

18) 조지훈, 「한국정신사의 문제」, 『조지훈 전집 7—한국문화사설』(나남출판사, 1996), 232쪽.

다. 신화의 차원에서 "학적으로 분석하여 하나의 통일된 해석체계를 세우"[20]는 것이 올바른 접근법이라는 것은 단군신화의 기원과 발생의 내력을 통해 그 안에 내재해 있는 우리 민족의 신앙과 사상 그리고 사회·문화적 이상을 보다 풍부하고 심층적인 차원에서 해석하려는 의지로 볼 수 있다. 그것이 언어든 아니면 샤머니즘이나 신화든 그것의 기원과 발생의 내력에 대한 빈곤은 우리의 전통에 대한 빈곤으로 이어질 수 있다는 점에서 여기에 대한 그의 진지한 모색은 중요한 의미를 지닌다고 할 수 있다.

2.2 존재와 생성의 원리와 지적 형상

조지훈의 학문 세계 구명에서 중요한 원리로 작용하고 있는 것 중에 존재와 생성의 원리가 있다. 하나의 세계를 존재의 차원으로 볼 것이냐 아니면 생성의 차원으로 볼 것이냐의 문제는 세계를 이해하고 해석하는 데 중요한 차이를 드러낸다. 전자의 경우는 세계를 본질 혹은 영원하고 보편적이며 이상적인 존재로 보는 것을 말하고, 후자는 세계를 흐름, 우연(우발), 변화의 차원으로 보는 것을 말한다. 우리가 형이상학적이고 변하지 않는 것으로 인식되는 세계는 존재에, 그리고 끊임없이 차이들을 드러내는 경험적으로 만나는 세계는 생성에 속한다고 할 수 있다. 그런데 존재와 생성은 명확하게 분리되어 있다기보다는 밀접하게 연관되어 있다. 근대 이후 존재에서 생성으로의 인식 전환이 이루어지면서 사회·문화에 대한 해석도 이 관점에서 이루어지고 있는 것이 사실이다.

조지훈은 세계를 볼 때 존재와 생성을 아우르는 관점을 취하고 있다. 두 개의 관점이 양립할 수 있느냐의 문제는 쉽게 예단할 수 있는 것은 아니다. 존재에서 생성으로의 전환을 이야기하지만 사실 존재로부터 벗어나는 것은 생각처럼 쉽지 않다. 우리가 생성의 관점에서 세계를 인식하고 있다고 하지만 우리는 어느 순간 그것을 존재의 언어로 표상하고 구체화하는 자신을 발견할 때가 있다. 이것은 일종의 존재의 아상(我相) 같은 것이며, 그것을 인위적으로 배제하려고 하는 것보다 생성의 차원에서 그것을 성찰하고 반성하는 과정이 필요하다고 본다. 지훈은 존재와 생성의

---

19) 위의 글, 229쪽.

20) 위의 글, 231쪽.

차이보다는 그것을 동등하게 동시적으로 세계 내로 가지고 들어와 자신의 학문, 특히 '한국문화사'를 인식하는 방법으로 활용하고 있다. 이런 점에서 그의 방법론 자체에 대한 문제 제기보다는 그것을 통해 그가 드러내려고 한 것이 무엇인지에 초점을 맞추는 것이 보다 생산적인 논의가 되리라고 본다.

> 우리는 민족성(民族性)을 고구(考究)하는 방법으로 두 가지 상반된 견해를 가지고 있다. 그 하나는 민족성을 존재(存在)의 측면에서 보려는 견해요. 다른 하나는 민족성을 생성(生成)의 측면에서 보려는 견해이다. 역사를 존재의 측면에서 보는 이들은 한 민족이나 문화의 특성을 역사적으로 항구 불변하며 사회적으로 절대 보편된 고정적·개체적·심적 존재로 보고 그것을 설명하려 한다. 이러한 견해를 좇으면 민족성이나 민족문화의 가변성(可變性)을 처리할 수 없으며, 더구나 이미 추출 설정한 것이 정반대되는 성격의 발현을 설명할 수 없게 된다. 왜 그러냐 하면 이러한 관념적 존재론은 어느 의미에서 자연적·인과율적 입지와 통하기 때문이다.
>
> 그러나, 다른 하나의 방법인 생성(生成)의 측면에서 보는 이들은 한 민족이나 문화의 특성을 단순히 시대적인 것으로만 보고 생성 전변(轉變)의 유동태(流動態)로서 그것을 설명하려 한다. 이와 같은 견해에 좇으면 그 생성과 전변의 주체, 곧 '무엇'이 변하고 흐르는가에 대해서는 아무 해명도 줄 수는 없다. (…) 만일 민족성이 단순히 일시적인 것이라면 그것은 민족성이란 이름에 값하지 못할 것이요, 이는 참된 민족성의 개념으로서는 무의미하다고 볼 수 있으니, 민족성은 일시적 성향이 아니고 통시적인 영항성향(永恒性向)이기 때문이다. 그 시간과 공간 안의 생활 주체인 인간 곧 민족을 빼어 버리고서 민족성을 생각할 수는 없다.
>
> 그러므로, 민족성은 역사적으로 생성되지만 그것은 다시 역사의 주체로서의 고유소(固有素), 곧 기본소(基本素)를 지님으로써 역사를 움직이는 범이다. 바꿔 말하면, 민족성은 생성과 존재의 어느 한 측면에서가 아니라 그것들의 통일에서 체득되고 파악되어야 한다는 말이다.[21]

그의 존재와 생성의 원리는 "민족성"을 "고구(考究)"하는 과정에서 제기된 것이

21) 조지훈, 「한국문화사 서설」, 『조지훈 전집 7—한국문화사서설』(나남출판사, 1996), 19-20쪽.

다. 그는 "민족성"이 온전히 드러나기 위해서는 "존재"와 "생성"의 방법이 모두 필요하다고 판단한다. 만일 존재의 원리로만 그것을 판단할 경우 "민족성이나 민족문화의 가변성(可變性)"과 "정반대되는 성격의 발현을 설명할 수 없게 된다"고 보고 있다. 또한 만일 그것을 생성의 원리로만 판단할 경우 "생성과 전변의 주체, 곧 '무엇'이 변하고 흐르는가에 대해서는 아무 해명도 줄 수는 없다"는 것이다. 이렇게 어느 하나의 원리만으로는 "민족성"을 온전히 파악할 수 없기 때문에 이 둘을 "통일"해서 "체득되고 파악되어야 한다"고 말한다. 생성의 "가변성(可變性)"과 존재의 "주체성"을 모두 포괄할 때 "민족성"이 온전히 드러난다는 그의 논리는 '본질과 현상', '보편과 특수', '정신과 육체' 같은 명제들을 환기한다. 어느 한쪽에 대한 강조보다는 둘을 아우르는 균형 감각을 유지한다는 점에서 보면 그의 태도는 급진적이고 해체적이기보다는 온건하고 보수적이라고 할 수 있다.

이렇게 "민족성"을 구명하는 원리로 작용한 존재와 생성은 다시 "기본적인 것"과 "파생적인 것"으로 변주되어 드러난다. 그에 의하면 전자는 "사람의 자율 능력으로는 어쩔 수 없는 자연적 성격을 띠고 쉽게 변하지 않는 것"을 말하며, 후자는 "환경과의 조화를 통하여 얻는 문화적 속성을 띠고 시대와 환경에 따라서 변화하는 것"을 말한다. 이런 원리에 입각해 그는 민족성을 넘어 한국문화의 성격을 구명하는데, 그에 의하면 한국문화는 우리의 자연환경 혹은 풍토에 큰 영향을 받아 형성되었다는 것이다. 즉, "해양적이고 대륙적인 지리적 특징"은 "다린(多隣)적"이면서 "고립적"인 정치적 환경과 "주변적"이고 "중심적"인 문화적 환경을 낳았다는 것이다. 그런데 그는 이러한 환경이 우리 민족에게 "평화성(平和性)"과 "격정성(激情性)", "낙천성" 또는 "향락성"과 "감상성"이라는 민족적이고 문화적인 자질로 나타났을 뿐만 아니라 "원효(元曉)· 의상(義湘)의 불학(佛學)", "퇴계(退溪)·율곡(栗谷)의 유학(儒學)", "세종대왕과 정다산(茶山 丁若鏞), 최수운(水雲 崔濟愚)" 그리고 "꿈", "슬픔", "힘", "멋", "끈기", "은근", "맵짭" 등을 낳았다고 보고 있다.

그의 논의는 존재와 생성에서 비롯된 원리가 기본적인 것과 파생적인 것으로 변주되고, 다시 그것이 자연적인 환경과 문화적인 환경으로 변주된다는 것이 핵심 골자이다. 이 과정에서 그는 특히 자연적인 환경을 강조한다. 이 환경이 우리 민족의 기질, 성격, 정서는 물론 정치, 종교, 문화, 예술 등의 형성에 기반을 제공하고 있다고 본다. 우리의 지리적인 자연 환경을 매개에 대한 구체적인 제시 없이 다양한 인간 환경과 사회·문화적인 제도의 차원으로 확대 적용한 감이 없지 않지만 둘 사이의 개연성은 존재한다고 볼 수 있다. 분명 반도라는 지리적 환경은 우리의 의식과 그것에 기반하여 성립된 우리의 문명과 문화의 양식에 직·간접적으로 영향을 미쳐온 것이 사실이다. 그가 언급한 것처럼 이러한 반도로서의 지리적 환경은 "관계(多隣)"와 "고립", "중심"과 "주변"이라는 서로 상반되는 두 세계 사이의 긴장이 첨예하게 살아 있다는 것을 의미한다.

이러한 반도적 환경의 영향으로 탄생한 것 중에 '예술'은 특별한 관심을 끈다. 다양한 곳으로부터 영향을 받아서(중심→주변), 그것들과는 다른 독창적인 예술을 창조해 내는(주변→중심) 이러한 일련의 플렉서블(flexible)하고 역동적인 흐름은 반도가 드러내는 속성과 다르지 않다. 가령 "고려 청자"를 예로 들어 보자. 고려의 자기는 "송(宋)·원(元)의 영향을 받았"[22]지만 그것을 넘어선다. 중국 자기는 "중후한 양감(量感)"과 "좀 무딘 선"의 형태미를 드러내지만 우리의 고려 청자는 "알맞은 양감", "유려한 선", "우아한 모습", "전체와의 균형과 조화", "세련된 구성" 등의 형태미를 드러낸다. 또한 고려 청자는 중국의 자기에서는 발견할 수 없는 "상감(象嵌)"[23]이라는 독창적 기법을 사용하고 있다.

고려 청자에서 발견할 수 있는 이러한 독창성은 신라의 "불국사"와 "석굴암" 등에서도 발견할 수 있다. 인도와 중국으로부터 들어온 불교와 불교적 양식들은 신라에 와서 일정한 변주를 거쳐 새롭게 탄생하는데 그 대표적인 것이 바로 불국사와 석굴암인 것이다. 불국사의 석탑 계단은 "중국에서도 일본에서도 볼 수 없"는데 그 "기교함이 인공미의 극치"[24]를 보여 주고 있다. 석굴암은 "중국의 석굴불상을 본뜬 것"이나 "궁륭상(穹隆狀)의 원개(圓蓋)를 가진 구성은 다른 곳에 유례"가 없으며, 석굴암 불상의 모델은 "인도·중국·일본의 어떤 불상보다도 특이하고 원만한 풍모"[25]를 지니고 있다. 하지만 석굴암의 독창성은 불상 그 자체에서도 발견할 수 있지만 그것의 정수는 "불국사 뒷산 동해를 바라보는 단애(斷崖)의 옆에 있어 아침해 뜰 무렵 햇빛이 굴 내를 비출 때의 기관(奇觀)"[26]에 있다고 할 수 있다. 석굴암의 변주 혹

---

22) 조지훈, 「한국예술의 흐름」, 위의 책, 151쪽.

23) 위의 글, 152쪽.

24) 위의 글, 147쪽.

25) 위의 글, 148쪽.

은 독창성은 반도 내로 들어온 외래적인 양식들이 지향해야 할 궁극을 표현한 것이라고 볼 수 있다.

불교와 불교적 양식이 인도와 중국으로부터 들어오기 전 신라는 고립되고 한낱 주변부에 위치한 그런 존재성을 지닌 국가였다. 하지만 불국사와 석굴암 같은 독창적이고 심원한 건축물을 만들어 내게 되면서 신라는 더 이상 외부와 고립되지도 또 주변부에 위치한 국가도 아니게 되었다. 이제 신라는 외부와 관계성이 확보되고 새로운 중심으로 부상하게 된 것이다. 이것은 반도라는 지리적인 환경 내에서 잉태된 예술이 어떤 식으로 반도성을 드러내고 있는지를 탐색하고 있는 것이지만 넓게 보면 그것은 예술을 통해 존재와 생성의 문제를 구명하고 있는 것이다. 반도의 특성상 이 땅의 예술 혹은 문화, 종교, 정치, 철학, 사상 등은 외부와의 관계 속에서 끊임없이 변화하고 차이를 드러낼 수밖에 없는 동시에 그것을 잉태한 사회 혹은 역사적 전통 내에서 각각의 정체성이 정립되어져야 하는 운명을 드러낸다고 할 수 있다. 이 운명은 이 땅에 살고 있는 우리 모두에게도 해당되며, 그것은 또한 우리의 민족성과 민족문화의 정립에도 해당된다고 할 수 있을 것이다.

2.3 중용과 혼융의 원리와 지적 형상

조지훈의 학문에 대한 태도에서 주목을 끄는 원리 중의 하나가 바로 중용과 혼융이다. 중용과 혼융은 단순한 인식 차원을 넘어 실천과 행위 차원까지 포괄하고 있다는 점에서 남다른 문제의식을 드러낸다. 먼저 중용이란 사람이 세상을 살아가면서 지녀야 할 자세와 태도를 말하는 것이다. 인간은 다른 사람과의 관계 내에서 혹은 관계를 통해 삶을 영위한다. 이 과정에서 취해야 할 자세와 태도, 다시 말하면 말, 행동, 감정 표현이 지나치지도 또 부족하지도 않게 상황에 맞게 적절하게 대처해야 한다는 것이 바로 '중용(中庸)'이다. 갑골문에서 이 중(中)은 깃대를 뜻하며, 이 깃대가 움직이지 않고 중심을 잘 잡아주기 때문에 바람에 깃발이 날려도 문제가 되지 않는 것이다. 이것은 중용이 어느 쪽으로 치우침 없이 상황에 맞게 적절히 잘 대응한다는 의미를 담고 있다는 것을 말해 준다.

중용에 대한 지훈의 관심은 그의 저작 곳곳에 드러나 있지만 그것을 잘 보여 주

---

26) 위의 글, 148쪽

고 있는 것은 『채근담』이라고 할 수 있다. 이 책은 중국 명나라 때 홍자성이 저작한 것이고, 지훈은 그것을 역주한 것이다. 역주란 책의 내용을 단순히 축어적으로 옮기는 것이 아니라 그것을 자신의 관점으로 재해석하는 것을 말한다. 이로 인해 이 책을 누가 역주하느냐에 따라 그 맛과 결은 달라지게 된다. 지훈의 역주는 '채근(菜根)'의 담박(淡泊)한 미를 잘 살린 것으로 정평이 나 있다. 그는 "채근담을 읽고 동양의 생리를 알았고 동양의 마음을 느낄 수가 있었다"고 고백한다. 그가 말하는 "동양의 생리" 혹은 "동양의 마음"이란 "한 가지 공식과 논리만으로 모든 사람을 율(律)하려 하지 않고 때와 자리와 사람에 따라 그 잘못되기 쉬운 약점을 지적하"는 그런 "융통자재(融通自在)의 현실적 윤리"를 말하는 것이다. 이로 인해 『채근담』의 논리는 "전후(前後)가 모순되는" 듯이 보이지만 "그 자체로서는 조금도 모순이 없으며 또 그 모순이 바로 생활에 즉(卽)한 논리의 바탕"[27]이 되기도 한다.

『채근담』에서 중용의 이러한 원리를 잘 보여 주고 있는 장은 '수신과 성찰'편 46장과 47장이다.

기상(氣象)은 높고 넓어야 하나 소홀해서는 안 되고, 심사(心思)는 빈틈이 없어야 하되 잘게 굴어서는 안 된다. 취미는 담박(淡泊)한 것이 좋으나 고조(枯燥)에 치우쳐서는 안 되고, 지조(志操)를 지킴에는 엄정해야 하지만 과격(過激)해서는 안 된다.

[原文] - 前 81

氣象은 要高曠이되 而不可疎狂이며 心思는 要縝密이로되 而不可瑣屑이며 趣味는 要冲淡이되 而不可偏枯며 操守는 要嚴明이로되 而不可激烈이니라[28]

청백(淸白)하면서 너그럽고 어질면서 결단을 잘하며 총명하면서 지나치게 살피지 않고 강직하면서 너무 바른 것에 치우침이 없으면, 이를 꿀 발라도 달지 않고 바다 물건이라도 짜지 않음과 같다 하리니 이것이 곧 아름다운 덕(德)이 된다.

---

27) 조지훈, 「머리말」, 『조지훈 전집 9—채근담』(나남출판사, 1996), 13-15쪽.

28) 조지훈, 「修省篇 46」, 위의 책, 247쪽,

[原文] - 前 83

淸能有容하며 仁能善斷하며 明不傷察하며 直不過矯면 是謂蜜餞不甛하며 海味不鹹이니 裳是懿德이니라.[29]

사람이 취해야 할 '중(中)'의 태도가 잘 드러나 있는 장이다. 여기에 제시된 내용은 상호모순성을 띠고 있다. 이 모순된 것을 아우르고 그것을 인식을 넘어 실천의 장에서 실현할 때 비로소 중용의 세계가 드러나는 것이다. 이런 점에서 볼 때 중용을 실천하는 일은 결코 쉽지 않다. 공자조차도 중용의 길을 실천하는 것이 어렵다고 하지 않았던가. 그래서 중용(中庸)을 '중도(中道)'라고 하는 것이다. 그것을 하나의 '도(道)'의 차원으로 인식하고 여기에 정진할 때 비로소 성취할 수 있는 세계가 바로 중용인 것이다. 공자 이래 많은 유학자들이 중용을 통해 실천궁행의 길을 모색했으며, 타인 또는 만물과 더불어 함께 사는 길을 모색한 이유가 여기에 있다. 중도의 차원에서 보면 만물이 함께 살아도 서로 해치지 않고, 도(道)가 병행해도 서로 어긋나지 않는다.

이처럼 중용이 삶의 큰 길을 제시하고 있기 때문에 지훈 역시 중용의 도를 따르려고 했던 것이다. 중용에 대한 그의 이러한 태도는 그가 살던 시대와 분리해서 이야기할 수는 없을 것이다. 그가 살던 시대는 이념의 시대라고 해도 과언이 아니다. 둘 중에 어느 하나를 선택해야만 했던 시대에 중용의 도를 실천한다는 것은 곧 그것이 회피와 허무로 오해받을 수 있는 여지와 함께 자신의 진의가 왜곡되기 쉽다는 것을 의미한다. 하지만 그는 중용의 길을 회피하지 않았고 그러한 그의 모습이 『지조론』을 비롯하여 『한국민족운동사』, 『한국학연구』 등에 잘 드러나 있다. 특히 『지조론』에서 그가 취한 태도는 당대의 혼란과 격동 속에서 우리가 더불어 함께 사는 길을 소신 있게 제시하고 있다는 점에서 실천궁행하는 지식인의 모습을 엿볼 수 있게 한다. 그는 「젊은이와 현실」, 「선비의 도(道)」, 「혁명에 부치는 글」, 「민족의 길」, 「문화전선(文化戰線)에서」[30] 등을 통해 중용의 관점에서 시대적 현실을 넘어 우리 민족의 갈 길을 제시하고 있다. 특히 「선비의 도」에서 그가 강조하고 있는 "지조(志

---

29) 조지훈, 「修省篇 47」, 위의 책, 248쪽.

30) 조지훈, 『조지훈 전집 5—지조론』(나남출판사, 1996), 9-13쪽.

操)"[31]라든가 "지성인의 사명(자세)"[32]은 우리의 유학 전통에서 선비가 지녀야 할 중용의 길을 다시 현대의 장으로 불러내고 있다는 점에서 주목에 값한다.

그가 제기한 중용의 원리는 "멋"을 구명하는 데에도 활용되는데, 그는 여기에서 "멋의 중절성(中節性)"을 강조한다. 이것은 "변조의 절도"를 말하는 것이다. 멋이 "정감의 상태나 제작의 형태에 따라 표현된 것"이긴 하지만 이 과정에 "절도"와 "조화"와 같은 "중절"[33]이 개입되어 멋이 탄생했다는 것이 바로 그것이다. 이 절도와 조화로서의 중절성은 우리의 음악, 미술, 문학, 무용, 건축, 조각 등에 작용하고 있는 한 원리라고 할 수 있다. 이처럼 중용이 인간의 의식과 행동을 수양하기 위한 원리로 그친 것이 아니라 우리의 사회·문화·예술 전반을 아우르는 원리로 작동하고 있다는 것은 그것이 쉽게 사라질 성질의 것이 아니며, 우리 혹은 우리 삶의 심층 어딘가에 자리하고 있다는 것을 말해 준다.

중용이 지니는 이러한 특성은 그것이 분리와 배제보다는 통합과 포괄의 원리에 가깝다는 것을 의미한다. 중용의 도가 살아 있으면 어느 한쪽이 배제되거나 소멸되는 것이 아니라 각자 각자가 자신의 정체성을 유지하면서 하나로 어우러지게 되는 것이다. 인간이 타인 또는 만물과 더불어 함께 살 수밖에 없는 상황에서 가장 문제가 되는 것 중의 하나는 어우러짐의 방식일 것이다. 어떻게 어우러지는 것이 가장 이상적인 방식일까? 반도라는 지정학적인 특성상 문화와 문명의 흐름이 활발하게 전개되어 온 우리의 경우 이 고민은 많은 갈등과 혼란을 통해 정립되어 온 것이 사실이다. 특히 종교, 사상, 문화의 차원에서 이 문제는 첨예하게 드러났고 또 치열하게 모색되었다고 할 수 있다. 이 고민과 모색의 결과가 어떤 경우에는 기계론적인 결합이나 형식적인 통합으로 나타나기도 하고, 또 어떤 경우에는 의식적이고 정신적인 융합이나 혼융의 형태로 드러나기도 한다. 이 중에서 가장 이상적인 것은 '혼융'의 방식이라고 할 수 있다. 혼융이란 온전한 융화를 말하는 것이다.

그러나 과연 온전한 융화란 존재하는 것일까? 여기에 대한 인식의 정도 차이는 있겠지만 온전한 융화 다시 말하면 혼융이라고 할 만한 것이 없다고는 할 수 없을 것이다. 이와 관련하여 조지훈은 "샤미니즘"과 "동학"을 주목한다. 이 둘은 외래적

31) 조지훈, 「지조론(志操論)」, 위의 책, 93-101쪽.

32) 조지훈, 「선비의 직언(直言)」, 위의 책, 102-107쪽.

33) 조지훈, 「멋의 연구」, 『조지훈 전집 8—한국학연구』(나남출판사, 1996), 438쪽.

인 것을 우리화한 대표적인 사상들이다. 하지만 전자는 우리뿐만 아니라 세계 여러 나라에 공통적으로 나타나는 현상이라는 점에서 후자와는 차이가 있다. 그는 "한국 사상과 한국 문화는 도·불·유는 물론 기독교까지지도 샤머나이즈해서 받아들인 것"[34]으로 보고 있다. 이것은 "한국 사상과 문화의 기저"에 샤머니즘이 자리하고 있다는 것을 말해 준다. "샤머나이즈하"는 과정에서 대립과 갈등이 없었던 것은 아니지만(기독교와 샤머니즘) 우리의 경우는 외래 종교와 샤머니즘이 비교적 자연스럽게 융화된 것으로 이해해도 무방하리라고 본다.

외래 종교의 "샤머나이즈화"처럼 외래 종교 혹은 서학을 "천도" 혹은 "동학"이라는 이름으로 통합한 예도 있다.

> 또 하나의 한국 사상의 특질은 모든 대립된 것을 한 솥에 넣고 끓여서 별다른 하나의 세계를 창출해 낸다는 절충(折衝)과 융섭(融攝), 수용과 환원의 성격이 농후하다는 점입니다. 원효의 화쟁사상(和諍思想)이나, 지눌(知訥)의 정혜쌍수사상(定慧雙修思想) 휴정(休靜)의 선교융섭사상(禪敎融攝思想) 등이 모두 다 그 좋은 예입니다. 최수운(崔水雲)의 사상 같은 것도 유·불·도를 하나의 솥에 넣어 끓여서 새로 만들어 낸 것입니다. 그의 사상은 3교를 융합했다고 일컬어지면서도 유·불·도가 합쳐서 천도(天道)가 된 것이 아니고 천도의 일부가 나뉘어진 것이 유·불·도라고 해석했습니다. 당시 천주교의 자극을 받아 그를 섭취하고 도리어 그의 도를 서학(西學)에 반립하는 동학(東學)으로 설정한 것 같은 것도 이 환원성이 두드러진 표현인 것입니다. 최수운의 사상에 강력한 영향을 준 것은 그의 가학(家學)인 유학이요, 그의 선조인 최고운(崔孤雲)의 선행(仙行)과 원효의 민족불교사상이었습니다.[35]

조지훈은 우리의 "동학" 혹은 "천도교"를 동양의 "유·불·도"와 서양의 "천주교", 그리고 "최고운(崔孤雲)의 선행(仙行)"과 "원효의 민족불교사상" 등을 "하나의 솥에 넣어 끓여서 새로 만들어 낸 것"으로 보고 있다. 이 행간에 들어난 의미대로라면 "동학"은 최고의 "융합" 종교인 것이다. "동학"이 "융합" 종교라는 것은 누구나 다 알고 있는 사실이지만 그것이 '온전한 융화' 혹은 '완전한 융화'로서의 종교라고

34) 조지훈, 「한국 사상 논고」, 위의 책, 281쪽.

35) 위의 글, 285쪽.

하는 데는 이견이 있을 수 있다. 하지만 그는 "동학"이 하나의 온전한 혹은 완전한 융화의 종교로 인식하고 있는 듯하다. 이것은 "유·불·도를 하나의 솥에 넣어 끓여서 새로 만들어 낸 것입니다"라는 표현과 "그의 사상은 3교를 융합했다고 일컬어지면서도 유·불·도가 합쳐서 천도(天道)가 된 것이 아니고 천도의 일부가 나뉘어진 것이 유·불·도라고 해석했습니다"라는 표현을 통해 잘 드러난다. 분명 이 표현들에는 과장된 면이 있다.

그러나 그가 이렇게 표현하고 있는 데에는 그 나름의 의도가 있다고 볼 수 있다. "서학"과 대비되는 차원으로서의 "동학"에 대한 강조는 단순히 우리 것에 대한 강조를 넘어 그것이 내재하고 있는 개방성, 주체성, 평등성, 다원성 같은 것들을 통해 우리 민족의 잠재된 가능성을 동학에서 보았기 때문이다. 이런 점에서 동학은 "수운"이 만든 종교 차원에 국한되지 않고 그것을 넘어 우리 민족 전체를 아우르는 하나의 상징으로 그 범주가 확대되기에 이른다. 그가 동학을 이야기하면서 "수운" 이전의 "원효", "지눌", "휴정"을 언급한 것도 이런 맥락에서라고 할 수 있다. 이들은 모두 한국 사상의 흐름 위에 있는 인물들이며, 이들의 사상은 모두 한국 사상의 특질 즉 "모든 대립된 것을 한 솥에 넣고 끓여서 별다른 하나의 세계를 창출해 낸다는 절충(折衝)과 융섭(融攝), 수용과 환원의 성격"을 지닌다. 이런 점에서 한국 사상의 특질을 구명하기 위해 그가 찾아낸 이 인물들과 그들의 사상은 언제나 온전한 융화 다시 말하면 '혼융(渾融)'의 세계 내에 있다고 할 수 있다.

2.4 정신과 생명의 원리와 지적 형상

조지훈의 학문 세계를 논할 때 정신과 생명을 빠트리고 이야기할 수는 없을 것이다. 우리는 수양으로서의 정신을 강조하는 오랜 전통을 가지고 있다. 시(詩)·서(書)·화(畵)가 단순 기능이 아니라 그것을 행하는 사람의 됨됨이, 다시 말하면 그 사람이 지니는 정신을 드러낸다는 것은 우리의 예술 혹은 학문이 '예(禮)'를 기본으로 한다는 것을 잘 말해 준다. 이 예는 인간이 지켜야 할 기본 도리로서 '제사의례(祭祀儀禮)'가 대표적인 것이다. 우리가 제사의례를 중시한다는 것은 조상을 숭배한다는 것이지만 그것은 달리 말하면 '역사'에 대한 중시라고 할 수 있다. 이런 전통하에서는 역사가 자신의 생각과 행동을 비추는 거울이 된다. 그런데 이 역사는 변하지 않는 것(經典)과 변하는 것(歷史)이 서로 교차하면서 전개된다는 '경경위사(經經緯史)'

정신을 근간으로 한다.

이 경경위사의 정신에 입각하여 생각하고 행동한 지식인들 중에 '선비'가 있다. 이들은 경전을 통해 자신의 몸과 마음을 닦고, 새로운 시대의 변화에 맞는 논리와 정신을 치열하게 탐색하면서 자신의 정체성을 지키려는 사람들이라고 할 수 있다. 이런 점에서 이들의 정신은 늘 변화와 혼란의 시기에 빛을 발해 왔다. 지식인으로서의 선비 혹은 선비 정신은 서구적인 근대 정신과 윤리가 수용되면서 약화되거나 망각되어가는 양상을 보이고 있지만 그것의 중요성은 인문학에 대한 관심의 증대와 함께 새롭게 주목받고 있는 것이 사실이다. 근대 이후 우리 지식인들 중에서 누구보다 이 선비 정신을 강조한 이가 바로 조지훈이다. 일찍이 그는 "조부 조인석(趙寅錫)과 부친 조헌영(趙憲泳)으로부터 한학과 절의(節義)를 배워 체득"[36]하였다. 그의 이러한 내력과 배움을 통한 체득은 '지조론(志操論)'으로 집약되어 드러난다.

그런데 그의 지조론은 지조 자체에 대한 고찰을 통해서도 제기되지만 그것과 대척점에 놓이는 '변절(變節)'이라는 말과의 대비를 통해 제기되기도 한다. 지조와 변절의 대비는 지조의 개념과 의미를 더욱 선명하게 드러내고 있을 뿐만 아니라 지조가 함의하고 있는 시대나 역사와의 관계를 더욱 선명하게 드러내는 데 효과적으로 작용하고 있다. 사실 근대 이후 우리에게 더욱 민감하게 느껴지고 인지된 말은 지조보다는 변절이라고 할 수 있다. 이것은 근대 이후 우리 사회의 불안정성을 드러내는 것이라고 볼 수 있다. 식민지, 분단, 개발 독재로 이어지는 시기에 우리는 주권 상실, 이념 과잉, 경제 우선 등으로 인해 자신을 깊이 있게 성찰할 여유도 또 어떤 제도화된 척도로 가지지 못했던 것이 사실이다. 지조와 변절이 내재하고 있는 윤리에 대한 자각 없이 말하고 행동한 결과의 참혹함은 사후에도 그것으로부터 벗어나고 있지 못하는 사람들을 통해 강하게 환기되고 있다.

> 변절(變節)이란 무엇인가. 절개를 바꾸는 것, 곧 자기가 심신으로 이미 신념하고 표방했던 자리에서 방향을 바꾸는 것이다. 그러므로 사람이 철이 들어서 세워놓은 주체의 자세를 뒤집는 것은 모두 다 넓은 의미의 변절이다. 그러나 사람들이 욕하는 변절은 개과천선(改過遷善)의 변절이 아니고, 좋고 바른 데서 나쁜 방향으로 바꾸는 변절을 변절이라 한다.

---

36) 조지훈, 「조지훈 전집 서문」, 『조지훈 전집 5—지조론』(나남출판사, 1996), 6쪽.

일제 때 경찰에 관계하다 독립운동으로 바꾼 이가 있거니와 그런 분을 변절이라 욕하진 않았다. 그러나 독립운동을 하다가 친일파(親日派)로 전향한 이는 변절자로 욕하였다. 권력에 붙어 벼슬하다가 야당이 된 이도 있다. 지조에 있어 완전히 깨끗하다고는 못 하겠지만 이들에게도 변절의 비난은 돌아가지 않는다.(…)

자기 신념으로 일관한 사람은 변절자가 아니다. 병자호란(丙子胡亂) 때 남한산성(南漢山城)의 치욕에 김상헌(金尙憲)이 찢은 항서(降書)를 도로 주워 모은 주화파(主和派) 최명길(崔鳴吉)은 당시 민족정기의 맹렬한 공격을 받았으나 심양(瀋陽)의 감옥에 김상헌과 같이 간히어 오해를 풀었다는 일화는 널리 알려진 얘기다. 최명길은 변절의 사(士)가 아니요 남다른 신념이 한층 강했던 이었음을 알 수 있다.(…)

아무런 하는 일이 없었다면 그 간판은 족히 변절의 비난을 받고도 남음이 있었을 것이다. 이런 의미에서 좌옹(佐翁), 고우(古愚), 육당(六堂), 춘원(春園) 등 잊을 수 없는 업적을 지닌 이들의 일제 말의 대일협력(對日協力)의 이름은 그 변신(變身)을 통한 아무런 성과도 없었기 때문에 애석하나마 변절의 누명을 씻을 수 없었다. 그분들의 이름이 너무나 컸기 때문에 그에 대한 실망이 컸던 것은 우리의 기억이 잘 알고 있다.[37)]

"변절"의 정의와 그것에 대한 판단 기준 등을 제시하고 있는 글이다. 우리는 여기에서 "변절"에 대한 그의 관점이 단선적이지 않고 다양하다는 것을 알 수 있다. 판단 대상이 된 이가 처해 있는 상황이나 입장을 고려하고, 표층과 심층에 나타난 의미를 분석하여 변절 여부를 결정하고 있다. 그가 판단의 과정에서 중요하게 고려하고 있는 것은 '방향성', '일관성', '행동성(실천성)' 등이다. 방향성에서는 대상자의 과오에 대한 반성과 성찰을 높이 평가하고 있고, 일관성에서는 꺾이지 않는 강한 신념을 높이 평가하고 있다. 그리고 행동성에서는 행동하는 지성 혹은 지식의 실천성을 강조하고 있다. 변절에 대한 그의 이러한 생각과 태도는 곧 지조에 대한 그의 생각과 태도에 다름 아니다. 지조를 지키지 못한 결과가 변절이고, 그 변절은 반성과 성찰을 요구하며, 지식인(선비)이라면 그에 걸맞는 시대적인 책무를 지고 보다 나은 세상을 위해 실천하는 지식인이 되어야 한다는 것이 그가 가지고 있는 궁극적인 생각과 태도인 것이다.

37) 조지훈, 「선비의 도」, 위의 책, 97-98쪽.

그가 편협하고 고집스러운 샌님 스타일의 선비가 아니라 융통성과 일관성 그리고 방향성과 열린 시각을 지닌 선비를 이상적인 인물로 보고 있다는 것은 선비 정신의 정체성을 제시하고 있다는 점에서 의미가 있다. 이것은 과거는 물론 오늘날에도 요구되는 선비상이다. 선비 혹은 선비 정신에 대해 과거의 낡은 유물로 치부해 버리는 이들이 있다. 이것은 선비들이 지니는 이런 점들을 제대로 간파하지 못한 데서 오는 무지의 소치이다. 『지조론』에서 그가 보여 준 시대와 현실 상황에 대한 인식과 적극적인 개입은 선비 정신이 지향해야 할 바를 잘 말해 주고 있는 예라고 할 수 있다.

우리는 그를 지조 있는 학자로 기억하기도 하지만 또 그를 지조 있는 시인으로 기억하기도 한다. 이때 여기(시)에서의 지조는 그가 일관되게 추구했던 시의 원리가 될 것이다. 그를 흔히 '청록파' 시인이라고 하기도 하고 또 '자연파' 시인이라고 하기도 한다. 그렇다면 그가 주로 노래한 대상이 자연인가? 만일 그렇다면 그 자연은 어떤 자연을 말하는 것일까? 범박하게 그것을 산, 강, 바다, 숲, 꽃과 같은 그런 자연이라고 말하면 잘못된 답변일까? 사실 이런 의문은 그의 시를 이해하는 데 독이 될 수도 있고 또 약이 될 수도 있다. 기본적으로 시는 언어를 매개로 하기 때문에 이때의 자연은 언어를 매개로 한 자연이 된다. 그렇다는 것은 언어의 비밀을 풀지 않고는 그 자연을 해명할 수 없다는 것이다. 시 혹은 시 해석이 어려운 이유가 바로 여기에 있다.

그러나 여기에서 이야기하려는 것은 그의 시 자체가 아니라 그것에 대한 그의 생각인 것이다. 시에 대한 그의 생각은 『시(詩)의 원리』에 잘 드러나 있다. 이 저작은 그의 시론이 되는 것이다. 이런 점에서 이 저작은 그의 학문 세계의 부분이면서 전체이고 또 전체이면서 부분인 것이다. 이 저작에서 말하는 시의 원리는 다른 원리 이를테면 기원, 발생, 존재, 생성, 중용, 혼융, 정신 등의 원리와의 관계 내에서 형성된 것이다. 이런 점에서 시의 원리는 다른 원리 혹은 다른 원리들과 '부분-전체'라는 구도를 형성한다. 『시의 원리』에서 그가 제시하고 있는 원리는 저작의 제목에 드러난 것처럼 그것은 시의 원리라고 할 수 있다. 하지만 이 제목은 그 이면에 중요한 의미를 내포하고 있다. 이것은 드러나 있지 않은 원리라고 할 수 있다. 따라서 그것은 '시의 원리'에서 그 '시'를 대체해도 무방하다. 어쩌면 이 대체된 말이 더 이 저작의 원리를 잘 드러내 보인다고 할 수도 있을 것이다.

사람들은 모두들 전통이란 무슨 공중에 매달린 두엉박처럼 생각한 나머지, 따 오려면 아무나 쉽게 따 올 수 있고 버리려면 언제든 쉽게 버릴 수 있는 것으로 생각하는 모양이지만 참뜻의 전통은 언제나 자기 안에 숨어 있는 생명을 고심참담한 노력 속에서 창조적으로 발견하는 것이다. 그러므로, 시생명(詩生命)의 비의(秘義)를 체득하려면 먼저 시를 사랑하는 데서 비롯하지 않으면 안 된다. 한 말로 말하면 시생명의 본질은 '시를 사랑하는 인생 속에 내재(內在)하여 생성(生成)하는 자연(自然)'이라고 봐야 할 것이다.

대자연은 사물의 근본적인 원형으로서 여러 가지 의미를 실현하고 있다. 대자연의 일부인 사람은 그 자신 자연의 실현물(實現物)로서만 존재하는 것이 아니라 창조적 자연을 저 안에 간직함으로써 다시 자연을 만들 수 있는 기능을 가지는 것이다. 대자연은 자연 전체의 위에 그 '본원성(本原相 Urphanomen)을 실현하지만 반드시 개개의 사물에 완전히 나타나는 것은 아니기 때문에 어느 의미에서 시인은 자연이 능히 나타내지 못하는 아름다움을 시에서 창조함으로써 한갓 자연의 모방에만 멈추지 않고 '자연의 연장(延長)'으로서 자연의 뜻을 현현(顯現)하는 하나의 대자연일 수 있는 것이다. 바꿔 말하면, 시는 시인이 자연을 소재로 하여 그 연장함으로써 다시 완미(完美)한 결정(結晶)을 이룬 '제2의 자연'이라고도 할 수 있다.[38)]

그가 말하는 시가 무엇인지 잘 드러나 있는 글이다. 그는 시를 "자연"으로 보고 있다. 그런데 그가 말하는 자연은 "시를 사랑하는 인생 속에 내재(內在)하여 생성(生成)하는 자연(自然)"이다. 단순히 감각적으로 인식되는 자연이 아니라 "시를 사랑하는 인생 속", 다시 말하면 "시를 사랑하는" 사람에 의해 만들어진 자연인 것이다. 이런 일련의 사실을 고려해서 정리해 보면 ① 사람이 있다 ② 그 사람은 시를 사랑한다 ③ 시를 사랑하는 사람의 인생이 있다 ④ 그 인생 내에서 생성하는 것이 있다 ⑤ 그 생성의 정체는 자연이다. ①-⑤의 과정을 찬찬히 살펴보면 자연의 탄생에 가장 중요한 전제가 무엇인지 알 수 있다. 바로 '사랑'이다. 사랑이 없다면 그 사람의 '인생', '생성'은 의미를 상실한다. 이 사랑이 인생 내에서 키워 낸 것이 자연인 것이다.

이처럼 시는 시인의 사랑으로 키워 낸 자연을 말한다. 그렇다면 왜 그는 시의 원

---

38) 조지훈, 「시의 원리」, 『조지훈 전집 2—詩의 원리』(나남출판사, 1996), 20-21쪽.

리로 사랑을 내세우고 있는 것일까? 이 물음은 시 혹은 시의 원리를 구명하면서 사랑을 내세우고 있는 그의 의도가 어디에 있는지를 묻는 것과 다르지 않다. 여기에 대해 그는 "시생명(詩生命)의 비의(秘義)를 체득하려면 먼저 시를 사랑하는 데서 비롯하지 않으면 안 된다"고 말한다. 결국 시인이 알고 싶어 하는 것은 "시 생명의 비의" 조금 더 정확히 말하면 "자기(시인) 안에 숨어 있는 생명"이다. 이 생명의 발견이 곧 그의 시의 원리에 대한 발견이 되는 것이다. 이 논리에 입각해서 보면 시에서 그가 노래한 자연은 '시인 안에 숨어 있는 생명' 혹은 '시인 안에 숨어 있는 생명에 대한 투사로서의 자연'이 되는 것이다. 이 사실은 바꾸어 말하면 시인이 노래한 자연은 그 안에 "시생명(詩生命)의 비의(秘義)"를 은폐하고 있는 것이 된다. 이런 점에서 볼 때 그의 시의 원리는 생명의 원리이면서 동시에 사랑의 원리이고 또 인생의 원리라고 할 수 있다.

3. 전통의 발견과 국학의 지평

조지훈의 학문 세계를 구명하기 위해서는 그것을 아우르는 원리를 찾아내는 일이 무엇보다도 중요하다. 넓고 다양한 그의 학문 세계를 가로지르는 원리는 크게 네 영역으로 구성된다. 첫째, 기원과 발생의 원리, 둘째, 존재와 생성의 원리, 셋째, 중용과 혼융의 원리, 넷째, 정신과 생명의 원리 등이 바로 그것이다. 이 원리들은 그의 학문의 세계 내에서 고립되어 있는 것이 아니라 서로 교차하고 또 재교차하면서 존재한다. 이렇게 네 영역의 원리들이 궁극적으로 겨냥하고 있는 것은 우리의 전통에 대한 발견이다. 그동안 전통에 대한 탐색은 많이 있어 왔지만 대부분 변죽을 울리는 차원에서 그친 것은 그것을 보는 자신만의 구체적인 논리 혹은 원리가 부족했기 때문이다. 이런 점에서 그의 전통에 대한 넓고 심원한 차원의 이해와 접근법은 그동안 국부적, 관념적 방식으로 다소 느슨하게 전개되어 온 전통 논의에 구체적이고 전체적인 시각과 통찰 방식을 제시함으로써 우리가 미처 발견하지 못한 우리 전통의 형상을 드러내는 데 일정한 기반을 제공하고 있다.

기원과 발생의 원리에 입각해서 우리말의 어원을 탐색하고 또 우리 문화, 종교의 기원이 되는 샤머니즘에 주목한 것, 존재와 생성의 원리에 입각해서 우리 역사와 문화사를 서술한 것, 중용과 혼융의 원리에 입각해서 '채근담', '동학', '통일신라'를 해석하고 또 '아름다움'과 같은 미적 범주에 대한 태도를 구명한 것 그리고 정신과 생명의 원리에 입각해서 우리의 지조론적 전통과 시 혹은 생명의 문제를 구명한 것은 그것이 우리 문화, 종교, 역사, 예술, 문학, 철학, 미학 등의 전 분야에 걸쳐 있다는 점에서 우리 전통에 대한 발견은 물론 그것을 토대로 '국학' 혹은 '한국학'의 성립 가능성을 탐색하고 그 학문적 정체성을 정립하는 데 그의 이러한 일련의 성과들은 좋은 길잡이가 될 것이다. 따라서 이제 문제는 그의 학문적 저작들에서 우리가 어떤 것들을 취하고 또 어떤 것들을 버릴 것인지를 선택해야 한다는 것이다. 그의 국학에 대한 생각이 다른 사람과 차이를 드러내고 있는 것처럼 '지금, 여기'에서 요구되는 국학은 그의 생각과 일정한 차이를 드러낼 수밖에 없다.

그러나 이 차이에도 불구하고 그의 학문 저작들이 드러내는 이 네 원리들은 하나의 학(學) 특히 국학의 정립과 관련해서 볼 때 지나치게 특수하다거나 예외적이라고 하기보다는 일반적이고 보편적인 특성을 강하게 드러낸다고 할 수 있다. 이런 이유로 이 네 원리들은 어느 특정한 시기와 대상들을 넘어 과거는 물론, 현재, 미래에 이르는 긴 시간에도 견딜 수 있는 의미 체계를 지닌다고 볼 수 있다. 그의 학문 세계를 논하면서 그것을 내용보다는 원리와 방법에 초점을 두고 살핀 이유가 바로 여기에 있다. 지금 국학에 대한 관심은 내발적(內發的)이기보다는 외발적(外發的)인 요인에 의해 추동되고 있다. 우리의 국제적 위상이 높아지고 K-Pop 등 한류문화가 널리 확산되면서 국학, 좀 더 정확히 말하면 한국학의 필요성이 점차 대두되고 있다. 하지만 국학이 그런 유행만으로 성립될 수는 없다. 국학은 하나의 학문이기 때문에 학문적인 절차와 방식을 필요로 한다. 국학은 학문적으로 온전히 정립되어 있지 않다. 국학의 정의, 개념, 범주, 영역, 분류 등 기본적인 것조차 제대로 되어 있지 않은 것이 사실이다.

국학은 학문의 성격상 우리의 전통에 대한 이해로부터 출발해야 한다. 국가와 민족의 경계가 해체되고 있는 글로벌한 시대에 전통에 대한 강조는 시대착오적이고 국수주의적인 것으로 비칠 수 있다. 하지만 우리는 그동안 이 전통을 부차적이고 부수적인 차원에서 이해하고 판단해 온 것이 사실이다. 근대 이후 우리의 전통적인 것이 중심이고 외래적인 것이 주변이었던 적은 흔치 않다. 전통이 늘 주변화 되고 부차적인 것으로 인식되면서 전통을 학문의 차원에서 연구하는 것도 주변적인 것

혹은 부차적인 것으로 간주되어 왔다. 이렇게 된 원인을 학문 바깥으로 돌리는 것은 생산적이지 않을 뿐만 아니라 윤리적이지도 않다. 우리는 그것을 학문 밖이 아닌 안에서 고민해야 한다. 이런 맥락에서 볼 때 우리가 성찰해야 하는 것은 전통의 계승이다. 전통은 계승되어져야 하며, 우리는 그것을 계승하는 방법을 궁구해야 한다. 이때 우리가 주의 깊게 떠올려 보아야 할 것이 바로 '전통이 과거의 형식을 그대로 답습하는 것이 아니라 개인의 재능을 통해서 재창조되는 것'이라는 엘리어트의 말이다. 그의 말처럼 전통은 과거의 것과 현재의 것이 동시에 존재하는 세계이다. 이것은 현재가 과거로부터 온 것이지만 그 현재는 과거를 수정하고 보완할 수 있다는 것을 의미한다.

조지훈이 과거의 전통을 수정하고 보완하여 자신의 학문적 체계를 정립하였듯이 우리는 다시 그의 전통 개념을 수정하고 보완할 수 있는 것이다. 그의 넓고 심원한 학문의 세계를 우리의 재능을 통해 수정·보완하여 보다 발전된 형식으로 재창조하는 것이 우리에게 맡겨진 임무라고 할 수 있다. 우리에게 그의 학문적 저작들은 하나의 지평으로 존재한다. 우리가 그의 저작 내로 끊임없이 의식을 투사할 때 우리와 함께 움직이는 어떤 거대한 것이 있을 것이다. 어쩌면 이것은 전통에 대한 우리 의식의 자각 같은 것인지도 모른다. 전통에 대한 역사 의식은 이렇게 만들어지는 것이다. 이 과정에서 그의 학문 세계를 구명하기 위해 제시한 네 개의 원리들(기원과 발생의 원리, 존재와 생성의 원리, 중용과 혼융의 원리, 정신과 생명의 원리)은 중요한 매개 역할을 해 줄 것이다.

참고문헌

1. 기본 자료

조지훈.『조지훈 전집』. 1~9권. 나남출판사, 1996.

2. 논문 저서

김경태.「한국문화사의 과제」.『이화사학연구』(이화사학연구소) 11권(1981).
김정배.「조지훈의 역사관 연구」.『민족문화연구』(고려대민족문화연구소) 22권(1989).
남근우.「조지훈의 '민족문화학'」.『한국문학연구』(동국대학교 한국문학연구소) 제18집(1995).
인권환.「조지훈 학문의 영역과 특징」.『어문논집』(안암어문학회) 39권(1999).
조지훈.「나의 역정」.『고대문화』, 1955.

3. 단행본

김문주.『형상과 전통』. 월인, 2006.
김종길 외.『조지훈 연구』. 고려대학교출판부, 1978.
윤석성.『조지훈』. 건국대학교출판부, 1997.
이형대·오형엽 엮음.『조지훈 연구 2』. 고려대학교출판문화원, 2020.
인권환 외.『한국 전통문화 연구』. 이화여자대학교 한국문화연구원, 2007.
조광열.『승무의 긴 여운 지조의 큰 울림』. 나남, 2007.
조지훈.『시와 인생』. 박영사, 1950.
최승호 편.『조지훈』. 새미, 2003.
Eliot, T. S. Tradition and Individual Talents. Sussex Academic Press, 2013.

4부

후학과 유족의 추모 산문

「지조론(志操論)」의 선비 시인, 조지훈*

홍일식

지훈(芝薰) 조동탁(趙東卓) 선생이 우리의 곁을 떠난 지도 벌써 만 19년, 햇수로는 20년이 지났다.

1968년 5월 17일, 그는 지병인 기관지 확장이 악화되어 서울 시내 메디컬 센터에 입원한 지 하루 만에 운명하였다. 향년 49세, 만으로는 48세였다. 당시 세상에서는 고인(故人)의 나이가 50세도 채 안 됐다는 신문기사를 보고 모두들 의아하게 생각하였다. 그의 명성과 지명도, 그리고 수많은 업적으로 보아 대부분의 사람들이 지훈을 60이 훨씬 넘은 노인으로 생각했던 것 같다. 작고 당시 지훈의 주된 직함은 고려대학교 교수와 한국시인협회 회장이었다. 그래서 그의 장례식도 한국시인협회와

* 『문학정신』, 1987. 5.

고려대학교 문과대학의 합동장으로 거행했다. 5일장으로 경기도 양주군 마석리 마석역 바로 뒤편 송라산 정수리에 안장했다.

당시 지훈의 부음을 알리는 도하(都下) 각 신문들은 다투어 그의 문학세계, 업적, 생애 등을 연일 대서특필했다. 누가 보아도 세상은 그를 평범한 시인으로만 보지 않은 것이 틀림없다.

그러면 지훈은 어떤 사람이었나?

먼저 그의 외모부터 묘사해 보기로 하자.

희고 준수한 얼굴에 훤칠한 키(아마도 175.6cm는 될 듯), 입은 언제나 꼭 다물고 장발에다 약간 흐트러진 리젠트 머리에 검정색 베레모를 썼다. 옷은 대개 원색(原色) 굵은 줄무늬 와이셔츠에 소매는 두어 번 걷어 올리고, 검정색 굵은 테 안경을 쓴 시선은 항상 먼 하늘을 바라보면서 걷는다. 한 손엔 으레 스틱을 쥐고, 다른 한 손은 바지 주머니에 아무렇게나 찌른 채 저녁 노을 질 무렵이면 서울 성북동 골짜기를 한가롭게 산책하는 멋진 중년 신사, 이것이 1965년경 만년(晩年)의 지훈의 모습이었다.

그는 1945년 광복 이후 작고할 때까지 23년간을 줄곧 서울 성북동에 개울을 등지고 지은 골목 안의 조그마한 한옥에 기거했다. 글을 쓰다가 상(想)이 잡히지 않으면 곧잘 위와 같은 모습으로 산보를 즐겼는데 외양으로 보아서 느껴지는 그 우람한 기골(氣骨)과는 달리 그는 하찮은 잡문 한 편을 쓰기 위해서도 며칠씩 남모르게 앓는 것이 상례였다.

지훈은 물론 시인이다. 그가 우리 시대에 우뚝한 제 일급 시인이었음은 누구나 인정한다. 그러나 그는 단순히 아름다운 자연을 노래하고 인생을 화사하게 구가(謳歌)한 그런 시인은 아니었다.

지훈은 또 학자였다. 1948년부터 작고할 때까지 20여 년을 줄곧 고려대학교 교수로 재직하면서 문학을 강의하였고, 『시(詩)의 원리(原理)』, 『한국문화사서설(韓國文化史序說)』, 『한국민족운동사(韓國民族運動史)』 등 수많은 저서와 논문을 남겼으니 국학계에서도 손꼽을 만한 존재임이 틀림없다. 그러나 학자로서 지훈을 말한다 하더라도 그는 연구실에만 들어앉아 세상 돌아가는 것에 오불관언하고 고고하게 오로지 자기의 학문 세계에만 안주하려는 그런 학자는 아니었다.

또 지훈을 가리켜 논객(論客)이요 지사(志士)라고 부른다. 그가 자주 도하 신문·잡지에 이 사회의 부조리를 맹렬히 논박하고, 역대 정권의 비정(秕政)에 대하여 대담한 질책을 서슴지 않았던 것이 사실이요, 또 이러기를 끝내 변치 않았으니 이 역시 틀린 말은 아니다. 그러나 그의 추상 같은 논박과 질책이 결코 특정 정당이나 어느 한 계층의 이익을 옹호하기 위함이 아니요, 항상 민중의 편에 서서 이 민족 전체의 생존·번영을 위한 엄숙한 지성의 분노일진대, 이를 일러 어찌 요즘 시정(市井)에서 흔히 말하는 그런 논객·지사와 날을 같이하여 거론할 수 있겠는가?

그러므로 지훈은 결코 단순한 시인이요, 학자요, 논객이요, 문필인이 아니다. 그의 진면목은 차라리 이 모든 것을 한데 어우른 전통적인 한국의 선비상에 있지 않나 생각한다. 굳이 요즘 말로 부른다면 우리 시대를 대표할 만한 '지성인'이었다고나 할까?

어쨌든 지훈은 참으로 다모다양(多貌多樣)한 사람이다. 호방한가 하면 치밀·섬세하고, 질박·강직한가 하면 온아순후(溫雅淳厚)하고, 엄격 분명한가 하면 너그럽고, 휘고 감기는 멋이 있는가 하면 부지런하고, 소탈한가 하면 근엄하여 함부로 소인배들이 접근하지 못하였다. 이것은 그가 언제나 정사(正邪)와 시비(是非)와 선악(善惡)과 미추(美醜)를 판별하는 데 준엄하였고, 이 판별에 의한 행동이 또한 과감하였기 때문이다. 이로 보면 지훈은 진실로 대인(大人)의 금도(襟度)와 추상 같은 절도를 함께 지닌 인격자였다.

그러면 지훈의 이와 같은 성품과 교양은 어디서 비롯되었을까?

지훈 조동탁, 그는 일찍이 1920년 12월 3일, 경북 영양군 일월면 주곡동(주실마을)에서 영남의 명문가인 한양후인(漢陽後人) 조헌영(趙憲泳)의 차남으로 태어났다. 부친 조헌영 씨는 일찍 동경에 유학하여 와세다대학 영문과를 나왔으며 광복 후에는 제헌 및 제2대 국회의원에 당선되어 정치활동을 하던 중 1950년 6·25동란 때 납북되었다. 그런데도 지훈은 제도교육, 즉 현대의 학교 교육을 별로 받지 못했다는 데에 우리는 주목할 필요가 있다. 지훈은 초등학교를 겨우 2년쯤 다녔으며, 중고등학교는 모두 건너뛰었는데, 이 기간 중 와세다 대학의 중등 강의록으로 독학을 했다. 그리고는 혜화전문(동국대학의 전신) 문과를 2년 다닌 것이 그의 학교 학력의 전부다. 지훈이 동시대의 다른 지식인들과는 다른 교양과 인격을 갖추게 된 비밀(?)의 일단이 바로 여기에 있다.

지훈의 조부되시는 조인석(趙寅錫) 씨는 그 당시에도 대단히 보수적 경향이 짙은 향리에서 자못 그 이름이 널리 알려진 유학자였다. 그런데도 그는 일찍 개화한 선비여서 전래의 일부 인습을 과감히 개혁하는 데 앞장섰으며, 두 아들(지훈의 부친[父親]과 백부[伯父])을 당시로서는 좀처럼 어려운 동경 유학을 보냈다. 그 후 두 아들이 모두 신학문을 하고 귀국했으나 일정한 직업 없이 서울로 향리로 떠돌아다니면서 집의 재산만 축내는 '룸펜'(?) 생활을 하는 것을 보고 많은 후회를 했다는 것이다. 그도 그럴 것이 지훈의 부친과 백부가 동경에서 학업을 마치고 귀국했을 무렵은 조국은 이미 일제의 식민지 치하에 있을 때였다. 그러니 일제에 앞잡이 노릇은 차마 할 수 없고 양심 있는 지식인으로서는 그런 룸펜 생활을 할 수밖에 다른 도리가 없었을 것이다. 두 아들들의 이런 심경과 처지를 조인석 씨는 몹시 안타깝게 생각하면서, 손자(지훈)만은 절대로 신학문을 안 시키기로 결심을 하게 되었다. 그래서 그는 다섯 살 난 어린 지훈을 자기 슬하에 두고 한문을 가르치기 시작했다. 초등학교에 갈 나이가 지났는데도 막무가내로 한문만 가르쳤다.

이때 이런 일화가 있다.

아들 교육에 실패했다고 생각한 조인석 씨가 어린 손자를 이렇게 붙들어 놓고 한문을 몇 년 가르치다 보니 그 손자(지훈)의 재주가 어찌나 뛰어난지, 특히 시재(詩才)가 특출한 것을 보고 스스로 탄식하기를 "이놈도 필경 내 슬하에 머물러 있음 놈이 못 되는구나!" 하고 열세 살이 넘어서야 겨우 보통학교에 가는 것을 허락했다는 것이다.

또 그곳 한양(漢陽) 조씨(趙氏) 문중에는 이런 가훈 비슷한 것이 전해 오고 있다. 이른바 '삼불차(三不借)'라는 것인데 첫째, 인불차(人不借, 다른 문중에서 사람을 빌려 쓰지 않고), 문불차(文不借, 글을 빌리지 않으며), 금불차(金不借, 돈을 빌려 쓰지 않는다)라는 것이다. 지훈도 어려서부터 이 말을 귀가 따갑도록 들으면서 자랐다.

지훈은 영남의 이런 명문가에서 태어나 소시(少時)부터 발군(拔群)의 시재(詩才)를 보이면서 부(父)·조(祖)로부터는 절의(節義)를 생명보다 귀히 여기는 선비정신을 익히면서 자랐다. 아마도 그의 평생의 파란 많은 역정이 이미 이에서 정해졌다고 해도 과언이 아닐 것이다. 그러므로 일제 말기에 그가 분연(憤然)히 붓을 꺾고 오대산으로 몸을 숨긴 것도, 8·15 광복 직후 그가 약관 20여 세의 나이로 학계와 문화계에 몸을 담고 있으면서 민족문화 진영의 선봉장으로 공산주의와 과감히 대결한 것도, 6·25의 동족상잔의 비극 앞에 스스로 처절한 민족사의 증인이 되고자 용약 종군 작가단을 만들어 전선을 누비고 다닌 것도, 1950년대 후기, 자유당 정권 아래에서 대부분의 정치·경제·사회·문화·교육계의 소위 지도급 인사란 사람들이 권력과 금력 앞에 맹종과 아첨을 일삼을 때, 홀로 「지조론(志操論)」을 들고 나와 민족의 양심으로 이들을 매도한 것도, 또 만년에 그가 한때 정치교수(?)로 몰려 당국에서 기휘(忌諱)하는 바 되자, 항상 사직서를 몸에 지니고 다닌 것도 모두가 범인으로서는 행하기 어려운 일이었으니, 그의 이러한 인생편력이 결코 우연이 아니니다.

지훈은 또한 한시(漢詩)에도 능하여 당시(唐詩)를 즐겼다. 그중에서도 특히 두보의 비장미와 이백의 풍류적인 멋을 동시에 사랑하였다. 이 점을 들어 혹자는 지훈의 시적 정서가 당시(唐詩)에 통한다 하여 이를 흠하는 이도 있는 모양이나 족히 가릴 바 못 되는 소리다.

또 지훈의 시를 청록파 시대와 그 이후의 시대를 갈라놓고 '두 목소리', 또는 '두 얼굴'이라 하여 두 시대의 지훈의 시 세계를 마치 이질적인 것으로 보려는 경향도 있는 모양이나 나의 보는 바로는 그 정서의 본질에는 아무런 차이가 없다.

어쨌든 지훈은 정통적인 동양시의 두 큰 주류인 두보와 이백의 시풍을 한 몸에 아울러 극복하고, 이를 다시 우리의 민족혼과 시대정신에 투영하여 한국 현대시사에 새 기원을 수립한 큰 민족시인이었다.

지훈은 나아갈 때와 머물 때와 물러날 때를 익히 가려 행하는 사람이었다. 이것이 바로 선비의 요체다.

일제 말엽, 그들의 발악이 극에 달하여 급기야 우리 글로 시를 쓰는 것조차 못 하게 되자 그는 홀연히 속(俗)을 떠났다. 그렇다고 중이 된 것도 아니다. 그래서 비승

비속(非僧非俗)이라 스스로 '증곡(曾谷)'이라는 다분히 해학적인 호를 지어 자족하면서, 일본어로 글을 써 가며 침략자에게 아첨하는 일부 기성 문필인들에게 선비의 몸가짐을 실천하여 보였다.

6·25동란이 발발하였을 때 지훈은 30세의 장년이었다. 그는 피난지 대구에서 남하해 온 문인들을 규합하여 종군 작가단을 조직 '창공구락부(蒼空俱樂部)'를 결성하여 공군에 종군하였다. 군의 배려로 병영 안에 퀀셋을 하나 얻어 단원들이 모두 거기서 합숙 기거하였다. 전선의 변동도 없이 피아 공방전만을 거듭하기 90일, 단원들은 모두 북진(北進)의 그 날만을 고대하다 지쳤다. 그러던 어느 날, 퀀셋 안에서 술자리가 벌어졌다. 모두 가족들의 생사조차 모르는 채 초조와 불안에 쌓여 있던 전시문인(戰時文人)들은 마침내 크게 취하여 고성방가하기 시작하였다. 이때 갑자기 현역군인 하나가 소총을 들고 뛰어 들어와 퀀셋 벽에다 실탄을 마구 쏘아댔다. 그리고는 흥분된 어조로 소리쳤다. 지금이 어느 땐 줄 알고 술을 먹고 이 짓들이냐고. 순간 실내는 물을 끼얹은 듯 조용해졌다. 모두들 겁에 질려 입도 떼지 못했다. 이때 퀀셋 벽에 기대어 술을 마시던 그 자세 그대로 앉아서 벼락같이 소리치는 사람이 있었다. 지훈이었다.

"이놈! 여기가 어딘 줄 알고 함부로 들어와 총질이냐? 너는 애국을 총으로만 하는 줄 아느냐 이놈! 총보다 더 뜨거운 애국이 있는 줄 모르는 놈 같으니. 쏠 테면 쏴라 이놈!" 하면서 벌떡 일어나 지훈은 그 군인 앞으로 다가갔다. 그러자 총을 든 군인이 약간 기가 꺾이는 듯 하는 순간, 지훈은 느닷없이 그 군인의 따귀를 후려쳤다. 그리고는 또 추상 같은 소리로 꾸짖었다. 드디어 그 군인이 총을 내려놓고 사과를 했다.

이것은 그때 그 자리에 함께 있었던 목월(木月)이 훗날 필자에게 확인해 준 이야기이거니와 생전에 지훈에게 직접 듣기도 했다. 대개 지훈의 담력이 또한 이와 같았다.

자유당 말기, 이 땅에 부정과 부패가 만연하여 온 사회가 걷잡을 수 없는 탁류로 휩쓸려 들어가고 있었다. 선거는 한갓 국민을 우롱하는 수단으로 전락하였고 독재자의 오만과 방종은 끝이 없었다. 여기에 소위 당시 모모 야당 정치인을 포함하여 사회 저명인사란 사람들까지 매일같이, 독재자의 방종을 고무 찬양하는 성명서를 내어 도하 신문의 광고란을 메웠다. 이른바 1960년, 3·15 부정선거의 전야였다. 이를 보다 못한 지훈은 의연히 붓을 들어 「지조론(志操論)」을 써 가지고 나와 민족정기론을 폈다.

당시의 살벌하던 분위기를 생각할 때 참으로 매운 선비의 기상이 아닐 수 없다.

> 지조가 교양인의 위의(威儀)를 위하여 얼마나 값지고, 그것이 국민의 교화에 미치는 힘이 얼마나 크며, 따라서 지조를 지키기 위한 괴로움이 얼마나 가혹한가를 헤아리는 사람은 한 나라의 지도자를 평가하는 기준으로서 먼저 그 지조의 강도(强度)를 살피려 한다. 지조가 없는 지도자는 믿을 수가 없고, 믿을 수 없는 지도자는 따를 수가 없기 때문이다. 자기의 명리(名利)만을 위하여 그 동지와 지지자와 추종자를 일조(一朝)에 함정에 빠뜨리고 달아나는 지조 없는 지도자의 무절제와 배신 앞에 우리는 얼마나 많이 실망하였는가.
>
> —「지조론」 중에서

지훈 조동탁. 그는 비록 천명(天命)도 다하지 못한 48세를 일기로 우리 곁을 떠났지만, 그의 티 하나 없이 살다 옥같이 부서져 간 깨끗한 생애야말로 오래 두고 이 땅의 지식인들에게 큰 귀감이 되리라.

문사의 길 또는 정신사의 높이*

조지훈의 생애와 문학적 기품

최동호

우리 곁에 영원히 살아 있는 인간 조지훈

조지훈 선생과 필자와의 인연은 실낱과 같다. 1966년과 1967년과 대학시절 '문학개론'과 '시론' 두 과목을 수강할 기회가 있었지만, 이미 지병이 심화된 지훈은 거의 강의를 제대로 진행할 수 없었다. 한 학기에 두어 번 출강하여, 우람한 체구에서 흘러나오는 목소리와 더불어 창밖의 먼 곳을 바라보는 시선으로 이제 막 알 수 없는 문학의 길을 가려는 우리에게 선가의 침묵으로 가르침을 전했을지 모른다.

지훈 선생의 지병이 악화되었다는 사실을 잘 모르고 있던 학생들에게는 갑작스

---

* 『문학사상』, 1997. 6.

럽게만 느껴지던 부음이 날아온 어느 늦은 봄날, 지훈은 우리들 곁을 떠났다. 먹구름이 짙게 드리운 날 거행된 영결식에서 큰 키의 청록파 시인 박목월이 음울한 목소리로 읽던 조시를 먼발치에서 망연히 바라보고, 마석역 너머의 산등성이에 자리 잡은 묫자리에 봉분이 다져지는 것을 바라보았다. 당시 문과대학에 재직 중이던 왕학수 교수가 뚝뚝 떨어지는 눈물을 주먹으로 씻으며 토로하던 비통한 고별사를 두근거리는 마음으로 들었다. 죽음이란 무엇인가 미처 깊이 생각해 볼 겨를도 없이 서둘러 국밥을 먹고 학교 버스를 타고 산소에서 돌아온 것이 지훈에 대한 직접적인 추억의 거의 전부이다.

그러나, 지훈은 우리의 곁을 떠나지 않았다. 시를 공부하고 시를 쓰겠다던 나의 방황은 그때부터 시작되었지만, 내가 만날 수 있었던 많은 분들에게 지훈은 경모의 대상으로 떠올려졌다. 거의 같은 시기 대학원을 다녔던 바로 위 학번 김명인, 김인환 등은 물론이고 오탁번, 서종택 그리고 거슬러 올라가 박노준, 인권환, 홍일식 등 선배 교수들에 의해 지훈은 어두운 죽음의 베일에서 호명되어 우리와 자리를 함께 하였다. 때로는 지훈을 고려대학교로 초빙하는 데 일조를 했다는 김종길 선생에게서도 지훈의 이야기는 간헐적으로 흘러나왔다. 동국대학 졸업생들에게서 그리고 문단의 여러 선배 시인들에게서 또한 서울대학은 물론 국내 여러 대학의 석박사 논문에서도 지훈의 문학이 주제가 되기도 하였다. 지훈에 대한 이야기는 좁은 안암동 골짜기만이 아니라 전국 도처에서, 사회의 각계각층에서 듣게 되었다. 그리고 최근 그의 목소리는 우리에게 더 크게 울려 퍼지고 있다.

왜 그러할까. 이러한 의문은 쉽게 풀리지 않았다. 지훈의 시를 읽고 논설을 읽어도 쉽게 납득되지 않았다. 그러나 지난해 나남출판사에서 간행된『조지훈 전집』전 9권을 접하고 나서야 필자는 어렴풋이 그 이유를 알게 되었다.

그렇다. 지훈은 하나의 커다란 산맥이다

시인 지훈, 학자 지훈, 논객 지훈 이 중 어느 하나도 빠질 수 없는 것이 인간 조지훈이다. 이 점에서 지훈은 동세대의 다른 시인들과 확연히 구분된다. 오히려 지훈적 인간상은 더 거슬러 올라 만해 한용운에게서 어떤 예를 찾을 수 있을지도 모른다.

시인, 학자, 논객 이 세 가지를 하나로 아우른 전인적 인간상으로서 지훈의 남다른 특징이 여기서 부각되기 때문이다.

시를 다루는 언어적 장인술이나 지식만을 포함한 직업적 전문성 그리고 재빠른 변신을 일삼는 사회적 처세술만을 가지 사람들과 지훈은 격이 다른 존재였다. 세기말의 과도기적 혼란이 가중될수록 사람들은 이 시대를 밝혀 줄 등불로서 스승을 찾기 마련이다. 그러나 시인들은 언어적 연금술에 골몰하고 지식인이나 교수들은 지식의 바겐세일을 일삼고 사회지도층 인사들은 시세에 따라 자신의 이익을 뒤쫓는 변신을 거듭하기에 영일(寧日)이 없는 것은 아닐까. 이러한 사회문화적 상황을 인식했음인지 『조지훈 전집』(나남, 1996)의 편집위원들은 그 서문을 다음과 같이 기술하고 있다.

> 지훈(芝薰) 조동탁(趙東卓, 1920-1968)은 소월(素月)과 영랑(永郎)에서 비롯하여 서정주(徐廷住)와 유치환(柳致環을) 거쳐 청록파(靑鹿派)에 이르는 한국 현대시의 주류를 완성함으로써 20세기의 전반기와 후반기를 연결해 준 큰 시인이다. 한국 현대문학사에서 지훈이 차지하는 위치는 어느 누구도 훼손하지 못할 만큼 확고부동하다. (…) 지훈은 항상 현실을 토대로 하여 사물을 구체적으로 파악하려 하였고 멋을 척도로 하여 인간을 전체적으로 포착하려 하였다. 지훈은 전체가 부분의 집합보다 큰 인물이었다. 지훈의 면모를 알기 위해서는 그의 전체상을 살펴볼 필요가 있다. 한국의 현대사를 연구하려는 사람은 반드시 먼저 한국 현대정신사의 지형을 이해해야 한다. 우리는 지훈의 전집이 한국 현대정신사의 지도를 완성하는 데 기여하리라고 확신하고, 지훈이 걸은 자취를 따르려는 사람들 뿐 아니라 지훈을 비판하고 극복하려는 사람들에게도 지훈의 전모를 객관적으로 인식할 수 있게 해야 한다고 생각하여 오래전에 절판된 전집을 편찬하기로 하였다.
>
> —「서문」, 『조지훈전집』

지훈은 항상 현실을 토대로 하여 사물을 구체적으로 파악하려 하였고 멋을 척도로 하여 인간을 전체적으로 포착하려 하였다. 지훈은 다양한 여러 측면을 하나로 아우르는 큰 인물이었다. 지훈의 인간적 면모를 알기 위해서는 그의 전체상을 살펴볼 필요가 있다. 이는 지훈이 걸은 길을 하나의 모범으로 삼으려 하는 사람들뿐 아니라 지훈을 비판하고 극복하려는 사람들에게도 지훈의 전모를 객관적으로 인식할 수 있게 하기 위해서는 그 전집을 살펴보아야 할 것이다.

우리시대의 역사적 교훈이자 삶의 지혜인 「지조론」과 「의기론」

위의 『조지훈 전집』을 전체적으로 살펴보면 그 서문에서 말한 것처럼 지훈은 '한국 현대정신사의 지형'을 이해하기 위해 거쳐야 할 필수 관문 중의 하나라고 할 수 있다. 특히 사회·문화적 혼란은 물론 정치적 난맥상이 두드러진 시대에 우리의 갈 길을 바로잡기 위해 조지훈의 명문장 「지조론」을 읽는 것은 혼탁한 세태에 한 줄기 맑은 샘물을 찾는 마음에서 비롯되는 일일 것이다.

> 지조(志操)란 것은 순일(純一)한 정신을 지키기 위한 불타는 신념이요, 눈물겨운 정성이요, 냉철한 확집(確執)이요, 고귀한 투쟁이기까지 하다. 지조가 교양인의 위의(威儀)를 위하여 얼마나 값지고 그것이 국민의 교화에 미치는 힘이 얼마나 크며, 따라서 지조를 지키기 위한 괴로움이 얼마나 가혹한가를 헤아리는 사람들은 한 나라의 지도자를 평가하는 기준으로서 먼저 그 지조의 강도(强度)를 살피려 한다. 지조가 없는 지도자는 믿을 수가 없고 믿을 수 없는 지도자는 따를 수가 없기 때문이다. 자기의 명리(名利)만을 위하여 그 동지와 지지자와 추종자를 일조(一朝)에 함정에 빠뜨리고 달아나는 지조 없는 지도자의 무절제와 배신 앞에 우리는 얼마나 많이 실망하였는가.
>
> —「지조론」, 『새벽』, 1960. 3.

'지조는 선비의 것이요, 교양인의 것이다'라는 조지훈의 명제는 한국의 유가적 전통의 황금 부분을 그대로 적시한 것이다. 지훈은 권모술수에 능한 직업 정치인보다 품격의 정치지도자를 국민 전체가 충정으로서 대망하고 있음을 위의 글에서 강조하고 있다. 장사꾼이나 창녀에게 지조를 바라는 것이 아니라 선비와 교양인과 지도자의 절대 덕목이 지조이라는 것이다.

이 글이 발표된 시기를 고려할 때 우리는 다음과 같은 가정을 던져 볼 수 있다. 자유당 정권이 말기적 증세를 드러내고 있을 무렵 일부 사회지도층 인사들이 썩은 고기를 탐하듯 권력에 아부하고 굴종하는 것을 통렬히 비판한 것이 지훈의 날카로운 지성이었다.

권력에 굴하지 않는 신념으로 '지조'의 중요성을 설파한 지훈은 한 정권의 말기적 파행성을 사심없이 지적했음은 물론이거니와 여기서 우리는 4·19를 예감하는 지훈의 역사적 선견지명(先見之明)의 일단을 읽을 수 있다.

지훈은 이에 머무르지 않고 여기에서 한 걸음 더 나아가 그의 「의기론(意氣論)」에서 고사지도(高士之道)와 치자지도(治者之道)를 다음과 같이 밝히고 있다.

> '심장이불시(深藏而不市)'는 동양의 고사(高士)가 지켜온 신조이다. 나는 이런 재주가 있노라고 자가 선전의 기치를 들고 날뛰는 양풍(洋風)의 현대 지식인의 눈으로 본다면 재주를 깊이 감추어 놓고 팔지 않는다는 것은 한갓 바보로밖에 보이지 않을 것이다. 그러나 경륜과 포부를 지닐 뿐 저자에 내놓고 팔지 않는 것은 '도광양덕(韜光養德)'의 아름다운 마음씨임에 틀림없다. 빛을 감추고 덕을 기른다는 것은 옥에 흙을 묻혀 들에 버려진 것을 아는 사람은 안다는 것이다.
>
> 그러기에 동양의 정치는 '야무유현(野無遺賢)'을 이상으로 삼는 것이 아닌가. 경륜이 있는 자는 스스로 감추지만 현명한 치자(治者)는 그를 찾아내야 하고 끝내 찾고야 마는 것이다. 그러므로 유능하고 경륜있는 사람을 초야에 묻혀 썩게 하고 아첨하는 소인배(小人輩)만을 등용하는 치자(治者)는 망하고 마는 것이 아닌가.
>
> —「의기론(意氣論)」, 『국민일보(國民日報)』, 1961. 7. 3.

거의 40여 년 전에 발표된 「지조론」과 「의기론」을 음미하며 읽을 때 우리는 어떤 숙연함을 느끼지 않을 수 없다. 작금의 사회문화적 상황은 이보다 악화되면 악화되었지 크게 개선되었다고 여겨지지 않기 때문이다. 지훈의 식견과 논리가 아직도 빛을 발하는 것은 불행한 일인지도 모른다. 그러나 물질만능의 기계문명이 극단적으로 추구될수록 한 인간으로서의 품격은 물론 교양인으로서 위의가 절실히 요구된다는 점에서 지훈의 논점은 우리에게 시대의 바른 길을 가르쳐 주는 것이라 하지 않을 수 없다.

선비의 바른 길, 교양인의 바른 길은 실로 인간으로서의 품격을 갖추어야 한다는 것이 아닐까 한다. 시 또한 그러할 것이다. 시의 바른 길은 시인의 바른 길과 서로 분리된 것이 아니다. 시를 공부해 보려 한 나에게 지훈이 강렬하게 미친 영향이 바로 그것이다. 시의 바른 길을 구상한다는 것은 시인으로서 바른 길을 가야 한다는 것과 다르지 않다. 70-80년대 좌우로 요동치던 과도기 상황을 살았던 필자에게는 더욱 그러했다. 이는 40-50년대의 격동기를 헤치고 나와 50년대적 혼란상에 대성일갈한 지훈이 필자에게 남겨 준 역사적 교훈이자 삶의 지혜일 것이다.

> 詩人은 먼저 민족시(民族詩)를 말하기 전에 그냥 詩 자체를 알지 않으면 안 된다. 먼저 詩가 된 다음 그것이 민족시도 되고 세계시도 될 수 있는 것이므로 詩의 전통(傳統)이 확립(確立)되지 못한 이 땅의 詩가 民族詩로서 世界詩에 가담(加擔)하기 위하여서 먼저 일어날 것은 순수시운동(純粹詩運動) 아닐 수 없다. 純粹詩의 運動은 곧 詩의 본질적(本質的) 계몽운동(啓蒙運動)인 동시(同時)에 그의 발전(發展)이 民族詩의 수립(樹立)이기 때문이다.
>
> —「순수시의 지향—민족시를 위하여」, 『백민(白民)』, 1997. 1.

좌우의 대립이 극단적으로 격화되었던 해방 시단에 그 시적 지향점을 밝힌 위의 글은 시의 정도를 확고하게 설파했다는 점에서 역사적 문건이다. '순수시/민족시/세계시'를 하나의 범주로 포착하여 시 그 자체에 논의의 중점을 두었던 것은 사회적 기류나 정치적 혼란에 흔들리지 않는 그의 주체적 시학의 근거를 말해 주는 것이라 하겠다.

세계화의 시대 속에 우뢰처럼 울리는 지훈의 사자후

시인으로서, 학자로서, 논객으로서 지훈을 말함에 있어서 결코 빠뜨릴 수 없는 것은 그가 체현한 한국적 풍류와 멋이다. 그의 추상 같은 논리의 이면에 있는 다정다감하고도 따뜻한 그의 인간미를 간과한다면 우리는 살아 있는 인간 지훈을 놓치기 쉽다.

그가 마시는 것은 '삼도주(三道酒)'이며 그가 거하는 곳은 '방우산장(放牛山莊)'이다. '삼도주'란 무엇인가. '중니(仲尼) 선생이 애써 가꾸신 쌀과 노담옹(老聃翁)이 손수 만든 누룩으로 실달다(悉達多) 상인(上人)이 걸어오신 샘물로 빚은 술'이 바로 삼도주라고 그는 말한다.

‘방우산장’은 어디에 있는가. 오대산 월정사에 있었다고 하고 성북동에도 있었다 한다. 그러나 지금은 이 지상에서 소멸되고 저 지하의 이름 모를 나무뿌리에나 새겨져 있을 것이다. 지훈은 말하기를 ‘방우즉목우(放牛卽牧牛)’라고 했다. 소를 놓아주는 것이 소를 기르는 것이다. 어쩌면 무애인의 경지를 그 나름으로 표현한 것이 ‘방우(放牛)’이다. 만해 한용운 선생이 성북동에 ‘심우장(尋牛莊)’을 짓고 살았다면 지훈은 그 아래 방우산장을 짓고 또 허물었다. 오늘의 ‘방우산장’은 그의 전집 속에서나 찾을 수 있을 것이다. 지훈은 「방우산장기」에서 다음과 같이 말하고 있다.

> 나의 소는 어느 때든지 마침내 내 집으로 돌아오리라. 그러므로 떠나고 다시 오지 않는 새를 사랑한다. 소가 죽어서 새가 되었다고 생각할 수가 없다. 그러나 나의 소는 저 산새 소리를 따라서 어디론가 뛰어간 것에 틀림없다. 낙엽이 날리는 산장을 쓸며 나는 소를 기다리지 않고 시를 쓰며 산다.
>
> —「방우산장기」, 『신천지(新天地)』, 1953

소는 떠나가고, 나는 떠나간 소를 기다리지 않는다. 언젠가 돌아올 것을 알기 때문이다. 소를 애써 기다리지 않고 시를 쓰며 사는 것이 탈속한 지훈의 삶이었고 생활의 멋이었다. 지훈 또한 오늘의 우리에게는 새 소리를 듣고 뛰어나간 소가 아니던가.

그 어느 때보다 스승이 그립고 진정한 선비가 그리워지는 시대이다. 지조의 강도을 실험해야 하는 시대일수록 불행한 시대일 것이다. 지훈 자신의 시대가 그러했던 것처럼 지훈과 같은 스승이 그리워지고, 그리하여 지훈의 글을 새롭게 읽는 시대 또한 불행한 시대이리라. 그러나 오늘의 우리는 불과 40여 년 전에 지훈이 외친 사자후를 커다란 산을 울리는 우레 소리처럼 다시 한 번 되새겨 보지 않을 수 없다.

‘세계화의 시대’라는 허울 좋은 표어가 우리를 허전하게 하고, 정치적 사회적 상황의 난전이 우리를 우울하게 한다. 이제 ‘지훈학’의 탐구는 화석화된 과거를 위한 것이 아니라 오늘의 우리에게 절실히게 요구되는 민족 문화의 새로운 도약을 위해 넘어서야 할 하나의 난관임에 틀림없다.

지훈은 산장에 날리는 낙엽을 쓸었지만 오늘의 우리에게 지훈은 넘어서야 할 커다란 산맥으로 다가선다. 지훈을 타파하자. 신록이 푸르다.

아버지가 남긴 교훈(敎訓)*

조광렬

시를 쓰셔서 세상에 알려진 나의 아버지는 마흔여덟이라는 짧은 생을 살고 가셨다. 아버지가 세상을 떠나신 지 어느덧 오십이 년이란 세월이 흘렀다. 추억을 더듬기에는 너무나 오랜 세월이고, 내 인생의 들판 위에 남겨진 아버지의 흔적도 그리 많지 않다. 이 글은 조그만 기억의 서랍을 열어 하나씩 꺼내 보며 그려 보는 추억 속의 내 아버지의 모습이자, 내 기억 속에 간직된 글과 삶을 통해 아버지가 우리 자식들에게 남긴 교훈에 관한 이야기이다.

---

* 『PEN 문학』 156호(2020년 7, 8월) 특집 '탄생 100주년—조지훈'.

1 꽃이 지는 아침

1968년 5월 16일 아침, 나는 마루에 걸려 있는 큰 거울 앞에서 넥타이를 매고 있었다. 대학에서 아르바이트하여 번 돈으로 멋진 여름 양복을 맞췄는데, 생전 처음 입는 신사복이라 넥타이가 잘 매지지 않았다. 이때 거울 속에 흰 한복 차림의 아버지가 나타나셔서 서툴게 넥타이를 매고 있는 나를 등 뒤에서 도와주셨다. 오랜 투병으로 기력이 약해지신 아버지는 무슨 말씀을 하시고 싶어 하는 표정으로 거울 속의 내 얼굴을 한동안 물끄러미 보고 계셨다. 그러나 아버지는 끝내 아무 말씀도 하지 않으셨다.

거울 앞의 그 순간이 아버지와 나의 마지막 순간이었다. 다음 날 새벽 5시 40분경에 병원(메디컬센터, 현 국립중앙의료원)에서 돌아가신 것이다. 병명은 기관지확장으로 인한 폐기종이었다. "아직도 할 일이 많이 남아 있는데…"라는 말씀을 남기셨다. 그때 내 나이 스물셋이었다. 전날 밤 바로 병원으로 달려가지 못했던 것이 애통하고 죄스럽고 후회스러웠다. 또 내가 해 입은 여름 양복이 마(痲, 삼베)로 지은 옷이라 마치 상복(喪服)을 미리 해 입은 듯하여 내 마음은 더욱 아팠다.

거울 앞에서의 아버지의 침묵 속에는 자식과 남은 가족에 대한 걱정, 아버지로서의 연민, 미안함, 바람과 부탁 등 수많은 말들이 숨어 있었겠지만, 그 어떤 말보다도 "사랑한다"는 말이 힘있게 담겨 있었다는 걸 깨달은 것은 그로부터 먼 훗날 내가 아버지가 된 뒤였다.

2 아버지가 떠나가시던 날

장례식 전 날이었다. 상주로 곡(哭)을 하다가 피곤하여 아버지 시신 곁에서 잠깐 눈을 붙였는데, 비몽사몽 중에 아버지가 나타나셨다. 어린 자식들과 가족이 걱정되셨던지 평소 집에서 입고 계시던 흰 한복을 입으신 채 우리집 지붕과 마당 위를 빙빙 돌며 날아다니시는 것이었다. "식솔들이 가없고 걱정이 되서서 아버지의 영혼은 저리도 우리 곁을 떠나지 못하시는구나." 나는 아버지와 한마디라도 나누고 싶어 벌떡 일어났으나, 아버지는 보이지 않았다. 반가움도 잠시 나는 슬퍼서 또 흐느꼈다.

3 아버지를 묻어드리던 날의 회상

아버지를 묻어드린 그날은 하늬바람에 파아란 잉크 빛 붓꽃이 피어나고, 하이얀 찔레꽃 짙은 향기 속에 꿈결처럼 초록이 소록소록 쟁이는 유난히 아름다운 봄날이었다. 아기 진달래가 지천으로 피어 있고 뻐꾸기가 이따금씩 애긇게 울어대는 산기슭을 따라 고려대 학생들이 운구하는 아버지의 시신을 모시고 거슬러 올라 다다른 곳, 그곳은 생전에 아버지가 몇 달 전 정성을 다해 이장(移葬)해 놓으신 당신의 어머님이 묻혀 있는 양지바른 언덕이었다.

나의 할머니는 6·25동란 피난시절 대구에서 돌아가셨고, 그곳에 묻히셨다. 세월이 흘러 그곳에 주택들이 들어서자 아버지는 이장(移葬)을 결심하셨다. 당시 병환이 깊으셔서 운신하시기가 어려웠던 아버지는 대학생이었던 나를 대신 대구로 보내 큰일을 치르게 하셨다. 이장을 마치고 돌아온 내게 아버지는 대견스러운 한편, 안쓰럽고 걱정스런 표정으로 "상태가 어떻더냐? 흙은 좋더냐?"고 물으셨다 "네, 광중을 할 때 보니 석회질과 점토가 적절히 섞인 흙에 아름다운 기운마저 뿜어 나오는 듯해서 참 좋았어요."라고 말씀드리자 그제야 안심하신 듯 기뻐하셨다.

아버지를 묻기 위해 파 놓은 땅 속을 들여다보며 그때의 일이 떠올라 애통해하는 나에게 친척 어르신이 "망자(亡者)의 하관(下棺) 시간이 맏상주가 태어난 시(時)와 맞지 않으니, 광렬이 너는 하관을 지켜보지 않는 게 좋겠다"고 말씀하셨다. 나는 그 말씀을 따르지 않을 수 없었다. 물러나서 그곳을 등지고 풀밭에 쭈그리고 앉아 이름 모를 풀꽃(훗날 그 이름이 '비비추'라는 것을 알았다) 송이만 애꿎게 손끝으로 뱅뱅 돌리며 흐느끼다가 하늘을 보기를 거듭하던 그 봄날은 이젠 못 견디도록 서럽고 아름다운 풍경이 되었다.

아버지는 그렇게 어머니와 어린 우리 사남매를 두고 아름다운 봄날 한 마리 새가 되어 저 건너 세상으로 날아가시고 당신의 육신만 경기도 남양주시 마석리 송라산 기슭에 묻히셨다.

4 내 안에 아직 살아 계신 아버지

마흔여덟의 그 아버지가 오늘도 나를 친히 가르치고 계신다. 내 마음이 흔들릴 때

곁에서 바로잡아 주시고, 힘들고 지쳐 쓰러질 때 격려와 용기를 주며 일으켜 세우시고, 외롭고 서러울 때 내 눈물을 닦아 주시고, 설익은 평안에 세상이 시비를 걸어올 때 나를 어루만져 주신다. 세상을 살아가는 데 필요한 모든 지혜가 당신이 남겨놓은 글 속에 살아 생동하며 늘 향기를 뿜어내고 있기 때문이다. 한 장 한 장 넘어가는 책장 소리에 아버지의 음성을 듣는 듯하다. 나는 돌아가신 아버지가 문득 나에게 "죽음을 공부하며 살고 있느냐?"고 물어보시는 듯한 느낌에 자주 빠지곤 한다. 아버지 생전에 아버지로부터 그런 질문을 한 번도 받은 적이 없는데도 말이다.

> "사랑하는 소년들아! 너희는 젊어서 먼저 죽음의 진리를 배워라. 죽음을 바르게 사랑하는 마음만으로 이 세상에서 큰일을 할 수 있기 때문이다. 너희는 살아 있는 세상의 눈앞의 이익과 명예에만 팔리지 말아라. 죽어서 너희 육체가 썩은 뒤에라도 뒷사람의 위에 남을 그 명예를 더 높이 생각하여라. 사람이 세상에서 누리는 하찮은 영예는 미끼를 탐내는 고기떼와 부엌간을 엿보는 생쥐와 무엇이 가릴 바가 있겠느냐. 살아서 괴롭더라도 죽은 뒤에 더러운 이름을 남기지 않도록 노력해야 한다. 죽은 뒤의 더러운 이름은 대개 살아서 지나친 부귀영화의 허영으로 말미암아 마련되는 것이다. 더러운 이름을 남길 양이면 차라리 이름없이 살다가 죽어가는 것이 얼마나 부러운 일이겠느냐."

이 글은 아버지가 아마도 내가 열 살이나 열 한 살쯤 되었을 때 쓰신 것으로 생각된다. 후회스럽고 부끄러운 일이지만 스무 살이 되기 전 중고등학교 시절에 읽었어야 할 이 글을 나는 아버지가 돌아가신 후에야 '소년들아'를 '광렬아' 또는 '나의 사랑하는 자식들아'로 고쳐 읽으며 사무치게 아버지를 그리워했다. 아버지의 이 교훈은 하나의 종교처럼 내 마음에 자리잡고 있다. 그것은 시대가 바뀌어도 변치 않고 알고는 있더라도 결코 행하기 쉽지 않은 진리이기 때문이다. 살아가면 갈수록, 애써 외면하려 하면 할수록 아버지의 이 가르침은 더욱더 내 마음속 깊이 파고들었다.

실제로 아버지의 이 가르침 때문에 세상살이에서 득보다는 손해를 보는 경우가 더 많았다. 오죽하면 아내가 "당신은 상을 차려줘도 못 집어먹고, 멍석을 깔아줘도 춤 못 추는 사람"이라고 할까. 그렇듯 나는 아무개의 아들이라는 꼬리표를 달고 다녔기에 함부로 행동할 수가 없었고, 그로 인한 중압감에 시달리며 갈등 속에서 살아 왔음도 고백하지 않을 수 없다. 때로는 아버지가 내 인생의 걸림돌이요, 그래서 내 인생이 죽도 밥도 안 된다고 공연히 아버지를 원망하던 시절도 있었다. 거꾸로 봐야 제대로 보이는 세상, '꿩 잡는 게 매'요, '모로 가도 서울로 가면 된다'는 험한 세상을 살면서, "서울을 가지 못하더라도 바로 가야 한다"는 아버지의 교훈이 큰 기둥처럼 버티고 있었던 것이다. "죽음에 대해 고민하고 공부하라"는 아버지 말씀의 깊은 뜻을 철부지 소년 시절에 어이 내가 헤아릴 수 있었겠는가. 돌이켜 보면, 지난 많은 날들을 "어떻게 살아야 하는가"보다는 "무엇을 하며 사는가"에 더 집착하며 살았던 것을 고백하지 않을 수 없다. 칠십을 넘긴 이 나이까지 나는 국가나 민족을 위해 한 일도 없이 해외를 떠돌며, 여윈 골목길을 힘없이 걸어만 왔다. 죽는 연습도 제대로 하지 못한 채…

5 독재정권의 불의를 준엄하게 꾸짖던 아버지

나는 1960년 4월 19일을 잊을 수 없다. 그날 우리집으로 원고를 찾으러 온 기자를 앉혀 놓고, 그 자리에서 일필휘지(一筆揮之)로 4월 혁명의 감격을 직정(直情)의 분류(奔流) 그대로 쏟아 놓으시던 아버지의 모습을… 내가 중학교 2학년 때였다. 그렇게 태어난 시가 「늬들 마음을 우리가 안다—어느 스승의 뉘우침에서」라는 시다. "(…) 사랑하는 젊은이들아/붉은 피를 쏟으며 빛을 불러 놓고/어둠 속에 먼저 간 수탉의 넋들아/늬들 마음을 우리가 안다 늬들 공을 온 겨레가 안다./하늘도 경건(敬虔)히 고개 숙일 너희 빛나는 죽음 앞에/해마다 해마다 더 많은 꽃이 피리라.//아 자유를 정의를 진리를 염원(念願)하던/늬들 마음의 고향 여기에/이제 모두 다 모였구나/우리 영원히 늬들과 함께 있으리라." 이렇게 끝나는 시다.

그로부터 46년이 지난 2006년 9월 고려대학교 캠퍼스 안에 아버지의 시비가 세워졌다. 20년간 몸담으셨던 고려대, 아버지가 작사하신 교가에 묘사한 "안암의 언덕"에 시 「승무」와 함께 이 긴 시가 원문 전체 그대로 새겨졌다. 그날 시비 제막식에서 김종길 고려대 명예교수는 아버지와 고대가 인연을 맺게 될 당시, 당신이 메신저 역할을 하셨다는 회상과 함께 "지훈은 나라를 맡겨도 안심할 수 있는 분이었다. 지훈과 고대는 궁합이 잘 맞았다. 고대는 지훈을 필요로 했고, 지훈의 기질은 고대를 만나 더욱 빛났다"고 하셨다. 현승종 재단 이사장은 "우리 같은 소인배들은 감히 범접할 수 없는 거인이셨다"며 아버지를 잃은 아쉬움을 토로하셨다.

4·19혁명 직전, 아버지는 부패한 자유당 정권을 겪으면서, "변절자를 위하여"라는 부제의 「지조론(志操論)」을 1960년 3월 『새벽』지에 발표하셨다. 이 글은 발표 직후 많은 지식인들의 뜨거운 공감을 샀다. 그 글은 이렇게 시작된다. "지조(志操)란 것은 순일(純一)한 정신을 지키기 위한 불타는 신념이요, 눈물겨운 정성이요, 냉철한 확집(確執)이요, 고귀한 투쟁이기까지 하다. (…) 지조가 없는 지도자는 믿을 수 없고, 믿을 수 없는 자는 따를 수 없기 때문이다." 『월간 조선』(2005년 7월)이 선정한 '한국의 명문' 중의 하나로 뽑힌 글이다. 이 글이 실린 책이 『지조론』이란 제목으로 1962년에 간행되었는데, 이 책은 세상이 어지러울 때면 더욱 많이 읽히는 책이다. 「지조론」이 발표되고 한 달 후에 3·15 부정선거가 있었고, 그리고 다시 한 달 후에 4·19혁명이 일어났다. 아버지는 4·19혁명에 직접 참여하셨지만, 4·19 이후 학생운동의 분열과 혼란이 발생하여 혁명이 실패로 돌아갈 것을 염려하며 혁명의 바른 길을 모색하셨다. 또한 아버지는 민주당 정권 분열로 인해 혁명정신이 실종하는 것을 우려하셨다. 이러던 차에 5·16 군사정변이 일어났다.

아버지는 학생운동의 혼란과 민주당 정권의 무능으로 인해 실패로 끝난 4·19혁명의 정신을 다시 살릴 수 있는 기회로 생각하셨다. 적어도 5·16 초기에는 그렇게 기대를 거셨다. 국가재건최고회의에서 추진하고 있었던 재건국민운동의 사상적 토대와 실천방법을 기술한 「나라를 다시 세우는 길—재건국민운동요강(再建國民運動要綱)」을 작성하기도 하셨다. 그러나 5·16 군사정변 세력이 추진했던 작업은 아버지가 기대했던 대로 추진되지 않았다. 오히려 당신의 기대와는 달리 자유와 인권을 억압하며 민족의 이익에도 반하는 방향으로 나아갔다고 판단하시게 된다. 이에 아버지는 1962년 4·19혁명 2주년을 맞이하여 "죽음을 무릅쓴 학생혁명"의 완성을 역설하셨다.

1965년에는 「그들은 과연 비애국적이며 무책임하고 옹졸한가—박대통령의 '진해발언'과 '데모'학생, 언론, 언론인, 지식인」이란 제목의 글로 박 대통령을 직접 거론하면서 그 발언의 잘못을 조목조목 지적하셨다. 이로 인해 아버지는 정치교수로 몰려 전화 도청을 당하는 등 사생활에 큰 침해를 받으셨다. 그 무렵부터 아버지는 늘 사직서를 몸에 지니고 다니면서 서슬 퍼런 군사독재정권을 향해 직언을 서슴치 않으셨다.

#6 아버지의 담력(膽力)과 기개(氣槪)에 관한 일화들

일제 시대, 아버지의 조선어학회 시절의 이런 일화가 문인들 사이에 전해져 온다. 어느 날 종로 우미관 골목에서 문인들과 술을 마시다 종로 깡패들과 시비가 벌어졌다고 한다. 친구들은 모두 꽁무니를 빼고 아버지만 남아 깡패 두목과 맞붙어 싸우게 되었는데, 아버지는 "술이나 한잔하고 싸우자"며 막걸리 몇 사발을 대작한 후 상대방을 달래어 돌려보내셨다고 한다. 이처럼 아버지는 완력으로 상대방에게 대들 수는 없어도, 담대함으로 힘센 사람의 기를 꺾는 데는 특출한 분이셨다고 한다. 당시에는 종로 깡패와 싸워서 맞지 않은 유일한 시인이라는 이야기도 있었다고 한다.

6·25 전란 시의 또 다른 일화가 있다. 대구 피란 시절 어느 날 퀀셋 안에서 술자리가 벌어졌다. 가족들의 생사를 모르는 채 초조와 불안으로 무료를 달래던 전시문인들은 마침내 크게 취하여 고성방가하기 시작했다. 그 순간이었다. 현역 군인 하나가 권총을 빼들고 들어와서 천장에 대고 마구 공포를 발사하며 "지금이 어느 땐 줄 알고 술을 처먹고 이 짓들이냐?"고 대갈일성을 했다. 모두들 겁에 질려 벌벌 떨면서 쥐구멍을 찾고 있는데 벽력 같은 소리를 지르며 나서는 사람이 있었다. 아버지였다. "이놈 여기가 어딘 줄 알고 함부로 총질이냐? 너는 애국을 총으로만 하는 줄 아느냐? 총보다 더 뜨거운 애국이 있는 줄을 모르는 놈 같으니… 펜으로 나라를 위하는 길도 있어 이놈아! 쏠 테면 쏴라! 이놈!" 그리고 달려들어 그 군인의 따귀를 후려치셨다. 눈에 불이 번쩍 난 그 군인은 총을 내려놓고 무릎을 꿇은 채 사과를 했다고 한다. 이 일화는 그 자리에 계셨던 박목월 선생께서 들려주셨다. "자네 아버지의 담력이 이러했다"고 하시면서…

박 선생께서 알려 주신 일화가 하나 더 있다. 아버지의 왼손 손등 오른편에 푸르스름한 흉터가 하나 있었던 것을 우리 가족과 아버지의 지인들은 기억하고 있는데, 그에 대한 궁금증을 풀어 준 일화이기도 하다. 휴전이 되고 서울 수복 얼마 후인 1954년 5월경 명동성당에서 노기남 대주교의 초청으로 당시 문인들과 종교인들의 모임이 있었다. 칵테일 파티였는데 노 주교가 '신(神)의 의지'를 강조하기 위해 "담뱃불만 잠깐 스쳐도 그 뜨거움을 참지 못하는 것이 인간의 의지"라고 하면서 지성인의 의지를 폄하(貶下)하는 발언을 하였다. 그러자 아버지는 지난날 사육신(死六臣)의 사례를 들어 반박하셨다고 한다. 그래도 주교가 별로 공감을 하지 않자 아버지는 벌떡 일어나셔서 성냥개비 대여섯 개에 불을 붙여 당신의 왼손등에 올려놓으셨다. 손등이 지글지글 타들어갔다. 순간 주위가 숙연해졌다. 아버지는 태연자약하게 오른손으로 술잔을 들어 마셨다. 한참 만에 손등의 불이 제풀에 꺼지자 입으로 훅 불어서 타다 남은 성냥개비들을 털어 버리고는 아무 일도 없었다는 듯이 남은 술을 마시고 밖으로 나가셨다고 한다.

해방 이후 좌우 이념대결로 대학가가 들끓었을 때, 아버지는 그 소용돌이 속에서 여러 가지 어려움을 겪으셨다. 어느 날 좌익 학생이 교수였던 아버지를 벽돌로 찍으려 날뛰었다. 그러나 상대는 아버지의 의연한 자세에 압도당해 제풀에 꺾여 벽돌을 내려놓았다고 한다. 이 일과 관련하여 아버지는 학생들에게 "선생이 학생에게 맞을 수도 있다. 맞았느냐 안 맞았느냐 하는 것은 문젯거리가 되지 않는다. 다만 당당하게 맞았느냐 비겁하게 맞았느냐 하는 것은 끝까지 따져야 한다"고 말씀하셨다고 한다. 이는 후일 제자분들이 전해 준 일화이다.

7 아버지 삶의 정신적 바탕과 힘의 원천

아버지는 허세와 거짓과 비겁함을 가장 싫어하셨다. 제자들에게는 "죽음을 공부하라", "살찐 돼지보다 깡마른 학이 되라", "언젠가는 우리는 죽어야 하고 죽음에도 여러 가지가 있겠지만 죽는 까닭과 죽는 태도가 중요하다"고 틈만 나면 일깨워 주셨다고 한다.

아버지와 같이 추호도 흔들림 없이 일관된 삶을 산다는 게 얼마나 힘든 일인지 불혹의 나이를 지나서야 비로소 깨닫게 되었다. 그런 삶의 힘을 길러 주었던 바탕은 무엇이고, 그 정신을 낳은 배경은 어디에 있을까. 아무도 얘기해 주지 않는 '그 힘의 원천'이 궁금했다. 그 원천의 일부는 조상으로부터 이어져 내려오는 우리 가문의 전통과 내력, 기질, 가학(家學)과 무관하지 않고, 아버지의 삶은 그것을 더럽히지 않으려는 자신과의 처절한 투쟁의 소산이었다는 걸 나는 늦게서야 깨달았다.

나는 언제부턴가 만해 한용운(韓龍雲) 선생을 생각하면 아버지 얼굴이 오버랩되어 떠오른다. 아버지는 17세였을 때, 서대문 형무소 밖으로 버려진 김동삼 선생의 시신을 수습하여 장례를 치르시는 만해 선생을 성북동 심우장(尋牛莊)으로 찾아 뵌 후로 한용운 선생을 존경하고 흠모하셨다. 훗날 「한용운론」을 쓰시고 『한용운 전집』 편찬에 온 정성을 다하신 것도 이와 무관하지 않다. 아버지는 「한용운론」에서 "애국지사(혁명가)와 선승(禪僧)과 시인의 일체화—이것이 한용운 선생의 진면목이요, 선생이 지닌 바 이 세 가지 성격은 마치 정삼각형과 같아서, 어느 것이나 다 다른 양자를 저변으로 한 정점을 이루었으니, 그것들은 각기 독립한 면에서도 후세의 전범(典範)이 되었던 것이다"라고 쓰셨다. 이 짤막한 인물평을 통해 우리는 만해의 참모습을 쉬이 포착할 수 있다. 아버지의 제자 박노준 선생(한양대 명예교수)은 "만해에 대한 지훈의 이러한 평가는 바로 그 자신에게도 해당된다. '선승' 운운 자리에 '국학자'라는 말을 교체시켜 놓으면 위의 글은 영락없는 '지훈론'이 된다는 뜻이다. 이런 식으로 말해도 무방하리만큼 지훈은 만해의 정신과 학덕을 충실히 계승한 우리 시대의 고사(高士)였다"고 회상하신 적이 있다.

『조지훈 전집』의 편찬위원들은 그 서문을 다음과 같이 기술하였다. "지훈은 항상 현실을 토대로 하여 사물을 구체적으로 파악하려 하였고, 지훈은 멋을 척도로 하여 인간을 전체적으로 포착하려 하였다. 지훈은 전체가 부분의 집합보다 큰 인물이었다. 지훈의 면모를 알기 위해서는 그의 전체상을 살펴볼 필요가 있다. 한국의 현대사를 연구하려는 사람은 반드시 먼저 한국 현대 지성사의 지도를 완성하는 데 기여하리라고 확신하고, 지훈이 걸은 자취를 따르려는 사람들뿐 아니라, 지훈을 비판하고 극복하려는 사람들에게도 지훈의 전모를 객관적으로 인식할 수 있게 해야 한다고 생각하여 오래 전에 절판된 지훈의 전집을 새롭게 편찬하기로 하였다." 이러한 서문은 한 시인의 전집을 새로 편찬하기 위해 씌어진 서문이라고 하기에는 너무 크고 우람하다. 그러나 어쩌면 그것이 아버지의 '전인적인 참모습'인지도 모른다.

8 언행이 일치하는 삶을 살다 가신 아버지

박정희 정권 초기였으니 내가 고등학교에 다니던 때였다. 당시 아버지는 고려대학교에서 교편을 잡고 계셨는데 권력으로부터 집요한 유혹(전국구 의원이나 장관 제의)에 시달리고 계셨다. 어느 날 저녁상을 들여오시며 어머니께서, "오늘도 박 대통령이 사람을 보냈는데 한 번 만나 보시면 어때요" 하시며 뻔한 대답이 나올 줄 알면서도 혹시나 하며 반응을 떠보셨다. 농반 진반, 아니 진심이 더 많이 담기셨을 게다. 그도 그럴 것이 요즘이야 대학교수의 경제형편이 그럭저럭 지낼 만하지만, 그 당시는 교수 월급은 지금과 비교가 안 될 정도로 박봉이었던 데다 아버지는 어려운 이웃을 위해서나 친구분들과의 약주 비용은 서슴없이 내놓으시면서도 집에서는 어머니가 파 한 단, 콩나물 살 돈마저도 아버지께 타서 쓰실 만큼 숨막히는 생활을 꾸려 가셨기 때문이다. 그 말씀을 들으신 아버지는 "당신 남편이 오물 뒤집어쓰는 꼴 보고 싶지는 않겠지요. 난세엔 벼슬하는 것도 아니거니와 선비는 나라의 기강이요, 사회정의의 지표인데 밖에서라도 바른 소리를 하는 사람이 있어야 하지 않겠소. 그리고 학자는 학자의 자리에서 끝내는 것이 몸을 더럽히지 않는 유일한 길이요, '차돌에 바람이 들면 백 리를 날아간다'는 우리 속담도 있듯이 늦바람은 무서운 것이오" 하시면서 '소인기(少忍飢) 하라'는 광해군 난정(亂政) 때의 고사(故事)를 들려주셨다(「지조론」에도 이 이야기가 있다).

물론 아버지는 그때의 유혹을 단호히 거절하셨고, 타계하시기 전까지 평생 고려대학에만 몸담으셨다. 이승만 독재정권과 박정희 군사독재정권을 붓으로 준엄하게 꾸짖으셨지만 권력이 감히 건드리지 못하였다. "'한때의 적막(寂寞)을 받을지언정 만고(萬古)에 처량한 이름이 되지 말라'는 『채근담(菜根譚)』의 글귀는 명언 중의 명언이요, 이 시대의 지도자들이 명심해야 할 지표가 아닐 수 없다." 「지조론」에 쓰신 이 말씀처럼 아버지는 말과 행동이 일치하는 삶을 살다 가신 것이다.

어린 시절 어느 추운 겨울날이었다. 성북동 우리집에 어느 부잣집 부인이 지인의 소개로 찾아왔다가 케이크를 한 상자 선물로 놓고 갔는데, 그 손님이 간 뒤에 어머니께서 그 케이크를 자르시다가 상자 바닥에 뭔가 이상한 느낌이 나서 보니, 흰 종이에 싸여진 지폐가 깔려 있었다. 아버지께 말씀을 드렸더니 몹시 불쾌한 어조로 호통을 치시며 "그 사람이 얼마 못 갔을 터이니 당장 돌려주고 오라"고 역정을 내셔서 그걸 돌려 주느라 온 가족이 애를 먹었다. 그 부인이 무슨 연고로 찾아왔는지는 잘 모르지만, 자기 아들 대학 입학이나 편입을 부탁하러 오지 않았었나 추측해 본다. "냉면 한 그릇을 얻어먹거나 와이셔츠 한 벌을 얻어 입어도, 준 그 사람에게 이미 매인 바 된 것"이라는 생각을 지니셨던 아버지셨다.

9 사라져 가는 민족정서와 문화를 사랑하신 아버지

1967년 가을, 내가 대학 3학년 때 출품한 건축작품이 제17회 대한민국 미술대전(國

展) 건축부문에 특선으로 뽑혀 경복궁에서 전시되었다. 그날 가족들의 부축을 받으며 힘든 호흡을 애써 고르시며 전시장 안으로 걸어오시던 아버지를 난 지금도 잊을 수 없다. 그 무렵 아버지는 지병이 깊어져서 전혀 외출을 못 하고 집에서 요양하고 계셨다. 이때에 남기신 마지막 시 「병에게」에서 노래하신 것처럼 아버지는 병을 친구 삼아 집에서 칩거하셨다. 그런데 그 아버지가 내 작품을 보시려고 전시장을 찾아오신 것이었다. 내가 처음으로 아버지를 기쁘게 해 드린 날이었지만, 한스럽게도 그날의 외출은 아버지의 마지막 외출이 되었다.

내가 출품한 작품은 「동부서울 창동지구 쇼핑센터 계획안」이었는데 서구식 쇼핑몰은 물론 요즘의 백화점 같은 상업건물이 전무할 때라 내 딴에는 야심작으로 내놓은 것이었다. 그해 국전은 건축부문에 대통령상이 돌아올 것이라는 소문도 무성하여 내심 기대도 했었다. 내 작품을 둘러보신 아버지는 "작품의 테마를 〈민족문화박물관〉으로 설정했었더라면 더 좋았을 걸 그랬다"며 아쉬워하셨다. 나는 그때만 하더라도 '우리 문화의 올바른 전통계승'이나 '우리 멋'에 대한 관심과 연구보다 서양 것에만 눈을 돌리고 있었다. 그 무렵은 아버지가 고려대학교 부설 '민족문화연구소' 소장을 하시며 민족문화연구와 한국학의 기초를 다지는 데 심혈을 기울이고 계셨는데도 나는 별 관심이 없었다. 나는 국전에 대상을 받지 못한 불만으로 시상식에도 참석하지 않고 집에 틀어박혀 있었는데, 아버지는 우편으로 배달되어 온 상장과 은메달을 전해 주시며 "너무 상(賞)에 연연해하지 마라. 예술이 무르익기 전에 대가(大家)연 하든지, 과한 대접을 받거나 큰 상을 받는 것은 네 자신을 위해 좋지 않다"고 하셨다. 훗날 아버지의 글에서 "닭의 벼슬이 그립거든 초야에 묻힌 지렁이가 되는 공부를 하라"는 말씀을 접하고 나는 그때 나의 행동이 한없이 부끄럽기만 했다.

아버지는 생전에 당신의 전공은 시가 아니라 사실은 민속학과 역사학을 두 기둥으로 하는 '한국문화사'라고 말씀하신 바 있다. 아버지의 시에 사라져 가는 아름다운 우리 정서와 전통과 문화를 노래한 시가 많은 것도 그런 연유에서다. 아버지는 40대 중반에 고려대학교 부설 '한국고전국역위원회'를 확대, 개편하시면서 '민족문화연구소'로 개칭하시고, 초대 소장을 하시면서 타계하실 때까지 이 일에 심혈을 기울이셨다. 첫 사업으로 『한국문화사대계』 전 7권을 기획하셨으나, 애석하게도 이 책이 완간되어 나오는 것을 보지 못하고 세상을 떠나셨다. 그러나 아버지가 심어

놓으신 꿈은 제자인 홍일식 전 고려대 총장에 의해 계속 이어져 갔다. 홍 총장은 10여 년이 지나 책이 완간된 후 가진 출판기념회(김상협 총장 시절)에서 유진오 전 총장께 책 발간 소식을 전해 드렸더니 "기획 당시에는 한갓 구름 잡는 이야기로 들리던 일이 결국 실제로 책이 되어 나온 것을 보니 '아 이런 게 시인의 공상이구나' 하는 생각이 든다"라고 말씀하시더라는 얘기를 그날의 감격을 되새기며 전해 주신 적이 있다.

이 무렵 아버지는 『한국문화사서설』도 집필하셨는데 아버지께서 원고를 탈고하신 후 출판사로 넘기기 전 책에 들어갈 도표(우리 민족의 이동경로 등을 표시한 세계지도) 디자인을 내게 맡기셨다. 나는 설계도면을 그릴 때 사용하는 제도 기구를 사용하여 실력(?)을 유감없이 발휘하였는데 아주 만족해하시는 아버지를 보며 내가 더 기뻐했던 기억도 새롭다.

10 아버지의 풍류와 술 이야기

아버지를 추억하면서 술 이야기를 빼놓을 수 없다. 나의 어린 시절 기억 중 제일 많이 남아 있는 기억이 술좌석의 아버지 모습이기 때문이다. 아버지께서 술 드시고 밤늦게 제자나 친구분들과 함께 왁자지껄 들어오시면, 나는 사랑방에서 자다가 눈을 비비며 베개와 이불만 말아 안고 안방으로 건너가곤 했다.

아버지는 술보다 사람을 좋아해서 마음에 드는 사람들과는 나이를 안 가리고 늘 어울려 마셨고 이야기를 즐기셨다. 그런 아버지였으니 당연히 우리 사남매의 기억에 남아 있는 아버지의 모습은 우리집 사랑방 술자리에서의 모습이 대부분일 수밖에 없다. 아버지는 밖에서 술 드신 후에도 제자들이나 주붕(酒朋)들과 함께 집에 들어오셔서 밤새 드시는 일이 많았는데, 그럴 때마다 어머님이 다시 술상을 차리셔야 했던 적이 다반사였기 때문이다. 서로 댓귀를 이어가며 혹은 곡이 붙은 시암송(한국 시뿐만 아니라 한시, 시조, 외국 시)을 하시기도 하고 동서고금의 유머와 해학(諧謔)과 문사철(文史哲)을 넘나들며 담론을 즐기셨다.

고대 4·18 선언문을 쓰신 박찬세 선생(당시 고대신문 학생 편집장)이 4·19혁명 후 어느 날 밤 원고 청탁차 정종 한 병을 들고 우리집을 방문하셨다. 당연히 술자리가 벌어졌는데 얘기를 하다 보니 새벽 한 시가 되었다. 들고 온 정종은 물론 어머니가 내

놓으신 술도 다 마셨는데, 아버지께서 일어나시더니 술을 더 가지고 오겠노라고 하셨다 한다. 주전자를 들고 서재에 돌아오신 아버지는 박 선생에게 다시 술을 권하시더란다. 박 선생이 마셔 보니 웬걸 술이 아니라 맹물이었다. "선생님 이건 물이 아닙니까?" 했더니 "그래 물일세, 술로 알고 마시면 술이 되는 거지. 술은 인정인데, 그 물 속에 정이 담겨 있으면 술이 되는 거야"라고 하시더란다. 물잔을 주고받으며 새벽녘까지 마시고 나오면서 박 선생은 "역시 한국의 조지훈이야!"라고 감탄했다고 한다. 아버지는 실제로 그렇게 정을 마시고 흥에 취하는 분이셨다.

또 아버지의 제자 김인환 선생(고려대 명예교수)은 지난날을 회상하며 "대학 1학년 때 국문과 1학년 모두가 구자균 선생님 묘소에 간 적이 있어요. 학생들이 돌아가며 노래를 하는데 선생님도 일어나 시를 두 수 읊으셨지요. 한 편은 영어로, 한 편은 한문으로 읊으셨어요. 지금도 기억하는데 영시(英詩)는 '술은 입으로 들어오고, 사랑은 눈으로 들어오는 것, 우리 늙어서 죽을 때까지 기억할 것은 이것뿐이리'라는 예이츠의 「술노래」였고, 한시(漢詩)는 '인생은 정이 많아 눈물이 옷깃을 적시는데 이 강물 이 강 꽃이 어느 날에 다하랴'라는 두보(杜甫)의 「애강두(哀江頭)」였어요. 1학년 시절 그런 선생님이 너무 멋있게 보여서 나도 영어 공부, 한문 공부 해야지 결심하기도 했습니다. 저는 대학에 들어와서 배운 것이 내가 배운 것의 모두라고 생각하는데 지훈이 없었다면 내가 없었다고 생각합니다. 다시 생각해도 지훈 선생은 잊지 못할 스승이고 은인이십니다."

아버지는 지식인들이 뽑은 '한국의 주선(酒仙) 10걸(傑)' 중 3위에 오른 한국 풍류사(風流史)에 손꼽히는 풍류인이셨다. 1998년 동아일보에 실린 「한국의 주선 10걸」이란 신문 기사에 따르면, 1위에 황진이로 시작해서 2위에 변영로, 3위에 조지훈, 4위 김삿갓(김병연), 5위 김시습, 6위 임제, 7위 김동리, 8위 임꺽정, 9위에 대원군, 공동 10위는 원효대사, 연산군, 박종화의 순이었다. 선정 기준으로서 주선의 자격은 한국의 고금(古今)에 있어 두주불사의 주량과 풍류가 특출한 당대의 호걸에 해당하는 인물로서 낙주종생(樂酒終生)의 생애를 산 사람에 한했는데, 여기 해당하는 인물로 추천된 사람은 모두 140명이었다고 한다. 그 가운데서 아버지가 3위로 뽑히셨던 것이다.

천년 동안의 주선 10걸 중 제3걸에 뽑히실 정도였으니, 아버지의 술에 관한 일화는 헤아릴 수 없이 많다. 「주도유단(酒道有段)」이란 수필에서 아버지는 "그 사람의 주정을 보고 그 사람의 인품, 직업은 물론 그 사람의 '주력(酒歷)'과 '주력(酒力)'을 당장 알아낼 수 있다"고 하셨고, "주도에도 엄연히 단이 있다"며 술을 마신 연륜, 같이 마신 친구, 마신 기회, 술을 마신 동기, 술버릇을 종합해 그 단의 높이를 정한다"며 무릇 열여덟의 계단을 설정하여 매기기도 하셨다(지면 관계상 이 열여덟 단계의 설명은 생략한다. 인터넷에서 「주도유단」을 검색하면 볼 수 있다). 당신은 그 열여덟의 단계 중 아홉 번째인 학주(學酒)—술의 진경을 배우는 사람, 즉 주졸(酒卒)—로서 "소졸이지만 아마추어 주원(酒院)의 사범쯤은 능히 감당할 수 있었건만 20년 정진에 겨우 초급으로 이미 몸은 관주(觀酒)의 경지에 있으니, 돌돌(咄咄) 인생사 한도 많음이여!" 하시며 익살을 떨기도 하셨다.

그런 당신은 절대로 혼자서 술을 마시는 법은 없으셨다. 그렇다고 집에 술이 떨어지는 것은 아니다. 술이 조금이라도 없으면 서운하기 때문이라 하셨는데, 실은 술친구가 오기를 기다리셨던 것이다. 아까운 술이 썩는 한이 있더라도 함부로 남을 주지도 않으셨다. 또 되도 않게 취하는 자에게는 술을 주는 것은 차라리 술을 썩히는 것만 못하다고 믿고 계셨다. 아버지는 "희로애락애오욕(喜怒哀樂愛惡欲)의 칠정(七情)에 흥분되었을 때 술을 마시면 안 된다는 도리를 배웠다"고 하시며, "화풀이 술을 비롯한 일체의 잠재감정을 술로써 풀거나 선동하는 것은 술의 사도(邪道)라는 것을 알았다. 술은 언제나 무료와 권태의 극복을 위해서 마실 때가 상책"이라 하셨다. 아버지는 술이 취한 다음보다는 취하는 과정, 즉 술 마신 흥취를 좋아하셨다. "술을 마시는 것이 아니라 인정(人情)을 마시고 술에 취하는 것이 아니라 흥에 취하는 것"이었기 때문이다.

중요한 것은 아버지가 주선이냐 아니냐, 주도가 몇 단 몇 급이냐 하는 문제보다는 그 술의 멋과 풍류와 호방함인데, 나는 여기서 아버지가 오대산 월정사 시절에 즐겨 마신 삼도주(三道酒) 얘기를 꼭 하고 싶다. 삼도주란 아버지가 손수 빚은 술에 명명한 이름인데 아버지는 「삼도주」란 수필에서 "중니(仲尼, 공자) 선생이 애써 가꾸신 쌀과 노담옹(老聃翁, 노자)이 손수 만든 누룩으로 실달다(悉達多, 석가모니) 상인(上人)이 길어 오신 샘물로 빚은 술"이기 때문에 그렇게 이름을 붙였다고 하시면서 "머루 맛에 노자(老子)가 웃는다./솔잎 맛에 불타(佛陀)가 웃는다./당귀(當歸) 맛에서 공자(孔子)가 웃는다./삼도주를 마시고 도(道)를 그만 잊고 만다"고 하셨다. 삼도주란 그 흔한 막걸리이다. 서민적이고 대중적인 우리의 토속주 막걸리의 양조에 공자, 노자, 석가모니를 동원하고 그 취흥의 진미에다 유교, 불교, 도교 삼교의 진수를 계합시켜 '삼도주'라 명명하며, 도주(道酒)의 흥취 속에 자적(自適)하는 22세의 조숙함, 그런 나의 아버지의 멋과 풍류와 호방함이 그저 놀라울 뿐이다. 그리고 이런 경지에서 노닐었던 아버지의 술에 대해 몇 단이냐 몇 급이냐를 따진다는 것 자체가 어쩌면 부질없는 일이 아닐까.

11 '멋'을 이론화한 멋쟁이 아버지

아버지는 또한 멋쟁이셨다. 풍류인으로서의 멋만이 아니라 옷 입는 것도 멋있으셨다. 한복, 양복을 때와 격에 맞게 잘 갖추어 입으셨다. 집에서는 언제나 희거나 옅은 옥색 또는 회색이 도는 색의 한복을 즐기셨다. 두루마기는 주로 검정색에 검은 명주 목도리를 하시고, 보기 좋게 넓은 이마에 리젠트 스타일로 뒤로 넘긴 헤어스타일과 잘 어울리는 굵은 뿔테 안경을 쓰셨다. 보통 사람들에게는 잘 어울리지 않는 나비 넥타이, 베레모도 잘 어울렸고 젊은 나이에 단장(短杖)을 짚고 걸으면 영국 신사 못지않게 멋지셨다. 아버지께서 단장을 사용하시기 시작한 것은 아마 30대 후반부터가 아니었나 생각이 든다. 그 나이에 단장은 아무에게나 어울리지 않음에도 아버지에게는 참 잘 어울렸다. 고개는 한껏 하늘을 향해 쳐들고 단장을 상하(上下)로 여유 있게 흔드시며 천천히 품위 있게 걸으셨다.

아버지는 한국 고유의 멋을 당신 스스로 체득하셨을 뿐 아니라, 그것을 이론화하는 데도 깊은 관심을 기울이셨다. '멋'을 이론화한 논문을 발표하기도 하셨다.

> '멋', 그것을 가져다 어떤 이는 '도(道)'라 하고 '일물'(一物)'이라 하고, '일심'(一心)이라 하고 대중이 없는데, 하여간 도고 일물이고 일심이고 간에 오늘밤엔 '멋'이다. 태초에 말씀이 있는 것이 아니라 태초에 멋이 있었다. 멋을 멋이게 하는 것이 바로 무상(無常)인가 하면 무상을 무상하게 하는 것이 또한 '멋'이다. 변함이 없는 세상이라면 무슨 멋이 있겠는가. 이 커다란 멋을 세상 사람은 번뇌(煩惱)라 이르더라. 가장 큰 괴로움이라 하더라. 우주를 자적(自適)하면 우주는 멋이었다. 우주에 회의(懷疑)하면 우주는 슬픈 속(俗)이었다. 나와 우주 사이에 주종의 관계 있어 이를 향락하고 향락 당하겠는가. 우주를 내가 향락하는가 하면 우주가 나를 향락하는 것이다. 나의 멋이 한 곳에서 슬픔이 되고 속(俗)이 되고 하

는가 하면 바로 그 자리에서 즐거움이 되고 아(雅)가 되는구나. 죽지 못해 살 바에는 없는 재미도 짐짓 있다 하랴.

「멋 설(說)」이라는 수필의 일부다. 아버지는 약관 22세에 이미 정신적 멋쟁이셨던 것이다.

12 아버지가 낭송하신 마지막 노래

돌아가시던 해 어머니 생신 때였나 보다. 아버지께서는 당신의 딸, 나의 누이동생 혜경이에게 "내일이 네 어머니 생일이니, 혜경이 네가 한 번 밥을 지어 봐라"라고 하셨다. 아마 그동안 당신의 아내에게 무척 미안한 마음이 들어서였을 것이다. 또한 이제 곧 성년이 될 하나밖에 없는 딸이 직접 지은 밥을 꼭 한 번 잡숴 보고 싶어 그런 말씀을 하지 않으셨을까. 그때 이미 아버지는 당신이 이제 얼마 못 사신다는 것을 알고 계셨던 것이다. 그러기에 혜경이더러 녹음기를 가져오라고 하셨을 것이다. 이런 추측을 하게 하는 것은 나의 고모님도 생신이 어머니와 같은 날이어서, 그날 모처럼 온 가족이 모여 저녁식사를 하고 난 후, 아버지께서 당신의 시 「절정(絶頂)」을 읊으셨기 때문이다. 그때 우린 그걸 녹음하였다(이 육성 녹음은 훗날 아버지의 고향, 경북 영양 주실마을에 건립된 '지훈문학관'에 비치되어 있다). 그날 아버지는 당신의 마지막을 준비하고 계셨던 것이다. 젊어서부터 죽음을 준비해 오신 아버지! 젊은 시절에 쓰셨던 그 시를… 그날로부터 일주일 후에 아버지는 돌아가셨다. 아버지가 가족들 앞에서 처음이자 마지막 읊으신 시 「절정」을 소개한다.

나는 어느새 천길 낭떠러지에 서 있었다 이 벼랑끝에 구름속에 또 그리고 하늘가에 이름 모를 꽃 한송이는 누가 피워 두었나 흐르는 물결이 바위에 부딪칠 때 튀어 오르는 물방울처럼 이내 공중에서 사라져 버리고 말 그런 꽃잎이 아니었다.//몇만년을 울고 새운 별빛이기에 여기 한송이 꽃으로 피단 말가 죄 지은 사람의 가슴에 솟아 오르는 샘물이 눈가에 어리었다간 그만 불 붙는 심장으로 염통 속으로 스며들어 작은 그늘을 이루듯이 이 작은 꽃잎에 이렇게도 크낙한 그늘이 있을줄은 몰랐다.//한점 그늘에 온 우주(宇宙)가 덮인다 잠자는 우주(宇宙)가 나의 한방울 핏속에 안긴다 바람도 없는곳에 꽃잎은 바람을 일으킨다 바람을 부르는 것은 날오라 손짓하는것 아 여기 먼 곳에서 지극히 가까운 곳에서 보이지 않는 꽃나무 가지에 심장(心臟)이 찔린다 무슨 야수(野獸)의 체취(體臭)와도 같이 전율(戰慄)할 향기가 옮겨 온다.//나는 슬기로운 사람이 아니었다 그러기에 한송이 꽃에 영원(永遠)을 찾는다 나는 또 철모르는 어린애도 아니었다 영원(永遠)한 환상(幻想)을 위하여 절정(絶頂)의 꽃잎에 입맞추고 기리 잠들어 버릴 자유(自由)를 포기(抛棄) 한다.//다시 산길을 내려온다 조약돌은 모두 태양(太陽)을 호흡(呼吸)하기 위하여 비수(匕首)처럼 빛나는데 내가 산길을 오를 때 쉬어가던 주막에는 옛 주인이 그대로 살고 있었다 이마에 주름살이 몇개 더 늘었을뿐이었다 울타리에 복사꽃만 구름같이 피어 있었다 청댓잎 잎새마다 새로운 피가 돌아 산새는 그저 울고만 있었다.//문득 한 마리 흰나비! 나비! 나비! 나를 잡지 말아다오 나의 인생(人生)은 나비 날개의 가루처럼 가루와 함께 절명(絶命)하기에— 아 눈물에 젖은 한마리 흰나비는 무엇이냐 절정(絶頂)의 꽃잎을 가슴에 물들이고 사(邪)된 마음이 없이 죄 지은 참회(懺悔)에 내가 고요히 웃고 있었다.

기력이 다하여 숨이 가쁘고 탁하고 쉰 목소리로 "흰 나비! 나비! 나비!" 하시던 그 애처로운 음성이 지금 내 귓전을 때리고 있다. 그 시를 읊으신 후에는 나의 고모님, 곧 당신의 누이동생과 함께 시 「낙화(落花)」를 읊으셨다. 맨 마지막 연에 가서는 오누이가 약속이라도 하신 듯 "꽃이이 지느은 아치임은 우우울고 싶어어라~" 하며 곡조를 붙여 읊으시던 모습을 잊을 수 없다. 나도 당신이 그리울 때면 혼자서 소리 내어 그렇게 읊어 보곤 하는 걸 하늘에 계신 아버지는 아시는지…

13 아버지와 나만의 추억으로 남은 삽화

아버지가 그리워질 때면 늘 떠오르는 나만의 추억, 아름다운 삽화 한 폭이 있다. 대구 피란 시절 아버지는 첫 시집을 펴내셨다. 그 시집의 제목을 『풀잎단장(斷章)』이라고 부치고, 나에게 그 글씨를 쓰게 하셨다. 아버지가 써 주신 제목을 한옥 대청마루에 엎드려 나는 빨강 크레용으로 보고 베꼈다. 쓴 게 아니라 그렸다고 하는 게 맞을 것이다. 삐뚤빼뚤하게 보고 그린 글씨를 만족해하시며 첫 시집의 표지로 삼으셨다. 그리고 표지 뒷면에 낙타천으로 만든 고급 양복을 해 입히고 찍은 나의 사진을 싣고, 표지 글씨를 쓴 당신의 장남 광렬이라고 소개하셨다. 초등학교 입학 전인 아이의 글씨는 훗날 내가 보아도 애교 있고 자못 예술적(?)이기까지 했다. 그 시집이 지금은 내 수중에 남아 있지 않으니 이 아쉬움을 어찌 달랠까.

생전부귀(生前富貴) 사후문장(死後文章)이라 하셨던 아버지! 그 아버지는 48년이라는 짧은 삶을 통해 그것을 이루셨다. "죽어서 사는" 아버지의 뜻이 여기 있었다. 아버지는 죽지 않으셨다. "마음이 가난해야 참 부귀를 아는 법"이라는 말씀의 뜻을 불혹의 나이가 되어서야 알게 되었음이 부끄럽고 부끄러울 따름이다. 해바라기처럼 언제나 밝은 태양만을 향해 사셨던 아버지! 지금도 아버지의 목소리가 방안 가득히 울리는 것 같다. "광렬아! 죽음을 공부하며 살고 있느냐?"

아버지의 추억이 담긴 기억의 서랍을 조용히 닫으면서, 지난 5월 17일, 아버지 52번째 기일(忌日)을 맞아 집안의 장남으로서 한국에 있는 식구들과 공유했던 나의 추모의 글 일부를 여기 옮기며 이 글을 마칠까 한다.

올해는 아버지 탄신 100주년이 되는 해이다. 그리고 쉰두 번째 기일인 이 특별한 날을 맞이하여 우리 가족들은 어떤 삶이 의미 있고 행복한 삶일까? 삶의 궁극적 목적은 무엇일까? 우리는 어떻게 살아야 하는가? 이 세 가지 명제의 답을 얻기 위해서 우리는 무엇을 해야 하나? 함께 생각해 보는 시간을 가졌으면 한다.

나는 아버지의 삶을 통해 죽음을 생각하며 사는 삶이 인생을 더 풍요롭고 가치 있게 만들어 준다는 것을 배웠다. 우리는 건강한 삶을 위해 삶에서 죽음을 보아야 한다. 죽지 않을 것처럼 살지 말아야 한다. 그리 해야만 위의 세 가지에 대한 해답을 얻을 수 있다. 즉 어떻게 살 것인지, 무엇이 행복한 일인지, 무엇이 가치 있는 삶인지를 깨달을 수 있으며, 스스로 진정한 가치를 찾은 뒤에, 그것을 목표로 삶을 다듬어 나가는 것이 의미 있는 인생이라는 것을 비로소 깨닫게 되기 때문이다.

우리는 모두 죽는다. 그래서 잘 살아야 한다. 또한 잘 죽어야 한다. 죽음을 염두에 두고 삶을 바라보면, 삶의 자세가 달라진다. 자신의 현재를 사랑하게 된다. 인생을 어떻게 살아야 하는지에 대한 행복한 고민을 할 수 있다. 그리고 우리 가족들은 죽음에 관한 다양한 경우에 대해 미리 생각해 두자. 그것이 잘 죽는 길이기 때문이다. 우리 가족 각자 삶의 마지막 순간에 자신이 간절히 원하게 될 것을 미루지 말고 지금 하자.

한 번밖에 살 수 없는 삶, 유한한 삶, 하나님이 주신 고귀한 선물에 감사하고 사랑하며 살자. 우리가 살고 떠난 뒤에, 왔다 간 흔적을 남기는 일, 이름을 남기는 일도 가치 있는 일이다. 그러나 이 나이를 살고 보니, 그보다 더 중요하고 값진 일은, 생전에 함께했던 사람들에게 사랑을 남기고 떠나는 일이라는 것을 깨닫게 되었다.

오늘, 아버지 기일 52주년을 맞아, 나는 내 스스로 지나온 날들을 다시 한번 반성하면서, '진정한 성공이란 가장 가까운 사람(내가 사랑받고 싶은 사람)에게 사랑받는 사람이 되는 것'이라는 말을 사랑하는 우리 가족들과 공유하고 싶다. 우리는 비록 아버지와 같이 명예롭고 의로운 이름과 큰 족적을 세상에 남기고 떠나지는 못하더라도 우리가 죽은 후에, 생전에 맺은 인연들에게 잊지 못할 '사랑의 기억', 아름다운 '사랑의 향기'를 듬뿍 남기고 떠날 수 있는 진정으로 성공한 삶, 행복한 우리 가족 모두가 되어 주기를 하나님께 기도하면서, 하나님과 아버지께 부끄럽지 않은 삶을 위해 새 출발, 새 마음, 새 헌신을 다짐하는 시간이 되기를 바라면서 아버지께서 남기신 시 「마음의 태양(太陽)」을 공유하고자 한다.

"꽃다이 타오르는 햇살을 향하여/고요히 돌아가는 해바라기처럼/높고 아름다운 하늘을 받들어/그 속에 맑은 넋을 살게 하라.//가시밭길을 넘어 그윽히 웃는 한 송이 꽃은/눈물의 이슬을 받아 핀다 하노니/깊고 거룩한 세상을 우러르기에/삼가 육신(肉身)의 괴로움도 달게 받으라.//괴로움에 짐짓 웃으량이면/슬픔도 오히려 아름다운 것이/고난(苦難)을 사랑하는 이게만이/마음 나라의 원광(圓光)은 떠오르노라.//푸른 하늘로 푸른 하늘로/항시 날아오르는 노고지리같이/맑고 아름다운 하늘을 받들어/그 속에 높은 넋을 살게 하라"

1부 • 조지훈 탄생 100주년 기념 인문학 축제

홍용희 — 1966년생. 경희대학교 국어국문학과 및 동대학원 석사·박사 졸업. 경희사이버대학교 미디어문예창작과 교수. 1995년 중앙일보 신춘문예 평론 등단, 젊은 평론가상, 애지문학상, 경희문학상, 편운문학상, 시와시학상, 김달진문학상, 유심문학상 등 수상. 저서로 『김지하문학연구』, 『한국문화와 예술적 상상력』, 『꽃과 어둠의 산조』, 『아름다운 결핍의 신화』, 『대지의 문법과 시적 상상』, 『현대시의 정신과 감각』, 『고요한 중심을 찾아서』 등이 있음.

여태천 — 1971년생. 고려대학교 국어국문학과 및 동대학원 석사·박사 졸업. 2000년 『문학사상』 신인상으로 등단. 시인. 현재 동덕여자대학교 국어국문학과 교수. 2008년 김수영문학상, 2019년 서정시학상, 2021년 편운문학상 수상. 저서로 『시적 정의와 시의 윤리』, 『경계의 언어와 시적 실험』, 『미적 근대와 언어의 형식』, 『김수영의 시와 언어』, 시집으로 『감히 슬프지 않을 수 있겠습니까?』, 『저렇게 오렌지는 익어 가고』, 『스윙』, 『국외자들』 등이 있음.

유성호 — 1964년 경기 여주 출생. 연세대 국어국문학과 및 같은 대학원 졸업. 서남대, 한국교원대 교수 역임. 현재 한양대 국어국문학과 교수. 저서로 『한국 현대시의 형상과 논리』, 『상징의 숲을 가로질러』, 『침묵의 파문』, 『한국 시의 과잉과 결핍』, 『현대시 교육론』, 『근대시의 모더니티와 종교적 상상력』, 『서정의 건축술』, 『근대의 심층과 한국 시의 미학』 등이 있음.

김종훈 — 1972년생. 고려대학교 국어국문학과 및 동대학원 석사·박사 졸업. 2006년 『창작과비평』 평론, 2013년 『서정시학』 시로 등단. 문학평론가. 현재 고려대학교 국어국문학과 교수. 저서로『한국 근대 서정시의 기원과 형성』, 『미래의 서정에게』, 『정밀한 시 읽기』 등이 있음.

김건우 — 1968년 대구 출생. 서울대학교 국어국문학과 및 같은 대학원 석사·박사 졸업. 현재 대전대학교 국어국문창작학과 부교수. 저서로 『대한민국의 설계자들』, 『사상계와 1950년대 문학』, 『혁명과 웃음』(공저) 등이 있다.

조강석 — 연세대학교 영문과 및 동대학원 국문과 졸업. 2005년 『동아일보』 신춘문예로 등단. 저서로 『한국시의 이미지-사유와 정동의 시학』, 『틀뢴의 기둥』, 『이미지 모티폴로지』, 『경험주의자의 시계』, 『아포리아의 별자리들』, 『한국문학과 보편주의』, 『비화해적 가상의 두 양태』 등이 있음. 현대문학상, 김달진 젊은 비평가상 수상. 현재 연세대학교 국어국문학과 교수로 재직 중.

고지혜 — 1981년생. 고려대학교 국어교육과 및 동대학원 국어국문학과 석사·박사 졸업. 현재 고려대학교 민족문화연구원 연구교수. 저서로는 『한국 문화의 정체성』(공저), 『인공지능 시대의 국어교육과 교양교육』(공저) 등이 있음.

김준현 — 1974년생. 고려대학교 국어국문학과 및 동대학원 석사·박사 졸업. 2009년 「전후 문학 장의 형성과 문예지」를 박사학위 논문으로 제출. 현재 서울사이버대학교 웹문예창작학과 교수. 저서로 『웹소설 작가의 일』, 『비주류 담론』(공저) 등이 있음.

조형열 — 1975년생. 고려대학교 역사교육과 및 동대학원 한국사학과 석사·박사 졸업. 고려대학교 BK21한국사사업단 연구교수, 연세대학교 근대한국학연구소 HK연구교수 역임. 현재 동아대학교 역사문화학부 사학전공 조교수. 대표논문으로 「학문의 사명에 대한 마르크스주의 지식인의 두 가지 생각—8·15해방 직후 학술문화운동론을 중심으로」, 「1930년대 조선 역사과학의 연구방법론」, 「일제하 협동조합운동사의 협동조합운동—조합활동의 연대 범위와 운영방침을 중심으로」 등이 있음.

허은 — 1966년생. 고려대학교 사학과 및 동대학원 한국사학과 박사 졸업. 한국현대사 전공. 현재 고려대학교 한국사학과 교수. 단독저서로 『미국의 헤게모니와 한국 민족주의』, 공저로 『동아시아 냉전의 문화』, 『학생운동의 시대』, 『한국민주화운동사』, 『영상과 아카이빙 그리고 새로운 역사쓰기』 등이 있음.

김종훈 — 1972년생. 고려대학교 국어국문학과 및 동대학원 석사·박사 졸업. 2006년 『창작과비평』 평론, 2013년 『서정시학』 시로 등단. 문학평론가. 현재 고려대학교 국어국문학과 교수. 저서로 『한국 근대 서정시의 기원과 형성』, 『미래의 서정에게』, 『정밀한 시 읽기』 등이 있음.

주영중 — 1968년생. 고려대학교 경영학과 및 국어국문학과 대학원 석사·박사 졸업. 2007년 『현대시』 시로 등단. 시인. 현재 대구대학교 자유전공학부 교수. 시집으로 『결코 안녕인 세계』, 『생환하라, 음화』, 저서로 『현대시론의 역학적 구도』 등이 있음.

오형엽 — 1965년생. 고려대학교 영어영문학과 및 동대학원 국어국문학과 석사·박사 졸업. 1994년 『현대시』 신인상 평론 당선, 1996년 『서울신문』 신춘문예 평론 당선으로 등단. 문학평론가. 현재 고려대학교 국어국문학과 교수, 한국문학평론가협회 회장, 한국시학회 회장. 젊은 평론가상, 애지문학상, 편운문학상, 김달진문학상 평론부문, 팔봉비평문학상 수상. 평론집으로 『신체와 문체』, 『주름과 기억』, 『환상과 실재』, 『알레고리와 숭고』, 저서로 『한국 근대시와 시론의 구조적 연구』, 『현대시의 지형과 맥락』, 『현대문학의 구조와 계보』, 『문학과 수사학』, 『한국 모더니즘 시의 반복과 변주』, 역서로 『이성의 수사학』 등이 있음.

장만호 — 1970년생. 고려대학교 국어국문학과 및 동대학원 석사·박사 졸업. 현재 경상국립대학교 국어국문학과 교수. 2001년 『세계일보』 신춘문예 시 당선. 김달진문학상 젊은시인상 수상. 시집 『무서운 속도』와 저서 『한국시와 시인의 선택』, 『해방과 분단, 경계의 재구성』(공저) 등이 있음.

송현지 — 1984년생. 이화여대 국어국문학과 졸업. 고려대 대학원 국어국문학과 석사·박사 졸업. 2018년 「한국 현대시에 나타난 시인으로서의 자기 인식과 시쓰기 연구—김춘수·김수영·김종삼을 중심으로」를 박사학위논문으로 제출. 현재 고려대 한국어문교육연구소 선임연구원, 계명대 국어국문학과 강사. 저서로 『인공지능 시대의 국어교육과 교양교육』(공저)이 있음.

박헌호 — 1962년 서울 출생. 성균관대학교 국어국문학과 및 동 대학원 석사·박사 졸업. 성균관대학교 동아시아학술원 교수 및 상허학회장 역임. 현재 고려대학교 민족문화연구원 교수. 저서로 『이태준과 한국 근대소설의 성격』, 『한국인의 애독작품—향토적 서정소설의 미학』, 『식민지 근대성과 소설의 양식』이 있고, 편저로 『작가의 탄생과 근대문학의 재생산 제도』, 『1919년 3월 1일에 묻다』, 『한국의 근대 문화장의 동역학』, 『백 년 동안의 진보』 등이 있다.

임광순 — 1984년생. 고려대 한국사학과 및 동대학원 석사 졸업, 박사 수료. 고려대 민족문화연구원 연구원, 튀빙겐대학교 한국학연구센터 방문연구원 역임. 현재 고려대 한국사연구소 연구원, 역사문제연구소 연구원. 저서로 『쉽게 읽는 서울사-현대편(2)』(공저), 『한뼘 한국사: 한국사 밖의 한국사』(공저), 『냉전분단시대 한반도의 역사 읽기: 분단국가의 수립과 국제관계』(공저) 등이 있음.

이휘현 — 1989년생. 고려대학교 한국사학과 및 동대학원 석사 졸업·박사 수료. 현재 국방부 군사편찬연구소 연구원. 현대 한국 사회경제사를 냉전사의 관점에서 분석하는 연구를 진행하고 있음. 주요 논문으로는 「1970년대 미국의 대외원조 정책 변화와 한국 주택문제 개입」, 「1960년대 초반 미국 대외원조정책의 조정과 대한원조의 '정상화'」 등이 있음.

3부 • 조지훈 탄생 100주년 기념 강연 및 추모 좌담회

이경수 — 1968년생. 고려대학교 국어국문학과 및 동대학원 석사·박사 졸업. 1999년 『문화일보』 신춘문예 평론 당선으로 등단. 문학평론가. 현재 중앙대학교 국어국문학과 교수. 애지문학상 평론부문, 김달진문학상 평론부문, 젊은평론가상 등 수상. 저서로 『불온한 상상의 축제』, 『한국 현대시와 반복의 미학』, 『바벨의 후예들 폐허를 걷다』, 『춤추는 그림자』, 『다시 읽는 백석 시』(공저), 『이용악 전집』(공편저), 『이후의 시』, 『너는 너를 지나 무엇이든 될 수 있고』, 『백석 시를 읽는 시간』 등이 있음.

이재복 — 1967년생. 한양대학교 국어국문학과 및 동대학원 석사·박사 졸업. 현재 한양대학교 한국언어문학과 교수 겸 한양대 한국미래문화연구소장. 1996년 『소설과사상』에 평론으로 등단. 고석규비평문학상, 젊은평론가상, 편운문학상, 애지문학상(평론), 시와표현평론상, 시와시학상 등을 수상. 저서로 『몸』, 『비만한 이성』, 『한국문학과 몸의 시학』, 『현대문학의 흐름과 전망』, 『한국 현대시의 미와 숭고』, 『우리 시대 43인의 시인에 대한 헌사』, 『몸과 그늘의 미학』, 『내면의 주름과 상징의 질감』, 『벌거벗은 생명과 몸의 정치』, 『근대의 에피스테메와 문학장의 분할』 등이 있음.

홍일식 — 1936년생. 고려대학교 국어국문학과 및 동대학원 석사·박사 졸업. 연세대학교 대학원 철학 명예박사. 고려대학교 민족문화연구소 원장. 고려대학교 제13대 총장, 열린사이버대학교 총장, 육당기념사업회 회장, 서울문화사학회 회장 등을 역임. 현재 고려대학교 명예교수, 세계효문화본부 총재, 공명선거실천국민운동협의회 상임공동의장, 우당 이회영선생기념사업회 회장, 한국인문사회연구원 이사장, 여순순국선열기념재단 이사장, 안중근의사 숭모회 고문, 공동체의식개혁국민운동협의회 의장, (재)문화영토연구원 이사장. 5·16 민족상(민연), 제1회 세종문화상, 대통령 포장, 중앙문화대상, 보관문화훈장, 아산효행대상, 청조근정훈장, 효령대상 문화부문 등을 수상. 저서로 『육당연구』, 『한국전통문화시론』, 『한국개화기의 문학사상연구』, 『한국개화사상사』, 『일제하의 문화운동사』, 『문화영토시대의 민족문화』, 『21세기와 한국전통문화』, 『문화대국으로 가는길』, 『중·한대사전』(편) 등이 있음.

최동호 — 1948년생. 고려대학교 국어국문학과 및 동대학원 석사·박사 졸업. 고려대학교 국어국문학과 교수 역임, 현재 고려대학교 국어국문학과 명예교수 겸 경남대학교 석좌교수. 한국문학평론가협회, 한국시학회, 한국시인협회 회장 역임. 1976년 시집 『황사바람』을 통해 시인으로, 1979년 『중앙일보』 신춘문예 평론 당선으로 등단. 소천비평문학상, 현대불교문학상, 박두진문학상, 대산문학상, 만해상 문학예술부문 대상, 김삿갓 문학상 등을 수상. 시집으로 『공놀이하는 달마』, 『불꽃 비단 벌레』, 『얼음 얼굴』, 『수원 남문 언덕』, 『제왕나비』, 저서로 『현대시 정신사』, 『디지털 문화와 생태 시학』, 『현대시사의 감각』, 『진흙 천국의 시적 주술』, 『디지털 코드와 극서정시』, 『정지용 시와 비평의 고고학』, 『황순원 문학과 인간 탐구』 등이 있음.

조광렬 — 1945년 경북 영양 출생. 서울고와 홍익대학교 건축미술과 졸업. 현대건설 건축설계과 근무. 미국 Georgia Institute of Technology 대학원 석사. 미국 John Portman & Association Inc. 건축설계사무소에서 건축가로 근무. 한국의 쌍용, 현대, 선경건설에서 이사 역임. 미국 PDI Inc. 상임고문을 끝으로 은퇴. 현재 미국 뉴욕 맨해튼 거주. 계간지 『문예운동』(2004년 봄호)을 통해 수필가로 한국문단에 등단. 저서로는 『승무의 긴 여운, 지조의 큰 울림』, 산문집

『태초에 멋이 있었다』 등이 있음. 미국 수채화협회(AWS)를 통해 미국 화단에 등단(2019. 4월). 미국 건축가협회(AIA) 회원, 한국문인협회 회원, 미국 뉴욕주 공인 주례사(RMO)로 활동하고 있음.

전통과 창조

조지훈 탄생 100주년 기념 논문집

초판 발행 2022년 2월 15일

엮은이 오형엽 · 김종훈
펴낸곳 고려대학교출판문화원
www.kupress.com
kupress@korea.ac.kr
(02841) 서울특별시 성북구 안암로 145
Tel 02-3290-4230, 4232
Fax 02-923-6311
찍은곳 네오프린텍(주)

ISBN 979-11-91161-85-4 93810

값 28,000원
※ 잘못 만들어진 책은 바꿔 드립니다.